南宋流寓岭南文人研究

A Study on Literati Who Moved to Lingnan in the Southern Song Dynasty

丁 楹 著

中国社会科学出版社

图书在版编目（CIP）数据

南宋流寓岭南文人研究／丁楹著 . —北京：中国社会科学出版社，2024.5
（中国社会科学博士后文库）
ISBN 978 - 7 - 5227 - 1098 - 3

Ⅰ.①南…　Ⅱ.①丁…　Ⅲ.①文人—社会生活—研究—广东—南宋　Ⅳ.①D691.71

中国版本图书馆 CIP 数据核字（2022）第 232043 号

出 版 人	赵剑英
责任编辑	刘志兵
责任校对	夏慧萍
责任印制	李寡寡

出　　　版	中国社会科学出版社
社　　　址	北京鼓楼西大街甲 158 号
邮　　　编	100720
网　　　址	http://www.csspw.cn
发 行 部	010 - 84083685
门 市 部	010 - 84029450
经　　　销	新华书店及其他书店

印　　　刷	北京君升印刷有限公司
装　　　订	廊坊市广阳区广增装订厂
版　　　次	2024 年 5 月第 1 版
印　　　次	2024 年 5 月第 1 次印刷

开　　　本	710×1000　1/16
印　　　张	18.5
字　　　数	309 千字
定　　　价	98.00 元

第十批《中国社会科学博士后文库》编委会及编辑部成员名单

《中国社会科学博士后文库》
出版说明

为繁荣发展中国哲学社会科学博士后事业，2012年，中国社会科学院和全国博士后管理委员会共同设立《中国社会科学博士后文库》（以下简称《文库》），旨在集中推出选题立意高、成果质量好、真正反映当前我国哲学社会科学领域博士后研究最高水准的创新成果。

《文库》坚持创新导向，每年面向全国征集和评选代表哲学社会科学领域博士后最高学术水平的学术著作。凡入选《文库》成果，由中国社会科学院和全国博士后管理委员会全额资助出版；入选者同时获得全国博士后管理委员会颁发的"优秀博士后学术成果"证书。

作为高端学术平台，《文库》将坚持发挥优秀博士后科研成果和优秀博士后人才的引领示范作用，鼓励和支持广大博士后推出更多精品力作。

《中国社会科学博士后文库》编委会

摘　要

　　宋室南渡，很多文人流寓岭南，主要集中在西江流域。随着南宋文人不断涌入西江流域地区，并在蛮荒之地进行文学创作和聚众授徒等活动，该地的文化教育事业发生了很大的改观，自然生态与文化生态环境得到越来越多的改善，后世越来越多的文人士大夫迁至西江流域这片广阔的土地上来，从而让原来的蛮荒之地变得越来越文明。本书的主要结论是：

　　1. 宋室南渡以来，朝廷实行高压政策，导致文人迁岭成了一种社会风气，一种普遍存在的人生选择。南宋流寓岭南文人的历史意义在当时文人诗词、野史笔记、地方志的互证中清晰地呈现出来。

　　2. 南宋流寓岭南文人的作品内涵复杂，不仅具有抒情言志的功能，还有重要的史料价值。流寓岭南文人借助文学作品完整地展现了他们迁居岭南的过程，呈现了他们对于迁岭的恐惧、焦虑、紧张、彷徨，以及如何在迁居岭南之后克服这些不良情绪、从负面情感中解脱出来的心路历程。

　　3. 从靖康之乱后特殊的社会环境及岭南文化的具体特征的角度，观察和把握南宋文人群体人格精神的整体发展与演进，综合当时政治变幻、文坛创作、文人群体、时代风尚做宏观研究，将会发现南宋文人的生存环境、生存方式、心态变化与文风流转衍变的内在联系。这促使学术界在时代特征、地域文化这两个宏大视野中，重新认识南宋文学的历史价值。

　　4. 元祐文人，尤其是苏轼的人生思考与文化性格对南宋流寓岭南文人心理和创作产生了深刻的影响。南宋时期活跃的诗歌流派、频繁的社交活动、繁盛的文学批评，还有那些审美价值极高的地域文学作品，与当时崇苏、学苏的社会风气及文人的流寓岭南行为有着非常紧密的关系。

5. 南宋寓岭文人如何在文学创作中抒发、展现他们的情感与思绪，如何在一字一句、声韵格律、文笔精华之间表现他们的历史经验、地域见闻、生命体验、心灵感受等，反映了时代特征、岭南文化与南宋文学的生成与发展，揭示了南宋士大夫在特定生活情境中的精神面貌与个性特征。

6. 西江流域优美的自然山水与生态资源，不仅为流寓岭南文人提供了安身立命的物质基础，也为他们提供了文学创作与文化活动的重要源泉。西江流域社会文化的发生、发展、演变与传承，离不开历代迁岭文人在此进行的文化活动。南宋流寓岭南文人在西江流域的文化活动，为当地留下了丰富多彩的文化遗迹。人事有代谢，往来成古今。这些丰富的人文遗迹与优美的自然山水融合在一起，更加丰富完善了西江流域的文化环境，促进了当地的社会变迁。

关键词： 南宋　流寓岭南　时代风尚　地域文化　情感认同

Abstract

The Song Dynasty crossed south, and literati moved to Lingnan, mainly concentrated in the Xijiang River Basin. With the continuous influx of literati in the Southern Song Dynasty into the Xijiang River Basin, and the cultural and educational activities such as literary creation and gather disciples for education, the cultural and educational undertakings in the region have undergone great changes, the natural and cultural ecological environment has been improved more and more, attracting more and more literati and doctors from later generations to join the vast land of the Xijiang River Basin, so that the original wild land becomes more and more civilized. The main conclusions of this paper are as follows:

1. Since the Song Dynasty's southward crossing, the imperial court has implemented a high – pressure policy, which has led to the migration of literati to Lingnan as a social trend and a universal choice. The historical significance of the literati who moved to Lingnan in the Southern Song Dynasty was clearly shown in the mutual verification of poetry, unofficial history and local chronicles at that time.

2. The works of the literati who moved to Lingnan in the Southern Song Dynasty have complex connotations, not only have the function of expressing their emotions and aspirations, but also have important historical value. The literati who moved to Lingnan in the Southern Song Dynasty used literary works to fully show their process of moving to Lingnan, as well as their fear, anxiety, tension, hesitation about moving to Lingnan, and how they overcome these bad emotions and extri-

cate themselves from the negative emotions after moving to Lingnan.

3. From the perspective of the special social environment and the specific characteristics of Lingnan culture after the Jingkang Rebellion, we can observe and grasp the overall development and evolution of the personality spirit of the Southern Song literati group, and conduct a macro study of the political changes, literary creation, group characteristics, and fashion of the times of the Southern Song literati group. We will find the internal relationship between the living environment, lifestyle, mentality changes and literary style changes of the Southern Song literati group, so that the academic community can recognize the historical value of the Southern Song literature in the grand vision of the characteristics of the times and regional culture.

4. The life thinking and cultural character of Yuanyou literati, especially Sushi, had a profound influence on the literati's psychology and creation who moved to Lingnan in the Southern Song Dynasty. The active poetry schools, frequent social activities, prosperous literary criticism and regional literary works of high value in the Southern Song Dynasty were closely related to the worship of Sushi, the characteristics of the times when Sushi was studied and the behavior of scholars moving to Lingnan.

5. How the literati who moved to Lingnan in the Southern Song Dynasty expressed their feelings and thoughts in their literary creation, how to express their historical experience, regional knowledge, life experience, and spiritual feelings in every word, beautiful tone, and literary skills, reflected the characteristics of the times, the generation and development of Lingnan culture and Southern Song literature, and revealed the spiritual outlook and personality characteristics of the literati of the Southern Song Dynasty in specific life situations.

6. The beautiful natural landscape and ecological resources in the Xijiang River basin not only provide the material basis for the literati who moved to Lingnan to settle down, but also provide them with an important source of literary creation and cultural activities. The occur-

rence, development, evolution and inheritance of social culture in the Xijiang River Basin are inseparable from the cultural activities carried out by the literati who moved to Lingnan in previous dynasties. The cultural activities of the literati who moved to Lingnan in the Southern Song Dynasty in the Xijiang River Basin left rich and colorful cultural relics for the local people. Things in the world are in constant development, and exchanges have become ancient and modern. These rich cultural relics are integrated with beautiful natural landscapes, which enriches and improves the cultural environment of the Xijiang River Basin and promotes local social changes.

Key words: the Southern Song Dynasty; moved to Lingnan; the trend of the times; regional culture; emotional identity

目　录

Contents

Contents

绪　论

西江是华南地区最长的河流，为中国第三大河流，发源于云南，流经广西，在广东佛山三水与北江交汇①。它的主要流域在广西境内。金人入侵，宋室南渡，很多文人流寓岭南②，主要集中在西江流域。所谓"时中原士大夫避难者，多在岭南"，广西与少数民族地区接壤的沿边十三州也有士大夫迁入③。士大夫的衣冠南渡，不仅促进了西江流域的经济发展，也带来了中原地区的先进文化。南方人才从唐至宋的逐渐增长，反映出了当时经济、政治、文化重心的南移趋势。

① 据《广东新语》卷四"西江"条记载："西江发自夜郎，尽纳滇、黔、交、桂诸水而东，长几万里。然趋海之道，苦为羊峡所束，咽喉隘小，广不数武，淫雨时至，则狂波兽立，往往淹没田庐人畜，民居城上，南门且筑三版。……考《水经注》，马文渊积石为塘，达于象浦，盖以防交水之患也。文渊此举，与史禄皆有功于粤。粤之上游，如洭如漓，如横浦，如牂牁，皆湍急多石，其可舟行者，或皆史禄所凿，不止灵渠。自史禄凿灵渠，而两伏波赖之以下楼船，唐蒙所以请从夜郎浮舟，直至番禺西浦者，亦以禄尝开辟此道云。"［李默校点：《广东新语》卷四"西江"条，欧初、王贵忱主编《屈大均全集》（四），人民文学出版社1996年版，第113页］西江流域是岭南的主要组成部分，西江在岭南具有十分重要的地位。西江在历史上可谓是黄河、长江之外的第三大水系，源头是云南省曲靖的马雄山，流经云南、贵州、广西、广东，在澳门附近注入南海；西江流域主要包括今天的昆明、贵阳、南宁、曲靖、兴义、河池、柳州、桂林、贵港、梧州、云浮、肇庆、佛山、江门等重要城市及其周边的广大区域。我们研究的西江流域社会变迁，主要是指西江水系的西江段的社会变迁，大致自广西玉林、柳州、桂林、梧州、贺州到广东肇庆、云浮、佛山、广州、江门等岭南及其周边地区的社会变迁。西江是珠江干流，东南流至象州县石龙附近纳柳江后称黔江，与郁江汇合到桂平市后称浔江，到梧州纳桂江始称西江，向东入广东境内。西江出高要羚羊峡进入珠江三角洲，在三水与北江相通。三水以下水流分散，主流由磨刀门入海。西江全长2129公里，流域面积约为35万平方公里，流布两广（广东、广西）。因此，西江流域文化实为两广文化，同属岭南文化范畴，不可分割。

② 流寓岭南，即迁居岭南之意，为了行文的方便，文中简称迁岭。

③ （宋）李心传：《建炎以来系年要录》卷六三，绍兴三年二月癸未，中华书局1988年版，第1084页。

南宋大诗人陆游已经发现了这个现象，指出："臣伏睹方今虽中原未复，然往者衣冠南渡，盖亦众矣。其间岂无抱才术、蕴器识者？而班列之间，北人鲜少，甚非示天下以广之道也。"① 文人的南迁及南方文人政治、经济地位的提升，自然会影响到西江流域社会变迁与文化发展。

重视南宋流寓岭南文人在西江流域社会变迁中的影响与地位，将丰富我们对迁岭文人个体生命体验及美学趣味的认识。当我们深入了解众多南宋流寓岭南文人的个体经验、感受、体悟后，将这些南宋流寓岭南文人的生活放到一起来作整体观照考察，我们可以看到，南宋流寓岭南文人通过文学创作呈现出来的情感、体验、感受、体悟非常丰富，从他们的文学作品中，可以看到西江流域的社会变迁与文化发展。因此，我们打算从南宋流寓岭南文人的文学作品入手，对他们的精神世界进行深入描绘，详细梳理流寓岭南文人的生命沉沦与精神解脱，描述他们乐观旷达的人格个性与不屈不挠的进取精神，令那些在西江流域生活时坚持自己理想并将其付诸实践的迁岭文人不至于湮没在历史的尘埃中。从文学创作的角度，将南宋流寓岭南文人的文化性格与人生思考从历史的尘嚣中提炼出来，恢复他们鲜活真实的多重面相。

第一节　选题缘起及意义：叙述的深化与地域文学研究的拓展

南宋文人寓居岭南后，一直在播种中原先进的文化。他们在西江流域所释放出来的创作活力与表现出的文化性格具有特别重要的意义，应当引起古代文学研究者足够的重视与兴趣。从文学创作的层面来讲，南宋流寓岭南文人思想的多元化体现出文人人生道路选择的多元性和解脱方式的多样性，从而造成他们在西江流域社会变迁与文化繁荣过程中的独特地位，因此也就具有了更加丰富多彩的文学研究、史学研究、地域文化研究的内容。据郝玉麟《广东通志》载："仕宦谪籍岭南尤众，岂非以古荒服地而

---

① （宋）陆游：《渭南文集》卷三《论选用西北士大夫札子》，钱仲联、马亚中主编《陆游全集校注》，浙江教育出版社 2011 年版，第 9 册，第 79 页。

蛮烟瘴雨之乡欤?"① 这些名宦、谪宦、流寓文人迁居岭南的时间或长或
短,据不完全统计,张九成谪居 14 年②,李光谪居 17 年③,胡铨谪居 18
年④,有时还牵连子孙。如洪皓,据《宋史·洪迈传》所载,就影响到其
后人的仕途进退⑤。有的甚至就死于贬所⑥。宋南渡后贬谪、游宦、流寓到
岭南的"衣冠家"人数之众、时间之长及影响之大,为我们展示出宋室南
渡以来迁岭文人的各个方面。

目前,古典文献专业及古代历史领域的学者已经用校勘、注释、标点
等方式整理了一批在西江流域文化与南宋文学史上具有重要地位和文化意
义的地方文献资料,并对宋室南迁的历史、地理意义进行了详细的阐述⑦。
我们可以按图索骥,进一步利用地方文献资料对南宋迁岭文人进行系统研
究,立足于迁岭文人的政治生涯与文学创作,把目光投向西江流域社会变
迁。以南宋士大夫生活遭遇为切入点,观察他们的迁岭生活,考察这些知
识精英如何参与西江流域地区的社会活动。关注社会转型,从中寻找到西
江流域社会变迁与南宋迁岭文人的内在联系,是我们研究的具体目标。

南宋之所以占有重要的地位,跟中国历史上文化中心的南移有着十分
密切的联系。文化中心的南移,直接造成了西江流域社会文化的发展变
迁,导致文学创作的新变。我们要加强西江流域社会变迁与历代迁岭文人
的研究。深入的学术研究是宣传和普及中华优秀传统文化的基础,历代迁
岭文人的文学作品是中华优秀传统文化的重要组成部分。南宋一朝的迁岭
文学作品中出现了许多新的审美因素,这些新质的成因,有待于我们进一
步深入挖掘与探索。

笔者已用不同的方法,从不同的角度对南宋这个时代的文学风貌作出

---

① （清）郝玉麟等监修,鲁曾煜等编纂:《广东通志》卷四三《谪宦志》,《影印文渊阁四库全书》本,第 563 册,第 896 页。
② 详参尹波《张九成年谱》,吴洪泽、尹波主编《宋人年谱丛刊》,四川大学出版社 2003 年版,第 8 册,第 4887—4932 页。
③ 详参方星移《宋四家词人年谱·李光年谱》,黑龙江人民出版社 2008 年版,第 85—214 页。
④ （元）脱脱等:《宋史》卷三七四《胡铨传》,中华书局 2011 年版,第 11583 页。
⑤ （元）脱脱等:《宋史》卷三七三《洪迈传》,第 11570 页。
⑥ 详参（明）叶盛撰《水东日记》卷一四,《影印文渊阁四库全书》本,第 1041 册,第 83 页。
⑦ 详参吴松弟《北方移民与南宋社会变迁》,文津出版社 1993 年版;吴松弟《南宋人口史》,上海古籍出版社 2008 年版;葛剑雄主编,吴松弟著《中国移民史》第四卷,福建人民出版社 1997 年版;潘晟《宋代地理学的观念、体系与知识兴趣》,商务印书馆 2014 年版。

了某些肤浅的理解与阐释①。在南宋文学研究中，对于南宋文人的关注主要集中在宋南渡文人和宋遗民文人一前一后两个阶段。这是有一定合理性的，著名学者郑骞先生就曾经提到过宋室南渡的重要性②。有关宋南渡以来文学研究的著作大量涌现，使南渡文学尤其是南渡词人研究成了当今学术研究的热点。

相对而言，南宋流寓岭南文人及他们的文学创作还较少引起学者的关注，南宋迁岭文人大多是政治生活的失意者，他们或在高压政策下被贬谪至岭南，或战乱之际避难至此，或因政治失意时宦游而来。他们有些是宋南渡文人，有些是宋遗民文人，还有些是南宋中后期的江湖文人。流寓岭南，退居闲处的生活使得他们有较多的闲暇和精力来从事文学创作、文化活动，他们大多将自己对政治的体验、对人生的感受、对历史的思考寓托于自己的作品中。他们将优美的诗词、宏观的理论、长篇大论的反思都书之于纸，他们的文学作品与当时的正史、笔记、野史杂志交相辉映，深刻展示出流寓岭南文人的个体生命体验与情感表达，看似零乱没有系统，却真实地记录了南宋流寓岭南文人在当时当地的所见所闻所感及他们的思想、品质和襟怀。正如葛剑雄先生指出的，"身临其境的感觉毕竟是最真实的。而对文化现象，无论是精神的还是物质的，最敏感的却正是人的感觉"③，而南宋流寓岭南文人的文学作品大多正是他们身处西江流域时自我内心世界最敏感、最真实、最生动、最具体、最优美的呈现，是我们了解这样一个复杂迷人的时代和丰富多彩的地域不可或缺的第一手文献资料。

第二节 研究方法与旨趣：人与地的交融

西江流域社会的变迁，离不开生活在这片土地上的人们文化性格与文化心态的转变。在这个方面，南宋流寓岭南文人起了重要作用。一个地域的社会风气与此地人们的文化性格有着密切联系。而一个地域人们文化性

---

① 详参拙著《南宋遗民词人研究》（凤凰出版社 2011 年版）、《文化视野下的南宋干谒风气与文学创作研究》（暨南大学出版社 2016 年版）。

② 详参郑骞《永嘉室杂文》，辽宁教育出版社 1998 年版，第 152 页。

③ 葛剑雄：《移民·移民文化·上海文化》，《往事和近事》，九州出版社 2016 年版，第 274 页。

格的形成，往往受到当地社会精英的影响。南宋文人流寓岭南时期的创作便是见证，他们在作品中深刻地表达了自我对传承中华优秀传统文化的历史使命感、责任感，高度重视通过文章来让中国优秀传统文化精神代代相传。这种对文化传承的深厚感情，沛然莫之能御，让我们后世读者更能感受到中华优秀传统文化的力量与伟大。

生活在西江流域的人们应当由衷感谢那个时代，感谢那个时代中迁谪寓居岭南的文人们。那个时代在给南宋流寓岭南文人苦难、给他们历练的同时，也因此而造就了一批良师益友，他们品德高尚，逸怀浩气、心系家国，常给当时西江流域的士子与百姓指点迷津，驱除阴霾，让经历苦难后的人脚步更加沉稳，更加扎实。事实充分证明，宋南渡以来这一批被贬谪、游宦、避乱到岭南的文人接触到了与中原文化异质的、另一种特色的岭南文化，进入与岭南文化交融的新境界，他们的反叛、超越、旷达、闲适、雅谑的文化性格在这种文化氛围中得到了更加充分、更加自觉、更加彻底的发展，而且还孕育、产生出新的文化性格与人生思考，从而展示出新的胸怀与眼光。南宋迁岭文人大多数是政治上的失意者，却成了文学创作、思想建设上的成功者，这是一个十分耐人寻味的现象。究其因，南宋迁岭文人在政治上失败后，被贬谪、流寓至荒凉之地，反而使他们有更多的闲暇、精力，更少干扰来完成他们的"回忆"及文学创作，并且在历史观、人生观、价值观上往往是非颇谬于主流意识形态，反而更能直面惨淡的人生、正视淋漓的鲜血，更能揭示出历史的真相与人生的意蕴，更能体现出深刻的理性思考和沉重的人生悲哀，更能反映出他们寻找解脱人生苦难、超越人生悲哀的心理模式。我们从这样的作品中也更能汲取到有益于今人的思想养料、精神食粮。这对中华民族文化性格的塑造起到了十分重要的作用。

一方水土养育一方人。西江流域优异的自然环境和丰饶的物产，是促使当地社会变迁与文化发展的重要因素；西江流域的广大地区具有冬季的温暖和润湿，十分有利于农业经济的发展，也有利于西江流域社会变迁与文化发展。西江流域宝贵的自然环境与物产资源，是文化发展与社会变迁的物质基础，也是历代迁岭文人赖以生存和进行文学艺术创作的沃土与根基。迁岭文人创作的那些描写西江流域风物的作品是宝贵的文化遗产，为传播与宣传西江流域社会起到了重要的作用。南宋迁岭文人在西江流域为官时，没有怨天尤人，自暴自弃，而是发挥自己作为地方官员、知识精英的作用，积极开展地方文化建设，广泛体验生活，观察民情风俗，为我们提供了一批生动鲜活的西江流域社会的生活画卷，为西江流域的社会发展作出了重要的贡献。

当然，我们在研究过程中也要立足于文学本位。文学是人学，是研究人的性格、情感的。所谓文生于情，情生于文。南宋迁岭文人的文学作品具有生生不已的生命力，深刻影响到西江流域的社会文化发展。不论何时提到南宋迁岭文人，我们首先要考虑到的是南宋迁岭而来的这些"人"，主要研究他们的文化性格与人生思考，然后才是他们作品中所体现出来的艺术成就与审美价值，并从中探索西江流域的区域特点、生态文化、民族意识及其发展演变的过程。因此，除了找得到资料、读得懂资料，能够分析和运用资料外，我们还需要一种能力，就是以意逆志，以己之意逆诗人之志，能够仔细品味与反复涵泳迁岭文人的文学作品，并结合现实人生中的生活体验对古人进行分析，以心证心，以古鉴今，以今察古，知人论世，力图探究和揭示出南宋流寓岭南文人人生思考与文化性格形成的历史、地域、家族、政治等方面的多重因素。

我们从事南宋流寓岭南文人研究，既要重视史实考辨与理论抽绎，更不能忘记文学最重要的功能——"感动人，激发对他人的同情与共鸣"①。王水照先生对此有独到的分析，指出：

> 作家的文学创作和文学活动总是在一定的时空条件下展开和完成的，以往的文学研究偏重于"时间"的维度，从某种意义上看，我们的文学研究整体的视角、方法、问题意识、学科方向无不处在文学史书写的笼罩之下。出于改变原有视角的迫切需要，文学与地理关系研究立刻得到广泛的响应，在宋代文学研究中也是如此。深入发掘地域中的文学因素，无疑是值得期待的研究领域，可以大大拓展文学阐释的广阔空间。②

---

① 川本皓嗣语，转引自张伯伟《中国文学批评的抒情性传统》，载莫砺锋编《谁是诗中疏凿手——中国诗学研讨会论文集》，凤凰出版社 2007 年版，第 30 页。
② 王水照：《宋代文学研究的前沿问题——以文学与科举、党争、地域、家族、传播等学科交叉型专题为中心》，《第八届宋代文学国际研讨会论文集》，中山大学出版社 2015 年版，第 2、3 页。

　　这段话为我们的研究提供了深入细致的理论指导，而王先生博大精深、深美闳约的研究实践，也为我们提供了一个如何进行学术探索的成功范例，为我们的研究指明了具体的方向。

　　宋室南渡以来，文人迁岭是深刻影响到西江流域社会发展历史进程的重大事件，这是由南宋迁岭文人亲自参与的西江流域的一次大规模的文化教育活动，也是历代迁岭文人改造与传播西江流域社会文化的一个重要组成部分。西江流域在很长的时期内是南宋迁岭文人进行文学创作的特定社会环境与文化土壤。南宋迁岭文人在西江流域社会变迁中运用他们的聪明才智广泛交游、体察民情，了解当地风俗，并聚众授徒，传播文化，全面发展了西江流域的文化教育事业，并以他们的文化性格与人生思考大力拓展了西江流域广大士子的文化视野，改变了他们的生活习惯，丰富了他们的文化生活。

　　因此，我们不仅要在文献检索中下一番深入挖掘的功夫，还应广泛地占有资料，本着尊重历史复杂性的态度及求实求新的治学精神，追寻坠绪，透视幽渺，通过征引丰富多彩的历史文献资料，力求透彻分析特定的历史文化背景中南宋迁岭文人在西江流域生活的一个个影响着社会发展的细节，完整地描绘出西江流域社会变迁与南宋迁岭文人之间千丝万缕的内在联系，并从细节与逻辑关系的必然性中作出自己的判断。在史料不全的情况下，只有通过逻辑推理，这就要求我们能够索隐探幽、去伪存真、钩玄提要，小心求证，从已知去推求未知，力争对二者的关系提出自己的看法，争取实事求是地把握住南宋迁岭文人与西江流域社会变迁的实质，并通过我们的理论思辨、逻辑推理将这些关捩点传达出来。许多问题即使一时难以完全解决，也希望能够引起时贤方家的关注与兴趣，为今后学术界深入探究这类问题，提供一些有益的思路或线索。愚者千虑，或有片得；野人献芹，聊博一粲。

　　我们在撰写本书的过程中采用的研究方法主要是：从实证研究的角度对南宋流寓岭南文人作分析性论述，这就要求我们首先应将南宋文人迁岭的来龙去脉叙述清楚，其次对西江流域的历史地理与南宋文人迁岭的互动也应作一定程度的理论分析。但是，过度的阐述往往会妨碍读者自己的判断。因此，我们在研究过程中十分注意细节的叙述，尤其是不能忽视个案研究，从中探究出西江流域社会变迁与南宋文人迁岭的内在动因。中国诗包括"时间、人事、地理"①，这就使得"文学地理学"学科得以建立，我们在研究南宋迁岭文人时，就不仅要挖掘出南宋迁岭文人诗歌与历史的关系，也要揭示出其中的"地理"因素，探究其与西江流域社会变迁有何内在联系。

研究"南宋流寓岭南文人"，我们当然要特别注意"南宋"这一时期的时代特征，文人迁岭之所以在南宋表现得特别突出，就与当时特殊的时代环境有关。靖康之变，宋室南渡，巨大的政治变迁，政治中心、文化中心、经济中心的南移，开启了西江流域社会发展的新纪元。靖康之变是一个促因，伴随着大量知识精英的南迁，流向西江流域，偶然与必然汇合，从而促进了西江流域社会经济、文化的发展。

当然，我们更不能忽视西江流域这一特定地理环境与南宋迁岭文人的互动关系。岭南文化地位的上升离不开历代迁岭文人的努力开垦拓荒。北宋灭亡，宋室南渡，宋王朝疆域缩小，两广在政治、经济、文化中的地位也日益突出。另外，南宋是比较接近明朝的一个重要朝代，这不仅指时间上的接近，更重要的是文化思想、学术状态的相近。根据王瑞来先生的宋元变革论②，可以说，南宋文化直接影响到明代，是近世文化的一个开端，开启了后世岭南文化的繁荣。由于政治、经济的原因，越来越多的人涌入岭南，他们大多要通过西江流域，据宋代岭南文人余靖《韶州真水馆记》中的描述③，南宋流寓岭南文人来到桂林赴任，大多就是沿着西江流域。南宋文人的迁岭，是影响西江流域社会变迁的重大事件。

为此，我们对南宋流寓岭南文人迁岭的来龙去脉进行了深入考察，旁搜远绍、俱收并蓄，对与之相关的大量资料进行点滴归拢，对这些资料反

---

① 《元白诗证史第一讲听课笔记片段》，陈寅恪著，陈美延编《陈寅恪集·讲义与杂稿》，生活·读书·新知三联书店 2002 年版，第 483 页。

② 王端来在《近世中国——从唐宋变革到宋元变革》一书中指出："靖康之变，北宋遽然灭亡。突然的巨变，政治场的位移，开启了下一个变革。靖康之变是一个促因，许多变革的因素已酝酿于北宋时期。这些因素伴随着时空的变革而发酵，偶然与必然汇合，从而造成宋元变革。这一变革，由南宋开始，贯穿有元一代，开启了中国历史走向近代的滥觞。探寻中国如何走向近代，宋元变革论会给出回答。"（山西教育出版社 2015 年版，第 188 页）这段话中特别引起我们注意的是"这些因素随着时空的变革而发酵"，其中"时空"的"空"，让我们留心宋元社会变革中文化地理的因素，所谓时空的变革，是指宋室南渡以来南方政治、经济、文化的发展与演变，西江流域一带的社会变迁与政治、经济、文化发展也是题中应有之义。

③ 参见（宋）余靖撰，余仲荀编《武溪集》卷五《韶州真水馆记》，《影印文渊阁四库全书》本，第 1089 册，第 49 页。

复研究体会，涵泳其间，尽力使之融会贯通。我们希望在南宋政治制度背后看到文化，从南宋迁岭文人的命运变化中去理解当时的政治。站在西江流域社会变迁的立场，对宋室南渡以来这段波澜壮阔历史中士大夫跌宕起伏的命运进行评述。在"创作主体论"中我们论述南宋文人的迁岭原因及他们文化性格的形成，以"创作实践论"来阐述西江流域社会环境与迁岭文人超越机制的关系；以"影响定位论"来说明南宋迁岭文人的地域认同及其寓居西江流域的文化意义。

　　南宋时期的迁岭文人及其作品主要有哪些呢？这需要我们做一番深入考索的工作。首先，我们以曾枣庄、李文泽、吴洪泽编《宋代文学家辞典》，曾枣庄、吴洪泽著《宋代文学编年史》，吴洪泽、尹波主编《宋人年谱丛刊》，傅璇琮主编《宋才子传笺证》及吴熊和主编《唐宋词汇评》中的"词人小传"为基础，再从《宋史》《宋史翼》《宋史纪事本末》《宋史全文》《宋人轶事汇编》《宋名臣奏议》《宋宰辅编年校补》《宋诗纪事》《宋元学案》《宋会要辑稿》《宋诗话全编》等大量的有关南宋文人的史籍、诗话文献中甄别出哪些人曾迁居过岭南。

　　其次，考察南宋迁岭文人在岭南创作的作品，这些作品有着不可忽视的重要意义，反映了那个时期的文人士大夫的生活由于朝廷的南迁而发生了哪些改变。他们中的大多数人都有过迁岭的经历，为此激动，受此指引，也因此而困惑和痛苦。这种情况决定性地影响到宋室南渡以后的政治、经济和思想文化的发展，其正面作用是南宋朝廷在杭州建都后促成了高宗皇权的确立与巩固，推动了广大士人对南宋朝廷的政治认同。但是，随着秦桧的高压政策愈演愈烈，南宋士大夫逐渐流寓到岭南，岭南地区特殊环境改变了南宋士大夫的传统角色和自我认知，他们不再是社会的中心，而是迁客流民，这些奔赴岭南的士人认为，岭南不但是他们摆脱高压政治的心灵避难所，也是他们寻求生活真正意义的所在地。在许多南宋迁岭文人看来，在杭州南宋小朝廷里的生活是压抑、庸俗、空虚、无聊、琐碎的。礼失求诸野，只有在西江流域的生活才是有价值、有意义的生活。那些保存下来的南宋迁岭文人的文学作品大多是当时士大夫在迁徙流寓岭南的生活中意到笔随，零碎、真实的记录，描绘了迁岭文人当时的部分心迹情感与生活体验，可以说比任何其他历史文献都更直接、更优美、更生动、更可靠地记载了他们的思想观念，表现了社会环境、自然风光、民风民俗及重大历史事件在当时士大夫心灵深处所产生的巨大影响，反映了当地大量丰富多彩的历史文化信息。

最后，我们广泛阅读了《广西通志》《广东通志》《粤西诗载》《粤西文载》《粤西丛载》《岭外代答》《方舆胜览》《舆地纪胜》《桂海虞衡志》《桂胜》等有关西江流域的地方志、地域文学总集，考察其中是否保存有南宋迁岭文人的作品。在浏览西江流域地方志，阅读各类地方文献及实地考察的基础上，我们将发现的资料与保存在史籍上的资料对照分析，检查其真实性与艺术性，并尽量予以甄别分析。

第三节　研究内容与视角：文化记忆中的迁岭生活

我们一直思考这样一个问题：大规模的迁岭行为使参与其间的士大夫产生了一种什么样的精神状态？给当地的社会带来了什么样的深刻改变与影响？

南宋迁岭文人的文学作品记载了他们当时在西江流域的感情与思想，呈现出他们的悲剧性生命体验及解脱苦闷的方式，这是我们观照考察这一地域社会变迁极好的文献资料。我们在这一课题的具体研究过程中，尽可能地对前人时贤的研究成果作了一番详细的了解。在这个过程中，我们一方面学习前人时贤，获得了尽可能多的优秀学者的学术滋养；另一方面也给我们这一课题的研究确定了一个突破口。文学是人学，作为文学研究者，我们希望通过这一课题的研究，能够对历代迁岭文人的研究有所推进。因此，我们在研究中更加注意仔细涵泳体味南宋文人迁岭及居岭时期渗透在文字中的文化性格与人生思考，并仔细体味涵泳一个个体现南宋迁岭文人创作风格的"心目中那个精神性的"岭南，他们文学作品中"永不消退的记忆场景"和他们"人生感悟的一种象征和符号"[①]。

南宋迁岭文人们的作品记录了一个时代，真实地反映了一种伟大的精

---

① 王水照：《宋代文学研究的前沿问题——以文学与科举、党争、地域、家族、传播等学科交叉型专题为中心》，《第八届宋代文学国际研讨会论文集》，中山大学出版社 2015 年版，第 2、3 页。

神和境界，为后世学者的研究留下了一笔可贵的文学遗产。过去人们谈到南宋迁岭文人，往往会描述他们在岭南生活的不适与苦闷及其在困境中表现出来的忠烈节义之类的高尚人格，而往往忽视了西江流域社会变迁在南宋迁岭文人思想和情感形成过程中所产生的积极作用。当我们将这些南宋迁岭文人的作品落实到他们流寓岭南的生命历程和当时具体的历史文化环境中，就可以惊喜地发现这样的作品其实是可以得到更加深层、更加广阔的阐释空间。中华民族文化源远流长，具有强大的生命力，这体现在南宋迁岭文人在西江流域生活时具有顽强的适应能力，他们大多很能适应环境。

南宋迁岭文人的作品有丰富深刻的人生意蕴，包含了丰富复杂的人生思考，体现出深沉开阔的文化性格，对我们现代人的人生也更加具有启示意义。这就要求我们研究南宋迁岭文人时，要尽力进入他们丰富复杂的内心世界中去。南宋迁岭文人的命运大多坎坷不平，他们或因得罪权贵，或因躲避战乱，或因宦游迁谪来到西江流域这片蛮荒之地，然而这并没有令他们畏惧退缩，反而激起他们奋起抗争的勇气与信心，他们在西江流域生活时积极为当地人民谋福利，或聚众授徒、传播文化，或兴水利、开发农田，或优游山水、进行文学创作，对当地风物起到了广泛而深远的宣传作用。人情不远，我们需要对迁岭文人们这种身处逆境而不放弃生活理想的精神充满同情之理解或理解之同情。他人有心，余揣度之，通过阅读他们的文学作品，透过字里行间去把握他们深刻复杂的内心世界。

相比于综合性的宏观论述，我们更倾向于微观考察、细节分析，通过个案，滴水映日，折射西江流域的社会变迁与南宋迁岭文人之间的内在联系。我们选择胡铨、黄公度、洪迈、李光、赵鼎、胡寅、高登、李纲、朱敦儒、吕本中、陈与义、曾几、张孝祥、范成大、周去非、张栻、李曾伯、刘克庄等重要、典型的作家在宋室南渡以后于西江流域社会这一特定时空里的生命历程为观照对象，通过大量的历史材料，深入探讨他们在时代大转型、大动乱、大破坏、大变动中的投入、挫折、碰撞、困惑和坚守，透视他们的文化性格、人生思考与时代、社会之间的交流激荡，再现那个苦难深重时代的风云变幻、士人遭际与精神苦闷，考察南宋迁岭文人在波澜壮阔历史中跌宕起伏的人生，在西江流域社会变迁史上的经验得失及其对我们今人的启示。

南宋迁岭文人在西江流域地区的作品可以说是中国文学发展长河中的

一个特殊品种，一种富有民族特色、地域色彩、时代特征的文学类型，其中产生了众多的名家名作。宋室南渡之初，朝廷政治云谲波诡、惊心动魄，形势逼迫着出仕南宋的士人们必须在最短期的时间内作出战与和的抉择：阿谀奉承、奔走请托的文丐获得了高官厚禄，直道而行、忠贞不渝的抗争之士遭到贬谪打击，他们在面临着何去何从的境遇时都作出了自己的选择，也决定他们未来的人生之路。通过一些残存的文献资料，经过勾勒考证之后，我们可以较为完整地观看南宋迁岭文人在迁居西江流域地区的原因与心迹。

虽然每一位南宋迁岭文人的人格个性、人生态度、文学作品的境界各不相同，但是没有一个人可以超脱到时代之外，他们的感情、品格及文学创作在某种程度上反映了时代气息与地域特征。我们的个案考察，主要叙述了南宋流寓岭南文人迁岭的原因及其在当地的政绩影响与文学创作；通过胡铨、黄公度、洪迈来讲述南宋迁岭人文化性格形成的历史、地域、家族等方面的原因及其表现形式；通过张孝祥、朱敦儒对西江风物的描绘及他们流寓岭南的心迹情感来考察当时政治形势的云谲波诡、变幻莫测，反映出靖康之乱后特殊社会背景下南宋文人人性的复杂与生活的无奈；通过范成大、李曾伯、周去非、刘克庄等南宋中后期的迁岭文人来探讨西江流域的自然环境与人文环境对迁岭文人心灵产生的激荡与影响，此地已经成为他们心灵的一方净土，引发他们长久的追忆与叙述。我们这样做的目的是期望在比较广阔的文化视野下审视西江流域社会变迁与南宋迁岭文人文化性格与人生思考的发展演变。

全书共五章，分三部分撰写。

第一部分是第一章："政局巨变与文人的反思"，为群体研究，主要探讨南宋文人群体在靖康之乱后的迁岭之因及他们的为人处世方式。我们在这章研究的主要内容是描述宋室南渡以来，朝廷实行高压政策和士人大规模奔走干谒的情状，靖康之难导致文化的重组与文学的新变。新王朝的建设导致参与其中的士大夫主动或被动、自觉或不自觉、自愿或被强迫地卷进了一场场云谲波诡的政治斗争。斗争的失败者往往只能主动或被动地选择离开，流寓到偏僻荒远之地的岭海，到蛮山瘴水中去寻找精神的避难所。尽管在他们的创作中，仍然高呼"举大白，听金缕"的豪情胜慨，但我们可以看到更多的时候，他们展现出在高压政策下常见的奔走请托的生活。毋庸置疑，文丐奔竞、颂圣行为是他们日常生活中真实存在过的状态。他们迁岭后的一系列言行，则意味着在充满矛盾的时代里流寓岭南文人对人生道路的选择，他们迁岭前后的表现，既体现了对高压政治的反感与抗争，也为此付出了沉重的代价，未尝不可以看作南宋文人对自我生存方式的一次有意义的探索。其所以有意义，不在于他们的成功与否，而在于他们的反复无常、复杂多变的行为方式与性格特征给愿意深入研究人性的学者们留下了丰富的史料及深刻的启示。作为灿烂的中国古代文明的一部分，南宋迁岭文人本身就意味着一笔永恒而弥足珍贵的历史遗产，这遗产属于全人类，值得我们进一步深刻反思与总结，特别是南宋文人在政局巨变中的种种表现，更应引起我们警惕当时文人文化性格中的软弱性、复杂性与多变性。当然更加值得我们重视的是：适应性。南宋迁岭文人很能适应环境，无论在什么样的生活条件下仍然坚持创作，把自己的生活方式与心迹情感具体生动地记录到了文学作品中。

第二部分即第二章，主要探讨"西江风物与南宋文人的迁岭心态"的问题，返回人性的主题，以南宋名流张孝祥、朱敦儒迁岭心态的演变为个案，深入研究靖康之乱后特殊形势下人性的正常表现，意在借助传统知人论世、以意逆志的方法来研究南宋迁岭文人，更深刻地认识南宋文人迁岭心态的复杂与多样。以历史的后见之明来分析评价南宋迁岭文人的种种人生境遇及他们在西江流域山水风物中寻找解脱的心路历程。

第三部分即第三、四、五章，论述"礼失求诸野——南宋迁岭文人的超越机制与地域认同"。我们以李纲、李光、吕本中、陈与义、曾几、胡铨、黄公度、洪迈、范成大、周去非、李曾伯、刘克庄等南宋迁岭文人为重点考察对象，围绕"西江流域社会变迁"这一主题，描绘出迁岭文人在当地的心迹情感与文化活动，诠释这一特殊历史时期文人迁岭的重要贡献，是一种文学与地域关系的研究。我们希望这部分的论述能避免传统文学史研究的框架，在考证文献、甄别史料的基础上深入每位南宋迁岭文人的个人生命史，探寻他们为什么选择迁岭、如何迁岭，以及寓居岭南的生活中所发生的种种境遇变化及他们面对现实的人生态度与生活方式。南宋文人的迁岭，不仅仅是地理空间上的位移与改变，而且还有心理上的冲击与性格上的升华。通过这个研究，我们希望能更加深入地体会南宋流寓岭南文人在生存困境中的自我超脱，还有迁岭文人群体中随处可见的"洞然大人"安之若命、穷而乐、尚友古人的乐观精神，力图通过历史、地域、家族等多种因素来考察他们文化性格的形成，并探讨他们的文化性格对地域认同产生的深刻影响。

流寓岭南的生活成为一种文化记忆，在南宋迁岭文人的文学作品中体现得十分明显。我们希望能集中研究迁岭文人在宋室南渡之后的时代巨变下心灵受到的冲击及他们在特定政治背景下，在贬谪、播迁的历史风雷激荡中的遭际命运，运用大量第一手材料研究迁岭文人用怎样的情感去描写与追忆自我在西江流域的生活。第三部分因是本书研究的重点，所以篇幅较大，共分三章。我们在这部分着重探讨了西江流域社会变迁与南宋文人流寓岭南的密切关系，从而揭示出"礼失求诸野"这样一个核心观点，即在宋室南渡以来的高压政治下、文丐奔竞中、世态炎凉里，流寓岭南文人表现出了独特的文化性格与人生思考，展示出他们流寓在险恶环境里仍然乐观知足、昂然向上，积极进取，为当地人民作贡献、谋福利，从而改变了西江流域的文化生态，使西江流域的广大地区由原来的蛮荒之地变得越来越文明，反映出了古代士人在逆境之中"不可以不弘毅"的精神面貌与可贵品质。

第一章　政局巨变与文人的反思

我们首先考察宋室南渡后的时代巨变与当时文人的参政环境及其反思，研究创作主体的命运遭遇与人生思考，包括南宋文人在高压政治下的人际关系、干谒活动与南宋文学创作和发展的关系，体现我们对南宋文人丰富、复杂的人格特征的理解与阐释，揭示出中国传统社会中的政治与人性。南宋文人常常通过当时社会的政治与人性来反观历史，思考现实。同时，政治上的失意、党争的激烈，把南宋文人抛到了岭海，正如屈原放逐，乃赋离骚，南宋迁岭文人在面临着进退出处问题时，他们那种不齿与谄媚逢迎者为伍的风骨令人敬佩，他们的命运令人同情，他们在瘴疠之地创作的清新俊逸或雄丽壮美的诗篇，为我们这个民族树立了一座万古不朽的丰碑。

第一节　宋室南渡后的时代特征

严刑峻罚、赏官赠禄，是靖康之乱后时代特征的重要表现。中国传统社会是一个关系本位、等级壁垒森严的社会。官场中的等级制度不仅加深了人与人之间的隔膜，而且导致群僚之间的政治斗争风起云涌、云谲波诡，这是南宋官场特有的现象。

宋室南渡之初，沧桑易代之后，秦桧权倾朝野，只手遮天，在南宋初期的政治舞台上扮演着一人之下、万人之上的角色。以岳飞见识之奇、练兵之精、战功之著、胸襟之广、气度之深、声誉之隆，竟然被他用"莫须有"的冤案处死，可见在秦桧的高压政治下泯灭公道到了何种程度。一代名臣、官居参知政事的李光因不依附秦桧，被秦桧一贬再贬①。参知政事施钜也因与李光交往而遭到政敌陷害被罢免②，参知政事尚且如此，遑论其他。

当时只要与李光结交，就会被罗织罪名贬至蛮荒之地。如吴元美因与李光有交往而被政敌巧立名目、打击陷害，用文字狱的方式把他除名、容州编管，此事的来龙去脉史籍上有较详细的记述③。吴元美创作的《夏二子传》可谓是一篇精妙绝伦的美文，却被乡人郑炜深文罗织以至吴元美被贬谪容州，其中的经过一波三折，一环紧扣一环，惊心动魄、险象环生④。

---

① 《建炎以来系年要录》卷一四二"绍兴十一年十一月五日己亥"条载：资政殿学士提举临安府洞霄宫李光责授建宁军节度副使，藤州安置。言者论乃者二使之还，启示欲和之意，于国体无损，而光乃阴怀怨望，鼓倡万端，致会稽之民，扶老携幼，转徙道路，连日不止。乘时诽讪，罪不可赦。秦桧进呈，上曰："司马光言，政之大本，在于赏刑。朕于光辈，闻其虚名而用之，见其不才而罢之，逮其有罪而责之，皆彼自取。朕未尝有心也。若用虚名而不治其罪，则有赏无刑，政何以成？譬之四时，有阳无阴，岂能成岁乎？"乃谪光岭表，令绍兴府日下遣发，枢密院差使臣一员伴送。（中华书局 1988 年版，第 2287—2288 页）
② （宋）李心传：《建炎以来系年要录》卷一六八，"绍兴二十五年夏四月九日乙酉"条，中华书局 1988 年版，第 2746 页。
③ 据《建炎以来系年要录》卷一六一"绍兴二十年九月甲申"条载：降授左承事郎福建安抚司主管机宜文字吴元美除名，容州编管。元美尝作《夏二子传》，其略云："天以商代夏，是以伊尹相汤伐桀，而申其割剥之罪。当是时，清商飙起，义气播扬，劲风四扫，宇宙清廓，夏告终于鸣条。二子之族，无小大少长，皆望风陨灭，殆无遗类。天下之民，始得安食醋寝，而鼓舞于清世矣。"夏二子，谓蝇蚊也。其乡人进士郑得之，持以告本路提点刑狱公事权福州孙汝翼。汝翼恶之，抵炜罪。炜怒，走行在，诉元美讥毁大臣。秦桧从尚书省下其章，元美家有潜光亭、商隐堂，炜上桧启："亭号潜光，盖有心于党李，堂名商隐，实无意于事秦。"他皆类此。桧进呈，上曰："元美撰造谤讪，至引伊尹相商伐桀事，其悖逆亦甚矣。可令有司究实取旨。"至是法寺言元美因与李光交结，言事补外，心怀怨望，遂造《二子传》，指斥国家，及讥毁大臣，以快私忿，法当死，上特宥之。汝翼已移知荆南府，亦降二官。元美卒于贬所。炜二十五年十二月壬子编管，元美二十六年七月癸亥追复原官。（第 2622 页）
④ 吴元美谪居容州后尽情游览了当地的大好江山，他在《勾漏山宝圭洞天十洞记序》载："天下洞凡三十有六。容南西及鬼门关内，一郡而得三焉；南都峤，北白石，西勾漏。"[（清）汪森编：《粤西文载》卷一九，《影印文渊阁四库全书》本，第 1465 册，第 786 页] 并尽情地描写了当地的白沙洞："纵广一顷，高数十仞。石膏玉英，散彩流光。大者齐雉堞，小者杂毫芒。奎壁交加……千巅万壑，不可殚尽。或考击之，则锵然如洪钟，轰然如震雷，厉然如长风吼众籁，泠然如飞瀑泻谷，令人神思飞扬，形容不逮。但索笔书曰：勾漏甲于天下，而此洞为勾漏第一。"[（宋）吴元美：《白沙洞记》，载（清）汪森编《粤西文载》卷一九，《影印文渊阁四库全书》本，第 1465 册，第 787—788 页] 吴元美也在奇山异水中登临揽胜，在山林云水中"神思飞扬"，从而暂时消解了心灵深处的辛酸苦闷。

又如陈祖安也因与李光交往而说了一些赞美李光的话就被政敌弹劾打压①。当时秦桧利用文字狱打击士大夫的手段之恨、技巧之精、花样之多，令人叹为观止，这些都反映出宋室南渡以来高压政策下政治形式云谲波诡、跌宕起伏的具体情况。

秦桧对待异己极为严峻，稍有触犯，即罗织罪名将其贬处②，把他们流放到瘴疠之地的岭南甚至海南岛。其中最令人嘘唏感叹的是：赵鼎被迫绝食而亡、李光远谪天涯海角的儋州。还有，南宋迁岭文人胡铨是靠徒步而赴贬所的。秦桧打压政敌的手段可谓残暴。这些被贬之士大多是智勇双全的奇男子，却被权奸秦桧所深恶痛绝，贬谪流放，在高压政治下，在文丐奔竞中，在世态炎凉里，颠沛流离，寄情山水，独立不迁地保持了自己的气节。宋室南渡以来的士人风貌与"时运"关系密切，我们在评论南宋迁岭文人时，不能忽视时运对他们的影响。因此，我们对南宋士人的处世方式与精神面貌也应抱"了解之同情"的态度。

具体来说，南宋"时运"的一个重要表现就是权相乱政，高压政策盛行。宋室南渡以来，不光只有秦桧一个权相，还有韩侂胄、史弥远、丁大全、贾似道等，这些权相奸臣不但奸佞无比，而且手段出奇。秦桧深切地体察出宋高宗的意旨与苦心，利用高宗的求和愿望与猜忌之心压制主战派，大兴文字狱，排斥异己，重用亲信，离间张浚、赵鼎，扳倒岳飞，制造风波亭冤狱。可悲的是，随之而来的其他权相之卑劣无耻，实不在秦桧之下。在他们专政之时，整人之久、伪善之深、花样之多、无耻之甚者，令人发指。宁宗朝权奸韩侂胄利用职务之便驱赵汝愚出朝，因朱熹附和赵而大禁伪学，实行庆元党禁，"其事止类于后汉之党锢，与北宋之党争不同也"③，南宋一朝党锢之祸、惨绝人寰，致使众多正直有为之士，潦倒穷途。而制造党锢的韩侂胄，也因好大喜功而发动"开禧北伐"，终致身败名裂，被史弥远借此机会杀害；史弥远在宁宗、

---

① 《建炎以来系年要录》卷一六九，"绍兴二十五年十月九日癸未"条，第2767—2768页。

② 据当时兵部侍郎胡铨所言："秦桧力排不附和议之士九十余人，贤士大夫、国之元老相踵引去。桧末年遣张常先、汪君锡，网罗张浚、胡寅等三十七人，欲置海岛，赖上天悔祸，桧即殒命，而三十七人幸脱虎口。然赵鼎、王庶、李光、郑刚中、曾开、李弥逊、魏矼、高登、吴元美、杨辉、吴师古等皆死岭海，或死罪籍，怨愤之气彻天。"〔（元）佚名撰，汪圣铎点校：《宋史全文》卷二四上，隆兴二年七月"是月"条引，中华书局2016年版，第1995页〕

③ 柳诒征：《中国文化史》，东方出版中心1988年版，第526页。

理宗朝任丞相二十六年，独相二十四年，向金求和，姑息养奸。后来，贾似道专政十七年，刚愎自用、妒贤嫉能，隐瞒敌情、邀功请赏，他们都是些权倾朝野之人：只手遮天，阻塞言路，引起正义士大夫的不满。这种"一桧死，百桧生"的社会环境及"利源皆入其门，阴结诸将相为党援"①、结党营私的客观现实，在南宋小朝廷一百五十多年的统治时期是普遍存在的。

在《跋胡直内诗》中，方回更进一步指出了宋室南渡以来的历代权相之势：

> 学周、程，文欧、苏，诗苏、黄，与治俱极，而章、蔡乱之。南渡复矣，又厄于桧（秦桧）。谁实洗日濯月，以有乾、淳。讫庆元，大儒殁，侂（韩侂胄）十三年，远（史弥远）二十七年，清（郑清之）、嵩（史嵩之）出入倾轧十八年。权归官侍，循至全（丁大全）、道（贾似道），又几二十年，而乱极不可救矣。盖江左百五十年，前七十年仅一桧为梗也；后八十年，连梗六柄臣，皆仇正嫉是。②

清代史学家赵翼也有类似的看法③。高压政治、文丐奔走在蔡京为相时就已成为司空见惯之事了，南宋更加盛行，流风所及至于南宋末年。"君失臣兮龙为鱼，权归臣兮鼠变虎"（李白《远别离》）。南宋的皇帝一直以来都受控于掌握实权的宰相，这在它一百五十多年的多次政治危机中能够很清楚地看出来。

---

① （元）脱脱等：《宋史》卷三八七《王十朋传》，第11883—11884页。
② （元）方回：《桐江集》卷四，影印《宛委别藏》本，台北：商务印书馆1981年版，第282页。
③ （清）赵翼著，王树民校证《廿二史札记校证》（订补本）卷二六"秦桧史弥远之揽权"条载："蔡京、章惇之奸恶，犹第谐臣媚子伎俩，长君逢君，窃弄威福，人主能用之，亦尚能罢之。若秦桧、史弥远之柄国，则诛赏予夺，悉其所主持，人主反束手于上，不能稍有可否，几如曹操之于汉献帝矣。"（中华书局1984年版，第568页）

第二节　南宋文人的参政环境

靖康乱后的政治环境导致文人畏罪惧祸。文人畏惧高压政治的心理，反过来又促进了高压政治的盛行。在南宋一百五十多年间，许多文人士子为了求生存与发展，竟完全置廉耻气节于不顾，一味服从于强权政治。阿谀奉承、吹捧权臣、歌功颂德的诗文泛滥成灾，当时几乎所有作者都有干谒权贵之作，这是南宋高压政治盛行一时的突出表现及其深层历史动因。

当时大多数的文人士子为了权力、名利而奔走干谒秦桧之门而不悟①。如曾惇颂和议与罢岳飞等三大将，靠阿谀奉承权相而有点权势后，士人多愿与之结交②。高压政治在南宋的盛行，有历史原因，也有现实原因，还有更深层次的思想原因。权势感是没有标准，只有比较的，只有从一种境遇与另一种境遇的比较而来。一个长期享受了权势之人是很难忍受没有权力的日子。这不仅是曾惇个人的心理病症，而且是整个高压政治下中国传统士人文化心理的表现。高压政治导致士人畏罪、取宠心理萌生与干谒风气盛行，畏罪取宠心理及干谒风气反过来又促进了高压政治的推行。

南宋一朝权臣横行无忌、高压手段盛行一时，与当时士大夫性格的柔化、弱化、长期奔走迎合、阿谀奉承权贵有密不可分的内在联系。韩侂胄掌控权柄，肆无忌惮，用人唯亲，排除异己，连丞相京镗都在韩侂胄面前"无所可否"③、"无所立"④，韩侂胄的权势之重，一般文士岂敢不畏乎！偶尔出现孤直之人，也被排挤打压得无处藏身，或只能到岭海的山林云水

① （元）戴表元撰，（明）周仪辑编《剡源文集》卷一九《题方公删定家藏诸贤墨迹》载："当秦桧专国时，士大夫嗜进者蝇奔蚋集，有自庶僚谈笑至政府，权焰可知也。然亦往往未久而败，盖有自桧予之，自桧夺之。所得富贵几何，而名字巧人齿颊，为千古叹辱。"（《影印文渊阁四库全书》本，第 1194 册，第 246 页）

② 谢伋《曾使君新词序》载："临海使君南丰曾侯惇，字谹父，以故相孙习知台阁，工为文辞。年逾三十，当全盛时，官中都，诸公贵人一口称荐。王邸戚里，名胜豪杰，莫不愿交。"（施蛰存主编：《词籍序跋萃编》，中国社会科学出版社 1994 年版，第 275 页）

③ （元）脱脱等：《宋史》卷三九四《京镗传》，第 12037—12038 页。

④ （宋）陈振孙著，徐小蛮、顾美华点校：《直斋书录解题》卷二〇《诗集类下》，上海古籍出版社 1987 年版，第 606 页。

中去韬光养晦，修养身心。

南宋权臣横行无忌，干谒奔走于权臣之门的士子只有通过权臣的宠幸才能使自己在入仕之途上走得顺利。这导致众多想通过所学改变命运的士子自然而然地奔走乞食于权门，摇尾乞怜、阿谀讨好权势，表现出明显的妾妇之道。遭到秦桧打击迫害的胡铨也看到当时士风与政治高压的内在联系，指出："海内风靡，争欲罗拜秦门以取宠。自朝廷至山林之士交口吹嘘，权门如烈火，势焰可炙，而告奸罗织之狱兴矣。"① 这段记载正可视为理解高压政治之所以盛行一时的注脚，我们从中可以捕捉、感受、体会到当时高压政治的氛围。造成文人无行现象的主要原因之一，就是统治者的高压政策、文化专制以及文禁严密。秦桧手段之可畏可怖，也导致宋室南渡以来的许多文人奔走干谒，请托援引，士气由此而备受摧残。绍兴二十二年（1152）张九成谪居南安军时，有一段记载颇能说明这个问题：

> 或问九成曰："近日士大夫气殊不振，曾无一言及天下事者，岂皆无人材耶？"九成曰："大抵人材在上之人作成，若摧抑之，则此气亦索。"②

黄榦在与稼轩之书信中亦讨论到这个问题③。黄榦的议论或许可为张九成之语作注脚，说明秦桧掌权以后，士风颓丧之因与当时秦桧手段之可畏有着十分密切的联系。

这种氛围一直蔓延整个南宋。其中"四方善颂"写作"谀词呓语"④的就有南宋著名词人吴文英，当时无行文人，深刻地影响了士人的参政意识，也恶化了政治环境，导致南宋迁岭文人的政治悲剧。由此看来，高压政治盛行一时是有深刻的历史文化背景的。可以说，士人表现出来的畏罪、取宠心理是当时高压政治盛行一时的根源之一。高压政治导致无行文人的谀媚之风，谀媚之风也助长了高压政治。我们认为，高压政治在南宋盛行一时，不仅是相权的极大扩张，皇权受到限制；更大程度上也可以说是当时士风颓

① （宋）胡铨：《赠王复山人序》，《胡澹庵先生文集》卷一六，刘崎辑《宋庐陵四忠集》，民国二十六年（1937）本。
② （宋）李心传：《建炎以来系年要录》卷一六三，中华书局 1988 年版，第 2660—2661 页。
③ （宋）黄榦：《黄勉斋先生文集》卷一《与辛稼轩侍郎书》，上海：商务印书馆 1936 年版，第 4 页。
④ 《齐东野语》卷一二"贾相寿词"条，中华书局 1983 年版，第 219 页。

丧造成的。士风的柔化、弱化，导致权臣横行无忌，无所不用其极。无声的南宋、驯服的士子、沉默的大多数，导致高压政治的形成。

在谈及南宋迁岭文人的参政实践与政治悲剧时，我们不能忽视其背后深层次的制度之因。压制人才的制度，促成士风的颓丧，反过来，颓丧的士风也推动了高压政治的实行。宋室南渡以来士大夫疲于奔命、阿谀奉承以迎合朝廷的"君相好尚"①，这是当时导致迁岭文人政治悲剧的重要原因。

两宋党争激烈，在宋代，迁岭文人大多是党争的失败者。对于这一点，史家已经有了大量、详尽的记录。这些记载涉及宋代党争的前因后果、具体表现形式及最终结局等，已成为学术研究的热点。北宋政坛翻覆诡谲，朝堂上文人学士钩心斗角、各持己见，导致元祐党人被贬谪至岭南者甚众②。北宋迁岭人数虽是空前的，但不是绝后的。宋室南渡，奸臣当道，大量秉性忠直的南宋文人如同他们的迁岭前辈元祐党人一样，从四面八方汇合到了西江流域的广大地区，广东、广西、海南等地成了他们政治失意后的贬谪栖居之所。南宋被贬谪岭南的人数之多、影响之大、命运之惨烈丝毫不亚于北宋元祐党人的被贬，他们的成功与失败，明智与愚暗，得到与失去，具有丰富多彩的文化内涵，值得我们从多角度予以评说。

宋室南渡后，不依附权臣的文人士大夫大多被贬逐，政治风云的变幻莫测、朝廷的用人政策和文化政策，深刻改变了南宋士人的命运与创作风貌。南宋朝廷对士人最大的惩罚是把他们贬谪到岭南地区。宋室南渡以来迁岭文人的研究价值主要体现在他们人生道路的选择与文化性格的形成。这些贬谪、流寓、仕宦于岭南的文人，在安贫中、在乐道里，在瘴疠之地为岭南文化事业的繁荣作出了自己的贡献，从而有力地支撑起了西江流域在当时的蓬勃发展，留下了大量可歌可泣的动人事迹，在某种程度上改变了当时的文化生态，构成了精神生活的大大小小的里程碑，遂使我们在研究中得以从容揣摩玩味其心事，窥探他们何以在岭海漂泊数千里的地理大迁徙之后，保持了"君子固穷""士不可以不弘毅""辛勤无此比，常有好容颜"的伟大人格。

---

① （清）洪亮吉：《北江诗话》卷二，《洪亮吉集》，中华书局2001年版，第2260页。

② 据（元）脱脱等《宋史·龚夬传》载："时章惇、蔡卞用事，夬首论其恶。大略以为：'昔日丁谓当国，号为恣睢，然不过陷一寇准而已。及至于惇，而故老、元辅、侍从、台省之臣，凡天下之所谓贤者，一日之间，布满岭海，自有宋以来，未之闻也。'"（《宋史》卷三四六《龚夬传》，第10983页）

第三节　老问题、新视角：士风萎靡的根源

如何评价靖康之乱后南宋政治环境对当时士风的影响？这是一个大题目，也是一个老生常谈的问题。我们试以秦桧之后的权臣韩侂胄为论述问题的焦点，将这一老问题，放到较为具体的历史场景中来加以阐述，通过特定的事例，以新的叙述视角来对历史人物进行理性反思与深入考察。

秦桧之后，外戚韩侂胄专权，党同伐异、斥逐打击异己，轻起边事，致有符离之败，签订嘉定和议。诛韩之后，史弥远专权，更加抑制打压贤人名士，当开禧三年丁卯（1207）十一月三日礼部侍郎史弥远诛杀韩侂胄于玉津园并惩治其党时，士大夫表现出来的人格境界委实令人扼腕叹息：南宋士大夫多年来已被南宋朝廷实行的高压政策、专政模式压抑得精神萎靡，颓废不振。

刘克庄《后村诗话》前集卷二记载了当时的情形：

> 侂胄既诛，或托巢鸟以讥当时朝士云："众鸟不喜亦不悲，又复别寻高树枝。"丁卯和议，虏索首谋，函首予之。或为乐府云："宝莲山下韩家府，主人飞头去和虏。"高九万《吴山》绝句云："拂晓官来簿录时，未曾吹彻玉参差。旁人不忍听鹦鹉，犹向金笼唤太师。"①

---

① 吴文治主编：《宋诗话全编》，凤凰出版社 1998 年版，第 8 册，第 8381 页。刘克庄乃江湖派大诗人，其曾被卷入江湖诗案。据载刘克庄知建阳县时，因《落梅》诗得罪，被贬赋闲十年之久。林希逸《后村刘公行状》中道："言官李知孝、梁成大笺公《落梅》诗，与'朱三''郑五'之句，激怒当国，几得谴。安晚郑公时在琐闼，力为释辨以免。"[（宋）林希逸撰，林式之编：《竹溪鬳斋十一稿续集》卷二三，《影印文渊阁四库全书》本，第 1185 册，第 780 页] 刘克庄《杂记》亦载："后余宰建阳，李知孝方兴乌台诗案，余踪迹危甚。晚在琐闼，力劝远相不宜以言语罪人，其语遂解。"[《后村先生大全集》卷一一二，（宋）刘克庄著，辛更儒校注《刘克庄集笺校》，中华书局 2011 年版，第 10 册，第 4675 页] 在《与郑丞相书》中亦道："忆昨试邑建阳，适为要路所嫉，组织言语，横肆中伤，几逮对御史府矣。时大丞相方在琐闼，深惟国体，力解当权，谓文字不可罪人，谓明时不可杀士。某之所以获全要领，我公之赐也。"[《后村先生大全集》卷一二九，（宋）刘克庄著，辛更儒校注《刘克庄集笺校》，第 11 册，第 5228 页] 有此经历，对人际关系、人情世态有了更深刻的理解，当韩侂胄被诛后，刘克庄很敏锐地感受到炎凉的世态与崎岖的人心，故能对墙倒众人推的现象、落井下石的"当时朝士"有此生动形象的记载。

刘淮赋诗吟咏韩侂胄事，亦被记载在当时的诗话中：

　　刘溪翁淮《题韩府诗》云："宝莲山下韩家府，郁郁沉沉深几许。主人飞头去和虏，绿户玄墙锁风雨。九世卿家一朝覆，太师之诛魏公辱。后车不信有前车，突兀眼前看此屋。"赵章泉《跋》之云："何人咏出韩家府，是我建阳刘叔通。尽道唐人工乐府，罕能褒贬似渠工。"又云："谁咏韩家府，建阳刘叔通。是为闻以戒，斯可谓之风。妄矣彼侂胄，哀哉吾魏公。向来歌颂者，岂但剧秦雄。"盖作于嘉定初年也。①

　　可见时人对韩侂胄被诛的热议引起了众多诗人墨客的共鸣，故将其详载下来。这种文化心理就是鲁迅先生所说的"看客"心理②。我们从中国古代文人的一些诗话、笔记记载中，也可同样地感受到时人观赏别人不幸时幸灾乐祸的不良心态。当韩侂胄这个权臣在位时，人们对其噤若寒蝉，敢怒而不敢言，甚至不敢怒更不敢言，一旦他倒霉了，墙倒众人推，大家就都敢且乐此不疲讥讽嘲弄他甚至于累及与其相关的人。据鲁迅分析，人们往往喜欢观看、嘲弄"颇有名，却无力"的人士，因"有名"故有观赏性，因是"弱者"，在嘲讽之后没有风险③。故韩侂胄在位时，人们对他噤若寒蝉、以言为讳，可一旦失势甚至于身死之后，则成了大家发表意见、展示才华、炫耀见识的好材料了，大家踊跃发言、畅所欲言、一倾衷肠，在一片议论声中达到了一种通体舒畅，毛孔尽张、酣畅淋漓、自我陶醉的感觉。在嘲讽韩侂胄等失败倒霉者之时，这些嘲讽者表现出了极大的心理优势，获得了强烈的自我心理的满足感。

① （宋）魏庆之：《诗人玉屑》卷一九引黄昇《玉林诗话》，吴文治主编《宋诗话全编》，凤凰出版社 1998 年版，第 9 册，第 9240 页。
② 鲁迅：《娜拉走后怎样》，《鲁迅全集》第一卷，人民文学出版社 1981 年版，第 163—164 页。
③ 鲁迅：《论"人言可畏"》，《且介亭杂文二集》，《鲁迅全集》第六卷，人民文学出版社 1981 年版，第 331—334 页。其中有段话很深刻："这哄动一时的事件，经过了一通空论，已经渐渐冷落了，只要《玲玉香消记》一停演，就如去年的艾霞自杀事件一样，完全烟消火灭。她们的死，不过像在无边的人海里添了几粒盐，虽然使扯淡的嘴巴们觉得有些味道，但不久也还是淡，淡，淡。"（第 331 页）阮玲玉的死是这种后果，韩侂胄死的结果为鲁迅先生准确、深刻的判断力与见解又增添了一个鲜活生动的注脚。

另外，我们也不能完全归罪于民众的委琐从众心理。毕竟自掘坟墓的是秦桧、韩侂胄、史弥远这些权臣们，南宋的高压政策败坏了士风，也影响到时风和民族文化性格。我们不难想象，秦桧、韩侂胄、史弥远这些奸臣佞党长期"揣知上意""习闻其说"，使用高压政策压抑人才、消磨当时士人们的意气。刚正不阿的有志之士大多远离他们而去，围绕在他们身边的尽是些"靡然从之"，"人情习故"①、趋炎附势、趋利避害、阿谀奉承、唯利是图、"不敢"伸张正义的小人了，故一旦他们出事，这帮阳奉阴违、毫无节操的"众鸟"们自然"不喜亦不悲，又复别寻高树枝"，世态炎凉由此可见一斑。

人们常常抱怨世态炎凉，其实这种炎凉的世态，也是由制度造成的。我们也不能完全责怪这些趋炎附势之士的"势利眼"，这跟平时韩侂胄怎么对待他们有关。韩侂胄手中有权，值得注意的是，这些权是制度给予他的。在高压政策下，士大夫没有了独立人格与自由思考的能力，只会人云亦云；没有了书生意气，只有奴颜婢膝。所有他手下的人都不敢讲真话，就只好说假话或说废话。结果，韩侂胄开禧北伐就是在一片谎言之中进行决策的，根据这种决策行事岂有不失败之理？等他失败，礼部侍郎史弥远乘机诛杀韩侂胄于玉津园并惩治其党时，这些党羽也只能作鸟兽散，无法抗争。

周密可说十分敏锐地觉察到了韩侂胄"专政"与"身殒"之间的因果报应关系②。正是其"专政"，压制排挤天下豪杰之士，故"将帅庸愚，军民怨怼，马政不讲，骑士不熟，豪杰不出，英雄不收"，当其"师出无功，不战自败"③之际，也无有力之人帮他出谋献策、渡过难关，结果只有"身殒国危"，令天下笑。天网恢恢、疏而不漏。其中韩侂胄"专政"与"身殒"的因果报应，由此可见。

---

① （宋）周密撰，张茂鹏点校：《齐东野语》卷三"诛韩本末"，中华书局1983年版，第51页。
② 他在《齐东野语》卷三"绍熙内禅"条中评价韩侂胄时道："十年专政，肇开兵端，身殒国危。"（第45页）
③ （元）脱脱等：《宋史》卷四五五《华岳传》，第13377页。

第二章　西江风物与南宋文人的迁岭心态

宋室南渡后，北方文人迁入岭南，他们在躲避战乱或遭受贬谪之际，将中原的文化也带到了南方，"衣冠方南奔，文献往往在"①，甚至于"琼僻居海屿，旧俗殊陋，唐宋以来多名贤放谪，士族侨寓，风声气息先后濡染"②，连僻居海屿的琼州都受到名流贤士的影响，遑论与琼州相连且文明程度较高的西江流域广大地区。

南渡文人对西江流域物产的讴歌，启发了随后迁岭南来的文人士大夫。迁居到西江流域桂林的状元之才张孝祥直接了当地赞叹道："须君净洗南来眼，此去山川胜北州。"③ 这一人生态度与审美眼光的转变，说明了唐宋以来迁岭文人对岭南文化观感的变迁。"中州清淑之气，数道相通"的形成④，南宋迁岭文人已肇其端。当然，也可以说，这种相通，既有自然环境的"清淑之气"的"相通"，也有社会文化心理的相通。南宋时期迁居岭南的文人士子既有对岭南自然山水的认同，也对西江流域社会文化的发展作出了巨大贡献，从而在文化心理上也与当地士人产生了某些方面的共鸣，也即迁岭文人与岭南本地的乡邦之士产生了良性互动，共同促进了西江

---

① 《剑南诗稿》卷三〇《谢徐居厚汪叔潜携酒见访》，（宋）陆游著，钱仲联校注《剑南诗稿校注》，上海古籍出版社 2005 年版，第 4 册，第 2055 页。

② （明）唐胄撰，彭静中点校：《正德琼台志》卷七《风俗》，海南出版社 2006 年版，第 137—138 页。

③ 《入桂林歇滑石驿题碧玉泉》，（宋）张孝祥著，徐鹏校点《于湖居士文集》，上海古籍出版社 2009 年版，第 96 页。

④ （清）屈大均撰，李默校点：《广东新语》卷一"瘴"条记载："当唐、宋时，以新、春、儋、崖诸州为瘴乡，谪居者往往至死，仁人君子，至不欲开此道路。在今日岭南大为仕国，险隘尽平，山川疏豁。中州清淑之气，数道相通。"（欧初、王贵忱主编：《屈大均全集》，人民文学出版社 1996 年版，第 4 册，第 21 页）

流域社会变迁与文化发展。这一切，有待于我们进一步的研究和论证。

第一节　张孝祥对西江流域风物的描绘

张孝祥（1132—1170），字安国，是状元之才，也是著名的南宋迁岭文人。他曾迁居岭南，岭南风物在他眼里是无限新奇的，令他感叹不已。《南歌子·过严关》[①] 就是他的杰作，此词作于张孝祥乾道元年赴官桂林时，虽是宦居至此，却充满了豪情胜慨、逸怀浩气，全然不同于韩愈"夕贬潮阳"时发出"好收吾骨瘴江边"的忧戚悲伤、愁苦抑郁[②]，这反映出宋室南渡以后，岭南地区新的生活气息及士大夫迁居岭南时新的精神面貌。这些新变都离不开前代迁岭文人作出的贡献及南宋迁岭文人对他们的效仿、学习。

中国是诗的国度，南宋迁岭文人基本上都是诗人，我们可以根据他们的文学作品来深入分析、认真思考与探索流寓岭南文人的心迹情感。南宋流寓岭南文人的文学创作与西江流域文化变迁、地域认同、自然环境的关系密切。试以"山水甲天下"的桂林为例。桂林，在宋代是战略要地，具有特别重要的军事意义，也是西江流域的重要组成部分[③]。张孝祥来到桂林之际正逢南宋政局发生巨大变革，也是张孝祥人生失意之时。然而，张孝祥并没有灰心，乾道元年（1165），张孝祥知静江府、广南西路经略安抚使，取道南陵、饶州、永州赴任，于七月中旬到达西江流域的桂林，沿途与王十朋、洪迈等人诗酒风流、酬唱往还，创作了大量的诗词作品[④]，

---

① （宋）张孝祥《南歌子·过严关》载："路尽湘江水，人行瘴雾间。昏昏西北度严关。天外一簪初见，岭南山。　　北雁连书断，秋霜点鬓斑。此行休问几时还。唯拟桂林佳处，过春残。"（唐圭璋编纂，王仲闻参订，孔凡礼补辑：《全宋词》，中华书局1999年版，第3册，第2222页）

② 岭南在唐朝文人眼中还是被视为畏途的，据（唐）魏征《隋书》卷三一《地理志》载："自岭以南，二十余郡，大率土地下湿，皆多瘴疠，人尤夭折。"（中华书局1973年版，第887页）

③ 朱熹在《辞免知静江府第二状》中指出广西帅臣乃"实专西南一面，军政边防之寄，责任至重"［（清）汪森编：《粤西文载》卷四，《影印文渊阁四库全书》本，第1465册，第489页］。据（元）脱脱等《宋史》卷九〇《地理志》记载："静江府。本桂州，始安郡，静江军节度。……绍兴三年，以高宗潜邸，升府。"（《宋史》卷九〇《地理志》，第2239页）

④ 李一飞：《张孝祥事迹著作系年》，吴洪泽、尹波主编《宋人年谱丛刊》，四川大学出版社2003年版，第9册，第6226—6229页。

这是当时文坛的一个盛况①。张孝祥无疑是《楚东酬唱集》中的重要作者②，从中亦可看出张孝祥文采风流，乐于与人交往的性格特点。

张孝祥在广南西路经略安抚使任上颇有名声政绩，更加重要的是他在西江流域为政之余，遍游岭海，寄情山水，徜徉自然之中，用生命拥抱诗歌，呈现出他在沉重时代里的达观与感动。他的诗词歌赋至今还留存在当地的崖壁山石上，尤其是他在西江流域地区的南溪山、伏波山、清秀岩、水月洞等处的摩崖题字还清晰可见。他所创作的作品给人的总体印象是：清新、俊逸、深远、超逸，反映了这位南宋迁岭文人在西江流域创作的独特风貌。

宋室南渡以来以张孝祥为中心的"粤西文人集团"值得注意③，自中古文人集团产生，历代文人集团不仅在文学史上产生了重要的影响，对中国地域文化的发展及文学流派的形成也具有非常突出的贡献。因为文人集团往往产生在一定的地域，集中在一定地域的交流唱和、诗词往还，有一个众望所归、众人追随的领袖人物，这必然影响到当地文化教育事业的发展。尤其是以张孝祥为中心的文人集团的成员大多是地方长官或地方要员，如张孝祥本人是桂州知州，其他柳州知府、横州主管及张孝祥的同僚，还有当地的提点刑狱，他们交流唱和的文化活动必然而且应当对当地的文化繁荣起到一定的促进与激励作用。

西江流域外部世界的自然形象，能够很自然地引起迁岭诗人内心世界的某种感动。乾道元年（1165）七月中旬到桂林后，张孝祥创作了大量描

---

① 洪迈在为他们唱和的诗集《楚东酬唱集》写序时道："次韵作诗，于古无有。……自梦得、乐天、微之诸人，兹体稍出。极于东坡、山谷，以一吟一咏，转相简答，未尝不次韵。妍词秘思，因险见奇，搜罗捷出，争先得之为快。……诗至是极矣。"［（宋）洪迈：《楚东酬唱序》，（宋）王正德《余师录》卷四，《影印文渊阁四库全书》本，第1480册，第806—807页］

② 从张孝祥所作《南陵大雨，鄱阳无雨，呈王龟龄》《鄱阳使君王龟龄闵雨，再赋一首》《和何子应赋不欺室韵》《王龟龄遣妓送酒赐诗，走笔为谢》《夜读楚东酬唱次韵》《荐福观次何子应韵》《次王龟龄五峰亭韵》《王龟龄用韵送行，走笔和答》《王龟龄同洪景庐、王嘉叟饯别，再用韵》以及王十朋送别张孝祥的席间所作《五月二十五日饯安国舍人于荐福，洪右史、王宗丞来会，坐间用前韵》《再用韵送安国》等作品，可见两人交情，非同一般。［详参（宋）王十朋撰，王闻诗、王闻礼编《梅溪集·后集》卷九，《影印文渊阁四库全书》本，第1151册，第395页。又可参宛新彬《张孝祥资料汇编》，中华书局2006年版，第5页］

③ 沈家庄先生考证指出："张孝祥知桂州期间，时与柳州林姓知府、横州姚主管、钱子山，以及桂州同僚朱元顺、张仲钦、提点刑狱滕氏等互相唱和，俨然形成一个以他为中心的粤西诗词创作文人集团。"（沈家庄：《粤西词人群体研究导论》，《中国韵文学刊》2007年第2期）

写自己在西江流域生活的诗词作品，刚到桂林不久，八月十五日他就作了一首《水调歌头·桂林中秋》，还有当年冬天所作的《水调歌头·桂林集句》①。中国诗歌非常讲究意象创造。各种意象组合在一起，就成了境界。真景物、真感情，就是诗歌的意象。它由两部分组成：景物（象）与感情（意）。《水调歌头·桂林集句》一词虽然多集唐人诗句，然而其中所描写的岭南风光，确实是张孝祥来到桂林以后耳闻目睹的"真景物"，由此引发词人感叹"江山好""莫问骖鸾事，有酒且频斟"的"喜欢"之情，体现了张孝祥"心中之一境界"，这也是词人由西江流域美好的自然风光而兴起的旷达之意，是一种真感情的自然流露。张孝祥巧妙地将古往今来描写桂林山水的名句形诸笔端纸上，将当地的自然形态之物转化为文学艺术形象之美，带着强烈的感发生命的力量和审美愉悦的阅读效果，从而使西江流域的文化形象深入人心，增加了世人对西江流域的地域认同。

西江流域的生活经历在张孝祥短暂的三十八年生命旅途中占有十分重要的地位，他曾对该地进行了热情的讴歌、深情的礼赞②，当然也有对"官空无现俸，税重有荒田"③的不满与焦虑，而这一切都源自西江流域优美的自然风光及残酷的社会现实对这位天才之士视觉与心灵的强烈震撼与

---

① 张孝祥于乾道元年（1165）知静江府（今桂林）兼广南西路经略安抚使，这年冬日作了《水调歌头·桂林集句》，这首词生动有力地表明了他对桂林山水的欣赏与热爱，对西江流域风物的好奇与赞叹："五岭皆炎热，宜人独桂林。江南驿使未到，梅蕊破春心。繁会九衢三市，缥缈层楼杰观，雪片一冬深。自是清凉国，莫遣瘴烟侵。 江山好，青罗带，碧玉簪。平沙细浪欲尽，陡起忽千寻。家种黄柑丹荔，户拾明珠翠羽，箫鼓夜沉沉。莫问骖鸾事，有酒且频斟。"（唐圭璋编纂，王仲闻参订，孔凡礼补辑：《全宋词》，中华书局1999年版，第3册，第2182页）最为后人称道的是开头两句引用杜甫的《寄杨五桂林》诗的起联。"雪片一冬深"，也是杜甫诗原句。下片化用韩愈《送桂林严大夫》中的名句："江作青罗带，山如碧玉簪。户多输翠羽，家自种黄柑。"简直是达到了"点铁成金、脱胎换骨"的效果，如盐入水、浑然一体。汤衡《张紫微雅词序》指出："衡尝获从公游，见公平昔为词，未尝著稿，笔酣兴健，顷刻即成。初若不经意，反复究观，未有一字无来处。"［（宋）汤衡：《张紫微雅词序》，（宋）张孝祥撰，宛敏灏笺校《张孝祥词笺校》，黄山书社1993年版，第1页］确实如此，将桂林的真山真水与对杜甫、韩愈的由衷敬佩、对桂林山水的热爱组合在一起，就成了张孝祥这首有境界的好词。

② 有诗为证，诗云："一雨便清凉，风回百草香。云山米家画，水竹辋川庄。僧赋躅新帖，墙榛斩旧行。归鞯乘晚霁，空翠满轻装。"［（宋）张孝祥：《訾家洲》，（清）汪森编《粤西诗载》卷一〇，《影印文渊阁四库全书》本，第1465册，第139页］

③ （宋）张孝祥《过灵川》云："尘沙行半日，烟火是灵川。县只三家市，渠通大斛船。官空无现俸，税重有荒田。太息王郎子，栖迟欲四年。"［（清）汪森编：《粤西诗载》卷一〇，《影印文渊阁四库全书》本，第1465册，第139—140页］

冲击。张孝祥在西江流域所作的诗歌大多是真景物、真感情融合在一起的有境界的佳作，反映了这位状元之才在西江流域的风物中流连的心迹情感。真景物与真感情的融合，固然能够造就有境界的好诗。然而，境界也还有高下之别。高境界的诗歌，应当在情、景之外再加上事、理，如果能够在真景物、真感情之外，再加上动人的事件，深刻的哲理，并将其组合在一起，通过故事带动、情感激发、诗意感染、义理启迪，就能形成一首情、景、事、理紧密融合的高境界的好作品。

张孝祥对西江流域的影响是多方面的。作为南宋著名的迁岭文人，张孝祥很渊博，他的诗、词、书法，都堪称一绝。尤其值得注意的是，张孝祥在居岭时期常常寻幽访胜，游山玩水，写了大量优美动人的山水游记来叙述西江流域地区的名山胜水，既吟咏了山水、抒发了感情，也引起了世人对西江流域的关注，弘扬和传播了西江流域的地方文化，增加了世人对西江流域的地域认同①。张孝祥的游记内容很丰富，作品风格非常突出，形成了自成一家的特点，仔细品味涵泳张孝祥游记的精神要旨，不难发现，张孝祥对西江流域的风物充满了热爱之情。张孝祥在登览西江流域山水之际，能够情通古人、关联古今，揭示出西江流域山水自然丰富的文化内蕴，及其在中国文化史上的重要价值。作为状元之才，张孝祥独特的创作风格是很难复制的，但他对西江流域风物的精彩描述，却对随后迁岭南来的文人如何表现西江流域山水、更好地弘扬西江流域地方文化，具有很好的参考价值。如"千山观"是西江流域一处优美的风景区，迁岭南来的许多文人都曾到此地游览，并作诗歌记录了自己的观感②。刘克庄在他吟咏西江流域的诗中特别提到"于湖数字题华栋"，可见迁岭前辈张孝祥对

---

① （宋）张孝祥《千山观记》（《于湖集》卷一四）载："桂林山水之胜甲东南，据山水之会，尽得其胜，无如西峰。乾道丙戌，历阳张某因超然亭故基作千山观，高爽闳达，放目万里，晦明风雨，各有态度。观成而余去，乃书记其极。"［（宋）张孝祥著，徐鹏校点：《于湖居士文集》，上海古籍出版社 2009 年版，第 136 页］

② 南宋迁岭文人张栻在《九日登千山观》一诗中吟咏道："清晨领客上纁岩，前路衣襟湿翠岚。九日开樽仍绝景，西风欹帽且高谈。地形盘薄一都会，山色周遭万玉簪。却指飞鸿烟漠漠，故园茉菊老江潭。"［（清）汪森：《粤西诗载》卷一四，《影印文渊阁四库全书》本，第 1465 册，第 200 页］南宋迁岭文人刘克庄在《千山观》一诗中也写道："西巘林峦擅一城，渺然飞观人青冥。于湖数字题华栋，阳朔千山献画屏。境胜小诗难写尽，天寒薄酒易吹醒。独游不恨无人语，满壑松声可细听。"［（宋）刘克庄：《千山观》，（清）汪森编《粤西诗载》卷一四，《影印文渊阁四库全书》本，第 1465 册，第 204 页］

南宋中后期迁岭文人的深刻影响。南宋后期的迁岭文人李曾伯也曾在西江流域留下了足迹，《粤西文载》《桂胜》等书中记载了他广泛游览西江流域七星山、叠彩山、独秀山、伏波岩、千山观的情形，其中《题千山观》一诗也可以拿来与前贤时人的同题作品进行比较分析①。正如孟浩然所说："江山留胜迹，我辈复登临。"张孝祥的到来以及他在西江流域的文学创作，使得西江流域的一山一水，也因此而带有了丰富多彩的文化意蕴，自然山水之地从而成了名胜古迹之所，让随后迁岭南来的刘克庄、李曾伯等人在寻幽访胜、游山玩水之际找到了精神上的知己，灵魂的避难所，从而在西江流域建构起了自己的精神家园。同样是写西江流域的风物，我们可以将张孝祥的文与张栻、刘克庄、李曾伯的诗互相对照着来读，就能够更全面、更深入、更清晰地了解西江流域地形地貌、风景形胜、气候物产的特点及迁岭文人在此徜徉时复杂多样的情感襟怀，从中感受到前后迁岭文人文学创作上一脉相承的联系。

除此之外，张孝祥还写了《屏风岩》一诗，可与他的《千山观记》互相印证，互文见义，《千山观记》总写桂林山之多、之奇，之秀、之美，而《屏风岩》则特写一处的岩洞风景之奇绝险怪、秀丽多姿②。《题朝阳岩二首》亦反映了张孝祥这位状元才子在西江流域寻幽探胜时的风神意态与心迹情感③。张孝祥的这些诗、词、文互相补充，生动有力地说明了粤西风物的独特面貌。西江流域的自然美景经过他如椽妙笔的描述，跃然纸

---

① 李曾伯的《题千山观》诗序云："河内李曾伯，再来牧桂之明年，实开庆改元。上命三衢柴士表视边隘，竣事将还。夏六月二十一日，约宪仓四明丰沘兵帅浮光朱广用符离朱焕载酒千山观，访招隐，过仙奕，感今怀昔，风物固亡羔也。时火伞张空，水花蘸碧，相与徜徉其间，清不受暑，因得四十字，并识诸石。"诗云："自重来岭峤，岂暇访湖山。缇骑行边了，戎旗护戍闲。相看群玉外，一笑六郎间。回首西风静，何愁老汉关。"［（明）张鸣凤：《桂胜》卷三，《影印文渊阁四库全书》本，第585册，第701页］

② 诗云："高崖划天开，仄径通乳穴。隈堆青螺髻，嵯峨白玉阙。外有虎豹蹲，中恐蛟蜃蛰。东萦俯雷电，西出挟日月。万壑来悲风，六月不知热。但觉骇心目，未易记笔舌。平生山水趣，岭海最奇绝。洞府二十四，未厌屡齿折。晚乃游此岩，余地比仆妾。同来六七士，嗜好颇相埒。举酒酹山神，慰汝久湮灭。"［（宋）张孝祥：《屏风岩》，（清）汪森编《粤西诗载》卷二，《影印文渊阁四库全书》本，第1465册，第13页］

③ 诗云："空岩日望一牛鸣，不要邮籤报水程。天接海光通外徼，地连冈势挟重城。丝纶叠至龙恩重，绣斧前驱蛮雾平。凤阁鸾台有虚位，请君从此振朝缨。""鸡肠得酒作雷鸣，痛饮狂歌不自程。坐上波澜生健气，归来钟鼓动严城。不应此地泥鸿业，盍与吾君致太平。伏枥壮心犹未已，烦君为我请长缨。"［（宋）张孝祥：《题朝阳岩二首》，（清）汪森编《粤西诗载》卷一四，《影印文渊阁四库全书》本，第1465册，第198页］

上，让人对西江流域美景充满了由衷的向往之情①。这就为宣传与传播西江流域的地域文化起到了巨大的作用。王水照先生指出：

> 不能仅止于作家的籍贯分布，而应关注籍贯地理以外作家的活动地理、作品描写地理、传播地理等方面，要特别注意"地理"之于"文学"的"价值内化"作用。也就是说，有两种地理，一是作为空间形态的实体地理，一是由文学家主体的审美观照后所积淀、升华的精神性"地理"。……对于我们文学研究者而言，宜把注意力放在这类文学与地理的实质性的关捩点上。②

正是在这个意义上，我们可以说，张孝祥与西江流域的关系是双向影响的。他在岭南为官时，一方面为当地人民干实事，促进了当地的文化教育事业；另一方面岭南的美好风光又深深感染了张孝祥，使他"得江山之助"，从而也能够发纤秾于简古，寄至味于淡泊，运用美好的诗词歌赋来歌颂迁居岭南的生活，吟咏当地的美好风光及自己生活在其中的愉悦心情与真挚情感③。

因为张孝祥"胸次有丘壑"，热爱自然山水，所以他来到西江流域的桂林时"其心未尝须臾不住烟云水石间"，才能用他的如椽妙笔尽情描绘当地风物，言在耳目之内，情寄八荒之表，令人读了他的诗歌后也能够"便觉万里江山在眼界中"。"风味如此，胸次可知矣"，既是张元干对张

---

① 张孝祥提出："桂林山水之胜甲东南"显然比王正功的"桂林山水甲天下"要早，张孝祥的《千山观记》一文正可与其歌咏桂林山水的诗词作品对照着来读，能够让人领略到西江流域的自然美景。

② 王水照：《宋代文学研究的前沿问题——以文学与科举、党争、地域、家族、传播等学科交叉型专题为中心》，《第八届宋代文学国际研讨会论文集》，中山大学出版社2015年版，第2、3页。

③ 张元干在《跋张安国所藏山水小卷》中对张孝祥热爱山水风物的胸襟气度进行了热情讴歌，他说："世所谓胸次有丘壑者，穷而士，达而公卿，其心未尝须臾不住烟云水石间。又况如吾宗安国得友人把玩短轴，襟而藏之，每出以示诸好事，虽乌帽黄尘，汩没困顿，开卷便觉万里江山在眼界中，可想蜀僧为同舍郎周旋落笔处。然则安国不忘故旧，风味如此，胸次可知矣。"［（宋）张元干：《芦川归来集》卷九，上海古籍出版社1978年版，第180页］从中可见：南宋迁岭文人在西江流域的生活与创作，在广告宣传上为西江流域社会文化的发展作出了自己的贡献，而西江流域的社会变迁反过来又影响了南宋迁居此地的文人墨客的心态情感与文学创作。

孝祥的赞美，也可以用来评价历史上那些著名的迁岭文人，正是一代又一代"胸次有丘壑"的迁岭文人怀抱着"其心未尝须臾不住烟云水石间"的生活态度来到岭南，"慢慢走，欣赏啊"，用他们那善于发现美、善于欣赏美的眼睛捕捉到西江流域一丘一壑、一山一水、一花一草的美丽，用他们敏感、善感、多感、能感人所不能感的诗人之细腻心灵对这些美景进行了选取、提炼、组合，并将这些感受传达出来，从而语妙天下，让自然美景"甲于天下"的西江流域为世人所熟知，为西江流域物质文明与精神文明的传播与发展作出了巨大的贡献。

金武祥曾对迁岭文人与岭南地方文化发展的关系作了生动有力的说明，尤其值得注意的是他提出了韩愈、苏轼在岭南文化发展历程中的重要地位①。岭南自然山水经过韩愈、苏轼的品题吟咏，成了文化景观，具有人文意蕴与文化品格。另外，由于韩愈、苏轼在中国文坛上拥有巨大的领袖威望，他们的迁岭，引起后世无数人的同情与敬仰，他们的人生态度与生活方式也引起后世文人的学习与效仿，特别是宋室南渡后，随着越来越多的文人迁入岭南，苏轼的影响也越来越大。张孝祥就是有过迁岭经历而以东坡为榜样的典型，他的文学创作被人评价为"于湖辞沉雄跌宕，专学东坡"②。

"韩苏游迹，已开其先"的意义十分重大，这既开启了后世文人迁居岭南的生活模式与人生思考，也在一定程度上促成了后世迁岭文人文化性格的塑造与人生道路的选择。张孝祥拥有状元词客这一重要身份，时人也

---

① 韩愈、苏轼由于被贬而迁居岭南，他们在岭南的文学创作，促进了岭南的地方文化发展，金武祥指出："查初白先生诗云'词人例作岭南游'，马秋药太常《送伊墨卿太守之官惠州》诗有云'岭南不到岂诗人'，可为游粤者助兴。韩苏游迹，已开其先也。"（金武祥：《粟香随笔》卷六，《续修四库全书》本）值得一提的是，韩愈、苏轼都曾到过西江流域。东坡到过西江流域的韶州、清远、惠州、肇庆、广州、藤州等地〔详参（宋）王宗稷编撰，王水照点校《东坡先生年谱》，王水照编《宋人所撰三苏年谱汇刊》，中华书局 2015 年版，第 126—127页〕韩愈南谪潮州时，也到过西江流域的泷江（今广东罗定南）。韩愈在《泷吏》一诗中写道："岭南大抵同，官去道苦迂。下此三千里，有州始名潮。恶溪瘴毒聚，雷电常汹汹。鳄鱼大于船，牙眼怖杀侬。州南数十里，有海无天地。飓风有时作，掀簸真差事。"〔（清）方世举撰，郝润华、丁俊丽整理：《韩昌黎诗集编年笺注》，中华书局 2012 年版，第 579 页〕此诗记载了他与泷州小吏的交谈，小吏告诉韩愈距离泷江三千里之地的潮州的凶险之状，这使韩愈对自己身处潮州的困境提前有了心理准备。

② 张钧衡：《适园藏书志》卷一六，《海王邨古籍书目题跋丛刊》本，中国书店 2008 年版，第 6册，第 444 页。

常把他与道德文章魁天下的苏轼相比①。他的迁岭及在西江流域的文学创作十分引人注目，我们遍览张孝祥的文学作品，不难发现他在文化性格与人生思考方面与苏轼有许多相似之处，都生动活泼地描写了才子词人在岭南的日常生活，反映出迁岭文人在当地生活的旷达胸襟与宏伟气魄。当然，我们也不能忽视，苏轼来到岭南是因遭到政敌的迫害而被贬谪迁岭的，而张孝祥却是宦游到此。虽然迁岭的原因不同，但面对异域风光，他们采取的人生态度和生活方式却是相通的②。范成大曾引用张孝祥的诗句来说明西江流域旖旎的自然风光，让迁岭南来的诗人墨客认识到"从此山川胜北州"，反映了宋室南渡以来士大夫文化心理的变迁，他们不再惧怕岭南一带的恶劣环境，而是能够"净洗南来眼"，对岭南自然风光、人情物态、风俗习惯有了更新的观感与认识。

　　西江流域风光旖旎，人情淳厚，张孝祥"知静江府一年，治有声绩"。在乾道二年（1166）六月罢知静江府，离桂林东归，他作了《鹧鸪天》（去日清霜菊满丛）、《水调歌头·泛湘江》《水龙吟·过浯溪》等词作③，可见张孝祥在西江流域一带的行迹，我们从中也可以感受到张孝祥在西江

---

① 陆游所撰《跋张安国家问》载："东坡先生书遍天下，而黄门公所藏至寡，盖常以为易得，虽为人持去，不甚惜也。紫微张舍人书帖，为时所贵重，锦囊玉轴，无家无之。今大宗伯兄弟，自为知己，家书往来，盖以百计矣，相称相勉期以远者，亦何可胜计，而今所存才五纸耳。"（宛新彬编：《张孝祥资料汇编》，中华书局 2006 年版，第 20 页）就将张孝祥与苏东坡相提并论。

② 试看张孝祥乾道元年赴官桂林时所作《南歌子·过严关》："路尽湘江水，人行瘴雾间。昏昏西北度严关。天外一簪初见、岭南山。　　北雁连书断，秋霜点鬓斑。此行休问几时还。唯拟桂林佳处、过春残。"［（宋）张孝祥撰，宛敏灏笺校：《张孝祥词笺校》，黄山书社 1993 年版，第 102—103 页］宛敏灏先生对此词进行了编年，指出："乾道元年（1165）起知静江府、广南西路经略安抚使，七月到桂林过严关时作。"［（宋）张孝祥撰，宛敏灏笺校：《张孝祥词笺校》，黄山书社 1993 年版，第 103 页］严关在安兴县西南十七里。范成大在《骖鸾录》中记载道："自此趋府，二十七里至安兴县，十七里入严关。两山之间，仅容车马，所以限岭南北。相传过关即少雪有瘴。二十三里至秦城，秦筑五岭之戍，疑此地是。二十八日，至滑石铺。岭中有龙思泉，又曰碧玉泉，小亭对之。张安国题诗曰：'烦君净洗南来眼，从此山川胜北州。'即知桂林岩壑必称所闻矣。"［（宋）范成大撰，方健整理：《骖鸾录》，大象出版社 2012 年版，第 47 页］

③ 李一飞：《张孝祥事迹著作系年》，吴洪泽、尹波主编《宋人年谱丛刊》，四川大学出版社 2003 年版，第 9 册，第 6228—6229 页。

流域与当地士人交往酬酢的一些具体情况及其对西江流域的深厚情感。张孝祥离开西江流域之后，仍然会热切地思念故地故人①，能够时常想起，就是最好的纪念。文化在某种程度上可以说主要就是由记忆传承的，一个地域的文化，是由生活在此地的人们对它的追忆叙写而成。西江流域，成了张孝祥人生中永不消退的记忆场景。"桂林山水"成了一个"记忆之场"②，成了观赏过桂林山水之人的集体记忆。作为追忆西江流域共同体的成员，每一位迁岭文人的记忆都与前人对西江流域的描述与叙述有一定的关系，前人的叙述与后人的叙述一脉相承、代有新声，络绎不绝，形成了特定地域的文化传统，引起人们的文化认同。杜甫、韩愈、李商隐、张孝祥、王正功等人对桂林山水的咏叹就使得桂林构成了一个优美动人的"记忆之场"，身处其间的人们自然而然地会分享到对桂林山水的美好记忆，从西江流域的文化传统中引发他们对中华民族的文化自信与地域荣誉感。

地理与人文有着十分密切的联系。张孝祥的文学作品典型地体现了文化空间的形成、演变及其在地域文化传承与发展中的重要意义。"山川盖灵秀所蓄也"③，西江流域的发展变迁及他在中国历史上的地位，也与历代迁岭文人在此地的努力耕耘紧密联系在一起。诗人得"江山之助"，创作出了优美的文学作品。另外，"地以人重"④，江山留胜迹，江山还需伟人扶。"呜呼！山川显晦，人也；人隐显，天也。天下多奇山川，而一禊一

---

① 试看这首《临江仙·帅长沙，寄静江三故人：张仲钦、朱漕、滕宪》："试问宜斋楼下竹，年来应长新篁。使君五岭又三湘，旧游知好在，热处更难忘。 尚念论心舒啸不，只今湖海相望。遥怜阴至酒尊凉，举觞须酹我，楼外是清江。""此乾道四年（1168）春夏间，孝祥在长沙寄怀守静江时旧友张仲钦、朱元顺、滕子昭之作。"[（宋）张孝祥撰，宛敏灏笺校：《张孝祥词笺校》卷三，黄山书社1993年版，第53页]《赠临桂石判官安民》亦是怀之作："北城石先生，欲唤不敢频。坐上欠此客，长怀渺无津。南方凤之徒，瑞世五色文。"[（清）汪森编：《粤西诗载》卷二，《影印文渊阁四库全书》本，第1465册，第13页]
② 详参［法］皮埃尔·诺拉主编《记忆之场：法国国民意识的文化社会史》，黄艳红等译，南京大学出版社2015年版。
③ （宋）褚中：《琴川志总叙》，详参（宋）孙应时等纂修，（宋）鲍廉等增补，（元）卢镇等续修《琴川志》卷首，宋元方志丛刊本，第1149页。
④ （宋）刘克庄著，辛更儒校注：《刘克庄集笺校》卷九七《仙溪志序》，中华书局2011年版，第9册，第4075页。

雪,致有爽气,可谓人矣"①,自然风光也需要名流显人的品评认可,方可名声大振、流芳百世。西江流域自然美景的发现、挖掘,品题延誉,深刻影响到当地文化的发展、传播,也进一步引起世人的深情追忆与文化认同。

可以说,西江流域社会变迁与发展,离不开一代又一代迁岭文人的心血与努力。他们用自己的如椽妙笔描写当地风光、风俗,更确切地说是在创造文化空间,构成记忆之场与记忆仓储,宣扬、传播当地的物质、精神文明,使得西江流域的社会文化空间具有延续的意义,引起后世人们的追忆、效仿,从而产生文化自信与文化认同,并在此基础上心慕手追,采取行动来为西江流域的社会文化发展添砖加瓦,贡献出自己的力量。

第二节　朱敦儒流寓岭南的心迹情感

一　而今心服陶元亮：朱敦儒崇陶的心理动因

朱敦儒,字希真,洛阳人。绍圣谏官勃之孙。他在唐宋词史上具有特别重要的意义,汪莘把他与苏轼、辛弃疾相提并论,认为是词中三变之一,对其进行了高度评价②。

值得一提的是,不仅辛稼轩"尤好称渊明",苏东坡、朱希真也好称渊明。他们都非常崇拜陶渊明,时时想到渊明人格精神与人生境界,在精神面貌上也有非常相似的地方。可以说,朱敦儒词在继承发展东坡词风的

---

① （宋）高似孙：《剡录序》,《高似孙集》上册,王群栗点校,浙江古籍出版社 2015 年版,第19 页。

② 汪莘指出："余于词所爱喜者三人焉：盖至东坡而一变,其豪妙之气,隐隐然流出言外,天然绝世,不假振作；二变而为朱希真,多尘外之想,虽杂以微尘,而其清气自不可没；三变而为辛稼轩,乃写其胸中事,尤好称渊明。此词之三变也。"［（宋）汪莘：《诗余序》,金启华等编《唐宋词集序跋汇编》,江苏教育出版社 1990 年版,第 227 页。另见（宋）朱敦儒著,邓子勉校注《樵歌校注》,上海古籍出版社 2010 年版,第 481—482 页］。梁启勋继承了这样的说法,他说："计两宋三百二十年间,能超脱时流,飘然独立者,得三人焉。在北宋则有苏东坡。……在北宋与南宋之间则有朱希真,作品多自然意趣,不假修饰而丰韵天成,即汪叔耕所谓多尘外之想者是也。在南宋则有辛稼轩……两宋间有此三君,亦可作词流光宠矣。"（引自吴熊和主编《唐宋词汇评》两宋卷,浙江教育出版社 2004 年版,第 2 册,第 1301 页）

基础上开拓创新，用歌词来表现自己不同时期的生活经历、命运遭遇、心理变化等，具有明显的抒情自我化的特点，开启和影响了后来辛稼轩、蒋竹山之词的创作风貌。

南宋迁岭文人李曾伯对朱敦儒的为人与词风皆十分崇敬，在《识岩壑旧隐》中热情讴歌朱敦儒的雅量高致，向往之情跃然纸上①。此外，李曾伯还写了《念奴娇·丙午和朱希真老来可喜韵》《减字木兰花·丙午和朱希真韵》《减字木兰花·再和》等词表达自己对朱敦儒的崇敬向往之情②。因靖康乱离，朱敦儒来到西江流域，他感叹"北客翩然，壮心偏感，年华将暮"，在"秦嶂雁，越溪砧，西风北客两飘零"（《鹧鸪天》）之际，与西江流域结下了不解之缘。高宗建炎初，朱敦儒为了避难，南奔由江西越南岭入两广，客居南雄州（今属广东）。张浚奏赴军前计议，辞。其后又南奔，活动于西江流域的肇庆、德庆（今属广东）、南海（今广州）和藤州、梧州（今属广西）一带，朱敦儒在西江流域生活了三年多的时间，他在这里用诗词来纪行抒怀，颇能表现西江流域的独特风光与他身处其间的心迹情感。

宋人周必大在《二老堂诗话》"朱希真出处"条对朱敦儒的生平进行

---

① 李曾伯指出："人因地而名，地以人而重。方其视或易然，逮其久也，士君子始企慕之。前贤流芳可挹，山不在高也，是山是亭，在今为希真先生甘棠地，不盈数丈，一丘一壑，具体而微。后六十余祀归于我，因其故，略为之封植其壤，补苴其漏。一毫弗加以饰，志存古也。惟先生以此客寓是邦，脱屣轩冕，萧然如遗世独立。洛川、岩壑，皆其旧隐。今洛川不得而见矣，独若壑仅存。其风流笃厚，文章芳润，散在木石间，仿佛尚可想见。邦之故老，至今相指示，犹曰：'此朱公岩壑也。'是讵非达人令闻，足以寿其传欤？抑呵护有灵，若将有所待欤？又否则以其俭小摈于时俗，由是得不毁欤？不然亦为墟矣。《传》曰：虽无老成人，犹有典型。于是山有焉。吾从生世后，不得从公于樵歌间，然高山仰止，神交心会，对此足以使人尽释鄙吝。二三子敬之勿坏。淳祐丁未孟冬。"［《识岩壑旧隐》，（宋）李曾伯《可斋续稿后》卷一二，《影印文渊阁四库全书》本，第1179册，第836页］并作《偶得希真岩壑旧隐正在小圃因赋》诗，表达得到朱敦儒故居岩壑的欣喜之情及对朱希真的崇敬："数峰佳致蔼前修，心匠玲珑小更幽。公去我来几话舍，人非物是一虚舟。蠹天柳色新条改，垂地藤阴旧迹留。坐对黄花谁领会，犹疑蝴蝶是庄周。"［（宋）李曾伯：《可斋杂稿》卷二九，《影印文渊阁四库全书》本，第1179册，第469页］

② 详参《全宋词》，中华书局1999年版，第4册，第3563—3564、3567页。

了简单扼要的介绍①，我们从中却可以看出朱敦儒云谲波诡、跌宕起伏、悲喜交集、欣慨交心的人生概貌，他一生的际遇祸福，变数实在是太多了。对他来说，虽然命运多舛，却也别开生面。朱敦儒"出乎其类，拔乎其萃"，在秦桧专权的时候，受到他的关注，被援引到府上给秦桧的孙子当家庭教师，一失足成千古恨，从此朱敦儒更加深刻地认识到隐逸诗人之宗陶渊明保持自我独立人格、自由思想的可贵，感叹道：

> 而今心服陶元亮，作得人间第一流。②

朱敦儒说得很好，在他心目中，陶渊明不仅是"千古隐逸诗人之宗"，也是"人间第一流"的诗人。在刘克庄看来，朱敦儒是在"岂非深悔晚出之误欤"的情况下道出此语的，可以说，这是历经人世沧桑、世态炎凉的老年朱敦儒对陶渊明的最终评价。其实"心服"陶渊明的朱敦儒在某种意义上继承和发展了陶渊明的精神境界与创作风貌，以至胡适谈到朱敦儒时指出："词中之有《樵歌》，很像诗中之有《击壤集》（邵雍的诗集）。但以文学的价值而论，朱敦儒远胜邵雍了。将他比陶潜，或更确切罢？"③ 确实如此，朱敦儒在描写山水、抒写性情、阐发人生哲理方面颇多自然天真之处，不假修饰而天然自成，其诗风格清新警策④，词亦颇有特色，其中多哲理思考、浮生悟语，与陶渊明颇有异曲同工之处。朱敦儒通过自己的

---

① 《二老堂诗话》载："朱敦儒，字希真，洛阳人。绍圣谏官勃之孙。靖康乱离，避地自江西走二广。绍兴二年，诏广西宣谕明橐访求山林不仕贤者，橐荐希真'深达治体，有经世之才，静退无竞，安于贱贫'。尝三召不起，特补迪功郎，后赐出身，历官职郎官，出为浙东提刑，致仕，居嘉禾。诗词独步一世，秦丞相晚用其子为删定官，欲令希真教秦伯阳作诗，遂落致仕，除鸿胪寺少卿，盖久废之官也。或作诗云：'少室山人久挂冠，不知何事到长安。如今纵插梅花醉，未必侯王着眼看。'盖希真旧尝有《鹧鸪天》云：'我是清都山水郎。天教懒慢带疏狂。曾批给露支风敕，累奏留云借月章。　　诗万首，醉千场。几曾着眼看侯王。玉楼金阙慵归去，且插梅花住洛阳。'最脍炙人口，故以此讥之。淳熙间杭州教授汤严起刊《诗海遗珠》，所书甚略，而云蜀人武横诗也。未几，秦丞相薨，希真亦遭台评，高宗曰：'此人朕用橐荐，以隐逸命官，置之馆阁，岂有始恬退而晚奔竞耶？'其实希真老爱其子，而畏避窜逐，不敢不起，识者怜之。"［引自（宋）朱敦儒著，邓子勉校注《樵歌校注》，上海古籍出版社2010年版，第551—552页］
② （宋）刘克庄：《后村诗话续集》卷四，中华书局1983年版，第134页。又见《刘克庄诗话》，吴文治主编《宋诗话全编》，凤凰出版社1998年版，第8册，第8453页。
③ 胡适选注：《词选》，中华书局2007年版，第168页。
④ （宋）刘克庄：《后村诗话续集》卷四，中华书局1983年版，第134页。

如椽妙笔抒写了他对人生、宇宙、社会、历史的思考与看法，他的人生命运、喜怒哀乐及他的文化性格与人生思考，都在《樵歌》中生动活泼地体现出来了。他的作品确实"是一剂药"，可以医治世上心中充满忧愁苦闷之人①，其词作中的旷达思想、浮生悟语、尘外之想十分引人注目，值得我们作进一步的研究与探讨。

朱敦儒写于西江流域的词作大多是在他南奔时②，我们接下来重点探究朱敦儒在这个时期的生活与创作。

二　万里飘零南越：朱敦儒的漂泊之感

宋高宗绍兴元年辛亥（1131），朱敦儒时年五十一岁，从这一年一直到绍兴三年九月，朱敦儒都在两广的肇庆、德庆及藤州、梧州一带生活③。德庆、肇庆，旧名康州，又称晋康，故址在今广东德庆县。泷州，隶属德庆府，故址在今广东罗定县东。这些地方属于西江流域的重要地段。在西江流域的日子里，作为词俊的朱敦儒用词描写了当地的自然风光及他生活其中的心迹情感，将自己在西江流域的所见所闻所感写得十分真切感人④。这些写在肇庆、德庆一带的词作，大多带有苦闷与感伤的情绪。如其《相见欢》唱道："泷州几番清秋，许多愁。"⑤ 就流露出他生活于西江流域的

---

① 章衣萍《北新书局版樵歌后记》引用胡适语，（宋）朱敦儒著，邓子勉校注《樵歌校注》附录五，上海古籍出版社 2010 年版，第 469 页。

② 据邓子勉先生总结："其词作可从四个时间段来分析，即南渡前、南奔时、仕宦期及致仕后。"［（宋）朱敦儒著，邓子勉校注：《樵歌校注》，上海古籍出版社 2010 年版，第 3 页］

③ 详参（宋）朱敦儒著，邓子勉校注《樵歌校注》，上海古籍出版社 2010 年版，第 203 页。

④ 如《浪淘沙·康州泊船》云："风约雨横江。秋满篷窗。个中物色尽凄凉。更是行人行未得，独系归艎。　拥被换残香。黄卷堆床。开愁展恨翦思量。伊是浮云侬是梦，休问家乡。"［（宋）朱敦儒著，邓子勉校注：《樵歌校注》，上海古籍出版社 2010 年版，第 204 页］还有《卜算子》："山晓鹧鸪啼。云暗泷州路。榕叶阴浓荔子青，百尺桃榔树。　尽日不逢人，猛地风吹雨。惨暗蛮溪鬼峒寒，隐隐闻铜鼓。"［（宋）朱敦儒著，邓子勉校注：《樵歌校注》，上海古籍出版社 2010 年版，第 311 页］据邓子勉笺云："本篇作于宋高宗绍兴初年，在泷州。泷州，即泷水，汉属端溪县，梁为泷州，隋改泷水县，宋属德庆府。"［（宋）朱敦儒著，邓子勉校注：《樵歌校注》，上海古籍出版社 2010 年版，第 311 页］

⑤ 绍兴三年癸丑（1133），朱敦儒五十三岁，这年的九月十八日，他被诏特补右迪功郎。盖因明橐所荐，参知政事席益、吏部侍郎直学士院陈与义称其贤，故有是命。令肇庆府敦遣赴行在。这首《相见欢》就作于从肇庆返归前。详参（宋）朱敦儒著，邓子勉校注《樵歌校注》，上海古籍出版社 2010 年版，第 568 页。

情感意绪。

　　想要了解朱敦儒在西江流域流连时的生活环境与心迹情感，我们还可引用朱敦儒的两首《沙塞子》，这两首词也是写在西江流域的，很能反映他当时的生活环境、生活条件、生活方式以及他生活在此地的心理体验与人生思考。其中之一写道：

> 万里飘零南越，山引泪，酒添愁。不见凤楼龙阙又惊秋。　　九日江亭闲望，蛮树远，瘴烟浮。肠断红蕉花晚水西流。①

　　朱敦儒自己也意识到这首词写得太过悲伤，不宜于身体健康，也不符合他"清都山水郎"的个性，更不用说与儒家提倡的"怨而不怒、哀而不伤"的诗教理论相违背。因此，朱敦儒决定再写一首不同于此词的感情基调与生活色泽的同调之作，就是这首他在西江流域生活时写的《沙塞子·前调太悲，再作》②。朱敦儒要通过这首词表达出他当时并没有完全灰心丧气，即使是在蛮荒之地也还带有点活力、怀抱着些许希望、充满一线生机、没有丧失对生活的信心，尤其是并不缺乏对生活中自然美景的欣赏之情。由此可见，人是有情绪的，而情绪是会改变，也是可以控制的。有些苦闷、消极的情绪不利于身体健康，人可以通过自身的努力来控制不良情绪。迁岭文人大多通过文学创作来宣泄与控制在西江流域生活时的不良反应与负面情绪。我们从中亦可感受到他们当时真实的情感意绪与人生思考。

　　朱敦儒"万里飘零南越"，在西江流域到处漂泊，不遑宁处，对于时光的流逝有一种特别的敏感。这时，最为刺激他心灵的莫过于故乡了，然而最让他痛苦的往往是思乡却又不能回到故乡。流落异乡，本来就有"虽信美而非吾土"之感，这是人情之常。飘落在岭南的文士们，谁能不追忆，不怅惘故乡，何况羁旅漂泊中的生活又是那般压抑、烦闷，令人断肠。

　　朱敦儒在西江流域追忆汴京、洛阳之作，就是他当时在岭南文化环境

---

① （宋）朱敦儒著，邓子勉校注：《樵歌校注》，上海古籍出版社2010年版，第255页。邓子勉笺注此词时指出："本篇作于南奔至两广后。考词中有'水西流''江亭'等，则当作于宋高宗绍兴初年活动于两广西江流域时。"（第255—256页）

② 词曰："蛮径寻春春早。千点雪，已舒梅。席地插花传酒日西催。　　莫作楚囚相泣，倾银汉，洗瑶池。还尽人间桃李拂衣归。"（宋）朱敦儒著，邓子勉校注：《樵歌校注》，上海古籍出版社2010年版，第256页。

影响下心迹情感的自然体现①，这些写词人客中想家的哀思的作品，特别引人注目。朱敦儒避乱寓居西江流域数年，在那榕树茂盛、荔枝浓阴、红蕉花叶繁茂的南国风物中，他曾产生过新鲜感，也引起过孤独感。眺望故乡，咀嚼旧梦，岭南的奇山异水，让久处北方的朱敦儒在惊喜交集之际，触动了创作的灵感，遵四时以叹逝，瞻万物而思纷，从而慨然援笔，聊宣之于歌咏②。朱敦儒于建炎四年（1130）春初至岭南，抵南雄州而写的词大多是表达作者客中想家的哀思③。这样的词作具有丰富的思想内蕴与高妙的艺术构思，很值得我们注意。首先，我们可以明显地感受到词人写到了"长安""故国"的生活场景，特别动人心魄的是当年的"翠帐犀帘""玉人为我调琴瑟，鬖黛，低鬟""当年得意，射糜上苑，走马长楸。对葱葱佳气，赤县神州。好景何曾虚过，胜友是处相留。向伊川雪夜，洛浦花朝，占断狂游"等繁华景象、"得意"情绪。这不禁要令我们反思作者何以在此要用"翠帐犀帘""射糜上苑""葱葱佳气""赤县神州""好景""胜友""洛浦花朝"等如此众多华丽的辞藻？这显得有些富艳精工，华丽冗长，与"多尘外之想，虽杂以微尘，而其清气自不可没"④的希真词风好像不太相符。但我们仔细一想，却发现原来作者是有深意的。他这是用"长安""故国"的富贵繁华来反衬现在漂泊岭南时的"风雨蛮溪半夜寒""胡尘卷地，南走炎荒，曳裾强学应刘"的"凄凉"落寞。四库馆臣在评价南宋遗民周密的《武林旧事》时说："湖山歌舞，靡丽纷华，著其

---

① 如其词写道："一番海角凄凉梦，却到长安。翠帐犀帘，依旧屏斜十二山。　　玉人为我调琴瑟，鬖黛，低鬟。云散香残，风雨蛮溪半夜寒。"［《采桑子》，（宋）朱敦儒著，邓子勉校注《樵歌校注》，上海古籍出版社 2010 年版，第 300 页］又如："故国当年得意，射糜上苑，走马长楸。对葱葱佳气，赤县神州。好景何曾虚过，胜友是处相留。向伊川雪夜，洛浦花朝，占断狂游。　　胡尘卷地，南走炎荒，曳裾强学应刘。空漫说、螭蟠龙卧，谁取封侯。塞雁年年北去，蛮江日日西流。此生老矣，除非春梦，重到东周。"（《雨中花·岭南作》）这首词在邓子勉校注《樵歌》中定为建炎四年（1130）春，时初至岭南，抵南雄州作。［（宋）朱敦儒著，邓子勉校注：《樵歌校注》，上海古籍出版社 2010 年版，第 7 页］

② 如这首词就比较典型地表现了南宋迁岭文人漂泊到西江流域的心情："泷州几番清秋。许多愁。叹我等闲白了、少年头。　　人间事。如何是。去来休。自是不归归去、有谁留。"（《相见欢》）据邓子勉先生考证："本篇当作于宋高宗绍兴三年癸丑（一一三三）秋，在泷州（故治在今广东罗定县东）。"［（宋）朱敦儒著，邓子勉校注：《樵歌校注》，上海古籍出版社 2010 年版，第 349 页］

③ （宋）朱敦儒著，邓子勉校注：《樵歌校注》，上海古籍出版社 2010 年版，第 7 页。

④ （宋）汪莘：《诗余序》，金启华等编《唐宋词集序跋汇编》，江苏教育出版社 1990 年版，第 227 页。另见（宋）朱敦儒著，邓子勉校注《樵歌校注》，上海古籍出版社 2010 年版，第 481 页。

盛，正著其所以衰。遗老故臣，恻恻兴亡之隐，实曲寄于言外。不仅作风俗记都邑簿也。"① 这个评价完全可以移用来评价朱敦儒漂泊到西江流域时写的这类作品。这类作品意蕴的丰富与构思的巧妙颇似杜甫晚年漂泊西南，尤其是夔州时的诗歌风貌。时代的苦难，人民的不幸，个体的失意，都促使诗人追忆往昔，感叹今朝。优秀感人的文学作品往往产生在这样的环境背景下。

西江流域社会变迁与南宋迁岭文人的创作产生了双向互动的密切关系。一方面，南宋迁岭文人得"江山之助"，他们的文学作品中新的情感意蕴与审美风貌，得益于西江流域的自然风物与他们在此地的生活实践。另一方面，西江流域社会变迁与文化发展，也离不开南宋迁岭文人在此地的文化活动与文学创作。朱敦儒经常在词中提及"西江"，大多就是指西江流域②。试看他写于西江流域的《浪淘沙·中秋阴雨同显忠椿年谅之坐寺门作》③，此词颇能反映朱敦儒迁居岭南时的生活环境与心迹情感。邓子勉校注《樵歌》谓此词作于建炎四年（1130）中秋，在南海（广州）作④。我们从希真词中可以感受到南宋士大夫流落到岭南时普遍存在的思想感情，以至于龙榆生先生在读到此类词作时也感叹：

　　像这般的悲凉情绪，虽然还是从士大夫阶级立场出发，然而"系心君国，不忘欲返"，在那个时代，还是可以激起广大人民的爱国热情来的。⑤

由此可见，朱敦儒的词风演变受到西江流域社会环境的深刻影响。广

① （清）纪昀等编：《四库全书总目》卷七〇《武林旧事》，中华书局1965年版，第626页。
② 如下几个例子就十分引人注目："西江东去，总是伤时泪。北陆日初长，对芳尊、多悲少喜。美人去后，花落几春风，怀漫洗。人难醉。愁只飞灰细。　　梅边雪外。风味犹相似。迤逦暖乾坤，仗君王、雄风英气。吾曹老矣，端是有心人、追剑履。辞黄绮。珍重萧生意。"（《蓦山溪·和人冬至韵》，《樵歌校注》，第164页）"西江碧。江亭夜燕天涯客。天涯客。一杯相属，此夕何夕。　　烛残花冷歌声急。秦关汉苑无消息。无消息。戍楼吹角，故人难觅。"（《忆秦娥·若无置酒朝元亭，师厚同饮作》，《樵歌校注》，第301页）
③ 圆月又中秋，南海西头，蛮云瘴雨晚难收。北客相逢弹泪坐，合恨分愁。　　无酒可消忧。但说皇州，天家宫阙酒家楼。今夜只应清汴水，呜咽东流。（《樵歌校注》，第202页）
④ （宋）朱敦儒著，邓子勉校注：《樵歌校注》，上海古籍出版社2010年版，第203页。
⑤ 龙榆生：《试论朱敦儒的〈樵歌〉》，《龙榆生词学论文集》，上海古籍出版社1997年版，第351页。

东肇庆、德庆、罗定等地的自然风物、社会环境及朱敦儒在这些地方的生活实践是促进其词新质生成的重要因素。

反过来说，朱敦儒在西江流域的创作，也是当地文化事业发展的重要组成部分。据王象之《舆地纪胜》卷九六《广南东路·肇庆府》载：

> 西江水，在城南六十步，西接德庆府，东接广州入于海。①

朱敦儒在绍兴初年活动于两广西江流域的肇庆、德庆、广州等地，他此时所作的那些描写西江流域自然风物与自己在当地进行生活实践的动人诗句具有特别重要的意义，有利于西江流域自然风光的宣传与当地社会文化的传播②，对西江流域社会文化事业的发展起到了不可磨灭的作用。

为了进一步说明这一点，我们还可参考朱敦儒在康州所作的《鹊桥仙·康州同子权兄弟饮梅花下》：

> 竹西散策，花阴围坐，可恨来迟几日。披香不觉玉壶空，破酒面、飞红半湿。　　悲歌醉舞，九人而已，总是天涯倦客。东风吹泪故园春，问我辈、何时去得。③

---

① （宋）王象之：《舆地纪胜》卷九六《广南东路·肇庆府》，中华书局1992年版，第4册，第3025页。

② 吴曾在《能改斋漫录》卷一七中评价道："朱希真，洛阳人，亦流落岭外，九日作《沙塞子》云：'万里飘零南越……'不减唐人语。"〔（宋）吴曾：《能改斋漫录》卷一七，《影印文渊阁四库全书》本，第850册，第826页〕这首"不减唐人语"的作品产生于西江流域，无疑有利于当时当地文化的传播与发展。这让人自然而然地将朱敦儒与苏东坡进行比较，祝南深刻地揭示出两者之间的异同："朱希真词，清超拔俗，合处极似东坡，而少奇逸之趣。襟抱亦自洒落，聪明才学不及东坡也。"（祝南：《无庵说词》，孙克强编《唐宋人词话》，南开大学出版社2012年版，第591页）"清超拔俗""襟抱洒落"的朱敦儒将自己的身世之感、漂泊之悲与名理禅机都并入他的词之创作中了，从而在词学园地里开拓出了一片新的审美风貌。可见，南宋迁岭文人的创作心态、创作风格乃至文学活动的方式等，与西江流域特殊的山林云水环境存在着密切联系。

③ （宋）朱敦儒著，邓子勉校注：《樵歌校注》，上海古籍出版社2010年版，第112页。

对此词的写作背景，邓子勉先生有详细的分析解读①，我们从中可以看出南宋迁岭文人避难西江流域时的人际交往与生活状态及其为当地人民所作的文化建设工作。邓子勉先生提供的材料，还让我们知道了一个重要的信息：南北宋之交的大诗人、"江西诗派""一祖三宗"之一的"诗俊"陈与义也曾来到西江流域，并在当地进行了诗词创作，他与"词俊"朱敦儒往来酬唱、讲学授徒。这两位俊杰之才在西江流域进行交游唱和、讲学著述等活动，无疑有利于促进当地社会变迁与文化发展。

　　绍兴二年（1132），诏广西宣谕明橐访求山林不仕贤者，橐荐希真"深达治体，有经世之才，静退无竞，安于贱贫"。尝三召不起，特补迪功郎，后赐出身，历官职郎官，出为浙东提刑，致仕嘉禾。绍兴三年

①　邓子勉指出："本篇作于宋高宗绍兴初年，在康州（故址即今广东德庆县）。朱敦儒于高宗建炎四年（1130）初抵达南雄州后继续南奔。据宋周必大《二老堂诗话·朱希真出处》云：'靖康乱离，避地自江西走二广。绍兴二年，诏广西宣谕明橐访求山林不仕贤者，橐荐希真……'朱氏避地广中《小尽行》诗云：'藤州三月作小尽，梧州三月作大尽。'藤梧二州均属广西，则朱氏高宗绍兴二年（1132）春在藤州、梧州等地。又据宋李心传《建炎以来系年要录》卷六八和卷九六载，知绍兴三年九月，朱敦儒在肇庆和德庆，今属广东，亦即康州。又朱氏《相见欢》词有'泷州几番清秋'云云，泷州，南朝梁置，宋曾以其所属县泷水来隶德府府，则朱氏在康州等地至少两年。考朱氏绍兴三年九月应诏返归，其到两广西江流域的肇庆府、德庆府和藤州、梧州之前，曾至南海（今广州），如《浪淘沙·中秋阴雨同显忠椿年谅之坐寺门作》云：'圆月又中秋，南海西头。'即朱氏离开南雄州南奔至南海，时已建炎四年秋。据《乾隆肇庆府志》卷二〇《人物流寓》载：'陈与义，字去非，洛阳人。政和中进士，累迁符宝郎，谪监陈留酒税。及金人入汴，避乱襄汉，转湖湘，逾岭峤，寓广州，登海山楼，题咏而去。绍兴元年舣舟过康州，与学士耿伯顺、给事李德升、舍人席大光、侍郎郑德家夜语韵赋诗……'此又见载于《光绪德庆州志》卷一五杂录。参照陈与义诸人行踪，则朱敦儒至康州亦当在绍兴元年。其词中所云'悲歌醉舞，九人而已'，陈氏诸人或即九人之中。理由如下：据《建炎以来系年要录》卷四六载，知至迟绍兴元年八月，陈与已至临安为起居郎。卷六八载明橐荐朱敦儒时，陈与义、席益交称其贤，故诏朱氏补右迪功郎，令肇庆府以礼敦遣赴行在。席益，字大光。又宋陆游《渭南文集》卷三一《跋朱希真所书杂钞》云：'朱先生与诸贤当建炎间，裔夷南牧、群盗四起时，犹相与讲学如此。……'诸贤，或即指陈氏诸人。如词中所云'九人'有陈与义等，则本篇当作于绍兴元年。其中九人即朱氏、子权兄弟二人、陈与义、席益、耿伯顺、李德升、郑德家凡八人，尚有一人不明。案：陈与义《简斋集》卷一二有《康州小舫与耿伯顺李德升席大光郑德象夜话以更长爱烛红为韵得更字》诗，其中郑德象，方志中作郑德家，盖误。康州，宋王象之《舆地纪胜》卷一〇一《广南东路德庆府》载：晋分苍梧立晋康郡，宋齐以下因之，隋废，唐高祖置南康州，寻废，太宗复置，寻又废，已而复置，更名康州。宋平广南，废康州，诸县入端溪县，隶端州，寻复旧，以泷州泷水县来隶。高宗中兴，以潜邸升德庆府。其故址即今广东德庆县。"[（宋）朱敦儒著，邓子勉校注：《樵歌校注》，上海古籍出版社2010年版，第112—114页]

（1133），朱敦儒离开肇庆赴朝廷征召①。这时朱敦儒已经五十三岁了。从五十一岁至五十三岁，朱敦儒生命中这段重要的时光是在西江流域度过的，他用横溢的才华、动人的诗句点缀渲染了西江流域的自然风光。江山留胜迹，我辈复登临，诚如李曾伯所言："人因地而名，地以人而重。"②正因为有朱敦儒这样的迁岭文人在这里居住、生活、创作、讲学，从而将他们的文采风流播种在西江流域的这片热土上，西江流域的康州、泷州、肇庆等地也因此而成为"胜迹"，引起世人的登临凭眺，从而产生怀古之幽思，进一步丰富充实了西江流域的文化底蕴。

三　无奈的旷达：朱敦儒的饮酒与词心

在高压政治下、在南渡漂泊中、在世态炎凉里，迁岭文人朱敦儒用他一双善于发现自然风光之美、生活之美的眼睛，描绘出了西江流域的自然美景与他生活其中的欣慨交集之情。正是由于朱敦儒善于控制自己的负面情绪，能够调节自己的心情，他才能在充满坎坷的生活中活下来，活到了七十九岁的高龄（1081—1159）。朱敦儒活过了与他纠缠不清的权臣秦桧（1090—1155），终于能够在秦桧死后，重返宁静闲适的生活，用自己的一支如椽妙笔揭示出人生的真谛，给世人提供了大量具有特别重要的警世效果的浮生悟语，警醒和滋润着世人浮躁的心灵，让世人通过读他的词作从而能够得享片刻的宁静与安详。

---

① 对此事的来龙去脉，史书上有详细的记载。据《宋史·朱敦儒传》载："高宗即位，诏举草泽才德之士，预选者命中书策试，授以官。于是淮西部使者言敦儒有文武才，召之，敦儒又辞。避乱客南雄州，张浚奏赴军前计议，弗起。绍兴二年，宣谕使明槖言敦儒深达治体，有经世才，廷臣亦多称其靖退，诏以为右迪功郎，下肇庆府敦遣诣行在，敦儒不肯受诏。其故人劝之曰：'今天子侧席幽士，翼宣中兴，谯定召于蜀，苏庠召于浙，张自牧召于长芦，莫不声流天京，风动郡国，君何为栖茅茹藿、白首岩谷乎！'敦儒始幡然而起。既至，命对便殿，论议明畅。上悦，赐进士出身，为秘书省正字。"（《宋史》卷四四五《朱敦儒传》，第13141页）又据《建炎以来系年要录》卷六八（绍兴三年九月己巳）载："河南布衣朱敦儒特补右迪功郎，令肇庆府以礼敦遣赴行在。初，敦儒策试不就，避乱抵南雄州。张浚将西行，奏赴军前计议，敦儒卒不起。至是宣谕官明槖言其深达治体，有经世之才，参知政事席益、吏部侍郎直学士院陈与义又交称其贤，乃有是命。"［（宋）李心传：《建炎以来系年要录》卷六八"绍兴三年九月己巳"，中华书局1988年版，第1154页］

② 《识岩壑旧隐》，（宋）李曾伯撰《可斋续稿后》卷一二，《影印文渊阁四库全书》本，第1179册，第836页。

朱敦儒本是"曾为梅花醉不归，佳人挽袖乞新词"（《鹧鸪天》）的浪漫词人，后来成了著名的南宋迁岭文人，他同样是秦桧高压政治下的牺牲品①，因与秦桧的政治对手李光交往过从而被罢官②。人是社会关系的总和。在风雨飘摇、波澜壮阔的历史洪流中朱敦儒这个山都清水郎也不能幸免，他曾被卷进宦海风波中沉浮跌宕。正所谓："有奇才，无用处。壮节飘零，受尽人间苦。欲指虚无问征路，回首风云，未忍辞明主。"（朱敦儒《苏幕遮》）他的作品在南宋迁岭文人中具有非常突出的特点，反映了在当时社会环境下南宋迁岭文人独特的生存状态与人生感悟。

在宋室南渡这样的特殊社会环境与创作背景下，南宋迁岭文人的创作，既有时代的特点，也有地域的特点。如朱敦儒所作的《浪淘沙·康州泊船》③，邓子勉校注《樵歌》谓此词作于绍兴初年秋，时在康州（今广东德庆）。卓人月《古今词统》卷七评此词时道："真伤心人，作假旷达语。"④ 我们认为这"假旷达语"，其实是一种无奈的旷达，是生命幽深处的真情实感。这种情感在朱敦儒词中表现比较普遍⑤。生活越是困难重重，词人越是热爱生命的清静可喜，越是看淡人间的浮名浮利，越是珍爱人生中一切美好的事物。在朱敦儒的看破、放下中我们可以感受到他对生活的

---

① （宋）陈振孙《直斋书录解题》卷一八别集类载："（朱敦儒）初以遗逸召用，尝为馆职。既挂冠，秦桧之孙壎欲学为诗，起希真为鸿胪少卿，将使教之。惧祸不敢辞。不久秦亡，物论少之。"[（宋）陈振孙著，徐小蛮、顾美华点校：《直斋书录解题》卷一八别集类，上海古籍出版社1987年版，第535页]

② 据《建炎以来系年要录》卷一五五，绍兴十六年十一月二十五日辛卯载："朝散郎两浙东路提点刑狱朱敦儒罢。右谏议大夫汪勃论敦儒专立异论，与李光交通，望特赐处分。上曰：'爵禄所以励世，如其可用，则文臣便至于侍从，武臣便至于建节；如其不可，虽一命亦不容轻授。'于是敦儒遂罢。"（第2520页）另参《宋史》卷四四五《朱敦儒传》载："右谏议大夫汪勃劾敦儒专立异论，与李光交通。……敦儒遂罢。十九年，上疏请归，许之。"（第13141页）

③ （宋）朱敦儒著，邓子勉校注《樵歌校注》载："风约雨横江。秋满篷窗。个中物色尽凄凉。更是行人行未得，独系归艎。　拥被换残香。黄卷堆床。开愁展恨苦思量。伊是浮云侬是梦，休问家乡。"（上海古籍出版社2010年版，第204页）

④ （宋）朱敦儒著，邓子勉校注：《樵歌校注》，上海古籍出版社2010年版，第205页。

⑤ （宋）朱敦儒著，邓子勉校注《樵歌校注》载《念奴娇》："老来可喜，是历遍人间，谙知物外。看透虚空，将恨海愁山，一时接碎。免被花迷，不为酒困，到处惺惺地。饱来觅睡，睡起逢场作戏。　休说古往今来！乃翁心里，没许多般事。也不修仙不佞佛，不学栖栖孔子。懒共贤争，从教他笑，如此只如此。杂剧打了，戏衫脱与呆底。"（上海古籍出版社2010年版，第45页）

热爱。如他在这首被认为是其绝笔之作的《西江月》中所说：

> 元是西都散汉，江南今日衰翁。从来颠怪更心风。做尽百般无用。　　屈指八旬将到，回头万事皆空。云间鸿雁草间虫。共我一般做梦。①

在人生的虚幻无常中，朱敦儒似乎又让人回到了庄周梦蝶的美妙意境中。

朱敦儒词中有许多饮酒题材的作品，这些作品颇能表达他的真性情，传达出他对人生、宇宙、社会、历史的哲理思考。酒能消愁，酒亦能激发诗人豪放旷达的情感，诗人在豪饮后往往吐露出浮生悟语甚至是豪言壮语，在酒醉后更加能够展现自己旷达解脱的形象②。南宋迁岭文人朱敦儒在文化性格与人生经历方面与陶渊明、李白有非常相似之处③，这样的志行和经历也导致朱敦儒在文学创作时自然而然地学习模仿并继承发展了他的诗人前辈陶渊明、李白的心理解脱模式：喝酒——醉眼看世界——看破、放下的自然转化，也时常在喝酒豪饮之际（后）展示出了自己的乐观旷达的心胸。这就是胡适所说的："词中之有《樵歌》，很像诗中之有《击壤集》（邵雍的诗集）。但以文学的价值而论，朱敦儒远胜邵雍了。将他比陶潜，或更确切罢？"④ 陶潜在中国文学史上可以与屈原、李白、杜甫、苏轼、辛弃疾等伟大诗人并驾齐驱、是少有的、具有大胸襟、大气魄、大人格的诗人，而胡适先生将朱敦儒与陶潜相比，认为他们作品的文学价值相似，这是非常高的评价，反映了胡适独特的眼光与见解。

---

① 邓子勉《樵歌校注》认为此词作于绍兴二十八年（1158）与二十九年之交，疑为其绝笔之作。[（宋）朱敦儒著，邓子勉校注：《樵歌校注》，上海古籍出版社2010年版，第260页]

② 陶渊明说："试酌百情远，重觞忽忘天"（《连雨独酌》），反映了诗人在喝酒后一种普遍存在的心理状态与生活方式。杜甫在《赠李白》时也将他的醉态与心理解脱模式揭示出来了："秋来相顾尚飘蓬，未就丹砂愧葛洪。痛饮狂歌空度日，飞扬跋扈为谁雄。"李白在"痛饮狂歌"之时能够"飞扬跋扈"，杜甫在为他的这位不羁的好友李白勾画了一幅传神的肖像的同时，也透露出了豪饮与旷达之间的内在逻辑联系。

③ （元）脱脱等《宋史·朱敦儒传》卷四四五载："敦儒志行高洁，虽为布衣而有朝野之望。靖康中，召至京师，将处以学官，敦儒辞曰：'麋鹿之性，自乐闲旷，爵禄非所愿也。'固辞还山。"（中华书局2011年版，第13141页）

④ 胡适辑注：《词选》，中华书局2007年版，第168页。

朱敦儒在情感的丰富与醇厚上近似陶渊明，也接近李白，他具有"麋鹿之性，自乐闲旷，爵禄非所愿也"的个性特征，像个真正的自由的山都清水郎，享受着山水的乐趣。正是在"酒千觞""醉洛阳"的情况下，朱敦儒表现出"几曾著眼看侯王""玉楼金阙慵归去"①的无畏豁达与"天资旷远"的"神仙风致"②，从而具有了"多尘外之想"的"清气"③。酒醉能够让人暂时逃离官场热闹繁华生活的诱惑，在一片干谒奔竞风气中保持心灵的安宁与清净，在纷纷扰扰的尘世中寻求自救与解脱，以看破一切作自我调节，自我排遣。如朱敦儒的这两首《西江月》就道尽了人生的虚空无奈：

> 世事短如春梦，人情薄似秋云。不须计较苦劳心。万事原来有命。
> 幸遇三杯酒美，况逢一朵花新。片时欢笑且相亲。明日阴晴未定。
> 日日深杯酒满，朝朝小圃花开。自歌自舞自开怀，且喜无拘无碍。 青史几番春梦，红尘多少奇才。不须计较与安排，领取而今现在。④

这两首小词典型地表现出朱敦儒在喝酒时所具有的旷达心胸。黄昇《中兴以来绝妙词选》评价道："天资旷远，有神仙风致。其《西江月》二曲，辞浅意深，可以警世之役役于非望之福者。"⑤吴从先《草堂诗余隽》评道："上有居易俟命之识见，下无行险侥幸之心情。""此乐天知命之言，可为昏夜乞哀以求富贵利达者戒。"⑥沈际飞《草堂诗余正集》评道："二词一意，是病热中清凉散，毋忽其浅率。"⑦我们认为：这两首小词与杜甫的《曲江》二首有异曲同工之妙，表现了中国人普遍认同的旷达

---

① （宋）朱敦儒著，邓子勉校注：《樵歌校注》，上海古籍出版社2010年版，第134页。
② （宋）黄昇：《花庵词评》，葛渭君编《词话丛编补编》，中华书局2013年版，第1册，第163页。
③ （清）朱彝尊：《词综》卷一二引汪莘语，上海古籍出版社2005年版，第261页。
④ （宋）朱敦儒著，邓子勉校注：《樵歌校注》，第262—264页。
⑤ （宋）黄昇选编，邓子勉校点：《中兴以来绝妙词选》，载唐圭璋、蒋哲伦、王兆鹏等校点《唐宋人选唐宋词》，上海古籍出版社2004年版，第700页。
⑥ （宋）朱敦儒著，邓子勉校注：《樵歌校注》，上海古籍出版社2010年版，第263页。
⑦ 吴熊和主编：《唐宋词汇评》两宋卷，浙江教育出版社2004年版，第2册，第1324页。另见（宋）朱敦儒著，邓子勉校注《樵歌校注》，上海古籍出版社2010年版，第263页。

闲适之情，因此，我们也可称这样的词为"哲理化之词"。

这种"哲理化之词"在朱敦儒的词中占有很大比例①，值得注意的是：朱敦儒词中很多表现人生哲理、"名理禅机、均有悟入"的词大多是他在喝酒时所作，是表现其醉酒后的人格个性与人生态度的。俗话说"万般皆天命，半点不由人""人生由命不由他"，这些浮生悟语与朱敦儒的小词醉歌一样生动具体地反映出了中华民族的传统观念与文化心理。朱光潜先生在《悲剧心理学》中指出：

> 由于孔子注重世俗的思想影响，中国人一直讲究实际。"乐天知命"就是幸福生活的普遍的座右铭。这等于说："要知足，不要责怪命运，这样就能活得幸福。"如果愿意的话，你尽可以把这叫"宿命论"，然而它却毫无疑问是乐观的。②

朱敦儒的小词可以说为朱光潜先生的这一观点提供了绝妙注脚，生动具体地反映了中国人普遍存在的民族文化心理与文化性格。通过这样的论述，我们确实也能够像朱光潜先生那样"更重要的是我从此较清楚地认识到我本来的思想面貌，不仅在美学方面，尤其在整个人生观方面"③。中国人的人生观大多数是这样的，朱敦儒文学创作的妙处也正在于，能通过小词艳歌把喝酒时体验到的这种人生哲理阐发得淋漓尽致，我们在仔细咀嚼朱敦儒词中的浮生悟语后，既能深刻地感受到迁岭文人在酒醉之际的旷达乐观，也能更进一步地理解中国人的文化性格与人生思考的具体表现，从而对中国传统文化观念有了更加深刻具体的领悟。

---

① 正如王鹏运指出："希真词于名理禅机，均有悟入，而忧时念乱，忠愤之致，触感而生。拟之于诗，前似白乐天，后似陆务观。至晚节依违，史家亦与务观同慨。"［王鹏运：《四印斋本樵歌识》，（宋）朱敦儒著，邓子勉校注《樵歌校注》，上海古籍出版社1998年版，第467页］陆放翁与朱敦儒有过交往，而且对朱敦儒的生活方式非常羡慕，据厉鹗《宋诗纪事》卷四四引《澄怀录》载："陆放翁云：'朱希真居嘉禾，与朋侪诣之。闻笛声自烟波间起，顷之，棹小舟而至，则与俱归。室中悬琴、筑、阮咸之类，檐间有珍禽，皆目所未睹。室中篮、缶、贮果实脯醢，客至，挑取以奉客。'"［（清）厉鹗：《宋诗纪事》卷四四，上海古籍出版社1983年版，第2册，第1131页］从中可见，"拟之于诗"，朱敦儒"前似白乐天，后似陆务观"还是有深层历史动因的。

② 朱光潜：《悲剧心理学》（增订本），中华书局2012年版，第213页。

③ 朱光潜：《悲剧心理学》（增订本），中华书局2012年版，中译本自序第4页。

在这个基础上，我们才能理解"有奇才，无用处"（《苏幕遮·酒台空》）的朱敦儒为何如此喜欢饮酒，并在饮酒词中频繁展示浮生悟语，旷达心胸，原来他只有真诚地相信命运并且"乐天知命"，才能过上"幸福生活"。在日常生活中体会人生的闲情逸致，在"爱闲耽酒""池上饮、林间醉""花间相过酒家眠"中获取了精神上的宁静与安适，而宁静才可以致远，才可以"慢慢走，欣赏啊"，才可以领略到山林云水的优美动人，从而在诗酒风流、自然大化中寻找到精神的避难所，心灵的栖居地。词学大师龙榆生先生评价朱敦儒词时指出：

> 由于作者胸襟的开展，以及奔竞名利心比较淡泊，因而对自然界的感受，也就有了一种潇洒清新的气象，摄收到笔端来，洗尽尘埃，自然超妙。①

此评价十分精辟，深得我心。这种淡泊名利的宁静来自忧愤之后的无奈，是无奈的旷达，"自歌自舞自开怀，且喜无拘无碍"，正是在经历了无数次的"明日阴晴未定"后的人生选择，是经历苦涩伤痛后的洒脱，是苦难给人生的最好礼物。

---

① 龙榆生：《试论朱敦儒的〈樵歌〉》，《龙榆生词学论文集》，上海古籍出版社 1997 年版，第 355 页。

第三章　南宋流寓岭南文人的超越机制

南宋迁岭文人的作品是真正用血泪凝结而成的时代杰作，担荷着时代的苦难、民族的命运与个人的不幸，而这一切都与当时西江流域的社会发展息息相关，他们的作品有时也描写自我的苦闷，却不仅仅是一己之苦闷，而是充满了对西江流域人民的生活环境、生活方式、生活条件的关怀。它真实地记录了一代士人在贬谪岭南、流寓西江流域之际的无私奉献、执着追求，以及经历坎坷、命途多舛，仍然心系家国的精神，体现出英伟刚毅之气，高逸旷达之姿，具有历史活化石的作用。往事并不如烟，流年亦非碎影，我们现代人读了这些缩影了南宋迁岭文人命运及西江流域社会变迁的作品，感到恍如昨日，如沐春风，同时又感到振奋鼓舞，令人深思、使人叹息。

第一节　迁谪流寓的生命磨难

南宋迁岭文人的作品记录了一个时代，真实记录了一个苦难时代人们苦难的生活以及苦难的心灵。苦难、悲痛，是宋室南渡以来文人创作的一大主题。南宋迁岭文人们一路走来，历经苦难、坎坷，在战火纷飞的日子里，他们"有奇才，无用处。壮节飘零，受尽人间苦"①，饱经战乱流离之苦，他们此时描写战乱的诗歌满含辛酸与悲凉，常有对命运的叹息和感

---

① 《苏幕遮》，（宋）朱敦儒著，邓子勉校注《樵歌校注》，上海古籍出版社 2010 年版，第 201 页。

伤。苦难，使他们创作出了不同寻常的文学作品。

南渡而来的文人士子们面临着国家的危亡、民族的苦难与个体的不幸，而且，个体的不幸在当时往往是与国家、民族的命运紧密联系在一起的。李纲是南宋首任宰相，曾因主持抗战而被贬为保静军节度副使，建昌军安置，一代名臣壮志难酬。作为南宋迁岭文人、一代抗金名臣的李纲也只有经常在贬谪流寓之中过生活，漂泊湖海①。李纲"自江湖涉岭海"的迁谪流离生涯中，曾途经西江流域的晋康（今德庆），因疾寓居此地，激发了南宋名臣的诗兴，创作了多首咏叹晋康风物的诗歌作品②。西江流域美好的山水风光让李纲"片心聊与白云闲"，得到了片时的欢愉，暂时忘记了羁旅漂泊的愁苦，并用优美动人的诗句吟咏了当地的自然风物，为弘扬与传播当地文化作出了重要的贡献。

长久流寓在异地的南宋名臣李纲最牵挂的莫过于故乡了，向往回归故乡是其诗词中的常见情感③。南宋名臣赵鼎也在漂泊无定的流寓生活磨难中表达了相似的乡关之思。他原来的"小词婉媚，不减《花间》、《兰畹》"④，然而女真的铁骑惊醒了文人的温柔乡、富贵梦，南渡之初，赵鼎于建炎元年秋所作的《满江红》一词，却是"慷慨激烈，发欲上指"

① （宋）李纲《湖海集序》载："余旧喜赋诗，自靖康谪官以避谤，辄不复作。及建炎改元之秋，丐罢机政，其冬谪居武昌，明年移澧浦，又明年迁海外。自江湖涉岭海，皆骚人放逐之乡，与魑魅荒绝非人所居之地，郁悒无聊，则复赖诗句摅忧娱悲，以自陶写。每登临山川，啸咏风月未尝不作诗，而謷不恤纬之诚，间亦形于篇什，遂成卷轴。今蒙恩北归，哀茸所作，目为《湖海集》，将以示诸季，使知往反万里、四年间所得盖如此云。"（《梁溪集》卷一七，《影印文渊阁四库全书》本，第1125册，第650页）
② 比较典型的有："渺渺烟波叠叠山，玉簪罗带自回环。雨余岚翠浓如滴，地险江流巧转弯。蟠磴迥临飞鸟道，片心聊与白云闲。峤南有此佳山水，画在贤侯几案间。"（《题香山豁然亭》）"上主疏封地，中兴启帝图。江山连肇庆，云物接苍梧。秀气蟠南极，神功本禹谟。邦人荣望意，开府映番禺。"（《泊晋康横翠亭爱其山水秀丽斐然有作》二首其一）"环抱大江流，层峦翠蔼浮。神明扶王气，景物冠南州。来值炎蒸日，翻惊风雨秋。登临望不极，暮角起城楼。"（《泊晋康横翠亭爱其山水秀丽斐然有作》二首其二）
③ （宋）李纲《闻子规》云："江南四月五月时，空山月夜啼子规。劝我不如归去好，我方远谪何时归。中原杳杳暗锋镝，纵使得归何所益。不如且住碧山中，为凭青鸟通消息。"（《梁溪集》卷一八，《影印文渊阁四库全书》本，第1125册，第664页）
④ （清）徐釚：《词苑丛谈》卷六，上海古籍出版社1981年版，第117页。

"足以使懦夫有立志"① 的风神意态。李纲对时任宰相的赵鼎自述平生忧患并慨叹国事艰危时的由衷之言也令人动容②。读了南宋迁岭文人充满深情的言语，我们深刻感受到这个"生于忧患"的民族曾经遭遇到怎样的困难与逆境。同样是这位南宋名臣，他在对朋友李光诉说衷肠时的拳拳之心也跃然纸上③。读了他们这样慷慨悲叹、深情款款的嘱托，我们又怎能不对这些迁岭文人的经历充满了温情与敬意，从而也对这个伟大的民族的历史充满了温情与敬意！早在徽宗朝时，李纲就曾作诗鼓励过因言事被贬至西江流域阳朔的李光，可见当时两人情谊之深、性情之奇、境界之高，从中也透露出时势的艰难与士人命运的漂泊无定④。从《道阳朔山水尤奇绝旧传为天下第一非虚语也赋二绝句》中，我们既能感受到西江流域自然风光之优美，也可以看出李纲与李光之间的深情厚谊⑤。患难见真情，在这种迁谪流寓的生命磨难中结成的友谊是真正的友谊。

"南迁二李"意气相投，因此，李纲才能在李光面前毫不掩饰地道出

---

① （清）陈廷焯：《白雨斋词话》卷六，唐圭璋编《词话丛编》，中华书局 1986 年版，第 3914 页。

② （宋）李纲《与赵相公别幅》云："某自靖康以来，数经忧患，非他人之比，加以衰病相仍，已为明时之废人，但屏迹山林，采薇散发以终余年，岂敢复与世故。今者朝廷艰棘，不能缄默，辄复进刍荛之言，盖以朝廷安则山林安，利害休戚实与国同之故。"（《梁溪集》卷一二一，《影印文渊阁四库全书》本，第 1126 册，第 439 页）

③ （宋）李纲《与李泰发端明书》云："自靖康以来，所遭之变，皆古所未有。岂曰细故，其实本于君子小人之混淆。君子常不胜，而小人常胜。然天实为之，谓之何哉！吾侪当益信此心，进则尽节，退则乐天，死而后已，余复何道！"（《梁溪集》卷一二一，《影印文渊阁四库全书》本，第 1126 册，第 437 页）李纲《与李泰发端明第一书》载："自闻贤者得请去朝，与士大夫同深惋惜。不任天下之责，而放怀云海之上，其自为计则得矣，第未知果能恝然忘情于世乎否也？天方艰难，使正人端士乍进乍退，徒有出入之劳，何补于事！然精忠之极，乃身在外，乃心罔不在王室。愿毋忘此念。苟有所见，展尽所闻，深所望于左右也。无缘面谈，但深悁跂。"（《梁溪集》卷一二七，《影印文渊阁四库全书》本，第 1126 册，第 486 页）

④ （宋）李纲《梁溪集》卷一六《送李泰发吏部赴官阳朔》云："意气相期会面前，谪官邂逅两萧然。谁怜兰省鸳鸾友，去作桂林山水仙。直道事人宁免黜，拙谋于我欲争先。宽恩下逮宜非久，来买梁溪二顷田。""阳朔溪山冠百蛮，羡君远宦得跻攀。声名已落寰区内，忠信自行夷貊间。山作剑铓攒峻拔，水如罗带匝回环。此生又作南征计，好把轻绡寄一斑。"（《影印文渊阁四库全书》本，第 1125 册，第 647 页）

⑤ 诗云："溪山此地蔼佳名，雨洗烟岚分外青。却恨征鞍太匆遽，无因一上万云亭。""赋诗曾送谪仙人，垂老翻游到海滨。梦幻去来何日了，且将病眼看嶙峋。"（《李泰发谪阳朔令尝以诗送其行》，《梁溪集》卷二三，《影印文渊阁四库全书》本，第 1125 册，第 712 页）

了国家的艰危与个体命运的不幸①。他们通过诗歌来互诉衷肠，抒写饱经忧患的人生感慨、迁谪流寓的黯然情怀。迁谪流离中，民族的苦难与个人的不幸紧密地纠缠在一起。国家已经如此危难，人民生活如此痛苦，而朝中大臣李光却信而见疑，忠而被谤，遭谗落职，怎不让人义愤填膺、忧心如焚②。但是李光没有怀忧丧志，他在朋友的激励下，通过写诗著文来对抗人生的风雨，体现在作品中就是一种沉重厚实的感慨，展现了他们在瘴疠之地迁谪流离的生命磨难。

南宋迁岭文人们的作品记录了一个时代，真实反映了我们民族那种伟大精神的延续和传承。任何时代，任何社会，都可能出现"不公"和"不平"，都可能对某些群体、某些个体造成伤害甚至不幸。往事越千年，我们所熟知的受到世代敬仰的伟大文人屈原、韩愈、白居易、柳宗元、刘禹锡、范仲淹、苏东坡……都曾遭贬谪流放，被赶出朝廷。对于南宋迁岭文人来说，人生道路更加艰难，他们常常遭遇不测风云。如李光因亲家陆升之陷害，竟连累到好友胡寅、程瑀、潘良贵等人③。南宋迁岭文人迁谪流离的生命磨难，在某种程度上来自变幻莫测、云谲波诡的宦海风波。

南宋迁岭文人面对国家危亡、政局变幻、生灵涂炭，内心世界是悲愤愁苦的。这种悲苦之情能造就伟大的作品，艰难困苦，玉汝于成。国家不

---

① （宋）李纲《梁溪集》卷一六《寄李泰发吏部》云："我生禀赋愚且屯，昔游帝所知何因。狂言妄发取谴废，屏迹自甘麋鹿群。公于何许知姓字，迁趾访我梁溪滨。平生倾盖意气合，谈笑便觉襟怀亲。如公材识迈伦等，缓步自当居要津。胡为亦复作此态，出语辄已惊臣邻。扁舟归探会稽穴，单骑去指苍梧云。岭南风土不全恶，阳朔山水古所珍。郎官出宰乃故事，绝徼万里皆吾民。布宣德泽被蛮邑，犷俗可使风还淳。古来节士志沟壑，笑视生死同埃尘。甘心刀锯蹈鼎镬，徇国讵免危其身。圣朝宽大幸无比，窜谪未久多蒙恩。辕驹伏马恋刍豆，何用局促声长吞。堂堂基业甚宏远，岂使扶助无良臣。勉旃行矣伫旋帅，乘兴且访山阴人。"（《影印文渊阁四库全书》本，第1125册，第647页）李纲《梁溪集》卷三一《奉寄李泰发端明》载："一别东吴不记年，饱经忧患各林泉。知公置酒常高会，顾我杜门惟熟眠。无分去为汤饼客，有缘来作荔枝仙。越溪闽岭无多地，步月看云只黯然。"（《影印文渊阁四库全书》本，第1125册，第778页）

② （宋）李光《庄简集》卷一《伯寓知府给事宠和子贱与仆域字韵诗格力超绝辄复次韵》载："中原困干戈，衣冠沦异域。忠臣愤切骨，义士血空滴。平生忧国心，岂以死生易。年来还旧庐，门巷无辙迹。老骥万里心，垂耳卧空枥。素交今几人，十载劳梦役。"（《影印文渊阁四库全书》本，第1128册，第434页）

③ 据史籍所载："（三月十九日丙申），李孟坚狱具。诏李光遇赦永不检举；孟坚除名，峡州编管；胡寅、程瑀、潘良贵、张焘等八人缘坐，黜降有差。……壬寅，胡寅责果州团练副使，新州安置。"（《宋史》卷三〇《高宗本纪》，第571页）

幸诗家幸，赋到沧桑句便工。钱锺书先生在《诗可以怨》中不禁感叹："古代评论诗歌，重视'穷苦之言'，古代欣赏音乐，也'以悲哀为主'。"① 在《管锥编》中，钱先生又特别注意到"好音以悲哀为主"②。尤其是士大夫流寓他乡异地时，他们的生活环境、生活方式、生活习惯发生了巨大变化，创作态度、作品风格也相应会发生嬗变③。南宋迁岭文人的生活与创作正印证了这一事实。南宋时期的迁岭之士并没有沉湎于苦难之中不能自拔，他们中的多数人，能够理解时代的苦难，理解直道事人，"君子不可不弘毅"的伟大意义，故能够在云谲波诡的和战之争、用人之争、学术之争的党争下坦然自若地接受被贬谪、遭流离的命运，在寓居之所努力创作，著书立说。

我们试以中国古代文学史上最大的诗歌流派——江西诗派为例，来说明西江流域生活环境与迁岭文人创作的关系。江西诗派的作品在宋诗发展历程中具有独特的思想意蕴与审美价值。在高压政治下，文丐奔竞中，世态炎凉里，南宋迁岭文人的一些政治见解被压制被扭曲，他们不敢直抒胸臆、畅所欲言，但他们行走在历史的河流中，偶有机缘巧合，还是随着自己的性子留下了笔痕心迹，这是他们在中华民族的历史进程中客观存在的一些心灵史迹，所谓诗心史迹。特别值得我们注意的是江西诗派的重要代表吕本中、陈与义、曾几等几位诗人诗风的形成与转变及他们地位的确立，与他们漂泊流寓到西江流域的生活环境与创作实践有着非常密切的联系。

试看南宋文人在西江流域的生活环境与创作风貌。宋室南渡后，吕本中为了躲避战乱，沿着西江流域一带迁岭南来，先到贺州，后到康州，然后来到了桂林。在贺州，吕本中即作《赠岭东陈秀才》一诗，颇有"方隅

---

① 钱锺书：《七缀集》，上海古籍出版社1985年版，第113页。

② 钱锺书：《管锥编》，生活·读书·新知三联书店2007年版，第3册，第1506页。古人对此早有体会，感叹道："甚矣哉，欢愉之词难工，而愁苦之言易好也。盖诗言志，欢愉则其情散越，散越则思致不能深人。愁苦则其情沉著，沉著则舒籁发声，动与天会。故曰诗以穷而益工，夫亦其境遇然也。"[（明）张煌言：《曹云霖中丞从龙诗集序》，《张苍水集》第一编，上海古籍出版社1985年版，第3—4页]

③ （明）周立勋在《白云草序》中指出："士当不得志而寄情篇什，忧闷悲裂，镌词遥旨，往往有之。然未若躬历山川，意驰草木，眺嚢迹，本土风，览宫阙之嵯峨，极边庭之萧瑟，为情与境雄也。"[（明）陈子龙撰，施蛰存、马祖熙标校：《陈子龙诗集》附录三《白云草序》，上海古籍出版社1983年版，第765—766页]

亦壮哉"的气度①。绍兴元年（1131），由于"邻州贼报又警急"，吕本中"欲泛扁舟穷百粤"②，为了躲避战乱，他顺着西江流域，从贺州来到了西江流域的康州（又名晋康，德庆府，即今广东省肇庆市德庆县）。即使在西江流域的康州短暂停留，吕本中仍表达了"未赴结社约，长耿怀友心"的浓厚感情③，他漂泊无定之时念念不忘的是与诗友结社吟唱，耿耿于怀的是朋友之生死安危，诗坛领袖风范跃然纸上。后来，吕本中又来到了桂林，意到笔随，写下了《初至桂州二首》④。到了桂林后，吕本中写了《呈折仲古四首》，表达了自己想要实现"谢安敢为苍生起，早为吾君了中兴"⑤的理想与抱负，在《夜坐有感》中吕本中还描述了自己在西江流域的生活环境与生活方式⑥。飘零之感、身世之悲、怀乡之情一起并入吕本中这些描述西江流域风物的诗作中了。

　　诗歌，是一个时代氛围的晴雨表，描写迁谪流寓的生活体验是吕本中创作题材的一个重要方面，从一个侧面反映了时代变迁与岭南风光。他迁

① 《东莱诗集》卷一三《赠岭东陈秀才》诗云："风吹贺江浪如雪，浮梁左右行人绝。病夫坐稳懒出行，破屋只愁吹瓦裂。东县陈卿忽叩门，笑语欢然相暖热。"（《影印文渊阁四库全书》本，第1136册，第771页）

② 《东莱诗集》卷一三《赠岭东陈秀才》，《影印文渊阁四库全书》本，第1136册，第771页。

③ 《东莱诗集外集》卷三《晋康逢师厚》云："藤江合贺江，浮荡苍梧云。我如老饿鹤，忍饥啄蛮尘。二更客入户，月黑雨翻盆。坐久始惊省，两翁非昔人。一别二十年，家国忍复论？岂知半暗眼，再见忠宣孙。君负济世美，实识治乱根。宁同二三子，但粥父祖名？心岂燕丘鳖，屡召终逡巡。新年愤忠极，决意去修门。龙鬼亦妒贤，翻舟使回犇。呜呼天下事，敢笑不敢言。师尹实令弟，高义横乾坤。政坐才卓荦，亦使身奇屯。人说龚州居，胜事专江村。未赴结社约，长耿怀友心。君归兄弟语，况我应殷勤。二子岂隐者，中兴要甫申。勉哉赤松子，善事黄中君。我欲北渡岭，江西老耕耘。子房但强饭，勿道绮与园。（自注：师厚自龚被召，至三水，泛舟复还，并寄师尹）。"〔（宋）吕本中撰，韩酉山辑校：《吕本中全集》，中华书局2019年版，第4册，第1686—1687页〕

④ 《初至桂州二首》云："连年走遐方，所至若邮传。未论道艰阻，先问米贵贱。贼势来未已，行役我已倦。解鞍憩空馆，敢叹此异县。清泉上短绠，一洗尘垢面。瘴疠非不深，美酝良可恋。""尘沙久冲突，戎马亦驰骛。我行不得息，终岁在道路。敢言更多事，尚恐与时忤。低头访殊俗，何处可放步。江流下沧海，日惨多鳄怒。出门寻故人，风雨已断渡。"〔（宋）吕本中撰：《东莱诗集》卷一三，《影印文渊阁四库全书》本，第1136册，第770页〕

⑤ （宋）吕本中：《呈折仲古四首》，《东莱诗集》卷一三，《影印文渊阁四库全书》本，第1136册，第772页。

⑥ （宋）吕本中《夜坐有感》云："中原北望四千里，三年不见南飞雁。著身天涯未为远，所至风沙莫深叹。……岭南无瘴便可老，江头有酒犹堪唤。"（《东莱诗集》卷一三，《影印文渊阁四库全书》本，第1136册，第772页）

岭之初颇为环境不适而苦，慢慢适应了，他又为岭南美丽的自然风光所吸引，屡屡赋诗歌咏岭南风光①。南宋迁岭文人得"江山之助"，用他们的如椽妙笔抒发人生的悲欢感慨，风行纸上，生机无限，脍炙人口。这些诗句写尽了当时文人在战乱流离之际漂泊南来的社会背景、生活环境及自己在乱离时的复杂心情。这些诗歌是南宋迁岭文人人格、人品的自然流露，是无法掩饰与压抑的。宋室南渡以来新的时代特征给南宋迁岭文人的诗歌注入了新鲜的题材内容，产生了新的审美风貌。

陈振孙指出："诗派之说本出于吕居仁，前辈多有异论，观者当自得之。"②此言甚是。有一种说法是：吕本中所撰《江西诗社宗派图》及其序，就是在度岭北还之际，与他之前的居岭生活有着非常密切的联系③。吕本中以自己独特的地位、崇高的人品与高妙的文学创作水平俨然成了当时迁岭文人中的灵魂人物。在桂林时吕本中与当时广大的文人士子谈诗论艺，对他们产生了深刻的影响，有些人甚至至老仍念念不忘吕本中的悉心指导与谆谆教诲。著名诗人曾几在《东莱先生诗集序》中谈到自己避地西江流域柳州时与吕本中交往时的情形，其中对吕本中的诗集进行了高度评

---

① 看他的自述："留醉岭南无所恨，不妨蜡屐恣跻攀。"（《游阳山广庆寺》，北京大学古文献研究所编《全宋诗》，北京大学出版社 1998 年版，第 28 册，第 18235 页）"归路始知山水好，少留村驿当闲游。"（《连州阳山归路三绝》其一，《全宋诗》，第 28 册，第 18142 页）"儿女不知来避地，强言风物胜江南。"（《连州阳山归路三绝》其一，《全宋诗》，第 28 册，第 18142 页）

② （宋）陈振孙撰，徐小蛮、顾美华点校：《直斋书录解题》卷一五，第 449 页。

③ 据吴曾《能改斋漫录》卷一〇"江西宗派"条记载："蕲州人夏均父名倪，能诗，与吕居仁相善。既没六年，当绍兴癸丑二月一日，其子见居仁岭南，出均父所为诗，属居仁序之大概。序言其本末尤详。居仁已而出自岭外寄居临川，乃绍兴癸丑之夏，因取近世以诗知名者二十五人，谓皆本于山谷，图为江西宗派，均父其一也。"［（宋）吴曾撰：《能改斋漫录》卷一〇，《影印文渊阁四库全书》本，第 850 册，第 684—685 页］莫砺锋先生认为"吴曾的这个记载是不实的"，并指出《江西诗社宗派图》作于崇宁元年（1102）或崇宁二年（1103）初"（《江西诗派研究》附录三《吕本中〈江西诗社宗派图〉考辨》，《莫砺锋文集》卷一，凤凰出版社 2019 年版，第 261—264 页）。但有些学者还是认为吕本中《江西诗社宗派图》作于绍兴癸丑（1133），据王兆鹏先生《吕本中年谱》载："绍兴三年癸丑（1133），居仁五十岁。年初，居仁过岭，将至江华……初秋，北还至临川寓居，作《江西诗社宗派图》。"（王兆鹏：《两宋词人年谱·吕本中年谱》，台北：文津出版社 1994 年版，第 394—395 页）曾枣庄、吴洪泽著《宋代文学编年史》第三卷认为吕本中撰《江西诗社宗派图》并序是在绍兴三年癸丑（1133）即吕本中五十岁时，并指出："此明言吕本中《江西诗社宗派图》作于'绍兴癸丑之夏'。吴曾《能改斋漫录》成书于绍兴二十四年至二十七年（1154—1157），距吕本中作《江西诗社宗派图》仅二十余年，当可信。"（《宋代文学编年史》，凤凰出版社 2010 年版，第 1388 页）此处从曾枣庄、王兆鹏先生的看法。

价，并谈及当时两人的交往在他人生中的重要意义①。

绍兴元年辛亥（1131）秋，吕本中在迁居桂州时与同为迁岭文人的著名诗人曾几时相过从，往来酬唱，交往甚厚。吕本中可以说是曾几的知音，对曾几的诗歌艺术成就进行了恰如其分、切中要害的评价，并对曾几如何提高诗歌创作水平提出了十分诚恳的建议。曾几为人正直、勤于政事、学识渊博，他所撰写的《东莱先生诗集序》具有十分重要的文献价值与认识价值，由此序言既可见江西诗派的两大诗人在寓居西江流域的岁月里交流往来的真实情景，也可以让我们感受到南宋迁岭文人的创作理念及其形成过程与西江流域生活方式、生活环境的密切联系。写完此序后不久，乾道二年（1166）五月二十六日（戊辰），曾几也去世了②。

曾几是中国文学史上最大的文学流派之一江西诗派的重要成员，刘克庄指出："曾茶山赣人，杨诚斋吉人，皆中兴大家数。比之禅学，山谷初祖也，吕、曾南北二宗也。"③ 曾几迁岭后所作诗歌亦取得了很高的艺术成就④。值得注意是的，曾几与吕本中关系如此和谐，却没有被吕本中收入《江西诗社宗派图》中，这是为什么呢？刘克庄曾对此表示疑惑，在《江

---

① 《东莱先生诗集跋》载："绍兴辛亥，几避地柳州，公在桂林，是时年皆未五十，公之诗固已独步海内，几亦妄意学作诗。公一日寄近诗来，几次其韵，因作书请问句律。公察我至诚，教我甚至，且曰：'和章固佳，本中犹窃以为少新意。'又曰：'诗卷熟读，治择工夫已胜，而波澜尚未阔。欲波澜之阔，须令规模宏放以涵养吾气而后可。规模既大，波澜自阔，少加治择，功已倍于古矣。'几受而书诸绅，今三十有六年，顾视少作，多可愧悔。既老且病，无复新功，而公之墓木拱矣。观遗文为之绝叹，因记公教我之言于篇末，使后生知前辈相与情实如此。且以见几于公之言，虽老不忘也。乾道二年四月六日，赣川曾几题。"（祝尚书编：《宋集序跋汇编》，中华书局 2010 年版，第 1134—1135 页。又名《东莱诗集后序》，载《东莱诗集》卷末，《影印文渊阁四库全书》本，第 1136 册，第 831 页。两书所载文字略异）

② 曾几生平事迹详参陆游《曾文清公墓志铭》，《渭南文集》卷三二，钱仲联、马亚中主编《陆游全集校注》，浙江教育出版社 2011 年版，第 10 册，第 313—324 页。

③ 《后村先生大全集》卷九七《茶山诚斋诗选序》，（宋）刘克庄著，辛更儒校注《刘克庄集笺校》，中华书局 2011 年版，第 9 册，第 4103 页。

④ 曾几的《岭梅》一诗云："蛮烟无处洗，梅蕊不胜清。顾我已头白，见渠犹眼明。折来知韵胜，落去有愁生。坐久江南梦，园林雪正晴。"方回指出："此茶山将诣桂林时诗，有二绝连此诗后，云'桂林梅花盛开有怀信守程伯禹'，故知之。"纪昀对这首诗极为赞赏，说它"自然高雅。无一字切梅，而神味恰似，觉他花不足以当之"。[（元）方回选评，李庆甲集评校点：《瀛奎律髓》卷二〇附纪昀刊误，上海古籍出版社 2005 年版，第 763 页]

西诗派总序》中提出疑问并且深感遗憾①。

我们读了此序，也会像刘克庄一样，既恨吕本中不及见杨万里这一江西籍的大诗人，也恨当时无人叩问吕本中何以不将江西籍诗人且与他交游唱和颇为密切的曾几列入江西诗派中。莫砺锋先生认为那是由于吕本中作此图时曾几诗名未显②。需要补充说明的一点是，根据莫先生的研究来看，当吕本中作《江西诗社宗派图》时，他可能还不认识曾几③。我们认为，吕本中与曾几之间的频繁交往开始于绍兴辛亥寓居西江流域的时期，他们在此地以诗会友、往来商榷，形成了良好的互动关系。据曾几叙述可知，"几避地柳州，居仁在桂林，是时年皆未五十"之际，当时"居仁之诗，固已独步海内"，"几亦妄意学作诗"，向吕本中请教，于是乎两人往来唱和，时相过从，深得友朋切磋琢磨之乐。

正是在避难西江流域时，吕本中与曾几才有闲情逸致与时间精力来详尽地探讨诗艺、交流思想④。宋室南渡，丧乱之余，吕本中"因以其暇尽交天下名士"的表现之一就是在流寓到西江流域时结识了曾几。吕本中在《桂林解后拜见仲古龙图吉父学士别后得两诗书怀奉寄》中叙说了两人在战乱流离之际的辛酸苦难⑤。在孤寂苦难的生活里，人最需要的是朋友来

① （宋）刘克庄著，辛更儒校注《刘克庄集笺校》卷九五载："吕紫微作江西宗派，自山谷而下凡二十六人。……曾文靖，乃赣人，又与紫微公以诗往还，而不入派，不知紫微去取之意云何。当日无人以此叩之，后来诚斋出，真得秀所谓活泼，所谓流转完美如弹丸者，恨紫微公不及见耳。"（第4022—4023页）

② 莫砺锋：《评龚鹏程〈江西诗社宗派研究〉》，原载《南京大学学报》1988年第4期，后收入《莫砺锋文集》卷七，凤凰出版社2019年版，第598—605页。

③ 据莫砺锋先生研究："《江西诗社宗派图》作于崇宁元年（1102）或崇宁二年（1103）初，其时吕本中年十九岁或刚满二十岁，这与他自己所说的'少时'是互相印证的。"（莫砺锋：《江西诗派研究》，《莫砺锋文集》卷一，凤凰出版社2019年版，第264页）

④ 陆游在《吕居仁集序》中指出："宋兴，诸儒相望，有出汉唐之上者，迨建炎、绍兴间，承丧乱之余，学术文辞，犹不愧前辈，如故紫薇舍人东莱吕公者又其杰出者也。公自少时，既承家学，心体而身履之，几三十年，仕愈踬学愈进，因以其暇尽交天下名士，其讲习探讨，磨砻浸灌，不极其源不止。故其诗文汪洋闳肆，兼备众体，间出新意，愈奇而愈浑厚，震耀耳目而不失高古，一时学士宗焉。"（《渭南文集》卷一四，钱仲联、马亚中主编《陆游全集校注》，浙江教育出版社2011年版，第9册，第366—367页。此序又名《东莱诗集原序》，载吕本中撰《东莱诗集》卷首，《影印文渊阁四库全书》本，第1136册，第681页）

⑤ （宋）吕本中撰《东莱诗集》卷一三载："所至艰危里，如何更别离。只看山似戟，已合鬓如丝。汤熨徒增疾，文章不疗饥。端居温余论，苦语自成诗。""折老久高卧，曾乡仍倦游。同为万里走，肯避数年留。贼帜江湖晚，岚烟岭峤秋。相逢得安稳，乘兴莫东流。（自注：比闻二公皆欲为广东之行）"（《影印文渊阁四库全书》本，第1136册，第770页）

分担排遣自己的苦闷。吕本中在《赠曾吉甫》中抒发了与曾几在西江流域的交往之情①，在《次韵王漕见赠并寄曾吉父二首》中，吕本中对曾几诗歌创作之妙进行了高度评价②。考虑到吕本中之诗当时"已独步海内"，他所作的这两首诗颇有为曾几进行印可延誉的意义，曾几诗歌创作的成名之路，显然离不开吕本中的推崇褒扬。在西江流域的流寓生活中，他们投闲置散，才能有充裕的时间往来赠答，深入细致地探讨诗歌创作的话题，在"岭南不见雁行斜"的情形下，两人"盛欲寄书商榷此"，故能"句法相传共一家"③，各有不凡的成就，所谓："居仁衣钵新分似，吉甫波澜并取将。岭表旧游君记否？荔枝林里折桃榔。"④ 他们所提倡尊崇的诗歌创作理念对南宋大诗人陆游有非常深刻的影响⑤，可见，南宋迁岭文人在西江流域的交往与创作无疑也促进了当时文学流派的形成、文人群体的发展与文学创作的繁荣。

　　吕本中（1084—1145）活了六十二岁。曾几（1084—1166）活了八十三岁，比吕本中多活了二十一年。吕本中死后，曾几继续进行诗歌创作与培养后学，为江西诗派的发扬光大作出了巨大贡献。曾几是江西赣州人，

---

① （宋）吕本中《赠曾吉甫》云："荒城少往还，居处喜相近。欣然得一笑，渠敢有不尽。词源久欲竭，此道或少进。作气在一鼓，军士况未憨。凉风动高梧，尘土朝价阵。临溪惜暂别，溪浅雨复吝。岂无一言赠，以当百镒赆。沉绵我未瘳，李君更须慎。"（《东莱诗集》卷一九，《影印文渊阁四库全书》本，第1136册，第818页）

② 《东莱诗集》卷一三载："前贤去则远，今代不无人。小出已无敌，深藏恐未仁。两章知思苦，一语见情亲。径欲忘衰病，知公笔有神。""曾子住南国，端居无所思。逃禅不用酒，投笔漫成诗。敏捷忘千虑，纵横又一奇。子中有佳处，莫待折肱医。"（《影印文渊阁四库全书》本，第1136册，第772页）

③ （宋）吕本中：《次韵吉父见寄新句》，《东莱诗集》卷一三，《影印文渊阁四库全书》本，第1136册，第770页。

④ 《诚斋集》卷二三《题徐衡仲西窗诗编》，（宋）杨万里撰，辛更儒笺校《杨万里集笺校》，中华书局2007年版，第3册，第1175页。

⑤ 据陆游《吕居仁集序》载："某自童子时读公（吕本中）诗文，愿学焉。稍长，未能远游，而公捐馆舍。晚见曾文清公，文清谓某：'君之诗，渊源殆自吕紫微，恨不一识面。'"（《渭南文集》卷一四，钱仲联、马亚中主编《陆游全集校注》，浙江教育出版社2011年版，第9册，第367页。又名《东莱诗集原序》，载吕本中撰《东莱诗集》卷首，《影印文渊阁四库全书》本，第1136册，第681页）

他对江西诗派的品评印可也就更加值得我们重视①。他的议论评判无疑在南宋诗歌史上产生了十分重要的影响。所谓:"诗有江西派,而文清昌之"②,"曾茶山得吕紫微诗法,传至嘉定中赵章泉、韩涧泉,正脉不绝"③。黄庭坚、吕本中、曾几、赵蕃、韩淲等江西诗派成员一脉相承、代有新声,其中承前启后、继往开来的两个关键人物是吕本中与曾几,他们的交流活动就曾在西江流域展开。由此可见,西江流域地区在江西诗派形成、发展与壮大过程中起到重要作用。

南宋迁岭文人在战乱的时代,离乡背井到陌生的土地上,过着流离漂泊的生活,地域的差异、风土的不适、环境的疏离、气候的异常,这些都被他们形诸笔墨,如吕本中说:"瘴疠参差畏久留"④,"岭南山水固奇异,恨无中州清淑气"⑤。这些对环境的疏离感、不适感也都是他们首先要面对解决的。他们在此地的创作有复杂的诗艺和华丽的言辞,更有尽情地倾诉,当泣的长歌。如宋代著名诗人、江西诗派"一祖三宗"之一的陈与义⑥,他曾任北宋太学博士,被誉为"出处气节、翰墨文章为中兴大臣之

---

① 我们来看曾几对江西诗派的推崇:"烹茗破睡境,灶香玩诗编。问诗谁所作,其人久沉泉。工部百世祖,涪翁一灯传。闲无用心处,参此如参禅。"(《东轩小室即事五首》之四,曾几撰《茶山集》卷二,《影印文渊阁四库全书》本,第1136册,第485—486页)"少卿令德公,不肯入州府。种花养风烟,艺术荫庭宇。了无适俗韵,真可与晤语。永怀君诗句,净洗我尘土。如何百里间,此秘欠未睹。今晨款荆扉,老气压方虎。新诗疾雨风,妙字列伍伍。华宗有后山,句律严七五。豫章乃其师,工部以为祖。君方讨渊源,奚啻窥牖户。我贫无一钱,不敢学农圃。空馀数卷书,肠腹自撑拄。"(《次陈少卿见赠韵》,《茶山集》卷一,《影印文渊阁四库全书》本,第1136册,第476页)"老杜诗家初祖,涪翁句法曹溪。尚论渊源师友,他时派列江西。"(《李商叟秀才求斋名于王元渤,以"养源"名之,求诗》之二,《茶山集》卷七,《影印文渊阁四库全书》本,第1136册,第534页)
② (宋)谢枋得:《萧冰厓诗卷跋》,《叠山集》卷三,《影印文渊阁四库全书》本,第1184册,第886页。
③ (元)方回:《次韵赠上饶郑圣予沂并序》,《桐江续集》卷一五,《影印文渊阁四库全书》本,第1193册,第402页。
④ (宋)吕本中:《赠岭东陈秀才》,北京大学古文献研究所编《全宋诗》,第28册,第18150页。
⑤ (宋)吕本中:《山水图》,北京大学古文献研究所编《全宋诗》,第28册,第18142页。
⑥ (元)方回《瀛奎律髓》卷二六评陈简斋《清明》时感叹:"呜呼古今诗人当以老杜、山谷、后山、简斋四家为一祖三宗。"(方回选评,李庆甲集评校点:《瀛奎律髓》,上海古籍出版社2005年版,第1149页)

冠"①，随着靖康之难后的移民洪流涌入岭南②。其表侄张嵲十分看重陈与义的这段迁岭经历，在《陈公资政墓志铭》中特别提及："既王室始骚，丁外艰，避地襄汉。转徙湖湘间，逾岭峤。久之，召为兵部员外郎。"③ 陈与义自己也说："曾为庾岭客，本是洛阳人。"④ 像陈与义这样由湖北经湖南而来到岭南者，"大概是避难者共趋的途径"⑤。陈与义是北方洛阳人，听不懂南方的语言，在西江流域遇到"殊俗问津言语异，长年为客路歧难"的尴尬苦闷，种种矛盾抑郁心情一再诉之于诗词。同样的事情还发生在建炎四年（1130）陈与义避难湖南时，他在词中吟咏道："寒食今年，紫阳山下蛮江左。竹篱烟锁。何处求新火。　　不解乡音，只怕人嫌我。愁无那。短歌谁和。风动梨花朵。"⑥ 这样的吟唱在南宋迁岭文人中十分普遍。来到邵阳，诸如"不解乡音"、语言不通、环境不适、忧谗畏饥等种种艰难也都是难以避免的。因此，陈与义来到岭南作为"庾岭客"的心路历程与情感体验在南宋迁岭文人中具有特别重要的意义，他的作品是一个时代的心灵记录，记录了那个苦难时代士大夫苦难的心灵，也可以说是当时民族心灵史的生动体现，为后世社会史学家，留下了这一时代的心灵痕迹。

陈与义自陈留避难南奔迁岭，时间是从靖康元年丙午（1126）开始的。绍兴元年辛亥（1131），他来到西江流域的康州、封州等地，并在此地与耿延僖、李擢、席益、郑滋小舫分韵诗，有《与大光同登封州小阁》诗传世⑦。这些作于西江流域的诗句因真实地反映了南宋迁岭文人的心路

① （宋）王明清：《挥麈后录》卷三"苏东坡作陈公弼传"，《宋元笔记小说大观》，上海古籍出版社2001年版，第4册，第3668页。

② 据史书记载："陈与义字去非，其先居京兆，自曾祖希亮始迁洛，故为洛人。与义天资卓伟，为儿时已能作文，致名誉，流辈敛衽，莫敢与抗。登政和三年上舍甲科，授开德府教授。累迁太学博士，擢符实郎，寻谪监陈留酒税。及金人入汴，高宗南迁，遂避乱襄汉，转湖湘，逾岭峤。"（《宋史》卷四四五《文苑》七，第13129页）

③ （宋）张嵲：《陈公资政墓志铭》，《紫微集》卷三五，《影印文渊阁四库全书》本，第1131册，第648页。

④ （宋）陈与义撰，吴书荫、金德厚点校：《陈与义集》卷二八《瓶中梅》，中华书局1982年版，第449页。

⑤ 张家驹：《张家驹史学文存》，上海人民出版社2010年版，第329页。

⑥ （宋）陈与义：《点绛唇·紫阳寒食》，《全宋词》，中华书局1999年版，第2册，第1387页。

⑦ 详参（宋）陈与义著，白敦仁校笺《陈与义集校笺·附年谱·卷四》，浙江古籍出版社2014年版，下册，第1254—1255页。

历程而受到世人的高度评价。刘克庄认为陈与义建炎以后诗歌，逼近老杜，他说："元祐后，诗人迭起，一种则波澜富而句律疏，一种则煅炼精而情性远，要之不出苏、黄二体而已，及简斋出，始以老杜为师，《墨梅》之类，尚是少作。建炎以后，避地湖峤，行路万里，诗益奇壮。"① 正因为刘克庄自己有过迁岭经历，故能够看到陈与义与老杜一样，所作的诗歌反映了苦难时代人民苦难的心灵，是一部民族苦难时期的心灵史。罗大经的看法与刘克庄所见略同，也指出陈与义诗歌的成就与其流寓岭南的内在联系，认为："自陈、黄之后，诗人无逾陈简斋。其诗繇简古而发秾纤，值靖康之乱，崎岖流落，感时恨别，颇有一饭不忘君之意。"② 其实这样的情况在南宋迁岭文人作品中是十分普遍的。这样的作品，是"诗言志"的最好体现。我们读这样的作品，也能更深刻地感受到古人所云："人之所以灵者，情也；情之所以通者，言也。其或情之深、思之远，郁积乎中，不可以言尽者，则发为诗。"③ 我们正是通过南宋迁岭文人的诗作，理解了他们在人生逆境中的心灵苦闷及他们超越苦闷、解脱自我的心灵模式，这是"诗可以兴"的具体表现形式。

"诗可以群"，由于北方战乱，西江流域地区在宋室南渡后是流寓文人经常栖居的场所，他们在此吟诗作赋，交流唱和，展示出沉郁苍凉的诗歌风貌，为宋诗的创作提供了带有时代与地域色彩的审美风貌与艺术特质。吕本中与江西诗派的陈与义在西江流域交流往来频繁。他们在这个地域空间进行文学创作，也在此地走向了自己文学创作的辉煌。吕本中在建炎四年（1130）冬迁居到西江流域的贺州时已经四十七岁了，他在此地与好友陈与义交往甚密，常用诗词往来唱和④。吕本中的诗句引起了陈与义的情感共鸣，他在《次韵谢吕居仁居仁时寓贺州》中表达了自己漂泊流落到西江流域的生活环境与心迹情感，回应了吕本中的江湖漂泊之感、世事变幻

---

① （宋）刘克庄：《后村诗话》前集卷二，吴文治主编《宋诗话全编》，凤凰出版社1998年版，第8册，第8372页。

② （宋）罗大经撰，王瑞来点校：《鹤林玉露》甲编卷六"简斋诗"条，中华书局1983年版，第105—106页。

③ （宋）徐铉：《萧庶子诗序》，《徐文公集》卷一八，《四部丛刊》本。

④ 吕本中在《贺州闻席大光、陈去非诸公将至，作诗迎之》中写道："五年避地走穷荒，岭海江湖半是乡。欢喜闻君俱趣召，衰颓如我合深藏。晓寒已静千山瘴，宿雾先吞万瓦霜。日日江头望行李，几回驱马度浮梁。"（《东莱诗集》卷一二，《影印文渊阁四库全书》本，第1136册，第769页）

之悲、逃避战乱之概，表现了自己向往来到西江流域与好友比邻而居的愿望，在岭表之地共同建筑一个精神的避难所①。"岭海"之地在即将迁岭南来的流寓文人眼中竟然是"魑魅乡"，令人想起杜甫怀念李白的诗歌②，与杜诗不同之处在于，陈与义在自叹飘零之际，也对未来充满美好的向往，即可在"穷冬有雪霜"的"岭表"与好友共度美好时光③，这令人向往的美好生活即是"草茅为盖竹为梁"，表达了诗人要与情投意合的好友比邻而居，哪怕是在西江流域过"草茅为盖竹为梁"的生活也甘心情愿的朴素愿望。在《舟行遣兴》中，陈与义再一次表达了自己乘舟前往贺州的沿途见闻与心中所感④。南宋文人迁岭的日常生活是困难重重、充满磨难的，他们渴望知音，宝贵的友情帮助他们度过了人生中最艰难的岁月⑤。陈与义诗中常常提到的康州，即晋康郡，西江流域端州郡名，以高宗潜邸升德庆府。吕本中、陈与义不仅用他们的诗歌吟咏了自我的生活，而且也帮助我们了解了宋室南渡之际迁岭文人最直接、最真实的生活历程与心迹情感。我们通过他们在西江流域的诗歌，也能够感受到时代的脉动与文人心灵的激荡。南宋迁岭文人在西江流域的创作，无疑丰富和传播了西江流域的文化，促进了当地的社会变迁。西江流域的贺州、康州、封州也因南宋

---

① 吴书荫、金德厚点校《陈与义集校笺》卷二七载陈与义诗云："别君不觉岁时荒，岂意相从魑魅乡。箧里诗书总零落，天涯形貌各昂藏。江南今岁无胡虏，岭表穷冬有雪霜。傥可卜邻吾欲住，草茅为盖竹为梁。"（中华书局2007年版，第429页）

② "凉风起天末，君子意如何？鸿雁几时到，江湖秋水多。文章憎命达，魑魅喜人过。因共冤魂语，投诗赠汨罗。"（杜甫《天末怀李白》）

③ 此处化用了杜甫诗句："五岭皆炎热，宜人独桂林。梅花万里外，雪片一冬深。"（《寄杨桂州》）

④ 吴书荫、金德厚点校《陈与义集校笺》卷二七载："会稽尚隔三千里，临贺初盘一百滩。殊俗问津言语异，长年为客路歧难。背人山岭重重去，照鹢梅花树树残。酌酒柁楼今日意，题诗船壁后来看。"（中华书局2007年版，第430页）

⑤ 陈与义漂泊到西江流域时常与好友们诗酒唱和、往来酬答，如下列诗句就表现了他们在西江流域交往的具体情形："万里衣冠京国旧，一船风雨晋康城。灯前颜面重相识，海内艰难各饱更。天阔路长吾欲老，夜阑酒尽意还倾。明朝古峡苍烟道，都送新愁入橹声。"（《康州小舫与耿伯顺李德升席大光郑德象夜话以更长爱烛红为韵得更字》，吴书荫、金德厚点校《陈与义集校笺》卷二七，中华书局2007年版，第431—432页）"去程欲数莽难知，三日封州更作迟。青嶂足稽天下士，锦囊今有峤南诗。共登小阁春风里，回望中原夕霭时。万本梅花为我寿，一杯相属未全痴。"（《与大光同登封州小阁》，《陈与义集校笺》卷二七，中华书局2007年版，第432页）"康州艇子来不急，过岸橹声空复长。百尺楼头堪望远，淡烟斜日晚荒荒。"（《次韵大光五羊待耿伯顺之作》，《陈与义集校笺》卷二七，中华书局2007年版，第432页）

流寓文人吕本中、陈与义、曾几等人的到来而更加令人瞩目，令人心驰神往，后世文人读了他们的作品，也会产生来这些地方走一走、看一看的想法，由此而带动了西江流域社会文化的进一步发展。

陈与义离开西江流域后，对当年的流寓生活念念不忘。绍兴元年（1131）春，陈与义到了漳州，还追忆其在岭南时的生活感受①。如"遭乱始知承平乐，居夷更觉中原好"②"小儒五载忧国泪，杖藜今日溪水侧。欲搜奇句谢两公，风作浪涌空心恻"③，都表现了乱世飘零的普遍心理，这样的诗歌确实是"感时抚事，慷慨激越，寄托遥深，乃往往突过古人"④。绍兴二年壬子，十四日（丙午），宋高宗逃到临安，陈与义经过长期漂泊，也随驾来到江南，作《渡江》一诗自述胸襟⑤，此诗体现了陈与义遭遇靖康之难，寓居岭南而后至江南的人生感受，其中有家国之恨、思乡之悲、流离之苦，还有一丝丝对偏安一隅的欣慰之情。诗中"虽异中原险，方隅亦壮哉"虽指江南而言，然而用来移评"岭南"也是十分贴切的。陈与义的迁岭经历对其诗歌艺术成就的提升起到了非常重要的作用，南宋名臣楼钥曾经指出："参政简斋陈公，少在洛下，已称诗俊；南渡以后，身履百罹而诗益高，遂以名天下。"⑥ 这种说法十分贴切地展示出文人寓岭后诗歌创作风貌的变迁与诗歌艺术成就的提高。可以说，南宋迁岭文人在中原沦亡之际，在西江流域一带漂泊，而后寓居在岭南一隅，继续生活并进行文学创作，他们的文学创作成就也正展示出"虽异中原险，方隅亦壮哉"的审美特质。

陈与义流寓岭南的经历对他一生的创作起到了重要的影响。他的作品之所以能够被"缙绅士庶争传诵，而旗亭传舍，摘句题写殆遍"，乃是由

---

① 吴书荫、金德厚点校《陈与义集校笺》卷二八《赠漳州守綦叔厚》云："过尽蛮荒兴复新，漳州画戟拥诗人。十年去国九行旅，万里逢公一欠伸。王粲登楼还感慨，纪瞻赴召欲逡巡。绳床相对有今日，剩醉斋中软脚春。"（中华书局 2007 年版，第 438 页）

② 《居夷行》，吴书荫、金德厚点校《陈与义集校笺》卷二〇，中华书局 2007 年版，第 308 页。

③ 《同范直愚单履游浯溪》，吴书荫、金德厚点校《陈与义集校笺》卷二七，中华书局 2007 年版，第 422 页。

④ 《四库全书总目》卷一五六《简斋集》条，第 1349 页。

⑤ 吴书荫、金德厚点校《陈与义集校笺》卷二九载："江南非不好，楚客自生哀。摇楫天平渡，迎人树欲来。雨余吴岫立，日照海门开。虽异中原险，方隅亦壮哉。"（中华书局 2007 年版，第 452 页）

⑥ 《简斋诗笺叙》，吴书荫、金德厚点校《陈与义集校笺》卷首，中华书局 2007 年版，第 1 页。

于他曾"会兵兴抢攘，避地湘、广，泛洞庭，上九疑、罗浮。虽流离困厄，而能以山川秀杰之气益昌其诗，故晚年赋咏尤工"①，他漂泊流离的经历及后来的功成名就，可谓是诗能穷人且能达人的典范，具有特别重要的启示性。陈与义的文学创作与生平事迹恰好为中国文学理论中"诗能穷人"与"诗能达人"的复杂现象提供了一个生动有力的注脚。陈与义具有旺盛的生命力，他的作品包含了丰富、深刻的人生意蕴，对我们当代人也有广泛而切实的人生启示，是一种很值得我们进一步深入研究与探讨的文化现象。

南宋迁岭文人的笔端纸上，有文、有史、有哲，对人性中真、善、美的一面进行了艺术呈现。文变染乎世情，兴废系于时序，时代的苦难，个人的不幸，改变了南宋迁岭文人的命运，也改变了他们的文学创作风貌。在大转型的时代里，国家民族的命运就是南宋迁岭文人们的命运。他们从来不曾处在这个世界的边缘，他们忠实于自己的历史和自我形象，竭力保护士人最基本的尊严。他们的理想与追求不仅体现在漂泊流离中，也体现在他们寓居岭南的日常生活里。

第二节　家族、师友的深切认同

南宋文人迁岭，促使思乡情绪深化，文学创作主题进一步拓展。在逆境中文人更加重视自己的家庭教育，在某种程度上促进了家族的繁荣昌

---

① 葛胜仲《陈去非诗集序》载："世言诗能穷人。……孰谓诗人例当穷哉！参知政事西洛陈公讳与义，少踔厉不群，篇籍之在世者无不读，既读辄记不忘。政和三年以上舍解褐，分教辅郡，益沉酣书传，大肆于诗文。天分既高，用心亦苦，务一洗旧闻畦迳，意不拔俗，语不惊人，不轻出也。宣和中，徽宗皇帝见其所赋《墨梅》诗善，亟命召对，有见晚之嗟，遂登册府，擢掌符玺。向进用矣，会兵兴抢攘，避地湘、广，泛洞庭，上九疑、罗浮。虽流离困厄，而能以山川秀杰之气益昌其诗，故晚年赋咏尤工。缙绅士庶争传诵，而旗亭传舍，摘句题写殆遍，号称'新体'。今天子梦想名士，以台郎召还，以诗文被简注，遍掌内外翰。无几何，遂以器业预政，所谓诗能达人，公殆其一也。彼有旌'殿阁微凉'之句而亲题禁苑，赏'春城飞花'之句而擢守宣城者，诚么么不足道。绍兴壬戌，毗陵周公葵自柱史牧吴兴郡，刬裁丰暇，取公诗离为若干卷，委僚属校雠，而命工刻版，且见属为序。盖将指南后学，而益永功名于不腐。"（《丹阳集》卷八，吴书荫、金德厚点校《陈与义集》下册，中华书局2007年版，第539—540页）

盛。宋室南渡以后，有许多人才流寓到岭南，他们或游宦至此，或贬谪至此，甚至逃难至此，在远离故乡的土地上，最令他们思念的就是故乡的亲人了。家庭，是中国古典文学中经常表现的主题之一。自古以来，忠君爱国之士大多非常重视家庭教育。这种由家族推广到国家的思想观念，在南宋士大夫身上体现得十分明显。

魏了翁在《题苏叔明公诚陶然堂赋后》中就透露出了自己十分浓厚的家族观念①，他在这段印可延誉之类的文字里由"族党归重"联系到"世家摇落不振，邦国之耻"，将"世家"与"邦国"统一在一起来讨论。我们试把他的这些话和孔子"因不失其亲，亦可宗也""孝悌也者，人之本"作一比较，便不难看出：魏了翁的说法尽管更复杂细致，也更周密具体了，但其间一脉相承的痕迹则是十分明显的。结合中国传统社会中存在大量的"家训""家诫""庭训""家书"等著述的情形来看，传统士人家族中十分注重子孙后代的教育与培养，留下了大量教育或期望子孙后代有所作为的文字。相应地，中国文学史上也有大量子孙后代为祖上所作或请托当世名流显人为自己祖上所作的印可延誉文字，中国传统观念中对家族兴衰成败的重视程度由此可见一斑。陈寅恪先生曾运用"地域—家族"这一研究视角与方法，来考察唐代的制度、政治与史学②，这也启示我们在研究南宋流寓岭南文人时可以采用这样的学术视角与方法。

"靖康之难"后，大批文化家族南迁，如胡安国、吕本中、陈与义、朱敦儒、曾几等渡江南来，他们寓居岭南之际，也将先进的学术思想、文学艺术带到了岭南，并与当地文化互相交融，兼收并蓄，中国文化重心南移的一个突出表现就是西江流域文化的发展与繁荣。宋代文化的繁荣当然包括南宋文化的璀璨繁荣，是全面的繁荣，是各地区、各地域的繁荣。前

① （宋）魏了翁撰《鹤山全集》卷六四载："南麓退翁，苏文公之兄也，持正不挠，终于利州路提点刑狱。子孙多贤，且继踵科级。其五叶曰叔平者，自号松菊花圃，有子曰公诚，字叔明，以礼自牧，为族党归重。尝赋陶然堂以自述，非明乎义利之际者不及此。余归自靖，叔明访余山居，言论风指，敛浮归实，进进未已。呜呼，世家摇落不振，邦国之耻也，叔明尚懋敬之哉！"（《影印文渊阁四库全书》本，第1173册，第58页）
② 详参陈寅恪《唐代政治史述论稿》《隋唐政治史渊源考》等著作。

人对宋代文化的繁荣曾有高度评价①，严谨的历史学家果断地运用“空前绝后”“登峰造极”这样绝对的词汇来评价一个时代的文化，也可以说是绝无仅有的。宋代文化之所以能取得如此高超的成就，离不开西江流域的文化发展与南宋流寓文人作出的巨大贡献。我们需要考察探讨的，既有地域研究方面的内容，也要研究文化家族在其中所起的作用，但都要建立在文学研究的基础上。南宋迁岭文人流寓之际对家庭教育的重视，对天伦之乐的享受，是他们在政治失意后寻找精神避难所的自然选择。家庭，是他们从政治生活退避出来后的歇息之所。这种现象在南宋迁岭文人中普遍存在。

我们首先以迁岭文人李光为例来说明这一点。李光谪居西江流域藤州时，他的长子孟博陪伴他来到贬所，一起度过一段艰难而充实的岁月。后来，李光送孟博自藤州还乡，对其谆谆教导之际，舐犊之情油然而生，将身世之感、世事之悟、人间亲情、贬所之事、地域风情、旷达胸襟融入这首送别诗中，读了令人动容②。由此可见，南宋迁岭文人面对世事巨变，他们的民族文化性格的基本光彩与境界，不但没有消失，反而更加集中地熔铸到他们的作品之中了。而且，南宋迁岭文人们大多具有足够的智慧与眼界，他们能从习以为常的平凡事物中感受到引人深思的一个侧面，并将其诗意地呈现出来。在《悼亡子诗》序中，李光还特别提及其长子陪他远

① 史学大师陈寅恪先生指出：“华夏民族之文化，历数千载之演进，造极于赵宋之世。后渐衰微，终复必振。”（《金明馆丛稿二编》，生活·读书·新知三联书店2001年版，第245页）著名史家邓广铭先生接过这个话题，又大加发挥，进一步明确指出：“宋代是我国封建社会发展的最高阶段，两宋期内的物质文明和精神文明所达到的高度，在中国整个封建社会历史时期之内，可以说是空前绝后的。”（《关于宋史研究的几个问题》，《社会科学战线》1986年第2期）邓广铭先生对宋代文化的成就进行了高度评价，类似的表述在他的著作中屡见不鲜，如他在《宋史十讲》一书中指出：“宋代的文化，在中国封建社会历史时期之内，截至明清之际的西学东渐的时期为止，可以说，已经达到了登峰造极的高度。”（中华书局2008年版，第179页）

② （宋）李光《送孟博二首》云：“我昔在闾里，燕居处中堂。儿女满眼前，嬉戏罗酒浆。威命忽临门，一物不得将。回顾堂中人，独汝在我傍。舟行有蛟螭，夜宿畏虎狼。岂无平生交，鄙远多遁藏。古藤底处所，败驿无垣墙。急雨挟风雷，漏水夜没床。竹屋闻号呼，老兵冻欲僵。郡僚谁复顾，独见李与黄（李中之黄元功）。时时馈一脔，稍稍葺两廊。生意春欲回，倒景照屋梁。散步得幽径，读书有明窗。仆夫浣我衣，邻娃缝汝裳。晨庖鲈脍美，密室沉水香。文字可消忧，探索易老庄。我唱汝辄和，不知岁月长。葛洪隐岣嵝，苍梧真帝乡。汝归固不恶，淹泊庸何伤。作诗送汝行，示汝鸿雁行。……汝归暂欢颜，所念路悠邈。朝行避烟瘴，夜宿傍城郭。剩夸鱼米贱，勿说风土恶。啭送与笑迎，但可付一噱。”（《庄简集》卷一，《影印文渊阁四库全书》本，第1128册，第437页）

赴贬所一事，说："绍兴辛酉，予得罪南迁，长子孟博从行。明年，孟醇更戍以归。"① 在《用孟博寄孟坚韵》中，李光还是念念不忘自己的长子，叮咛嘱托之语中流露出自己的沧桑之感，家国之痛，将自己的身世之感写入寄子诗中②，爱怜儿子的感情，充溢于字里行间，令人眼热鼻酸。而李光的儿子孟坚却有不肖之言行③，对此，李光非常痛心，反复提及此事，认为自己的儿子交游不慎，是导致自己一家饱受折磨的重要原因④。从中，我们可以感受到李光舐犊情深，对儿子孟坚的宽恕与爱怜，他憾恨的乃是孟坚不择交游，在他看来，"乡人"才是陷害他的罪魁祸首，而不是自己品行不端的儿子。可怜天下父母心，一代名臣的李光在这时表现出来的情感与普天下善良的父亲一样，他不怪自己的儿子招供出自己，反怪乡人落井下石，这多半是由于李光自己的舐犊之情引发的愤闷之词罢了。

李光是个家族观念浓重的人，他对自己的子侄辈都有很深的感情，常常用心血去教育他们⑤。正是对家族的未来充满希望，李光才如此言不尽意、要言不烦地赋诗言志、谆谆教诲，诲"诸子侄"不倦。李光还以他的高风亮节影响了他的女婿，他的女婿名叫曹粹中，字纯老，宣和六年（1124）进士，李光为参政时，丞相秦桧想要认识曹粹中，曹粹中当时待次无为校官，不愿见秦桧，发出盘空硬语、掷地有声，说："吾已有差遣，见丞相何为？"辞不赴。退谓其妻曰："吾观而父与秉权者势不两立，岂久居此者？"由是仕途不偶，自号放斋，以著书为乐。秦桧死后，曹粹中方

---

① （宋）李光：《悼亡子诗·序》，《庄简集》卷五，《影印文渊阁四库全书》本，第 1128 册，第 472 页。

② （宋）李光《庄简集》卷五载："汝到家时解我忧，归来何处遇中秋。梦游沧海休回首，路入梧滩稳泛舟。屋里琴书无汝爱，宅边松菊为吾留。朋游若问南方事，莫说琼州胜越州。"（《影印文渊阁四库全书》本，第 1128 册，第 470—471 页）

③ 《建炎以来系年要录》卷一七〇载："绍兴二十五年十二月壬午，左朝奉郎提举两浙路市舶陆升之告讦亲戚李孟坚，将父光所作文籍告人，及有讥谤语言。"（第 2787 页）

④ 《庄简集》卷一三《移昌化军安置谢表》载："而臣子孟坚平居里巷，不择交游，怨咎横生，语言妄发，纳官赎罪，罕逢国士之知；下石反挤，近出乡人之手。"（《影印文渊阁四库全书》本，第 1128 册，第 572 页）

⑤ 李光在《己巳二月已发书，殊不尽意，偶成长句寄诸子侄，并示元发、商叟、德举，资万里一笑》中道："囊空无物寄妻儿，万里惟凭一首诗。……时开竹户通幽径，旋结茅庵傍小池。永日无人惟宴坐，不贪杯酒不枰棋。"（《庄简集》卷五，《影印文渊阁四库全书》本，第 1128 册，第 474 页）

因举主脱选调①。物以类聚、人以群分，曹粹中的所言所行，显然离不开李光的言传身教②。李光通过自己身处逆境而坦然面对的精神来鼓励自己的女婿，并在字里行间对女婿和自己保持书信往来的嘉言懿行进行鼓励称许，他们翁婿之间"平生风义兼师友"的深厚情感，令人感动。

在贬谪之所，李光与好友林庭植时相过从、交往唱和甚密，他非常重视林庭植的家庭生活③，这反映出经历世事巨变之后的南宋迁岭文人如何处理家庭子女关系的巨大伦理问题。他们在高压政治下、文丏奔竞中、世态炎凉的艰难岁月里仍然为子女的命运而忧伤劳神，为他们的前途奔波操劳，从而使得他们的家庭关系也在一定程度上呈现出了一个较新的崇高的境界。南宋迁岭文人们对待子女的态度感人肺腑，相应地让人更加深切地感受到了中国传统社会父慈子孝的人生真谛，从而让人对封建家庭伦理关系的消极看法也有所改变。

对家庭的重视，是中华民族的传统美德，也是乡邦文化的重要表现形态之一。南宋迁岭文人大多像李光这样，他们的家庭、家族、家乡观念十分强烈。王水照先生曾将南北宋作家的乡土观念进行对比，得出结论：

> 北宋作家和南宋作家对于"故乡情结"有着明显的区别，北宋作家们固然不乏桑梓之恋，但他们随遇而安，四海为家，其最后的退居之地和卒葬之地往往不选择故乡；而南宋作家们的家乡观念却要强烈

① 详参《宝庆四明志》卷八；《延祐四明志》卷四《曹粹中传》。
② 据《丙寅十月二十二日，孟坚理旧箧，见纯老送行诗，有见及语，因次其韵》载："南来偿宿债，一笑悟前身。白首痴顽老，清朝放逐臣。休传江左梦，愁见海南春。鲁叟乘桴意，他年莫问津。""衣冠双阙远，烟瘴百蛮深。不记朝天路，难忘拱极心。任从生死病，莫问去来今。身似孤云远，闲飞不作霖。""窜流今六载，无复望天朝。象魏阙云远，宝陔山匪遥。音书时有继，风义未全凋。只有猕猴性，年来亦渐调。"（《庄简集》卷三，《影印文渊阁四库全书》本，第1128册，第453页）
③ 李光在《庭植家琼山水北小园，颇幽胜。予顷寓双泉，每食罢招邻士杖策访之，园有小亭，常与客对弈，因名坐隐。今岁亭侧轫生双竹，庭植二子皆卓然有立，岂造物者产此以瑞其家庭乎？作长句赠之》中吟唱道："桃笙涩勒漫成林，并立林亭一径深。月下竞看双凤影，风来时听二龙吟。冰霜不改夷齐操，富贵无忘鲁卫心。寄语园林频爱护，等闲莫遣斧斤侵。"并在此诗中自注："桃笙事见柳文，晋人多以龙凤名其子。东坡《答马中玉》诗：'灵运子孙皆得凤，慈明兄弟孰非龙。'灵运，谢氏；慈明，荀氏也。"（《庄简集》卷五，《影印文渊阁四库全书》本，第1128册，第470页）

得多，他们大都安土重迁，固守出生之地。①

此结论正确与否，还需要我们进一步论证。我们对"南宋作家们""大都安土重迁，固守出生之地"是持保留意见的。我们初步认为：南宋寓岭文人，如李光、胡铨、王庭珪等高寿之人也大都具有苏东坡那种"随遇而安、四海为家"的文化性格与人生思考，他们并没有"安土重迁，固守出生之地"，而是为了国家民族大义，义无反顾地反抗强权，屡遭贬谪也毫无惧色。在贬所他们大多数也能够随遇而安、四海为家，甚至于随遇而乐，在异地他乡活得快乐，终于活过了他们的政敌秦桧，平安返回朝廷。若是他们不能"随遇而安、四海为家"，很难想象他们能够在高压政治下、百越文身地存活下来，并昂首阔步、豪迈乐观地返回朝廷。其"随遇而安、四海为家"，丝毫不亚于他们的迁岭前辈及心中偶像苏轼。但毫无疑问，南宋作家们的家乡观念十分强烈，这是有无数例证可以印证的。

南宋名臣楼钥将两宋迁岭文人与唐代迁岭文人韩愈、柳宗元、刘禹锡对比后，得出结论：

> 韩文公潮州表，柳河东囚山，刘宾客谪九年，文愈奇而气愈下。盛哉，本朝诸公如忠宣之德度，元城之劲节，东坡先生英特之气行乎患难，高掩前人。庄简公流窜濒死，重以爱子之戚，尤所难堪。家书中言议振发，略不少贬，其气何如哉！三诵以还，慕仰不已。②

姑且不论此段论述唐代韩愈、柳宗元、刘禹锡遭受贬谪后"文愈奇而气愈下"的现象是否普遍存在和客观公允，李光贬谪海南时"言议振发，略不少贬"却是客观准确的。

正是出于强烈的家乡观念、家族观念、家庭观念，李光才为好友胡铨

---

① 王水照：《宋代文学研究的前沿问题——以文学与科举、党争、地域、家族、传播等学科交叉型专题为中心》，《第八届宋代文学国际研讨会论文集》，中山大学出版社 2015 年版，第 4 页。
② （宋）楼钥：《跋李庄简公与其婿曹纯老贴》，《攻媿集》卷七三，《影印文渊阁四库全书》本，第 1153 册，第 192 页。

的兄长胡份写下了这份感人肺腑的墓志铭①。"君子疾没世而名不称焉"，胡铨的兄长可因此文而被人们记住，不至于"湮没不传"，李光帮胡铨完成了一个传统士大夫心中美好的愿望。同样的道理，胡铨为了弘扬士大夫在乡邦文化发展中的作用，作了《清江六贤祠记》一文②。中国传统社会是以人为本的，特别重视血缘关系在个人社会生活中的作用，特别关心家庭、家族成员的发展，并由此及彼，推广到对朋友家庭及其成员，乃至整个乡邦文化发展的关心与帮助。由此可见，南宋迁岭文人的作品，是一部充满生机、充满活力、充满生趣的活生生的中华民族在特定时代与地域里的心灵史。在某种程度上可以说，欲理解西江流域地域文化的特征，与其读地方志、地理志，不如读历代迁岭文人在当地所创作的诗词歌赋。南宋流寓文人将日常生活诗化，他们也就将寓居岭南的生活过成了诗意的人生，他们如何在当地穿衣吃饭，如何迎来送往，如何感发志意，如何干谒奔走，如何印可延誉，甚至吕本中、陈与义，朱敦儒、张元干、胡铨、胡寅、李光、赵鼎、洪迈等一个个文化家庭甚至家族的兴衰荣辱、悲欢离合，也纷纷呈现在迁岭文人的笔端纸上。在南宋迁岭文人的笔下，西江流域显得更为亲切、生动、绘声绘影，读他们的作品，令人如入诗中，如入画境，身临其境，心领神会。

　　南宋迁岭文人们对子孙后代的教育、对承担家庭、家族责任的自觉意识、对朋友家庭、家族的关怀关心、对传承中华民族优秀传统文化的热情

---

① （宋）李光《靖州通判胡公墓志铭》载："予自藤再迁琼，琼守张公仲茀尝为予言，通守靖州胡公有交游之雅，可人也。予恨不识其人。无几何，庐陵胡邦衡自广东迁珠崖，道琼山见予于双泉，则其季也。会张公亦来，二人合谈靖州之美不容口，予益以未获见为歉。后予再迁儋耳，距邦衡不数舍。一日，邦衡忽书来告，靖州兄笃行文雅君子也，今不幸即世，世之知者盖鲜，非公直书，恐遂湮没不传，敢以铭请。予出涕曰：'哲人云亡，尚忍言也耶。'邦衡请不懈，益虔，遂删取其状，叙而铭之。公讳份，字兼美，姓胡氏。……偶感疾而终，实辛未正月辛丑也，享年七十。"（《庄简集》卷一八，《影印文渊阁四库全书》本，第1128册，第629页）

② （宋）胡铨《清江六贤祠记》载："徽猷阁直学士致仕向公归清江旧隐曰芗林，饭疏饮水，徜徉田间。常怪佛老之庐突兀相望，而学宫卑陋弗敞，乃辍月廪，积三百万钱，将创阁以庋书于讲堂之上，且侈大其制，以风学者。未就而捐馆，其子右承议郎、蕲州通守澹始克卒公志，宏规殊裁，改一郡之观。于是伯仲相与谋曰：'是邦人物如刘氏兄弟时则有若侍读原甫、舍人贡甫、孔氏兄弟时则有若舍人经甫、侍郎常甫、郎中毅甫，皆一代伟人，请图其像于阁，以模楷后学，不亦可乎？'教授宗君翔子飞与诸生闻而题之，则相与谋曰：'公作此阁，繋名教是赖，并绘公像以六五贤，不亦善乎？'皆曰：'诺。'"（《胡澹庵先生文集》卷一八，乾隆二十二年刊本）

达到了过去少有的细致和深入，极大地丰富了我们对于中国传统文化中家族教育事业的认识，值得研究中国教育史的学者注意。尤其是南宋迁岭文人们在人生失意情况下对子孙进行正能量的教育，更大程度上形成了一种悲怆之美，在传统的兄友弟恭、父慈子孝的温馨家庭生活里增添了一种感伤悲怆之意，提升了家庭教育的境界。

另外，我们也要注意：除了对家族、家庭的重视外，南宋迁岭文人也十分注重聚众授徒、将自己的学问传给晚生后学。吕本中的弟子曾季狸"尝遍从南渡初年诸名宿，而学道以吕舍人居仁为宗，乾、淳诸老多敬畏之"①。他的另一名弟子汪应辰则深情记述了自己跟随吕本中学习的情景："吕丈于吾人甚眷眷，愿不惜时与之通问。"② "宫使舍人，误相期待，有意笃之使有成。虽知不称，不敢不勉。"③ 由此可以看出，宋室南渡以来士人对学缘关系的重视。

对自己门人学生的重视，体现出南宋士大夫除了具有深刻浓厚的乡党意识外，还十分注重师承门户。甚至有时师承关系重于血缘关系，所谓"文字因缘逾骨肉"。对这两种人际关系的重视往往体现在一个人身上。这也是造就南宋文化繁荣昌盛的一个重要原因。我们从南宋孙应时《烛湖集》卷首的司马述《烛湖集序》中就能感受到中国传统社会中对学缘关系的重视，以及利用此一关系传播学问、教育后人的普遍性。④ 与此相似，

① （清）黄宗羲原著，（清）全祖望补修，陈金生、梁运华点校：《宋元学案》卷三六《紫微学案》，中华书局1986年版，第1248页。
② （宋）汪应辰：《文定集》卷一六《答毛季中》，《影印文渊阁四库全书》本，第1138册，第735页。
③ （宋）汪应辰：《文定集》卷一四《与吕逢吉》，《影印文渊阁四库全书》本，第1138册，第720页。
④ （宋）孙应时《烛湖集》卷首的司马述《烛湖集序》载："国朝人文之盛，列圣涵濡，逮熙、丰、元祐间，伊洛诸先生出焉，其于发挥洙泗微言，可谓至矣。高宗宏济大业，首崇经术，天下举知儒道之贵。孝宗稽古好学，敬事元老，天下益知师道之尊。声应气求，师儒辈出，若南轩张公、象山陆公、晦庵朱公、东莱吕公，皆以斯文自任。烛湖孙先生，早承学于象山、晦庵之门，天分既高，学力尤至。穷理尽性，深探阃域，四方之士翕然景从，凡经指授，随其才品，有以自立。……丙午岁，先人宰海陵，先生适丞是邑，尤得朝夕侍左右。遐思絷濩，尚有遗文，诸家藏得已会粹者十有二卷，敬锓梓以惠后学。述在海陵时，尝升堂拜雪斋老先生，见手编《家庭唱酬集》，父子兄弟自为师友，读之使人起敬。是岁，雪斋有《赏月诗》，先人与述两兄亦相与赓韵。感念畴昔，阅四十载。《唱酬集》有《遇雪》《鬻田》二诗，乃先生韶龀所作，因并《赏月诗》撮十题刊于附录之末，既以表先生幼年识趣之伟，又以见雪斋源流之可敬也。述不肖，安敢效李汉汇昌黎文而为之序，姑序次刊集岁月，纪于卷首云。宝庆丁亥长至日，门人涑水司马述谨书。"（《影印文渊阁四库全书》本，第1166册，第523页）

南宋迁岭文人、官至知德庆府事的名流曾丰集子的流传与刊行，也离不开其门人弟子、子孙后人的辛苦收集①。曾丰最高官职即知德庆府，他没有自暴自弃，而是珍惜眼前，把握当下，他就像一颗混在路旁泥土中的宝石，被政敌肆意践踏，却终究没有湮没他的价值。"仕迹不显"的曾丰能使自己的作品流传于世，受到世人的敬仰赞叹，成为"南宋一作者"，其门人后学、子孙后人的功劳不可湮没。又如，南宋末期流寓岭南的名臣文天祥在所撰《跋曾子美万言书稿（名士倬）》中亦特别注意"同年"曾子美的师承所宗②。此外，南宋岭南文人菊坡的聚众讲学，具有十分重要的意义，成了南宋岭南学术的主流，引起后世研究岭南文化学者的高度重视③。我们从中也能感受到中华民族优秀传统文化得以流传后世、"斯文之未尽丧"的深刻原因所在。正是一代又一代为人师表者视生如子、谆谆教诲莘莘学子，一代又一代尊师重道者甘心情愿、苦心孤诣地收集、整理师门遗著，弘扬先生之节、之文，才使我们的优秀传统文化不绝如缕。当然，我们也不能忽视历代迁岭文人对岭南本土文人的影响。从中，我们还可感受到学缘关系对岭南文人的文学创作在传播与接受过程中所起到的重要作用。

值得注意的是，在南宋高压政策下，迁岭文人与门生故旧的关系在这

---

① 《四库全书总目》卷一六〇《缘督集》提要载："宋曾丰撰。丰字幼度，乐安人。乾道五年进士，官至知德庆府事。真德秀幼尝受学于丰，及执政，奏取其集入崇文四部，当时尝版行于世，岁久不传。元元统间，丰五世孙德安购其遗墨，得四十卷。……丰仕迹不显，颇以著述自负。集中如《六经论》之类，根柢深邃，得马、郑诸儒所未发。其他诗文虽间有好奇之癖，要皆有物之言，非肤浅者所可企及，亦南宋一作者也。"（第1376页）

② （宋）文天祥撰《文山集》卷一四载："菊坡天人，文溪，菊坡样儿。菊坡不可作已，愿见文溪，五仙如在天上。宝辰夏五，集英殿赐某等进士第。入局一日，同年曾兄子美来访，议论慷慨，知非凡人。扣其所宗，则传菊坡法衣、密文溪讲席者也。当布衣时，春宫一疏，已能发菊坡之所欲言。他日为天子御史，直气凛凛，必能赤文溪帜。悠悠风尘，安得若人？"（《影印文渊阁四库全书》本，第1184册，第606—607页）

③ 详参张其凡《菊坡学派：南宋岭南学术的主流——再论宋代岭南三大家》，载何忠礼主编《南宋史及南宋都城临安研究》（上），第397—411页。南宋岭南文学也发生了巨大变化，据唐圭璋先生《两宋词人占籍考》考证，北宋时，两广无一位词人，而南渡以后，广东词人有六，广西词人有二。详参唐圭璋《两宋词人占籍考》，《词学论丛》，上海古籍出版社1986年版，第576—594页。也可参唐圭璋《宋词四考》，江苏文艺出版社2009年版，第1—17页。

样特殊情形下往往显得更加重要，所谓患难见真情。真情，也就在患难之中显示出来，当然世态炎凉、人性凉薄的一面也常常在这个时候显得特别突出。我们试以赵鼎所遇之事为例来看世态炎凉，再以李光门人之事来看人间的真情暖意。李光有一首诗，诗名曰：

> 赵丞相过藤州，相从累日。因言在朝与诸史官会话，论修史事恐它时不免南行，坐有一士云："若有此，某当从行。"今日到此，音问也不通。退作小诗。①

由此可见世态炎凉。宋室南渡以来政治生活中"坐有一士"中的"一士"，实在是太多了，属于人之常情，人情之常。在当时政治高压下，赵鼎、李光因为得罪了秦桧而遭到贬斥，与他们交往也随时都会遭到罢免贬谪的打击②。正因如此，流寓岭南的文人们才更加重视和珍惜慷慨赴义、重义轻利、重视师生情谊之士。李光的门人王趯就是这样的人。据《宋史翼》卷十二《王趯传》，我们知道，王趯，字彦恭，李光门人。绍兴元年（1131）十一月充广西军备干办公事，十五年以朝奉大夫知雷州，他利用职务之便广泛接济向自己求助的师友，置自己安危于度外。绍兴十八年胡

---

① 诗云："平时尽道相随去，度岭何曾见一人。赖是随身有孤影，灯前月下却相亲。"〔（宋）李光：《庄简集》卷六，《影印文渊阁四库全书》本，第1128册，第492—493页〕

② 李光门下郑仲熊就因与李光交游而屡被弹劾遭到罢免。据《建炎以来系年要录》卷一六八"绍兴二十五年六月四日庚辰"条载："端明殿学士签书枢密院事兼权参知政事郑仲熊罢。侍御史董德元言：'仲熊素行贪秽，众所共闻。旧在李光门下，赃污狼藉，密令侄时中与背驰之党，日夕相通，招权纳货，几无虚日。……'右正言王珉言：'李光误国之大奸也，仲熊未第时，常栖托其门，光与之定交。沈长卿与光庶婢之子陈祖安为狎邪之友，如谤讪之事，仲熊特为救免。且欲启后来狂言妄语者之呶呶，若不亟去，恐其韬藏不测，祸有不可胜言者。'德元等又言：'近日大金遣使庆贺生辰，南北敦好已久。陛下屡降诏旨，馆遇使客，务加周旋。仲熊既被旨押宴，对客寨傲，略无和颜。酒行匆遽，顷刻而罢，误国之深，莫甚于此。惟陛下断而行之，速将仲熊罢黜，屏之远方，以御魑魅。'疏六上，仲熊亦求去。乃诏仲熊提举江州太平兴国宫，职名依旧。"（第2751—2752页）由此弹劾之语中，我们可以看到以李光为中心的一张复杂的人际关系网，物以类聚、人以群分，李光人际关系网中的人也大多像李光这样直道事人，"不降其志，不辱其身"，不屈不挠，敢于反抗强权政治，反对与金议和，"直道而事人，焉往而不三黜"，最后也因此而遭受弹劾罢黜的命运。

铨南贬路经雷州，王趯厚饷之①。二十年八月因为师友赵鼎、李光贬谪经过雷州时，王趯排办迎送，礼节周到，被降为右朝奉郎勒停。罢官，寓居全州。绍兴二十三年十二月又因与李光通书信，送辰州编管。二十五年复右朝奉大夫，主管台州崇道观②。李光显然对这个门人十分满意，在《中秋谢彦恭惠酒》一诗中对自己的门人寄予厚望，真情流露，感人肺腑③。诗是有生命的。诗的生命就是诗人自己的精神魄力所赋予的。李光的文化性格与人生思考在与门人弟子的交流中自然而然地体现出来了，读了令人深思人生在世什么样的师生情谊才是最重要的。

　　值得一提的是，师友学缘关系还影响到对一个文人的评价问题。四库馆臣在评价刘克庄时就认为其言行有辱师门，是品行不端的表现④。正面的例子在南宋也不胜枚举。师出名门的袁燮在《通判沈公行状》中特别强

① 王趯厚饷胡铨一事，在秦桧高压政治下十分引人注目，其来龙去脉在《建炎以来系年要录》卷一五八"绍兴十八年十一月十五日己亥"中有详细记载，颇能反映当时政治形势及王趯厚饷胡铨的难能可贵："新州编管人胡铨移吉阳军编管。先是，太师秦桧尝于一德格天阁下书赵鼎、李光、胡铨三人姓名。时鼎、光皆在海南，广东经略使王铁问右承议郎知新州张棣曰：'胡铨何故未过海？'铨尝赋词曰：'欲驾巾车归去，有豺狼当辙。'棣即奏铨不自省循，与见任寄居官往来唱和，毁谤当途，语言不逊，公然怨望朝廷，鼓唱前说，犹要众人，殊无忌惮。于是，送海南编管。命下，棣选使臣游崇部送封小项筒过海，铨徒步赴贬，人皆怜之。至雷州，守臣王趯廉得崇以私茗自随，械送狱，且厚饷铨。是时，诸道望风招流人以为奇货，惟趯能与人调护，海上无薪粲百物，趯辄津置之。其后卒以此得罪。"（中华书局1988年版，第2571页）胡铨是李光的知交好友，王趯对胡铨的礼遇厚饷，既表现了他对流寓之人的调护爱赏，也暗含了他报答师恩的一片心意。
② 详参（清）陆心源撰，吴伯雄点校《宋史翼》卷一二《王趯传》，浙江古籍出版社2016年版，第248—249页。
③ 《庄简集》卷一《中秋谢彦恭惠酒》云："中秋有佳月，名酝来海康。海康太守贤，怜我持空觞。远分十具至，呼儿唤邻墙。坐客尽饮流，一举空罍缸。酒酣对明月，不藉灯烛光。移席俯清流，照我两鬓霜。海北与海南，各在天一方。我老归无期，两地遥相望。宴坐桄榔庵，守此岁月长。愿子一咄嗟，跨空结飞梁。度此往来人，鱼盐变耕桑。篱边白衣来，莫待菊蕊黄。"（《影印文渊阁四库全书》本，第1128册，第439页）
④ 《四库全书总目》卷一六三《后村集提要》载："克庄初受业真德秀，而晚节不终，年八十乃失身于贾似道。王士禛《蚕尾集》有是集跋，称其论扬雄作剧秦、美新及作元佑诛、蔡邕代作群臣上表，又论阮籍晚功进表，皆词严义正，然其《贺贾相启》《贺贾太师复相启》《再贺平章启》，谀词谄语，连章累牍，蹈雄、邕之覆辙而不自觉。今检是集，士禛所举诸联，其指摘一一不谬，较陆游《南园》二记犹存规戒之旨者，抑又甚焉。则其从事讲学，特假借以为名高耳，不必以德秀之故，遂从而为之词也。"（第1400—1401页）

调沈焕始与陆九龄为友、后师事之的动人事迹①。刚开始，沈焕与陆九龄只限于朋友关系，等沈发觉陆的学问之大、地位之高、人脉之广非自己所及时，马上"尽舍所学，以师礼事焉"。而陆公也做到了老师应承担的义务，为学生印可延誉，"极称君志气挺然，有任道之质"。有了陆九龄这种名流奖掖提携，沈焕不但能够"益自信，昼夜鞭策，有进无退"②，并且从此声名远扬、光大师门。

礼失求诸野。朝廷之中奔走干谒之风盛行，文人在朝廷里阿谀逢迎，在西江流域寓居的文人们却能独善其身，保持自我人格的高洁，并在贬所写出了众多优美动人、启人思考的佳作，这正印证了东坡先生"花竹秀而野者也"③之说。这些迁岭文人虽然才华横溢、志高才大，却被贬谪到蛮荒之地，就像秀而野的花竹一样。这"野"字的精神境界与中国传统文化提倡的"拙"字有密切联系。陶渊明说自己"开荒南野际，守拙归园田"，杜甫咏怀时道"杜陵有布衣，老大意转拙"。陶、杜的"拙"也就是"野"，纯真质拙也正是"野"的具体内容。胡铨从海南万里归来之后，对孝宗皇帝说及自己的流寓生涯："只是办着一片至诚心去，自有许多好处。"④南宋迁岭文人的"一片至诚心"也与陶渊明、老杜的"拙"有一脉相承之处，只有"至诚"的诗人才能成为伟大的诗人。

①　《四库全书总目》卷一六〇《絜斋集》提要载："乾道、绍熙之间，陆九渊以心学倡一世，燮初与同里沈焕、杨简、舒璘同师事之，均号金溪高弟，犹程门之称游、杨、吕、谢也。"（第1377页）

②　（宋）袁燮撰《絜斋集》卷一四《通判沈公行状》亦载："始与临川陆公子寿为友，一日尽舍所学，以师礼事焉。陆公极称君志气挺然，有任道之质。君益自信，昼夜鞭策，有进无退，求友如不及，潜观密察。"（《影印文渊阁四库全书》本，第1157册，第199页）

③　胡铨本人对此亦深有体会，他在《秀野堂记》中说："清江之新淦杨君图南，年未及衰，已为菟裘计，芳林向公名其堂曰'秀野'，取东坡诗所谓'花竹秀而野'者也。"（《秀野堂记》，《胡澹庵先生文集》卷一九，乾隆二十二年刊本）这段文字虽然是胡铨对向子谭"秀野"二字的解读，然后也可以看成胡铨的夫子自道，他通过解读"秀野"二字，来表达自己随遇而安，虽野而秀、虽秀而野的性格特征与精神面貌。

④　（宋）胡铨：《经筵玉音问答》，四川大学古籍整理研究所编《全宋文》，上海辞书出版社、安徽教育出版社2006年版，第195册，第352页。

第三节　走向超越的心理机制

南宋迁岭文人如何在西江流域超越苦难，摆脱困境，并创作出优美动人的优秀文化遗产？他们在当地的人际关系以及当地的社会风气、精神文明也是非常值得我们重视的一个因素。正如丹纳所说："自然界有它的气候，气候的变化决定这种那种植物的出现。精神方面也有它的气候，它的变化决定这种那种艺术的出现。"① 苦难、悲痛并非当时唯一主题，南宋迁岭文人们在苦难悲痛中并没有失去对生活的热情与忧国忧民的情怀。执着、倔强、乐观进取、对苦难的超越与解脱也是南宋迁岭文人创作中的重要主题，这两个主题是结合在一起的：在苦难中超越，在山林云水中不忘国家民族大义。南宋迁岭文人有执着劳作后的收获、喜悦和自豪，有融入西江流域之后的怡然自乐，他们为西江流域社会变迁与文化繁荣作出了巨大贡献，也赢得了文学创作上的巨大成就。对此，我们可从迁岭文人身上汲取到丰富的精神养料与情感寄托。

苏轼文学作品中所透露的人生智慧既受庄子、陶渊明、白居易等人的深刻影响，也对谪居在西江流域的南宋迁岭文人解脱精神苦闷产生了重要的作用，是他们取之不尽、用之不竭的宝贵精神财富。尤其是苏轼作品中表现出来的那种面对人生苦难的心灵解脱模式更令南宋迁岭文人敬佩与效仿。王水照、朱刚在《苏轼评传》中挖掘出岭南的流寓生活对苏轼文化性格与人生思考的深刻影响。周裕锴特别将其提出来，认为这是王、朱二先生在苏轼研究上的一个"重要的观点"②。苏轼长期贬谪岭南，他已和当地百姓打成一片，他从海南回来时，途经大庾岭，遇到了一位当地老翁，我们从与一普通老翁的交往中可以感受到他的人格个性与人生态度③。一个

---

① ［法］丹纳：《艺术哲学》，傅雷译，人民文学出版社1963年版，第9页。

② 详参周裕锴《读王水照、朱刚著〈苏轼评传〉》，《文学评论》2007年第2期。

③ 曾敏行《独醒杂志》卷二载："东坡还至庾岭上，少憩村店。有一老翁出，问从者曰：'官为谁?'曰：'苏尚书。'翁曰：'是苏子瞻欤?'曰：'是也。'乃前揖坡曰：'我闻人害公者百端，今日北归，是天祐善人也!'东坡笑而谢之，因题一诗于壁间云：'鹤骨霜髯心已灰，青松夹道手亲栽。问翁大庾岭头住，曾见南迁几个回。'"（《宋元笔记小说大观》本，上海古籍出版社2001年版，第3册，第3218页）

大庾岭上的老翁竟然如此了解苏东坡，对东坡遭受到的"人害公者百端"的命运充满了同情，看到东坡能够北归，又由衷地感到欣喜。东坡肯定也是被老翁的真情流露所感染，自然而然地发挥了他诗人的才能，在与普通老翁的倾心交谈中留下了千古名句："问翁大庾岭头住，曾见南迁几个回。"（《赠岭上老人》）① 既可见东坡豪放旷达的心胸，又可感受其平易近人的性格。这则记载，可以为苏东坡迁岭后由"臣"到"人"转变增添一个生动感人的事例。由此可见迁岭经历在苏轼一生中的重要性。南宋迁岭文人大多也像苏轼一样，他们的迁岭，也完成了由"臣"向"人"的转变，"在一般士民当中找到属于自己的位置"，"进入更宽广的人的境界"②，这也可以说是南宋迁岭文人继承发展了东坡风貌的一个重要表现。

南宋迁岭文人对苏轼思想的接受，不仅与他们所处的地域环境、时代氛围息息相关，也取决于他们个人的人生经历、文化性格与人生思考，他们都是根据个人在流寓岭南的特殊生活需要来对东坡精神进行效仿与学习的。我们来看南宋名臣、迁岭文人李纲对东坡文化性格与人生思考的继承与发展：在忧患漂泊的生活中李纲需要调节好自己的心态，排遣心中的忧虑苦闷，寻找解脱心灵苦闷的精神良方。在岭海瘴疠之乡，李纲有闲暇来读书著文，"求性命之理，守死善道"时，他自然而然会时常想到他的迁岭前辈苏东坡③。东坡谪居之时作《东坡易传》，李纲在建炎三年（1129）五月流寓到西江流域的郁林时作《易传内篇》，可见《易传》对迁岭士大夫心灵机制的调节作用。李纲在生活的各个方面都向东坡学习，时常想到东坡风范，可以说他是将自己的日常生活"东坡"化了，从而能够经常让

---

① 苏轼的这首《赠岭上老人》作于建中靖国元年（1101）正月度大庾岭时。详参王水照选注《苏轼选集》，上海古籍出版社2014年版，第249页。

② 周裕锴：《读王水照、朱刚著〈苏轼评传〉》，《文学评论》2007年第2期。

③ 李纲在《梁溪集》卷一一〇《海康与许崧老书》中自述解脱之道："某以黎寇未靖，尚驻海康，官军进讨，贼势稍衰，早晚遂南渡矣。自抵岭海，幸与小子无恙，然从者物故过半，瘴疠之乡，真可畏也。……忧患中读易如管中窥豹，时见一斑，辄以所妄见者为之传，又著释象训辞明变类占衍数诸篇，解剥易体，非敢谓足以垂世，成一家言，聊以自娱，忘忧永日而已……世故方尔，吾侪唯益求性命之理，守死善道耳，余复何言！"（《影印文渊阁四库全书》本，第1126册，第326—328页）在《与向伯恭龙图书》中，李纲自述："幼学术者谓命似东坡，虽文采声名不足以望之，然得谤誉于意外，渡海得归，皆略相似；又远谪中了得《易传》《论语说》，尤相合者。但坡谪以暮年，仆犹少其二十岁；坡儋耳三年，仆琼山十日，比之差优。至坡归以承平无事之时，仆归以艰难多故之日，则不可同年而语也。"（《梁溪集》卷一一四，《影印文渊阁四库全书》本，第1126册，第359页）

自己保持心胸旷达，从容不迫，优游自在的精神状态①。李纲之所以对东坡进行了高度评价，乃是因为他对东坡的大胸襟、大气魄、大智慧有深入了解与同情之故。也正是这个缘故，李纲到了岭海之地，时刻注意收集寻访东坡的墨迹，并对东坡墨迹的流传有深入细致的理解②。李纲文中所提及"端溪"，是溪名，在西江流域的德庆、高要一带。李纲曾到过德庆，并在此地作诗，对西江流域有特殊的感情。

"坎坷可激思力，牢骚必吐胸臆"③，李纲所创作的绝大多数的诗篇都与他的政治理想和人生抱负有着密不可分的联系，真切地透露出他在迁谪岭海过程中尚友东坡、寻找解脱的复杂感情。试看他的《偶成》小序：

---

① 在《菊花开日即重阳二首》序中，李纲自述对苏东坡名句的理解："玉局有云'南方气候不常，菊花开时即重阳，凉天佳月即中秋，不须以日月断也。'予来沙阳，中秋前数夕，月色皎然，既望，乃雨，九日既近，菊蕊如珠，殊无开意，乃知玉局之言，诚有理也。用其语，赋诗二首。"诗云："南方气候殊，佳月即中秋。昨者月既望，萧萧风雨愁。安得一轮玉，清光满溪楼。酌酒自起舞，与之相献酬。""南方气候殊，有菊即重阳。九日今已近，青蕊未可尝。安得黄金花，泛此白玉觞。会当烂漫开，为插满头香。"（《梁溪集》卷一二《菊花开日即重阳二首》，《影印文渊阁四库全书》本，第1125册，第603—604页）相似的感情，在其《跋赵正之所藏东坡春宴教坊词》中亦体现得很突出："东坡乐语信笔而成，初不停辍，改不过数处，属对精切，皆经史全语，不假雕琢，自然成章，吁可畏而仰哉！卷尾章草书渊明诗，纸背乃经筵当读宝训，艺祖遣潘美、曹彬下江南，方略此轴，所谓三绝，真可宝也。"（《梁溪集》卷一六三，《影印文渊阁四库全书》本，第1126册，第725页）

② 试看李纲论坡公语："东坡醉中作醒时文章，今人醒时作醉中语，殆不可晓也。"（《醉笔》，《梁溪集》卷一六三，《影印文渊阁四库全书》本，第1126册，第725页）"东坡晚年草圣之妙如此，盖积学所致，非特天资轶群绝伦也。"（《草圣》，《梁溪集》卷一六三，《影印文渊阁四库全书》本，第1126册，第725页）"东坡行书萃于此轴，真无愧于古人。"（《行书》，《梁溪集》卷一六三，《影印文渊阁四库全书》本，第1126册，第725页）他在《跋东坡小草》中所云："东坡居儋耳三年，与士子游，墨迹甚多。余至海南寻访，已皆为好事者取去，靡有存者。甚哉！好恶之移人也，方绍圣、元符间，摈斥元祐学术，以坡为魁，恶之者必欲置死地而后已。及崇、观以来，虽阳斥而阴予之，残章遗墨，流落人间，好事者至龛屋壁、彻板屏，力致而宝藏之，惟恐居后。故虽鲸海万里，搜发殆尽。此与迹削于生前而履传于身后者，亦何以异。北归次端溪，郡守陈侯出示小草一幅，云得于钱塘僧舍，盖坡倅杭时所书也。士夫所藏真行多而草少，此幅尤可宝爱云。"（《梁溪集》卷一六三，《影印文渊阁四库全书》本，第1126册，第720页）

③ 钱锺书：《管锥编》，第3册，中华书局1986年版，第937页。

　　东坡题漱玉亭石柱云玉局散吏来游，而余领洞霄。①

　　李纲有笔如椽，他不仅写诗、写词、写文章，更写他的灵魂与生命。他的人格个性和人生态度，都在他的如椽妙笔下生动地体现出来了。到了海南后，李纲又能尚友古人，从往圣先贤身上汲取到面对人生苦难的灵丹妙药②。总之，自然的美景，历史的圣贤、人世的亲友，都能给他带来快乐，从而使他"安心"，找到心灵的避难所。其心理解脱模式与白居易、苏东坡有异曲同工之妙，反映出中华民族传统文化心理一脉相承的特点。

　　李纲的过人之处在于他在遭受到迁谪流离的深悲巨痛后，竟不改慷慨豪迈之气，唱出了迁岭文人在迁谪流离生活中的最强音③。相对于北宋末年的大晟词人群，李纲可谓一马当先，远飙绝尘，不但确立了个人词作的独特风貌，引领南渡词坛风气，更锐意改革词风，求新、求变、求突破，并能从苦难、逆境中超脱出来，随时随地欣赏西江流域的自然美景。在远赴贬所海南时，道经西江流域的阳朔，就自然而然地生发出对自然美景的热爱，暂时忘却贬谪流离的烦恼。他在《阳朔山水尤奇绝，旧传为天下第一，非虚语也》一诗中写道：

　　　　溪山此地蔼佳名，雨洗烟岚分外青。却恨征鞍太匆遽，无因一上万云亭。④

---

① （宋）李纲《梁溪集》卷一八《偶成》诗云："洞霄吏上紫霄峰，漱玉亭游玉局翁。人物风流何可并，山林趣舍略相同。是非论定千年后，身世尘劳一梦中。我是骑鲸谪仙裔，赤鳞相逐御清风。"（《影印文渊阁四库全书》本，第 1125 册，第 661 页）

② 《梁溪集》卷二三《见报，以言者论六事，其五皆靖康往故，其一谓资囊士人上书，以冀复用，谪居海南，震惧之余，斐然有作》云："力小安能胜万钧，退藏深渺欲全身。大恩不报有余责，何必烦言浪指陈。""非才自丐罢钧衡，百念灰寒岂复萌。刚道资囊上书者，不知谁继颍川生。""尼父乘桴居九夷，管宁浮海亦多时。古来圣贤犹如此，我泛鲸波岂足悲。""功似赞皇犹远涉，智如鹤相亦来游。世间万事非人力，只有安心百不忧。""苏子曾为海上仙，群龙三复绝韦编。我今日对羲文语，却恨公书取次传。"（《影印文渊阁四库全书》本，第 1125 册，第 709—710 页）

③ （宋）李纲《六么令·次韵和贺方回金陵怀古，鄱阳席上作》中云："谁念迁客归来，老大伤名节。纵使岁寒途远，此志应难夺。"（《全宋词》，中华书局 1999 年版，第 2 册，第 1177 页）

④ （宋）李纲：《梁溪集》卷二三《阳朔山水尤奇绝，旧传为天下第一，非虚语也》，《影印文渊阁四库全书》本，第 1125 册，第 712 页。

此诗中描写的美景，确非虚语。西江流域风光旖旎，是有充分证据的。据《舆地纪胜》卷一○三载：

桂居五筦，地控诸蛮。风土宜人，亦宦游之可乐；湖山在眼，忘朱墨之为劳。①

李纲在西江流域寻幽访胜，探寻古迹，十分留意西江流域各处岩洞石壁上的文字②。李纲对书法有深刻了解，故能对西江流域石刻文字书写的笔法与妙处颇有自己的心得体会。李纲还十分关心西江流域的文化教育事业，并对迁岭文人在当地发展文化教育进行了热情的讴歌，《题容州学育材堂》一诗就比较典型地反映出李纲对发展西江流域文化教育事业的心情与态度③。这首描写西江流域的诗歌被清人汪森收入他编辑的《粤西诗载》卷二中，体现出后人对李纲在西江流域治绩与创作的重视。

新的历史条件促使文人对自我的历史责任进行了进一步的思考④。屡遭贬谪的李纲就在孔子"直道事人，宜乎三黜"的基础上进一步发展出"惟君与臣，代天理事。各尽其职，非相为赐"可贵的独立人格精神，对

---

① （宋）王象之：《舆地纪胜》卷一○三《广南西路·静江府》，中华书局1992年版，第3187页。

② 李纲的《题勾漏洞》一诗专门描写西江流域的岩洞之奇及文字之妙，诗云："抱病卧云海，夙夕负深恐。宽恩听旋归，何啻丘垂重。问津勾漏山，散策宝圭洞。群峰罗翠屏，环合无缺空。石盘与丹竈，遗迹可扪弄。仙游感初心，幽赏协清梦。却来窥宸章，宝气横蚪蛛。真行杂草隶，笔势极翔动。大小飞白书，飘洒萦舞凤。共惟睿知姿，多能本天纵。妙迹藏名山，俾与万世共。林峦增炳焕，神物各护拥。惜无深岩屋，荫覆示崇奉。何当鸠良材，为葺倾压栋。妖氛不指狼，中原戎马哄。九庙未奠居，臣子咸愤痛。岂知炎荒中，奎画得瞻讽。至哉博大言，粟麦固异种。天帝及诸佛，百神共妙供。窃于翰藻间，窥见神心用。源流此中来，基岑自兴宋。稽首归琅函，斐然成善颂。"［（清）汪森编：《粤西诗载》卷二，《影印文渊阁四库全书》本，第1465册，第12页］

③ （宋）李纲《题容州学育材堂》诗云："治世崇儒术，胶庠万宇临。自从驰羽檄，谁复念青衿。贤守来南纪，宏规肇泮林。飞翚开讲席，鼓箧拂书蟫。采藻绣江水，抚弦都峤岑。潜消戎马气，有怀飞鸮音。洙泗道非远，朱张贤至今。大器在东序，追琢且南金。常衮闽风变，文翁蜀化深。愿来游学者，仰副育材心。"［（清）汪森编：《粤西诗载》卷二，《影印文渊阁四库全书》本，第1465册，第12页］

④ 李纲在《三黜赋》中指出："用则行而舍则藏，顾有进则有退。仰不愧而俯不怍，夫何惧而何惭？枉道事人，奚必去父母之国。直心行道，焉往无潜愬之谈。惟君与臣，代天理事。各尽其职，非相为赐。谏行言听，固同享于安荣；道废身藏，亦何心于怨怼？"（《梁溪集》卷四，《影印文渊阁四库全书》本，第1125册，第526页）

古代君权神圣性提出了巨大的质疑与挑战，可以说是近代民主思想的先声。大气方能成大器，有德不必求有得。有此胸襟气度，虽然未必能够取得世俗生活中的成功，但在立德、立言方面也足以令他们不朽了，故受到世人崇拜敬服。《宋史》评价道：

> 纲负天下之望，以一身用舍为社稷生民安危。虽身或不用，用有不久，而其忠诚义气，凛然动乎远迩。每宋使至燕山，必问李纲、赵鼎安否，其为远人所畏服如此。[①]

李纲、赵鼎是南宋迁岭文人的杰出代表，他们的文化性格与人生思考深刻地影响了一代又一代迁岭文人生活方式的选择与人格个性、人生态度的自我设计。

宋室南渡，文人涌入南方，大多已经深入岭南。洪皓、胡铨、胡寅、张孝祥、陈与义、康与之、范成大、叶梦得、朱敦儒、吕本中、向子諲、黄公度、李光、赵鼎、黄应武、李曾伯、刘褒、邹应龙等都曾由北方迁入岭南，这些充满活力的南宋迁岭文人的文学创作深刻影响到当时岭南的文化生态，在岭南文化发展史上具有十分重要的地位。屈大均曾对历代迁岭文人的生活环境有过描述，他说：

> 当唐、宋时，以新、春、儋、崖诸州为瘴乡，谪居者往往至死。仁人君子，至不欲开此道路。在今日岭南大为仕国，险隘尽平，山川疏豁，中州清淑之气，数道相通。[②]

屈大均的说法，既揭示出"仁人君子，至不欲开此道路"的自然环境因素，更提示我们要注意其中的文化心理方面的因素。唐宋时期文人士大夫"不欲"迁居岭南的心理源于恐惧，他们视瘴乡为畏途。然而，唐宋以来迁岭文人的文化心理有一个发展演变的过程，从韩愈"知汝远来应有意，好收吾骨瘴江边"至苏轼"日啖荔枝三百颗，不辞长做岭南人"再到

---

① （元）脱脱等：《宋史》卷三五九《李纲传下》，第 11273 页。
② （清）屈大均撰，李默校点：《广东新语》卷一"瘴"条，欧初、王贵忱主编《屈大均全集》，人民文学出版社 1996 年版，第 4 册，第 21 页。

宋南渡文人李光《阳朔道中两绝》，胡铨在新州写的《如梦令》中所自述心迹："休恼，休恼，今岁荔枝能好"，已开始呈现出迁岭文人尤其是迁移至西江流域的南宋文人文化心理与人生思考的变迁。

李光大起大落、跌宕起伏的生活经历使他对人生、世事有了更加直接深刻的切身感受，同时受到苏东坡的文化性格和人生思考的影响，他将人生感受形诸文字、通过诗词表达出来。试看他在西江流域留恋时的吟唱：

> 北客多夸阳朔山，今朝了了见层峦。定知万壑千岩胜，不似山阴道上看。
> 万里南行岂偶然，黄粱一枕梦邯郸。初无惠政苏疲俗，父老休迎旧长官。①

李光之所以能够以快乐充实的心情度过谪居西江流域的岁月，是因为他热爱生活，热爱生活中一切美好的事物。如李光热爱音乐，在谪居西江流域的藤江时就作《癸亥上元，余谪藤江，是时初开乐禁，人意欣欣，吴元预作纪事二绝，颇入风雅，戏和其韵》，诗云：

> 曾见端门万炬灯，天街追逐少年行。如今老病惟贪睡，懒向州衙看乐棚。
> 再闻韶乐共欣然，太守推行诏墨鲜。山郡莫嫌娼女拙，嫁他蛮户已多年。②

自然界的清风明月让人快乐，人类的艺术创作，如诗歌、音乐、书法也能够给人带来快乐。人生除了要满足衣食住行这些基本的物质生活之外，也要"为了欣赏为了爱"。春雨夏云秋月夜，唐诗晋字汉文章。南宋迁岭文人在谪居生活中除了能够欣赏大自然的春花秋月、夏云冬雪这些自然的美景，他们也有能力欣赏唐诗、晋字、汉文章这些人类创作的艺术瑰宝，人类除了物质生活之外，还有精神生活。在基本满足了物质生活的温

---

① （宋）李光：《阳朔道中两绝》，《庄简集》卷六，《影印文渊阁四库全书》本，第1128册，第486页。
② （宋）李光：《庄简集》卷七，《影印文渊阁四库全书》本，第1128册，第496页。

饱之后，精神生活的丰富充盈、自由洒脱就显得更加重要。南宋迁岭文人不但能够欣赏和爱好前人的艺术创作，更加重要的是，他们还能够进行文学艺术的创作，从而用自己的文学作品滋养当地人民。

李光就在大自然的清风明月里，在人类创作的诗词歌赋中怡然自得，随遇而安，赋诗言志，借景抒怀，度过了谪居西江流域藤州时坎坷而充实的一段岁月，并且点燃自己，照耀他人，促进了西江流域的文化发展与社会变迁。对西江流域的特产端砚，李光在文中亦屡屡提及，如《庄简集》卷十六就有《端砚铭赠六十五侄孟容》《孟坚砚铭》《孟珍端溪方砚铭》《孟传砚铭》等①，对西江流域的端溪之砚进行了热情的讴歌，流露出对西江流域物产的由衷热爱，反映出迁岭文人对西江流域风物的眷恋之情，可见"避地二广者，幸获安居"② 并非虚语。试举《孟珍房相样砚铭》为例，李光在此文中赞叹道：

> 端溪之英，非黑非赪，方其未用也，匣而藏之以瑞其家庭，及其为用也，波涛汹汹，一挥而成文字之祥，皎如日星，人皆诵咏，众所推称。老人志愿如此，汝其勉承，当务实学毋事虚声。③

此文托物言志，咏物抒情，通过对端砚的拟人化描述，表现出作者对人生应"当务实学毋事虚声"的哲理思考，并用来教育家中子弟。

李光在写给同贬岭海的好友胡铨的信中与他交流思想、探讨人生，其中蕴含着深刻的哲思。如，下列精微深邃的人生思考与旷达乐易的文化性格十分生动感人，让我们看到了迁客逐臣身上一种百折不挠的生命力：

---

① 详参（宋）李光《庄简集》卷一六，《影印文渊阁四库全书》本，第1128册，第614页。

② （宋）庄绰撰，萧鲁阳点校：《鸡肋编》卷中，中华书局1983年版，第64页。

③ 详参（宋）李光《庄简集》卷一六，《影印文渊阁四库全书》本，第1128册，第614页。李光对端砚的礼赞，与他的迁岭前辈苏轼有异曲同工之处。苏轼在《端砚铭》中曰："千夫挽绠，百夫运斤。篝火下缒，以出斯珍。一嘘而泫，岁久愈新。谁其似之，我怀斯人。"（孔凡礼点校：《苏轼文集》，中华书局1986年版，第549页）又曰："与墨为入，玉灵之食。与水为出，阴鉴之液。懿矣兹石，君子之侧。匪以玩物，维以观德。"（孔凡礼点校：《苏轼文集》，中华书局1986年版，第552页）其《端砚石铭并引》亦以砚喻人，指出："苏坚伯固之子序，字养直，妙龄而有异才。赠以端砚，且铭之曰：'我友三益，取溪之石。寒松为煤，孤竹为笔。蓬麻效纸，仰泉致滴。斩几信锏，以全吾直。'"（孔凡礼点校：《苏轼文集》，中华书局1986年版，第552页）由此可见，在对端砚的吟咏方面，李光与东坡可谓一脉相承。

惟祝乘此闲放，尽为己之学。至处忧患之际，则当安之若命，胸中浩然之气，未尝不自若也。邦衡岂俟鄙言，仲尼作易亦专论此事……惟知生死事大，无常迅速，故汲汲耳。①

患难至此，正是着力处想。宴居有以自娱，动则观书以广智，静则息念以存诚；赋诗一首，弹琴一曲，古人困而能通用此道也。②

某老病如常，儋崖天下至恶弱之地，吾二人居之能不以为陋，内有黄卷圣贤，外有青衿士子，或一枰之上，三酌之际，陶然自乐，是非荣辱、了不相干，故十五年之间虽老而未死。盖有出乎死生之外者。③

这样的夫子自道之语，很能够体现身处逆境的南宋士大夫的生命意识、处世哲学、人生态度和人格精神。李光文中频繁出现的这种“安之若命”“生死事大，无常迅速”“患难至此，正是着力处想”“出乎死生之外者”想法，正印证了梁漱溟对中国人的分析：

二千多年间，中国人养成一种社会风尚，或民族精神，除最近数十年浸浸渐灭，今已不易得见外，过去中国人的生存，及其民族生命之开拓，胥赖于此。这种精神，分析言之，约有两点：一为向上之心强，一为相与之情厚。④

李光迁岭、居岭时的人生态度与生活方式很好地说明了这两点。如其《水调歌头·罢政东归，十八日晚抵西兴》中道出“真个是吾乡”的感悟，明显受到苏东坡“试问岭南应不好？却道：此心安处是吾乡”（《定风波·赞柔奴》）⑤ 的启发，其间经历了“十载人间忧患，赢得萧萧华发”

① （宋）李光：《与胡邦衡书》（其九），《庄简集》卷一五，《影印文渊阁四库全书》本，第1128 册，第600 页。
② （宋）李光：《与胡邦衡书》（其十），《庄简集》卷一五，《影印文渊阁四库全书》本，第1128 册，第601 页。
③ （宋）李光：《与胡邦衡书》（其十），《庄简集》卷一五，《影印文渊阁四库全书》本，第1128 册，第601 页。
④ 梁漱溟：《中国文化要义》，学林出版社1987 年版，第134 页。
⑤ 《全宋词》，中华书局1999 年版，第1 册，第373 页。

的眼泪与白发，才有此"回头万事何有，一枕梦黄粱"的顿悟①。王鹏运高度评价南宋四名臣时道：

> 其身系乎长消安危，其人又系乎用与不用。用之而不终用之也，于是则悲天运，悯人穷，当变风云时，自托乎小雅之才，而词作焉。其思若怨悱而情弥哀，颧号幽明，剖通精诚，又不欲以为名也，于是则摧刚藏棱，蔽遏掩抑，所为整顿缔造之意，而送之以馨香芬芳之言，与激昂怨慕不能自殊之音声，盖至今使人读焉而悲，绎焉而慨优，真洞然大人也。②

李光正是这样，他一次又一次遭受政敌迫害，一次又一次贬谪蛮荒之地，在精神上却从来没有倒下去，他的乐观、坚强和生存意志感染了后世每一位读他作品的人。他的作品以及李纲、胡铨、王庭珪等南宋迁岭文人的作品与苏东坡的一样能够给后人提供一个可感知、思索的活生生的真实人生，生动反映了这一文人群体生活方式的选择和人格个性、人生态度的自我显现，展示了这一文人群体的独特生存状态，体现出一种独特的社会心理和人格品质。

李光和胡铨因得罪权臣秦桧而遭贬之事，反映了当时高压政治下迁岭文人所曾经历的人生剧变。共同的命运，使他俩能够同病相怜、互相激励，终于化人生的苦难为最宝贵的精神财富。四库馆臣很看重李光过岭以后与胡铨往返的简札，一语道破其特征及意义："迨过岭以后，与胡铨往还简札甚夥，乃皆醇实和平，绝无幽忧牢落之意，其所养抑，又可知矣。名臣著述，幸而获存，虽残章剩句，固当以鸿宝视之也。"③ 所言甚当！我们后世的读者能从这些"残章剩句"中感受到南宋迁岭文人们仁者不忧、智者不惑、勇者有惧仍然奋然前行的伟大情怀。点滴之言，亦足以撼动人心。接下来，我们追随李光迁岭的脚步，去探求南宋迁岭文人如何在艰难困苦的谪居生活中排忧解闷、解脱情累、超越自我的心路历程。

安之若命的南宋迁岭文人们在岭海的明月清风中自得其乐，读书自

---

① 《全宋词》，中华书局 1999 年版，第 2 册，第 1019 页。

② 王鹏运：《南宋四名臣词跋》，施蛰存主编《词籍序跋萃编》，中国社会科学出版社 1994 年版，第 175 页。

③ 《四库全书总目》卷一五六《庄简集》提要，第 1347 页。

遣，以养其气。《周易》是儒家的重要经典之一，八卦的出现和六十四卦的形成，远在西周之前的远古年代，体现出中华民族先民的朴素而原始的智慧。南宋迁岭文人在人生困境中尚友古人，精研《易》理，希望从中国古代先人的人生哲学与处世智慧中寻找到解脱人生苦难的方式。李光号"读易老人"，著《读易详说》，就是想向古人学习，学习他们朴素而深刻的人生智慧，并从中深悟人生进退出处之道，从而丰富自己的人生思考与文化性格，将自己的生命质量与人生境界提高到一个新的高度。据四库馆臣对《读易详说》的分析解读①，我们知道：正是在"至处忧患"的海南生活环境中，李光形成了自己应对人生忧患苦难的方法。这种方法也体现在他的《与胡邦衡》中。在与胡铨的通信中他反复申诉此意，既是鼓励安慰好友，也是与好友共勉，激励彼此面对现实苦难的勇气与信心②。此信写于绍兴二十一年（1151）辛未，当时李光已经七十四岁了，可谓是人"书"俱老之作，表达了历经宦海风波、人生磨砺的李光对友人的劝慰。此类书信具有特别重要的意义，很能反映出南宋迁岭文人在谪居生活中的文化性格与人生思考，而且这样的文化性格与人生思考在李光的作品中是一以贯之的。李光自己的生活实践与人生思考大多凝聚在《读易详说》中了，这部著作是他用生命写成的，他也通过自己的生活实践了这部著作中深刻的哲学思想，所以受到四库馆臣的高度评价："因摭其所得，以作是书。故于当世之治乱、一身之进退、观象玩辞，恒三致意。"③ 可谓深得李光此部著作的良苦用心，确实是知人论世之言。南宋迁岭文人在人生困境中充满了对人生、命运、自然、宇宙、社会、历史等问题的思考，这种思考与古今中外的哲人有相通之处。而李光在居岭的逆境中对《周易》的热爱与钻研，也反映出南宋迁岭文人文化性格与人生思考的主要特征。而且，值得重视的是，南宋迁岭文人已经认识到："吉阳之居，公之不幸，

① 《四库全书总目》卷二《读易详说》提要，第8页。
② 据李光《庄简集》卷一五载："某顿首：儋崖虽不乏便小海之隔，风波亦可畏。惟是跂仰，未尝少忘也。郡中附至四月中所惠书并玉友鱼醢，深用感戴。玉友履此风涛，烈日而色味殊不少变，信乎？其能耐久也，仍审即日起居增胜。吉阳天下至陋穷处，今学者彬彬，知所尊仰，何陋之有？刘宾客作谪九年赋，意谓阳数之终当变，况吾二人已逾一纪，天道好还，但力行一忍字，需之象曰'君子以饮食宴乐，若能日饮醇酎，不辜此风月，则无人而不自得也'。相与勉之而已，不宣。""吉阳之居，公之不幸，而一时士类之幸也。"（《影印文渊阁四库全书》本，第1128册，第597—598页）
③ 《四库全书总目》卷二《读易详说》提要，第8页。

而一时士类之幸也。"这也充分说明了南宋迁岭文人的历史责任感与事业心，知道身处蛮荒之地所应承担起移风易俗、促进当地文化教育事业发展的重要性。

李光的人生思考和历史责任感引起好友胡铨的深刻共鸣，他在《和李参政泰发送行韵》中对李光表达了同情之了解与自己愿意追随其后的强烈愿望。诗云：

> 落网端从一念差，崖州前定复何嗟。万山行尽逢黎母，双井浑疑到若耶。山鬼可人曾入梦，相君谈易更名家。此行所得诚多矣，更愿从公北泛槎。①

而此诗后的注解，更加清晰地呈现出李光、胡铨二人的文化性格与人生思考②。在《次李参政送行韵答黄舜杨》中，亦表达了两人的"达人"之风：

> 打成大错一毫差，万里去寻留子嗟。微管闲思齐仲父，使奴长价汉浑邪。道穷怜我空忧国，句好知君定作家。便欲相携趁帆饱，要观子美赋灵槎。③

物以类聚，人以群分。从中我们也可以看出李光、胡铨二人真挚友情的内在心理动因。

李光自己也颇看重《读易详说》这部著作，在他"解易已毕"之际，

---

① （宋）陈思：《两宋名贤小集》卷一七七，《影印文渊阁四库全书》本，第 1363 册，第 464 页。

② （宋）陈思《两宋名贤小集》卷一七七载："李参政诗云：梦里分明见黎母，生前定合到朱崖。盖予尝在新州梦一媪立床前，曰吾黎母也。黎姑山，在琼崖儋万之间。子瞻所谓四山环一岛是也。先是秦桧大书三人姓名于其家格天阁，下曰赵鼎、李光、胡铨，所必欲杀者也。鼎谪琼州，绍兴十七年丁卯卒。光字泰发，时谪儋州。澹庵朱崖之行经过儋州，故泰发以诗送之。澹庵夙有黎母之梦付诸前定，如谪新州时，亦谓前定福唐幕中分扇得一画，骑驴人西南行者，后新州之命，亦若暗合。夫不以迁谪介意，而付之于分，非达人不能也。"（《影印文渊阁四库全书》本，第 1363 册，第 464 页）

③ （宋）陈思：《两宋名贤小集》卷一七七，《影印文渊阁四库全书》本，第 1363 册，第 464 页。

作《元发弟、六十五侄远寄貂蝉笔样，孟博有诗，因次韵》道：

> 十年惯使鸡翎笔，一束貂蝉愧暗投。待我明窗草玄罢，论功应合便封侯。①

　　古人认为人生有三不朽：立功、立德、立言。在贬谪生活中，立功不可得，立德太高远，唯有立言，是可行之事。李光对自己在立言方面的期许，也由此诗可见一斑。

　　宋室南渡，带来了中国文化重心的南移，南宋迁岭文人在其中作出了重要贡献。如胡寅（1098—1156）也是值得我们注意的迁岭文人。他是胡安国弟之子，安国养为己子。胡寅在绍兴十七年（1147），得罪秦桧，以徽猷阁直学士提举江州太平观。旋乞致仕，归衡州。绍兴二十年，因讥讪朝政，落职，责授果州团练副使，新州安置。桧死，始得北归。跟胡铨一样，他也曾贬谪新州（今广东新兴），并得北归，重返朝廷，得见天日②。胡寅性格豪爽，曾经跟随名儒杨时学习，深得二程理学的精髓。他的诗歌创作擅长议论，诗中的哲理往往能通过生动具体的形象来传达③。

　　胡寅是位重要的迁岭文人，与西江流域社会文化的发展有着密切关系。绍兴二十四年（1154），胡寅谪居新州，这时他已经五十七岁了，仍然著书不辍，在新州写成了其名作《论语详说》《读史管见》，今存《读史管见》三十卷，反映了南宋迁岭文人在西江流域著书立说、弘扬优秀传

---

① （宋）李光：《庄简集》卷六，《影印文渊阁四库全书》本，第1128册，第492页。

② 《四库全书总目》卷一五八《斐然集》提要载："寅父子兄弟皆笃信程氏之学，寅尤以气节著。其晚谪新州，乃右正言章复劾其不持生母服，寅上书于桧自辩，其文今载第十七卷中，大意谓遗弃之子不同于出继之子，恩义既绝，不更以本生论之。然母子天属，即不幸遭人伦之变，义无绝理。设有遗弃之子杀其本生父母者，使寅司谳，能以凡人论乎！章复之劾虽出于迎合秦桧，假公以济其私，而所持之事，则不可谓之无理。寅存此书于集中，所谓欲盖弥彰也。至于秦桧之罪，罄竹难书。……至寅之进用，本以张浚，后论兵与浚相左，遂乞郡以去。其父安国与秦桧为契交，桧当国日，眷眷欲相援引，寅兄弟三人并力拒不入其党，寅更忤之，至流窜，其立身亦具有始末者，其文亦何可废也。"（第1361页）

③ （宋）胡寅《和赵宣二首》之二诗云："冠月裾云佩绿霞，百年将此送生涯。愁心别后无诗草，病眼灯前有醉花。落笔擅场聊写意，背山临水遂成家。也须南亩多栽秋，休似东陵只种瓜。"方回认为此诗反映了"致堂先生大手笔，《读史管见》《崇正辩》之余，成此诗耳"。纪昀对此诗评价也很高，认为此诗是"道学诗之不涉道学者"。[（元）方回选评，李庆甲集评校点：《瀛奎律髓汇评》卷四二，上海古籍出版社2005年版，第1523页]

统文化的执着信念与百折不挠的乐观精神，其在《鲁语详说序》中生动有力地揭示出西江流域的生活环境及自己身处其间的创作心态①。胡寅把"投畀炎壤"看成"适有天幸"，善于转逆境为顺境，化烦恼为菩提，能够欣赏且把握自己在西江流域日常生活中美好的一面，于是新州生活时的良辰美景、赏心乐事一一呈现在他的笔端。在西江流域的生存环境下，作为一个独立的生命个体，一个思想者，著书立说对他来说是实现人生价值的一个重要手段，为了超越那个不堪忍受的命运遭际，他只有"困而学之"，把自己投身到山林云水和著书立说中。魏了翁高度评价胡寅时道："至谓堂堂天朝相率而为敌国之陪臣，盖视胡公邦衡后日之疏有过之。……至其述《崇正辩》以辟异端，纂《伊洛绪言》以阐正学，著《论语说》以明孔门传授之心法，《读史管见》以扶《资治通鉴》数千百家褒贬之实，最后传诸葛侯，世以寓其讨贼兴汉之心。盖公自宣靖炎兴四十年间，虽颠沛百罹而终始一说，所以扶持三纲者，其不谓大有功于斯世矣乎！"②章颖对胡寅的著作也有类似的评价③。胡寅迁谪到西江流域，在西江流域进行文化活动，某种程度上也带来了西江流域文化的繁荣。正如《后村诗话》所载："坡公《书》《易》《论语》注成于儋耳，胡明仲《读史管见》作于新州。"④儋耳，因坡公而扬名天下，新州的文化

---

① 《鲁语详说序》载："愚不肖，幸闻伊、洛至教，承过庭之训，而冥顽怠废，不早用力。盖尝妄意《论语》一书，为仁道枢管，欲记所见闻旨趣，附于章句之下，内揆浅疏，久而未果。发秃齿豁，恐负初志矣。适有天幸，投畀炎壤，结庐地偏，尘事辽绝，门挹山秀，窗涵水姿，檐竹庭梧，时044凉吹。朝夕饭一盂，蔬一盘，淡然太虚，不知浮云之莽渺也。观过宅心，自是始笃，乃得就稿，遗诸童草。博学而详说之，将以返说约焉。若夫推己及人，指南洙泗之路；放淫诅诐，分北荆舒之旅，非愚所能也。困而学之，期成功于不二而已矣。绍兴甲戌三月甲寅朔序。"［（宋）胡寅：《斐然集》卷一九，《影印文渊阁四库全书》本，第1137册，第549页］

② （宋）魏了翁：《斐然集原序》，（宋）胡寅撰《斐然集》卷首，《影印文渊阁四库全书》本，第1137册，第259页。

③ 章颖在《斐然集序》中指出"由其言以推其行事，即其文以究其用心，使其功化得尽显于时，则拨乱而反之，正三光明于上，民物育于下，犹反掌也。世方交竞于利禄之途，角胜负于得失之际，滔滔驰骛不可救止。古之圣贤所以挈挈焉者，固已与之背驰矣。此愚之所以中夜而起，抱书而叹也。……盖其露缊奥而寓诸言，发愤懑而形诸书，有不得已焉者。郑君之好尚岂为文章之美哉，天理之明，人心之正，是书其标的也。"［（宋）胡寅：《斐然集》卷首，《影印文渊阁四库全书》本，第1137册，第260页］

④ 《后村诗话》后集卷一，吴文治主编《宋诗话全编》，凤凰出版社1998年版，第8册，第8394页。

事业也因胡寅的到来而得到进一步的发展。

我们读南宋迁岭文人的作品往往是由领略其诗文进而认识其人的。南宋迁岭文人善于深入西江流域的日常生活中，他们对自然、人生、宇宙、历史的思考弥漫在他们的作品中，在常人所见之景、所见之事中往往能够悟出常人未必了解之理，言有尽而意无穷，耐人寻味。试看胡寅描写自己游览西江流域风物的诗歌：

> 山限混华夷，夷水不得出。洞壑相舂撞，竟柝此山骨。想其初洞达，借势有神物。劈开苍石壁，黯黮乌龙窟。奔流成长溪，岩洞寒突兀。秉烛千步游，怪景才仿佛。华鬘结乳洞，空翠谁扫拂。石田耕未熟，石鼓音不没。灵仙已羽化，古庙凛纤郁。我来庚伏初，弄水解缨绂。清甘流渴肺，妙听隐琴瑟。两腋御冷风，回首叹飘忽。①

在描写西江流域自然风光的同时，诗人也发出了"回首叹飘忽"的人生感慨，反映出他当时的生活环境与心迹情感。胡寅将自己在西江流域的日常生活写成了诗歌，从而也将自己的生活诗化，将生活活成了一首诗。这既表现出一种无奈的旷达，也体现了诗人面对人生风雨而倔强不屈的精神，他将风雨人生转化成了诗意人生。

胡寅的《论语详说》与李光的《读易详说》一样，是流寓岭南文人在逆境中思考人生的典范之作，反映了南宋迁岭文人在谪居生活中人性的光辉及人生的隐痛，我们从中可以看到南宋迁岭文人的生活实况。这是因为南宋迁岭文人的内心体验本质上大多体现在，一些智者面对人生苦难时去寻找一种精神解脱之道。我们读他们的作品就像是在读一些智慧的长者告诉我们如何面对人生，如何度过人生的苦难，过快乐的生活。正是凭着自己执着的信念与乐观的精神，胡寅没有虚度光阴，而是把自己的生命献给了学术，为西江流域的文化发展作出了自己的贡献。秦桧死后，胡寅复官。绍兴二十六年丙子（1156）闰十月十四日（壬子）胡寅卒②，享年五

---

① （宋）胡寅：《漱玉岩》，（清）汪森编《粤西诗载》卷三，《影印文渊阁四库全书》本，第1465册，第27—28页。

② 详参（宋）李心传撰《建炎以来系年要录》卷一七五，中华书局1988年版，第2891页。

十九岁，给我们留下了传世佳作《斐然集》三十卷①、《读史管见》三十卷等②。作为一段生命历程与心迹情感的记录，这些作品明晰地体现出南宋迁岭文人顽强而又乐观的人格个性与人生态度。章颖对胡寅的文化贡献作了高度评价③。《宋史》对他评价道：

> 寅志节豪迈，初擢第，中书侍郎张邦昌欲以女妻之，不许。始，安国颇重秦桧之大节，及桧擅国，寅遂与之绝。新州谪命下，即日就道。在谪所著《读史管见》数十万言，及《论语详说》皆行于世。其为文根著义理，有《斐然集》三十卷。④

可以说，胡寅辉煌的人生成就在某种程度上是因为他与新州结缘，从而也对西江流域的社会变迁乃至文化建设起了十分重要的作用。

胡寅被贬谪之地的新州本来是令人恐怖的流放之所。绍兴二十五年（1155）十月安置的谪官流放地就有吉阳军（治今海南崖县西）以及化州、南恩州、高州、雷州、循州、新州、封州、容州、钦州、宾州、英州、柳州十二州军⑤。尤其是其中的化州、高州、雷州、新州，更是宋室南渡以来的远恶州军。民间谚语载："春、循、梅、新，与死为邻；高、窦、雷、化，说着也怕。"⑥ 据载："新州州土尽岚瘴，从来只是居流放。"⑦ 而胡铨、胡寅、罗伟卿等南宋迁岭文人都曾谪居新州，尤其是罗伟卿最后竟然死在了新州。洪皓之子洪适曾作《临江仙·送罗倅伟卿权新州》一词给罗伟卿送行，词曰：

---

① 《斐然集》三十卷的介绍详参（宋）陈振孙撰，徐小蛮、顾美华点校《直斋书录解题》卷一八，第532—533页。

② 胡寅事迹详参（元）脱脱等《宋史》卷四三五《胡安国传》后附传，第12916—12922页。

③ （宋）章颖在《斐然集序》中指出："文定胡先生始以《春秋》鸣，而其子致堂继之，见于辞章，著于赋咏，陈于论谏，莫非极治乱之几，谨华夷之辨，黜邪而与正，尊王而贱伯，明义利之分，辨枉直之实。取而诵之，凿凿乎五谷之可以疗饥，断断乎药石之可以治疾。"［（宋）胡寅撰《斐然集》卷首，《影印文渊阁四库全书》本，第1137册，第260页］

④ （元）脱脱等：《宋史》卷四三五《胡安国传》后附传，第12922页。

⑤ 《建炎以来系年要录》卷一七三，绍兴二十六年六月甲戌，第2844页。

⑥ 钱培名、崔铣编：《元城语录解·行录附》，中华书局1985年版，第48页。

⑦ （宋）胡寅：《斐然集》卷二《赠朱推》，《影印文渊阁四库全书》本，第1137册，第290页。

远驾星屏临百粤，康沂户户歌功。使君五马去乘骢。卖刀无旷土，赠扇有仁风。　　莫唱渭城朝雨曲，片帆时暂西东。促归行拜紫泥封。九霄先步武，三接未央宫。①

该词与张元干所作的《贺新郎·送胡邦衡待制赴新州》有异曲同工之妙，都在送行词中表达了天涯沦落之悲，报国无门、请缨无路之恨，英雄老去、壮志难酬之感，以及对朋友奔赴远恶之地"新州"的担忧。这种担忧不是多余的，而是有现实根据的。后来罗伟卿死在了新州，洪适还为他写下了悼念文《祭罗权郡文》②，感人肺腑、催人泪下，颇能反映南宋迁岭文人对好友的真挚情感及对这些地区带有普遍性的看法。南宋迁岭文人作品的突出特点在于，他们将自己体验到的生活苦难与人生不幸都转化为审美的人生，转化成了自觉的创作意识，将日常生活诗化，也将迁岭居岭的生活审美化了，从而拓展了词体文学创作的情感空间。从唐宋词的审美层次及其嬗变的角度来看，南宋迁岭文人属于用自己的心灵回应人生和外部世界重要问题的作家，从而使得他们的词体文学展示出了一种独特的时代面向与精神风貌。南宋迁岭文人的词作正是把时代的气息与地域的风貌融为一体，更多展现了迁岭文人心迹情感和生活处境的特殊性，把读者带入他们沉郁顿挫、开朗奔放、热情旷达的生活情境中，给人审美愉悦的同时又让人得到精神上的启迪。

胡寅谪居新州后，在他看来，当地已成了"于今多住四方人"③的热闹繁荣之地，这显然离不开蔡确、邹浩、胡铨、胡寅等谪居新州的迁岭文人的艰苦奋斗，他们在此安居乐业④，为当地文化发展尽心竭力。迁岭文人来到西江流域，并在谪居之地新州进行生活实践与文学创作，当地文化

---

① （宋）洪适：《临江仙·送罗倅伟卿权新州》，《全宋词》，中华书局1999年版，第2册，第1784页。

② （宋）洪适：《祭罗权郡文》，《盘洲文集》卷七二，《影印文渊阁四库全书》本，第1158册，第732—733页。

③ （宋）胡寅：《斐然集》卷二《赠朱推》，《影印文渊阁四库全书》本，第1137册，第290页。

④ 北宋名臣蔡确也曾贬谪至新州，有《新兴即事》传世："仁义桥边杨柳斜，洗亭冈畔种桑麻。龙山水绕祖师塔，夏院云埋宰相家。十仙园里寻得到，恰似桃源一洞花。"［（宋）潘自牧：《记纂渊海》卷一五《新州》，《影印文渊阁四库全书》本，第930册，第22页］把西江流域的新州环境描写得生机盎然，简直就像是世外桃源，很能体现迁岭文人寓居贬所的人生态度与人格个性。

得到了迅速发展，发生了很大的变化，出现了外来人口涌入的空前盛况。外来人口的涌入既增加了西江流域人口的密度，也带来了当地社会文化的发展变迁，在中国文学史乃至中国文化史上产生了广泛而深远的影响，迁岭甚至成了诗人词客的一种身份认同，以至于后来出现了"岭南不到岂诗人"的文化现象①，中原文化因此而深入持久地浸入和熏染了南方，尤其是西江流域的文化。宋末元初的家铉翁感叹："地有南北，而人物无南北；道统文脉无南北。虽在万里之外，皆中州也。"② 换句话说，在当时人们的观念里，已经意识到了岭南文化与中原北方文化已经融合一体、一脉相承而互相影响，都属于中华民族文化的一个组成部分。观念更新，源于世事的巨变，我们由此也可以看出西江流域社会文化的发展与迁岭文人的互动关系。

其实，这不仅仅是胡寅个人的状况，也是许多南宋迁岭文人的共同经历。宋室南渡以来，被贬谪的士大夫"或配广南海外四州，或配淮、汉、四川"③。他们在贬谪之所、化外之地从容不迫、自得自乐、怡然融入当地生活的精神风貌，得益于他们得罪权臣，"至流窜，其立身亦具有始末者"，故"其文亦何可废也"的创作环境。高压政治下士人的思想受到钳制、创作受到羁绊，一旦脱离朝廷，来到山水清幽的贬所，他们在行为习惯与思想感情上便"以气节"自许，脾气个性日益张扬。个性的放纵，思想的解放，环境的清幽，遂成为他们创作的动力，从而导致在"晚谪新州"之时仍然体现出士大夫的高尚节操，于感时述事的文学创作中体现出诗史风貌，批判精神及慷慨激昂、纵横捭阖的情感倾向，构成富有张力的抒情空间。

在南宋以前，西江流域大多数地区仍然处在文化落后、物质贫乏的状态，但自然山水却是异常优美奇特的，为中原所罕见。南宋迁岭文人范成

①　张维屏《国朝诗人征略》载："唐韩昌黎、宋苏东坡，皆至岭南。自古诗人到岭南者，未可更仆数，马秋药太常《送伊墨卿太守之官惠州》有诗云：'岭南不到岂诗人。'此语可为岭南美谈，亦可为游岭南者助兴。"（中山大学出版社2004年版，第1007页）
②　（宋）家铉翁：《题中州诗集后》，见四川大学古籍整理研究所编《全宋文》，第39册，第112页。
③　（元）脱脱等：《宋史》卷二〇一《刑法志三》，第5021页。

大在其名著《桂海虞衡志》中详述广西地区的天然美景①，并认识到：天下奇异风景往往在瘴地，而"士大夫尤罕到"。其中的关键在于，到此瘴地的士大夫也不一定能怀着愉快的心情来欣赏别处所无的自然风光，如柳宗元被贬至广西柳州直至卒于贬所，没有能够在有生之年回到中原。这说明有些被贬之士往往拥有欣赏美的眼睛，却缺乏享受美的心情，有欣赏美的敏锐性的作家有时又缺乏自得其乐的开阔心胸，这是令人遗憾的。只有苏东坡、李光、胡铨、李纲、胡寅、范成大、高登等这些了不起的诗人才能把沿途瘴疠之地赏心悦目的自然风光当成心灵的避难所，甚至是精神乐园，他们用生命来创作诗歌，在诗歌中呈现出沉重时代里个人的达观与感动。天地与我并生，万物与我为一，他们敏感多情，随遇而安、随遇而乐，人生能如此达观，则何往而不乐、何住而不安哉？

南宋初期文人高登就曾迁谪流寓到范成大所赞叹"世传不下桂林"的容州。绍兴十四年（1144），高登谪居容州时，对当地的气候异常感到非常不适应②。可是，高登并没有沉浸于不适中不能自拔，他用一双善于发现美的眼睛来观察和欣赏岭南的自然风光，油然而生一种欢喜之情。如他在谪居容州时所作《蓦山溪·容州病起作》一词，就颇能反映他当时的生活环境、生活条件、生活水平及词人生活在其中的人生态度与人格个性③。高登在叙述自己生活方式时，也表达出了乐天知命、随遇而安的文化性格与人生思考，如他的一首《多丽》词就非常典型地反映了南宋迁岭文人在

---

① （宋）范成大撰《桂海虞衡志》"志岩洞"篇载："有名可记者三十余所，皆去城不过七八里，近者二三里，一日可以遍至。……兴安乳洞最奇，予罢郡时过之。上、中、下亦三洞。此三洞与栖霞相甲乙，他洞不及也。阳朔亦有绣山、罗汉、白鹤、华盖、明珠五洞，皆奇。又闻容州都峤有三洞天，融州有灵岩真仙洞，世传不下桂林，但皆在瘴地，士大夫尤罕到。"（《影印文渊阁四库全书》本，第589册，第368、370页）

② 高登在《行香子》中道："瘴气如云，暑气如焚，病轻时、也是十分。沉疴恼客，罪罟萦人。叹槛中猿，笼中鸟，辙中鳞。　休负文章，休说经纶。得生还、已早因循。菱花照影，筇竹随身。奈沈郎狂，潘郎老，阮郎贫。"（《全宋词》，中华书局1999年版，第2册，第1675页）况周颐《蕙风词话续编》卷一评此词时用饱含深情的语气指出："高彦先，吾广右宦贤也。《东溪词》（行香子）云……盖编管容州时作，极写流离困瘁状态，足令数百年后读者为之酸鼻。……彦先先生可谓饱经霜雪矣。"［（清）况周颐原著，孙克强辑考：《蕙风词话·广蕙风词话》，中州古籍出版社2003年版，第105页］

③ 词云："黄茅时节，病恼南来客。瘦得不胜衣，试腰围、都无一搦。东篱兴在，手种菊方黄，摘晚艳，泛新萏，谁道乾坤窄。　百年役役，乐事真难得。短发已无多，更何劳、霜风染白。儿曹齐健，扶□一翁屧，龙山帽，习池巾，归路从欹侧。"（《全宋词》，中华书局1999年版，第2册，第1675页）

逆境中的生活状况与心灵解脱的常见模式①。又如《偕学子游都峤》诗对当时他在容州的日常生活进行了热情的讴歌，把日常生活诗化，他就把生活过成了一首诗。此诗的小序曰：

> 绍兴十四年秋九月乙巳，高登以罪窜容州。明年春戊午，到窜所。冬十一月壬戌，游都峤。学子李弥章、卢大勋、李飞英、李瑞礼、罗述、萧岩、黄宗之、男扶、持从游。

诗云：

> 天公喜我来，阁雨云垂垂。坤灵喜我来，林壑迥春姿。山禽喜我来，上下鸣嘤咿。江梅喜我来，蓓蕾敷南枝。高兴惬幽寻，绝磴穷攀跻。②

诗中反复出现的"喜"字，表明他确实是怀着一种欢喜自在、高兴惬意的心情在西江流域生活的。这是南宋迁岭文人在贬谪之所的真实生活环境与自然环境的写照，也是他们诗意栖息时乐易闲适心情的自然流露。

据《舆地纪胜》载，容州："郡以容山得名，州林蛮洞蜒守条死要，都峤有三洞天，不下桂林。容州距城数十里有三洞天，足多胜景……天下洞天凡三十有六，容乃得三焉。……宋璟、李勉、杜佑、马植、卢钧、李渤、王翃辈，皆一时名臣"③，"渡江以来，北客避地留家者众，俗化一变，

---

① 词云："人间世，偶然攘臂来游。何须恁、乾坤角抵，又成冷笑俳优。且宽心、待他天命，谩鼓舌、夸吾人谋。李广不侯，刘蕡未第，千年公论合谁羞。往矣瓦飘无意，甑堕懒回头。真堪笑，直钩论议，圆柄机筹。　　幸斯道、元无得丧，壮心岂有沉浮。好温存、困中节概，莫冷落、穷里风流。酒滴真珠，饭钞云子，醉饱卧信缘休。归去也，幅巾谈笑，卒岁且优游。循环事，亡羊须在，失马何忧。"（《全宋词》，中华书局1999年版，第2册，第1674—1675页）

② （宋）高登撰，（明）林希元编：《东溪集》卷上，《影印文渊阁四库全书》本，第1136册，第439页。又见（宋）高登《高东溪集》卷下，《丛书集成初编》本，上海：商务印书馆1935年版，第30页。

③ （宋）王象之：《舆地纪胜》卷一〇四"风俗形胜"条，中华书局1992年版，第3198页。

今衣冠礼度并同中州"①。随着越来越多的迁岭文人流寓到此地，在当地生活、游宦、创作，他们把握当下，尽情享受贬所的美好时光，并时常授徒讲学，从而为当地的文化建设作出了自己杰出的贡献。据《东溪高先生言行录》载：

> 公至容州，种蔬植竹，为终焉之计。四方士执经者数百人，公讲《中庸》《大学》之道，方教行穷徼而薨矣。是岁，绍兴戊辰（十八年，1148）也。②

有此谋生方式与生活作风，高登才能够"谪居，授徒以给，家事一不介意"③，忘怀一己之得失，在快乐自适的心情下成就了自己。

因得罪秦桧而谪居容州的高登在此地种蔬植竹，为终焉之计④，并从中悟出了生死、出处之道，化病场为道场，化烦恼为菩提，体现出独特的文化性格与人生思考。试看他谪居岭南时的《病中杂兴》：

> 溶溶瘴雾暗朝暾，咫尺山关号鬼门。疾病年年不相贷，朱颜凋尽赤心存。
>
> 垂老飘零万里馀，肌肤瘦尽鬓毛疏。皇恩若许归山去，豆地虽存不解锄。
>
> 不羡云霄欲网罗，百年人物总相磨。死如归耳生如寄，造物从今奈我何。

---

① （宋）王象之：《舆地纪胜》卷一〇四"风俗形胜"条，中华书局1992年版，第3197—3198页。
② （宋）高登撰，（明）林希元编：《东溪集》附录，《影印文渊阁四库全书》本，第1136册，第457页。此外，朱熹《漳州州学东溪先生高公祠记》（《朱文公文集》卷七九，亦见《东溪集》附录，《影印文渊阁四库全书》本，第1136册，第454—455页）对高登的人格个性、人生态度进行了生动具体的描述。
③ （元）脱脱等：《宋史》卷三九九《高登传》，第12128页。
④ （宋）高登撰，（明）林希元编：《东溪集》附录，《影印文渊阁四库全书》本，第1136册，第457页。

九死穷荒一病翁，晓来犹怯北窗风。谁知葵藿倾心切，待到日轮升太空。

不辞南北叹飘零，俯仰乾坤一草亭。鸢堕水中从杳杳，鸿飞天外自冥冥。

口腹相煎亦可羞，饥来欲食饱还忧。一编地下我无用，须学留侯辟谷不。①

君子固穷，我们再看高登的《穷论》所言：

夫人固穷，然后可以语大事。穷则守，守则无羡乎达；达则约，约则犹穷时也。一失其达，则穷自如也。②

其中流露出的浮生如寄及安贫乐道的精神反映了儒道两家文化的精髓，体现出中国哲学所认为的最高境界。高登的人生思考与文化性格在迁岭文人中具有普遍性。正是因为有了高登这样的文人迁岭，才推动了西江流域社会文化的发展，他们的事迹被记载到当地的方志中。据《广西通志·容县》载：

容州志曰：宋南渡后北客避地者多，衣冠度数无异中州，又曰：闽楚江浙人多有侨寄此者，与东粤接壤，其类更众，而土著实稀，相传缘都峤山秀耸客位，以致流寓日盛，若务本力农，罔识贸迁，故与岑藤类。③

与此相似，西江流域的岑溪、藤县的风俗也因文人迁岭得到了很大的

---

① （宋）高登撰，（明）林希元编：《东溪集》卷上《病中杂兴》，《影印文渊阁四库全书》本，第1136册，第443页。
② （宋）高登撰，（明）林希元编：《东溪集》卷下《穷论》，《影印文渊阁四库全书》本，第1136册，第444页。
③ （清）金鉷等监修：《广西通志》卷三二"风俗"，《影印文渊阁四库全书》本，第565册，第793页。

发展①。高登迁谪寓居西江流域时所作出的文化贡献，也被记载在随后迁岭的罗大经的《鹤林玉露》中②。由此可见，南宋迁岭文人虽然遭受贬谪，命运坎坷，生活充满了辛酸苦闷、不平屈辱，甚至死后很长一段时间仍然不得平反昭雪，但是他们为西江流域社会文化的发展作出了重要的贡献，人们是不会忘记他们的。他们的生平事迹、文化贡献不仅记载在当地的地方志中，也记载在后世人们的心里。多年以后，当罗大经来到高登曾经流寓生活过的地方"为容法曹掾"时，"容士犹能言其风猷，传其文墨"。高登已经长久地活在了当地人们的心里，他没有死，每个怀念他的人，都是他的生命继续生长的土壤。

像高登一样，黄公度、李光、赵鼎、李纲、胡铨、胡寅、朱敦儒、吕本中、陈与义、郑刚中、吴元美、张孝祥、范成大，甚至江湖诗人刘克庄、戴复古等南宋迁岭而来的文人们，都为西江流域的发展变迁作出了重要的贡献。他们在当地的生活实践与文学作品是那个苦难时代的历史见证，真实地记录了一种伟大而崇高的精神和境界，让后世读者感到他们音容宛在，他们在西江流域寓居的事迹恍如昨日，如在眼前，这就使随后流寓岭南的文人不再以入岭为难。

这些流寓岭南的文人们对建构民族的文化记忆与西江流域的地域认同具有十分重要的意义，当地人民没有忘记这些为西江流域文化作出了贡献的伟大人物，在历代方志的"风俗总论"中常常用热情洋溢的语言对他们

---

① （清）金鉷等监修《广西通志》卷三二"风俗"条载："岑溪县民性淳良而少机巧，士知读书而少浮嚣，服舍朴素无文饰，饮食俭约，婚丧以贫富为厚薄，缘情合礼，岭邑差为善俗。""藤县地广人稀，俗尚简朴，务本者多逐末者少，衣冠制度与中州并美。"（《影印文渊阁四库全书》本，第565册，第793页）

② （宋）罗大经撰，王瑞来点校《鹤林玉露》甲编卷六"容南迁客"条载："高登，字彦先，漳浦名儒，志节高亮。少游太学，值靖康之乱，与陈东上书陈六贼之罪，且言金房不可和状。绍兴间，对策鲠直，有司拟降文学，高宗不可，调静江府古县令。时秦桧当国，桧父尝宰是邑，帅胡舜陟欲立祠逢迎，彦先毅然不从。舜陟欲以危法中之，逮系讯掠，迄无罪状可指。校文潮阳，出'则将焉用彼相赋''直言不闻深可畏论'，策问水灾。桧闻之大怒，谓其阴附赵鼎，削籍流容州，死焉。桧没，诸贤遭诬陷者皆昭雪，彦先以远人下士，无为言者。乾道间，梁克家始为之请；傅伯寿、朱文公守漳，又连为之请，皆格不下。余为容法曹掾，容士犹能言其风猷，传其文墨。偶摄校官，遂为立祠于学宫。同时有吴元美者，三山文士，作《夏二子赋》，讥切秦桧。其家立潜光亭、商隐堂，其怨家摘以告桧曰：'亭号潜光，盖有心于党李；堂名商隐，本无意于事秦。'李，谓泰发也。亦削籍流容州，死焉，因并祠之。彦先有《修学门庭》传于世，元美有《游勾漏洞天记》，载《容州志》。"（中华书局1983年版，第102—103页）

进行精彩的评述①。我们将南宋迁岭文人的文学作品看作靖康之乱后的历史环境和当时西江流域特殊地域环境下的产物，在地理空间与南宋时间的两个维度中，重点讨论了张孝祥、朱敦儒、李纲、李光、吕本中、曾几、陈与义、高登等人流寓岭南的创作特色和文化心理，站在西江流域社会变迁史来观照宋室南渡以来迁岭文人之风起云涌、前赴后继的情形。通过长期的研究，我们发现南宋迁岭文人为当地文化的发展作出了巨大的贡献，心中自然会对他们的所作所为抱有一种深切的同情和理解。如果学界同人能够真正运用自己的生活体验与研究实践，对相关史料进行广泛深入的研读，并加强自己阅读史料的敏锐性，重新审视那个时代及生活在其中历劫多难的文人，应当可以清楚地认识到南宋迁岭文人作品的重要性，并逐渐揭示出其在西江流域社会变迁中的意义。

西江流域的那些蛮荒之地，原来都是些小地方，就像秀而野的花竹，不引人注目，但迁岭文人的大量涌入使其发生了改观，尤其是迁岭文人在西江流域的创作丰富了当地的文化，而文化使西江流域越来越受到世人的关注，它的历史地位也变得越来越重要。西江流域的一花一木一经迁岭文人品题印可即耐人寻味，江山也需要伟人扶，迁岭文人的到来，为西江流域增添了一道又一道美不胜收、令人目不暇接的人文景观。诚如南宋名臣汪藻所指出的那样：

> 然零陵一泉石、一草木经先生品题者，莫不为后世所慕，想见其风流。②

西江流域的"桂林"，就是经南宋迁岭文人王正功作诗品题印可后而"甲天下"的③。除此之外，还有很多山川风物、江水河流都经过了南宋迁

---

① （清）金鉷等监修《广西通志》卷三二"风俗"载："粤西古为边服，文物稍逊于中州，后由张栻、吕祖谦之教化被于桂，范祖禹、邹浩之正气行乎昭，柳宗元之文章著乎柳，冯京、黄庭坚之德誉动乎宜，二陈（陈钦、陈元）、三士（士进、士燮、士壹）之经术启乎梧，谷永之恩信、陆绩之儒业播于浔，马援之武功、文成之道学畅于邕，渐仁摩义，贤才蔚兴，即远至交趾之界，瑶僚之居，咸弃卉服而袭冠裳，挟诗书而讲礼让，由是观之，革俗易化岂不在人哉。"（《影印文渊阁四库全书》本，第565册，第802页）
② （宋）汪藻：《永州柳先生祠堂记》，四川大学古籍整理研究所编《全宋文》，第157册，第260页。
③ 详参邓乔彬《"桂林山水甲天下"的文化意蕴》，《邓乔彬学术文集》第三卷《文化诗学》，安徽师范大学出版社2013年版，第53—58页。

岭文人的印可延誉而名震中外、流芳千古。我们从中可以看出南宋迁岭文人在异地他乡生活的不适感及他们及时调整心态的昂仰乐观的精神。正是这种精神，这种吃苦而不叫苦的任劳任怨的精神，这种随遇而安、乐天知命故不忧的精神，正是这些任劳任怨、具有"精神胜利法"的社会名流、文化精英们，正是这些历史和时代的伟大精神的传承者，担当着"大任"，支撑着大义，传承和延续着我们几千年的文明。

第四章　南宋流寓岭南文人的文化性格

宋室南渡之初，各方人士不断在乱世中沉沦、在利禄中奔竞时，有些失意之人则已经前往西江流域地区默默耕耘，为地方文化事业的发展效力。与此同时，本身处于动荡播迁之中的南宋朝廷内部仍不断上演着用人之争、和战之争、学术之争等党争、倾轧，许多士大夫被朝廷放逐、贬谪，他们只好向更为遥远、偏僻的肇庆、海南等地区流动。

第一节　胡铨文化性格形成的历史动因

胡铨引起世人关注是因为他的遭受贬谪，魏了翁指出：

> 自戊午（1138）议和，胡忠简以言语得罪，十有八年之间，窜逐者相望。①

种种事实表明，在宋南渡词人群体及南宋迁岭文人中，胡铨（1102—1180），无疑是一位个性鲜明的人物。胡铨，字邦衡，号澹庵，吉州庐陵（今江西吉安）人。建炎二年（1128）进士，绍兴五年，除枢密院编修官。八年，以上书斥和议，乞斩王伦、秦桧、孙近，除名编管昭州。十八年，改新州，移吉阳军。二十五年秦桧卒，移衡州。孝宗即位，复奉议

---

① （宋）魏了翁：《鹤山集》卷六二《跋张忠献公所与张忠简阃三帖》，《影印文渊阁四库全书》本，第1173册，第39页。

郎、知饶州。乾道七年（1171）以敷文阁直学士奉祠，淳熙七年（1180）卒。他具有鲜艳夺目的生命、丰富多彩的情感、高贵不屈的性格，他在当时高压政治、谄谀之风盛行一时的形势下能够挺身而出，坚定不移地与权势对抗，一路前行，满怀信心，终于得以高寿，享年七十九岁。

胡铨当年以一篇《上高宗封事》名倾朝野，我们了解他大多是通过张元干的一首"慷慨悲凉，数百年后尚想其抑塞磊落之气"①的名作《贺新郎·送胡邦衡待制谪新州》②。这首词写得沉郁顿挫，又大气磅礴，深刻地反映了宋室南渡以来词风的新变与时代风云激荡的密切联系。绍兴八年（1138），宋金和议将成，当时为枢密院编修官的胡铨因谏议和而被贬至福州，在上书高宗时，他慷慨陈词、豪气干云天③。他的《上高宗封事》触怒了秦桧，更令宋高宗恼羞成怒，本要立即处死胡铨，以"正典型"，因朝臣上疏营救，高宗、秦桧迫于公众的舆论压力，不敢贸然行之，故将其贬谪④。宋高宗把胡铨贬到了福建的福州。过了四年，1142年7月，秦桧怀恨在心，又把胡铨贬到了广东的新兴。在胡铨被贬来新兴的时候，胡铨以前的亲朋好友，大多不敢跟他交往了，唯恐避之而不及。而胡铨在福州认识的张元干，不但跟他交往，还写这首《贺新郎》的词给他送行，这无疑是将自己的生死置之度外。

胡铨、张元干都以热血男儿、爱国志士自许。无论是胡铨的《上高宗

① 《四库全书总目》卷一九八《芦川词提要》，第1814页。

② 词云："梦绕神州路。怅秋风、连营画角，故宫离黍。底事昆仑倾砥柱。九地黄流乱注。聚万落、千村狐兔。天意从来高难问，况人情、老易悲如许。更南浦，送君去。　　凉生岸柳催残暑。耿斜河、疏星淡月，断云微度。万里江山知何处。回首对床夜语。雁不到、书成谁与。目尽青天怀今古，肯儿曹、恩怨相尔汝。举大白，唱金缕。"［（宋）张元干：《芦川归来集》，上海古籍出版社1978年版，第71页］

③ 胡铨在《上高宗封事》中说："今丑虏则犬豕也，堂堂大国，相率而拜犬豕，曾童孺之所羞，而陛下忍为之耶？伦之议乃曰：'我一屈膝则梓宫可还，太后可复，渊圣可归，中原可得。'呜呼！自变故以来，主和议者谁不以此说啖陛下哉！然而卒无一验，则虏之情伪已可知矣。而陛下尚不觉悟，竭民膏血而不恤，忘国大仇而不报，含垢忍耻，举天下而臣之甘心焉。就令虏决可和，尽如伦议，天下后世谓陛下何如主？……而此膝一屈不可复伸，国势陵夷不可复振，可为痛哭流涕长太息矣！向者陛下间关海道，危如累卵，当时尚不忍北面臣虏，况今国势稍张，诸将尽锐，士卒思奋……今无故而反臣之，欲屈万乘之尊，下穹庐之拜，三军之士不战而气已索。"（《宋史》卷三七四《胡铨传》，第11581页）

④ 据载："胡忠简公铨以枢掾'请诛秦桧以谢天下，请竿王伦之首以谢桧，斩臣以谢陛下'。高宗震怒，以为讦特，欲正典刑。谏者以陈东启上，上怒为霁，遂贬胡儋耳。"［（宋）叶绍翁：《四朝闻见录》甲集《请斩秦桧》，中华书局1989年版，第27页］

封事》，还是张元干的《贺新郎·送胡邦衡待制谪新州》，都从个体与国家之关系切入，慷慨陈词，激烈劲直地道出了自己的胸襟、气度，在那样一个高压政治与谄媚之风盛行的时代里，南宋士人面临着艰难苦痛的自我抉择。胡铨如此言辞激烈、理直气壮地批评朝政，甚至将矛头直指最高统治者高宗皇帝，他自然要遭受贬逐甚至于处死的命运。胡铨带着张元干的送行词来到了广东新兴。他们的这次离别是一场生离死别，为什么这么说呢？这得从《绍兴和议》签订之后的文化政治背景谈起。

一 "绍兴和议"后的文化生态

宋室南渡后的一件大事是"绍兴和议"，"绍兴和议"是从绍兴八年（1138）开始的，于绍兴十一年完成，宋高宗、秦桧主张议和的愿望实现了。秦桧主张议和，乃是迎合上意①。秦桧因此而得到了宋高宗的重用，从此专权独断，独揽朝政，甚至宋高宗也对其畏惧②。秦桧主持和议之后，赵鼎罢相，秦桧专权十八年，朝中一切重大事项都由秦桧决定，高宗此时也是无可奈何，故朱子云秦桧已经到了能够"挟虏势以要君"③的地步。

---

① （宋）徐梦莘《三朝北盟会编》卷一八四"绍兴八年十月"条载："金人有许和之议，上与宰相议之。赵鼎坚执不可讲和之说，秦桧意欲讲和。一日朝议，宰执奏事退，桧独留身奏讲和之说，且曰：'臣以为讲和便。'上曰'然'。桧曰：'讲和之议，臣僚之说皆不同，各持两端，畏首畏尾，此不足以断大事。若陛下决欲讲和，乞陛下英断，独与臣议其事，不许群臣干与，则其事乃可成。不然，无益也。'上曰：'朕独与卿。'桧曰：'臣亦恐未便，欲望陛下更精加思虑三日，然后别具奏禀。'上曰'然'。又三日，桧复留身奏事如初，知上意欲和甚坚，犹以为未也，乃曰：'臣恐别有未便，欲望陛下更思虑三日，容臣别奏。'上曰'然'。又三日，桧复留身奏事如初，知坚确不移，方出文字乞决和议，不许群臣干与。上欣纳之。鼎议不协，遂罢宰相。"（上海古籍出版社 1987 年影印本，第 1333 页）
② （宋）黎靖德编《朱子语类》卷一三一《中兴至今日人物上》载："秦太师死，高宗告杨郡王云：'朕今日始免得这膝裤中带匕首！'乃知高宗平日常防秦之为逆。但到这田地，匕首也如何使得！秦在房中，知房人已厌兵，归又见高宗亦厌兵，心知和议必可成，所以力主和议。……高宗初见秦能担当得和议，遂悉以国柄付之；被他人手了，高宗更收不上。高宗所恶之人，秦引而用之，高宗亦无如之何。高宗所欲用之人，秦皆摈去之。举朝无非秦之人，高宗更动不得。蔡京们者数高，治元祐党人，只一章疏便尽行遣了。秦桧死，有论其党者，不能如此。只管今日说两个，明日又说两个，不能得了。"（中华书局 1986 年点校本，第 3162 页）
③ 《朱文公文集》卷七五，（宋）朱熹撰，朱杰人、严佐之、刘永翔主编《朱子全书》，上海古籍出版社、安徽教育出版社 2010 年版，第 24 册，第 3619 页。

而在这样的形势下，胡铨竟然敢说要杀了秦桧，这无疑是不顾自己的身家性命了。

1142 年绍兴和议后，南宋朝廷出现了高压政治下文丐奔竞的文化现象。虽然是屈辱、丧权辱国的和议，但是功成奏乐，无耻的文人把宋高宗比作尧、舜、禹，把奸臣秦桧比作周公、吕尚、伊尹，写了大批歌功颂德阿谀奉承的文章给秦桧①。而张元干却在衮衮诸公的这一片趋利避害、阿谀奉承声中奋起反抗，敢写这首浩气长存、慷慨悲歌的《贺新郎》给胡铨，就尤其显得可贵。

绍兴和议签订成功后，宋高宗和秦桧用严刑峻罚和赏官赠禄两种手段来治理国家，秦桧尤其念念不忘当时上书要杀了他的胡铨②。李心源比较详细地记载了胡铨移吉阳军编管的来龙去脉③。南宋曾敏行因世居江西，故对江西的风土人情、历史遗迹、士大夫阶层中的种种人物动态了解得十分详细，对于本是江西人而后因故迁谪到西江流域新州的胡铨，曾敏行在

---

① 后来陆游也不禁感叹："诸公可叹善谋身，误国当时岂一秦。"［（宋）陆游著，钱仲联校注：《剑南诗稿校注》卷四五《追感往事》之五，上海古籍出版社 2005 年版，第 2781 页］

② 据杨万里《胡公行状》载："御史中丞罗汝楫弹公以奉议郎除名谪新州，同郡王庭珪以诗赠行，有'痴儿不了公家事，男儿要为天下奇'之句，为欧阳识所告，王坐贬辰州。新州太守张棣告公讪上，再谪吉阳军，时有观察某上书乞代公行，不报。张棣择一牙校游崇者送公至半途，临大江，崇拔剑而前，公色不动，徐曰：'逮书谓送某至吉阳者赏，尔不爱赏乎？'崇笑而止。至朱崖，或谍公以有后命，家人为恸。公方著书怡然也。吉阳士多执经受业者，凡经坏治皆为良士，初，吉阳贡士未尝试礼部，公勉之行，及位于朝，乃请广西五至礼部者，乞不限年与推恩，自是仕者相踵。"（《澹庵文集》附录《胡公行状》，《影印文渊阁四库全书》本，第 1137 册，第 79 页）

③ 秦桧生平最痛恨的三个人就是李光、赵鼎、胡铨。李光、赵鼎已经被贬在海南岛后，秦桧还是没有放过胡铨，随后将其贬至吉阳军编管。据《建炎以来系年要录》卷一五八载："己亥，新州编管人胡铨移吉阳军（今海南崖县）编管。先是太师秦桧尝于一德格天阁下书赵鼎、李光、胡铨三人姓名。时鼎、光皆在海南，广东经略使王铢问右承议郎知新州张棣曰：'胡铨何故未过海？'铨尝赋词云：'欲驾巾车归去，有豺狼当辙。'棣即奏铨'不自省循，与见任寄居官往来唱和，毁谤当途，语言不逊，公然怨望朝廷，鼓唱前说，扇摇惑众，殊无忌惮'。于是送海南编管。命下，棣选使臣游崇部送封小项筒过海，铨徒步赴贬，人皆怜之。至雷州，守臣王趯廉得崇以私茗自随，械送狱，且厚饷铨。是时诸道望风招流人以为奇货，惟趯能与人调护。海上无薪粲百物，趯辄津置之，其后卒以此得罪。"（《建炎以来系年要录》卷一五八，己亥，第 2571 页）

他所著《独醒杂志》卷八也有一段记载①。胡铨在新州时，因为写了诗句"万古嗟无尽，千生笑有穷"，就被新州太守认为是讥讽朝政，胡铨因言得罪，再贬儋耳。由此可见在当时的高压政策下，文字狱盛行，文人一不小心就会因为一首诗甚至一句话而获罪。胡铨在西江流域的新州写作诗词而进一步得罪朝廷从而遭到陷害的事迹，在当时文人的笔记中有许多详细的记载。这样的事件不但压制了文人士大夫的言论自由，也从另一方面激起了南宋士大夫群体的义愤，他们反而更加关注贬谪至西江流域地区的迁谪文人的懿言嘉行。如南宋迁岭名臣洪迈就留意到了胡铨的行迹，在他的笔记名著《容斋三笔》卷一《朱崖迁客》中对胡铨到海南的事迹及诗词创作也进行了简略的介绍②。随着越来越多的迁岭文人从西江流域迁谪到海南，这些地区也不断得到开发，逐渐由蛮荒之地走向让人向往的文明开化的地区，吸引着后世越来越多的人来到此地，迁岭文人为此地文明的进一步发展作出了贡献。

胡铨在波澜壮阔的历史中跌宕起伏的人生，常令世人感叹不已。胡铨的人格个性、人生态度，作为南宋迁岭文人中的一种典型，值得我们注意与深入分析。当我们细读有关胡铨及南宋迁岭文人的文集及当时的文献资料时，引起我们浓厚兴趣的是：胡铨的高寿是如何获得的？他的高寿究竟意味着什么？他的境遇、情怀，他被放逐、贬谪到西江流域地区的缘由及其后在岭海之地的生活方式、生活作风都值得我们深入研究、仔细探索。

二　倔强不屈、乐观旷达

胡铨的高寿有机遇即命运的因素，更加重要的还是他倔强不屈、乐观旷达的人格个性和人生态度。性格决定命运。胡铨性格的形成，一方面来自他的经历，一贬再贬，大落大起的人生经历让他看淡宦海风波，从而能

---

① （宋）曾敏行《独醒杂志》卷八载："胡邦衡自福唐贬新州，王民瞻以诗送之，有曰：'百辟动容观奏牍，几人回首愧朝班。'又曰：'痴儿不了公家事，男儿要为天下奇。'民瞻，安福人，名庭珪。登科尝为茶陵县丞，累年不调，居乡里以诗名家。二诗既传，或以为讪，由是亦坐谪辰州。邦衡在新州，偶有'万古嗟无尽，千生笑有穷'之句，新守亦讦其诗，云'无尽'指宰相，盖张天觉自号'无尽居士'；'有穷'则古所谓'有穷后羿'也。于是再迁儋耳。其后，邦衡还朝，尝以诗人荐民瞻，凡再召见。初除国子监簿，后除直敷文阁，终于家。"（上海古籍出版社编《宋元笔记小说大观》，第 3 册，第 3273 页）

② （宋）洪迈撰，孔凡礼点校：《容斋三笔》卷一《朱崖迁客》，中华书局 2005 年版，第 436 页。

够保持内心的安宁与平静；另一方面来源于古人，他通过读书，尚友古人，从古代仁人志士身上学到了诸多面对人生苦难挫折的方法。

从某种程度上说，胡铨是幸运的。胡铨得罪秦桧之深震惊朝野，然而他能够从贬所活着归来，得享高寿，此固天力，亦关人事。我们接下来试对胡铨大难不死的来龙去脉进行明晰的叙述，重在反映胡铨倔强不屈、乐观旷达的人生态度，尤其在贬谪岭南之际，他顺其自然而想，随遇而安地活，知足常乐而过，终于活过了他的敌人，赢得了胜利。

首先，我们需要对胡铨贬谪岭南的起因及他的应对之法进行详细的摘录①，以便了解其作品中所提供的历史信息与胡铨的生存哲学，以期引起读者认真琢磨与深入思考的兴趣。在《跋胡邦衡奏札稿》中，周必大从"养气"这一独特的角度来高度评价胡邦衡的人格个性与人生态度②。周必大是胡铨的江西老乡，也可谓是胡忠简公的知音。我们从周必大的跋文中可以探究某些长寿之道，即大多数长寿之人不但"年壮气刚"、生龙活虎，

① 王十朋在《跋王金判植诗》中特别注意胡铨的不畏强权的浩然正气："秦氏以国事仇，非和也，三纲五常之道灭矣，何足以语《春秋》？当时士大夫能力争者无几，惟胡君邦衡慨上请剑之书，至今读之，令人增气，且令后世不谓我宋无人，可谓有功于名教矣。"〔（宋）王十朋撰，王闻诗、王闻礼编：《梅溪后集》卷二七，《影印文渊阁四库全书》本，第 1151 册，第597 页〕胡铨的同乡、且同样高寿的南宋名公巨卿周必大在《跋胡忠简公论和议稿》中则通过"书者，心画也"的新颖视角来阐释胡铨的端劲气骨："绍兴戊午，胡忠简公三十有七，以枢密院编修官上书论和议，此其稿也。时长子方生，未几南迁。公知后祸叵测，惟从侄昌龄字长彦贤而可托，故以稿属之，今五十余年矣。昔颜鲁公与鱼朝恩《论坐位贴稿》，摹本已数百载，人争传宝。公之所论岂止坐位，而其心画端劲，实法鲁公，自当并传于百世。"〔《跋胡忠简公论和议稿》，（宋）周必大撰，周纶编《文忠集》卷四七，《影印文渊阁四库全书》本，第 1147 册，第 501 页〕

② 《文忠集》卷五〇载："是时直声已著缙绅间。后十年当绍兴戊午，以枢密院编修官上书，乞斩宰执，时年三十七，直声遂震于夷夏。尚有可诮曰年壮气刚也，已而窜逐岭海，去死一发，隆兴初然后还朝，摄贰夏官，年已六十余，议论盍少卑？今览奏札残稿，忠愤峻厉视戊申、戊午反有加焉。其孙知邕州槻将刻石传ννν，见属一言。夫人之生也有血气，有浩然之气。少而刚，老而衰，血气也，众人以之；秉彝好德，养之以直，塞乎天地，少老如一，浩然之气也，胡忠简公以之。"（《影印文渊阁四库全书》本，第 1147 册，第 535 页）周必大对胡铨推崇备至，有多篇文字记述称赞胡铨。如《文忠集》卷四五《胡忠简公赞》道："春秋尊王，外攘夷狄；幼学壮行，始终惟一；凛然英气，尚父是匹；揭之徂征，可却回纥。"（《影印文渊阁四库全书》本，第 1147 册，第 477 页）；卷四七《跋胡忠简公和王行简诗》（《影印文渊阁四库全书》本，第 1147 册，第 498 页）、《跋王民瞻送胡邦衡南选诗》（《影印文渊阁四库全书》本，第 1147 册，第 499 页）、《跋张仲宗送胡邦衡词》（《影印文渊阁四库全书》本，第1147 册，第 500 页）这些文字或写胡铨的人际交往，或评胡铨的出众才华，或赞胡铨反对议和、主持抗战的政治主张，流露出对胡铨的无限敬仰与赞叹之情。

而且至老依然故我，"少老如一，浩然之气也"，大情大性、酣畅淋漓地过了一生。从胡铨的自述中，我们可以看出他"养气"观的形成。胡铨这篇阐述养气之说的《答谭思顺书》①，明显是学习模仿韩愈的《答李翊书》而来，韩愈是以继承孔孟之道者自居的。由此可见，胡铨"养气"观源于孟子，孟子（前372—前289）活了八十四岁，在先秦时代这是非常难得的高寿。

善于养气，尤其是"善养吾浩然之气"的人格个性与人生态度也非常有利于胡铨的身心健康。胡铨善于"养气"，且少长如一，实际上反映出他倔强不屈的人格个性与人生态度。位卑不敢忘报国，1138年胡铨以"一编修官"的卑位敢于上封事乞斩秦桧，不顾惜自己的身家性命，当他"官逾三品，收岭峤海岛之遗骸，为陛下侍从之尊职"时依然如故②。皇上由高宗变成了孝宗，权臣由秦桧变成了汤思退，而胡铨仍然是胡铨，一个不屈不挠、直道事人、精忠报国、倔强昂仰的胡铨。这正可补充说明胡铨"少老如一"的真实性。陈振孙也特别看重胡铨的这一经历，指出："既上书乞斩秦桧，谪岭海，秦死得归。孝宗即位，始复官召用，又以沮再和之议得罪去。乾道中入为丞郎，亦不容于时，奉祠，至淳熙七年乃终，年七

---

① （宋）胡铨《答谭思顺书》载："抑某也，望轲、愈之藩篱而不及其门者也，乌足以论养气之说耶？虽然，学之有年矣。始者非六艺、轲、愈之书不敢观，非先王之典不敢存。颠沛必于是，颠沛而斋于心也。惟蹶趋之务去，矻矻乎其难哉！如是者有年，然后浩然其莫御矣。吾又虑其不皆醇也，退而思之，虚心以观之，其果杂也，然后已焉。虽然，养之不可以不至也，必使至大塞天地，如天地之无不覆帱；至刚塞天地，如天之刚健，如地之刚方，然后为至也。然刚大而不直，则大或过而刚或折矣。故至大至刚必以直也志。志，帅也；气，三军也，帅勇而三军之士毕锐，志之与气犹是也。志刚大，则气之刚大以直也无所不用其至。"［四川大学古籍整理研究所编：《全宋文》，第195册，第134页。此文又见《澹庵先生文集序》，（宋）杨万里撰，辛更儒笺校《杨万里集校笺》，中华书局2007年版，第3318页］

② 试看胡铨在1164年所作的《上孝宗论撰贺金国启》所载抗金报国的议论："隆兴二年七月日，臣胡铨奉诏撰大金国贺冬至启。内中用'再拜'、用'献纳'、书御名，此三大事也，已经二十余年，臣下皆不能正其非。今臣年过六十，官逾三品，收岭峤海岛之遗骸，为陛下侍从之尊职，复因循而书，不正救之，恐天下后世谓陛下何如主，谓臣何如人。三王之臣主俱贤，迄今史臣称为美谈。昨宰相汤思退集仪中书堂，臣终坐以三事为说，而思退罔然不答。臣窃以为思退又一秦桧也，思退不去，国体弱矣。臣手可断，臣笔不可摇；臣头可去，臣笔不可去，而臣字不可写。庶使远夷知中国之有人，是亦强国之一端。谨具奏闻，乞外而宣示臣章于朝堂，使奸夫佞子不敢肆其恶；内而宣示臣章于史馆，使天下后世有所知。然后窜臣于海岛，以为臣子敢言之戒。干渎天威，不胜战栗。"（《胡澹庵先生文集》卷八，乾隆二十二年刊本）

十有九。"① 由此可见胡铨纵横自在无拘束，心不贪荣身不辱，他能够视荣华如敝屣，视富贵如浮云，视生死如等闲，则此生又有何畏惧。阅读胡铨的作品，常常引起我们对人生命运的思考。

面临着相同或相似的人生境遇，每个人对命运的理解和面对现实时所采取的人生态度与行为方式往往是不同的。一种人总是怨天尤人，不肯进取，年轻时觉得前途光明，然而历经人生的磨难挫折之后慢慢衰老，整个人生观逐渐消极颓废，陷入坍塌、扭曲；另一种人乐天知足，勇于拼搏，即使在风尘困顿之际也能够将生活的苦难置之度外，斯文通脱。我们可以从白居易和孟郊身上看到这两种文化性格的显著差别②。也可以从秦观、黄庭坚、苏东坡等人身上看到古代士大夫人生思考不同的地方③。胡铨喜欢读书，尚友古人，并从中汲取了面对人生苦难、超脱生活困境的精神养料④。正是在人生残缺、生活艰难、身陷困境时，胡铨通过读书对生命有了深刻的理解，他的同乡后辈文天祥认为胡铨倔强不屈、昂扬乐观，"临大难、决大议、不负所学，于国为忠臣，于亲为孝子"的文化性格，"斯读书之所致也"⑤。读书的作用就是能使人生活在别处，暂时从自身所处的困境中超脱出来。南宋迁岭文人读书，其中一个功能就是在悲剧性生命体验里时常能够寻找到精神上的知音，寻找到灵魂的避难所，"寻找与他同一类型的人，寻找那些不怕千难万险也要亲历人生幸福和快乐的人们"⑥，

① （宋）陈振孙撰，徐小蛮、顾美华点校：《直斋书录解题》，上海古籍出版社1987年版，第533页。
② （宋）吴处厚撰，李裕民点校《青箱杂记》卷七载："白居易赋性旷达，其诗曰：'无事日月长，不羁天地阔。'此旷达者之词也。孟郊赋性褊隘，其诗曰：'出门即有碍，谁谓天地宽？'此褊隘者之词也。"（中华书局1985年版，第75页）。
③ （宋）惠洪撰，陈新点校《冷斋夜话》卷三载："少游谪雷，凄怆，有诗曰：'南土四时都热，愁人日夜长，安得此身如石，一时忘了家乡。'鲁直谪宜，殊坦夷，作诗云：'老色日上面，欢情日去心，今既不如昔，后当不如今。''轻纱一幅巾，短簟六尺床，无客白日静，有风终夕凉。'少游钟情，故其诗酸楚；鲁直学道休歇，故其诗闲暇。至于东坡，《南中》诗曰：'平生万事足，所欠惟一死。'则英特迈往之气，不受梦幻折困，可畏而仰哉。"（中华书局1988年版，第30页）
④ 胡铨在诗中写道："饥来眠书案，臭味清可掬。独抱古遗经，凛凛一川玉。"〔（宋）胡铨：《答单监簿》，北京大学古文献研究所编《全宋诗》，第34册，第21584—21585页〕"竹径萧疏杖履经，偕临流水诵黄庭。"〔（宋）胡铨：《答友人》，《全宋诗》，第34册，第21576页〕
⑤ （宋）文天祥：《跋胡景夫藏澹庵所书读书堂字》，《文山集》卷一四，《影印文渊阁四库全书》本，第1184册，第607页。
⑥ ［德］弗兰茨·贝克勒等编著：《向死而生》，张念东等译，生活·读书·新知三联书店1993年版，第5页。

他们首先寻找到的自然是前辈迁岭文人苏轼。

苏轼独特的人生思考与人生态度，他一贬再贬的悲剧性生命体验，他屡遭磨难仍然笑看风云、热爱生活、珍惜日常生活中点点滴滴的美好事物的性格，以及他横溢的才华，旷达幽默、随遇而安、无往而不乐的性格，无不吸引着随后迁岭南来的文人士大夫，令后世文人敬仰、崇拜、向往，从而心慕手追，心醉神往而自觉不自觉地学习、效仿东坡的风度、范式。胡铨坚强不屈、昂扬乐观的文化性格与他在岭南谪居时期尚友古人有关。他经常想到苏东坡，尤其是在艰难困苦之时更容易联想到东坡。苏东坡受到胡铨的无限热爱与敬仰，除了他的作品具有高度的思想与艺术价值，更重要的一点是他的人格魅力，吸引了后世无数的读书人，胡铨就从苏东坡的文化性格与人生思考中汲取了取之不尽、用之不竭的精神养料。在与朋友的书简中，胡铨自述处境与怀抱时谈到东坡①，并有意识地将自己贬谪海南的命运与苏东坡进行比较，从中汲取面对苦难的精神力量②。可以说

---

① 胡铨在《与庄昭林知宫小简》中写道："某寓绝岛，与魅为邻，尚尔假息，圣恩不誉，何以为报，亦荷法力余庇也。一别如许，阅尽险阻艰难，虽坡老谪海外，未历此险，亦无如许之久，其况可知。所幸平生仗忠信，未填沟壑耳。自过岭来，二广漕宪舶不计数，大半鬼录。凡阅十五太守，仅存二三。……罗守中死数年，集道亦坐狱年余乃脱。平生相知无如伯虎、集道最谨畏，尚不免缧绁，乃知祸福虽自己求之，亦有至数，不可逃也。"（四川大学古籍整理研究所编：《全宋文》，第195册，第185页）"东坡犹俯首于詹使君，况仆乎哉！"（《与陈守小简》，《全宋文》，第195册，第185页）

② 在《跋东坡写渊明诗》中，胡铨对苏轼写陶渊明诗的微言大意进行了细致的剖析，表现出对苏轼深刻的了解之同情："坡写渊明诗'蓝缕茅檐下'，岂无旨哉！铨案：栾武子云'若敖蚡冒筚路蓝缕以启山林'，杜预云：'蓝缕，敝衣，言勤俭以启土。'然则坡老之旨微矣。"［（清）卞永誉：《式古堂书画汇考》卷一〇，《影印文渊阁四库全书》本，第827册，第519页］作诗时，胡铨也常想到他的迁岭前辈苏东坡，在《追和东坡雪诗》中写道："为瑞应便种麦鸦，余光犹得映书车。也知一腊要三白，故作六霙先百花。授简才悭惭赋客，披蓑句好忆渔家。拟酤斗酒听琴操，三百青铜落画义。"（陈思：《两宋名贤小集》卷一七七，《影印文渊阁四库全书》本，第1363册，第463页）又在《中秋前一夕携亲步至北湖藉缛草久之和东坡湖上听琴韵》中，胡铨吟咏道："临水迟佳客，碧尽天边云。心期殊未来，且复偶细君。援琴松满耳，添酒月入樽。水天静秋光，不受世所醺。饮酣睡味美，风漪生簟纹。得来亦何有，理乱了不闻。儿童莫唤醒，不妨长醉昏。休论万里情，我非宜城浑。"（北京大学古文献研究所编：《全宋诗》，第34册，第21581页）胡铨诗中不但有"和东坡韵"，宋元之际的韦居安还发现胡铨诗歌创作方面的"效坡体"，指出："东坡过皇恐滩，有'山忆喜欢劳远梦，滩名皇恐泣孤臣'之句。蜀中有'喜欢山'，坡公借此以对。胡澹庵南迁，行临皋道中，抵'买愁村'诗：'北望长思闻喜县，南来怕入买愁村。'杨廷秀《过瘦牛岭》诗云：'平生岂愿乘肥马，临老须教过瘦牛。'二公效坡体，对俱的。"［（宋）韦居安：《梅涧诗话》卷上，丁福保辑《历代诗话续编》本，中华书局1983年版，第542页］

胡铨对东坡是心慕手追的，他首先崇拜东坡的人格风度，在尚友东坡、与圣贤为友时，学习效仿东坡的诗歌创作风格，从中胡铨也表达了他自己对人生的感慨与看法。这反映出胡铨凭借东坡作为自己的精神武器，一方面从苦难的迁岭生活中获得解脱，另一方面也造就了其诗歌创作恢宏大度的风格。

胡铨评诗时道："凡感于中，一于诗发之。"① 他自己作诗也是情动于中而形于言，在用诗抒情言志时有感而发，真情流露，自然而然地就想到东坡②，他对苏东坡的感情简直到了痴迷的程度，因此他才能够以苏东坡为榜样，在瘴疠之地中用一双善于发现美的眼睛去欣赏自然的美景与享受生活的乐趣，学会自嘲，懂得进退；他在贬所总是放松、游戏、豁达大度的，展示出与命运斗争时游刃有余、优游不迫、从容自得的境界。胡铨时时将自己的人生与苏东坡相比，借苏东坡的文化性格与人生思考来为自己的人生解决实际的问题。显而易见，胡铨迁谪岭南时所遇到的一些重要的人生问题，他的迁谪前辈苏东坡早就遇到了，而且苏东坡用他那卓越的智慧、深邃的人生思考，对他遇到的各种人生问题进行了探讨，并且有了一套较为完备的心灵解脱模式。胡铨在阅读苏东坡时，就像在与一位智慧风趣、博学多才、直率真诚而又友善平易的长者交谈，尚友东坡，向他请教寻找解决人生问题的具体方法，而苏东坡也往往能给予他满意的答案。这是南宋迁岭文人尚友东坡的内在心理逻辑。南宋迁岭文人发现，他们在谪居岭南生活时"难以言说的现象却早已在"③ 苏东坡的作品里获得了表达。套用梭罗的话，那些折腾南宋迁岭文人，让南宋迁岭文人迷惘困惑的问题无一例外地访问过苏东坡，这些问题在东坡那里一个都没有遗漏，苏东坡根据自己的出众才能、用自己的绝妙语言，结合自己三起三落的人生给予了解答。而南宋迁岭文人在阅读东坡、尚友东坡、漫话东坡时，也从中寻找到了自己面对现实、解决问题的良方，从东坡的作品中建构起了自己的精神家园。

榜样的力量是无穷的，有了东坡范式的存在，南宋迁岭文人就有了精神支柱与可以学习、效仿、比较的对象。在南宋迁岭文人流离失所、播迁

---

① （宋）胡铨：《僧祖信诗序》，四川大学古籍整理研究所编《全宋文》，第195册，第268页。

② "儋耳道中还可乐，东坡安用叹途穷。"（残句，《全宋诗》，第34册，第21592页）

③ ［美］梭罗：《瓦尔登湖》，仲泽译，四川文艺出版社2009年版，第124页。

无定的过程中，前辈士人的心灵与他们息息相通。他们面对着岭南山水风月，在摇荡性情之际，自然而然会满怀热忱地怀想古人、尚友古人，从前人身上汲取面对现实、超脱苦难的百丈甘泉。与此同时，在西江流域的迁徙生活中，随时随地都有文人对于现状不满意，他们在挂冠失意之际也会联想到前辈迁岭文人，从他们的经历中寻找到心灵平衡的良药。胡铨在贬谪岭海之际、在友朋星散之时、在彷徨无地之中选择了继续抵抗。他在瘴疠之地思考人生、探索出路、从困境中挣扎出来乃至最终完成自我，都与他尚友古人有着密切联系。

除了以东坡为挚友，学习他的人格个性与人生态度之外，胡铨还以乡贤前辈、倔强执着的一代文宗欧阳修、一代诗坛宗主黄庭坚为自己的人生榜样和情感认同对象，在瘴疠之地通过怀想欧阳文忠公、黄山谷来抒写怀抱，寄托情感，我们从中亦可感受到胡铨自己的人生思考与文化性格①。从他的词作中，我们可以看出胡铨对生活既有执着的热情，圆融的观照，更有欧阳修那样对生活遭玩的意兴。除此之外，绍兴三年（1133）去世的林逋也是胡铨学习的榜样。林逋在元符初为太学生，邹浩获罪贬新州，当时人们都惧祸不敢给邹浩送行，唯独林逋出饯都门之外，其刚直不屈、直道而行的勇气颇合胡铨的性格。林逋去世后，胡铨作《书林舍人逸事》，表达了他对这位前辈的敬仰之情②。由此可见，"尚友"旷达豪迈、倔强执着的"古人"，是帮助胡铨度过贬谪岭海生活困境、得享高寿的重要因素。

---

① 胡铨在词中写道："崖州何有水连空。人在浪花中。月屿一声横竹，云帆万里雄风。 多情太守，三千珠履，二肆歌钟。日下即归黄霸，海南长想文翁。"（《朝中措·黄守座上用六一先生韵》，《全宋词》，中华书局1999年版，第2册，第1613页）据首句，知此词当作于胡铨谪居吉阳军时。六一先生韵，指欧阳修的《朝中措·平山堂》："平山栏槛倚晴空，山色有无中。手种堂前垂柳，别来几度春风？ 文章太守，挥毫万字，一饮千钟。行乐直须年少，樽前看取衰翁。"叶嘉莹先生在解读此词时说："'樽前看取衰翁'，就请在樽前看看我欧阳修今天这副衰老的样子吧，他虽然也有感慨，不过写得颇有潇洒飞扬之致，这自然是所谓'疏隽开子瞻'之处。"（叶嘉莹：《北宋名家词选讲》，北京大学出版社2007年版，第53—54页）从中可见欧阳修、苏轼、胡铨文化性格与创作风格的一脉相承之处。又如胡铨词云："梦绕松江属玉飞。秋风莼美更鲈肥。不因入海求诗句，万里投荒亦岂宜。 青箬笠，绿荷衣。斜风细雨也须归。崖州险似风波海，海里风波有定时。"（《鹧鸪天·癸酉吉阳用山谷韵》，《全宋词》，第2册，第1612页）

② （宋）胡铨：《书林舍人逸事》，《胡澹庵先生文集》卷四，乾隆二十二年刊本。

更加值得我们注意的是，胡铨在谪居岭南的生活中，一方面自己读书，涵养性情，一方面还推己及人，将自己的读书心得及对古人著述的理解，传达给了当地的儿童、士子①。胡铨的弟子杨万里特别注意到胡铨在岭海生活时为当地人民文化教育事业作出的贡献②。胡铨在西江流域生活时还用诗文来描写当地风物，阐述他对人生、社会、历史的看法③。尤其值得我们注意的是，胡铨在谪居新州时，以一种宁静自然、淡泊安定的人生态度来面对人生，怡然自安，他的号"澹庵"就是在这时取的④。我们认为，胡铨号"澹庵老人"之"澹"字，也可以说来自《老子》第二十章："澹兮其若海"，表现出胡铨在谪居新州时宽广的胸怀及对恬淡、安定

---

① 据胡铨自述："某前在穷岛，无所用心，辄妄意《易》《春秋》《戴记》，得百余卷以训童稚。"（《与范伯达小简》，四川大学古籍整理研究所编《全宋文》，第 195 册，第 198 页）

② 杨万里指出："至朱崖，或谄公以有后命，家人为恸，公方著书，怡然也。吉阳士多执经受业者，凡经坯冶，皆为良士。初，吉阳贡士未尝试礼部，公勉之行。及位于朝，乃请广西五至礼部者，乞不限年与推恩，自是仕者相踵。"[《胡公行状》，《诚斋集》卷一一八，载（宋）杨万里著，王琦珍整理《杨万里诗文集》下，江西人民出版社 2006 年版，第 1884 页]

③ 在《肇庆府讲武榭记》中，胡铨指出："兵可百年而不用，不可一日而无兵。"他还在《新州龙山殿记》一文中探讨"尧舜不下堂而天下治"的问题，旁征博引，李白、杜甫、韩愈的诗句信手拈来，颇能反映他的学识与见解。他在诗歌、绘画中提到的贬所新州，也引起世人的广泛关注。据韦居安《梅涧诗话》载："澹庵胡公以攻和议谪新州，守臣张棣党附秦桧，告公尝赋词云：'欲驾巾车归去，有豺狼当辙。'语言不逊，再谪吉阳军。余观公集中有《次罗长卿韵怀亲》诗云：'天乎自是非我孝，世间岂有人无family。索居谁念卜子夏，不死日饮抛青春。少年忽作老翁老，故乡何似新州新。安得君来同夜话，寒炉自拨红麒麟？'味诗起句，亦含讽意，不但赋词也。""澹庵在谪所，因读离骚，浩然有江湖之思，作《潇湘夜雨图》以寄兴，自题一绝云：'一片潇湘落笔端，骚人千古带愁看。不堪秋著枫林港，雨阔烟深夜钓寒。'时绍兴丁卯七夕也。后一百三十五年辛巳，此画归之苕溪赵子昂，余得一观，诗与画俱清丽可爱，结字亦端劲。世但见其诗文，而不知其尤长于墨戏，可谓'澹庵三绝'。"（卷上，丁福保辑《历代诗话续编》本，中华书局 1983 年版，第 542—543 页）韦居安《梅涧诗话》载，"时绍兴丁卯"即绍兴十七年（1147），当时胡铨四十六岁，谪居西江流域的新州。

④ 据门人兼同乡的杨万里所载："（胡铨）居新兴时，尝名其室曰'澹'，盖取贾生'澹若深渊'之意，晚自号澹庵老人云。"[《胡公行状》，《诚斋集》卷一一八，（宋）杨万里著，王琦珍整理《杨万里诗文集》下，江西人民出版社 2006 年版，第 1890 页]周必大《文忠集》卷三〇《资政殿学士赠通奉大夫胡忠简公神道碑》亦载胡铨："在新兴名室曰澹，晚号澹庵老人。遂以名其集。"（《影印文渊阁四库全书》本，第 1147 册，第 340 页）新兴也就是绍兴间胡铨谪居地广南东路之新州。

生活的向往①。新州是西江流域的重要地区，胡铨在这个地区的行为与创作，尤其是"澹庵三绝"名声在西江流域的形成与传播，无疑有利于促进西江流域社会文化的发展。

胡铨从绍兴十二年至十八年（1142—1148）谪居新州（今广东新兴县），宋时属广南东路，"削爵窜岭表凡八年"②。在新兴谪居的七八年时光里，胡铨没有自暴自弃，而是能够随遇而安、顺其自然、知足常乐地过生活，善于发现贬谪之所的风物之美。胡铨开朗的性格、乐观的人生态度、宁静致远的人格个性常常出现在他对西江流域风物的描摹上。胡铨所作《如梦令》载其在西江流域新兴时的所见所感：

> 谁念新州人老。几度斜阳芳草。眼雨欲晴时，梅雨故来相恼。休恼。休恼。今岁荔枝能好。③

这首小词充分体现出南渡词的纪实性、自传性与日常性，其中包含了深刻的人生哲理，虽然只有寥寥数句，但可以启人深思，发人深省，感发人的志意，是南宋迁岭文人在西江流域创作的一篇杰作。

我们接下来试对这首词做一些分析鉴赏，并探究小词里面所包含的丰厚的人生意蕴，从而让人感受到南宋迁岭文人在谪居西江流域生活时倔强不屈、昂扬乐观的精神风貌。这首词中写到的"荔枝"，是西江流域的常见景物，也是当地特产，故常出现在迁岭文人笔下，胡铨之前迁岭南来的

---

① 明人郑真于《荥阳外史集》卷一二《澹庵记》中有很好的解释，他说："宋南渡时，胡忠简公亦号澹庵，其上封事力诋秦桧，南荒万里，贬窜相继，而赋诗自适，曾不以利害死生为意，非真味于澹者不能也。"（《影印文渊阁四库全书》本，第1234册，第60—61页）。

② （宋）胡铨：《萧先生春秋经辨序》，四川大学古籍整理研究所编《全宋文》，第195册，第261页。

③ 《全宋词》，中华书局1999年版，第2册，第1613页。东坡是位美食家，他发明的"东坡肉"是将猪肉烹制成色香味俱佳的美食，"体现了苏轼在苦难生活中恬然自安的旷达、超越的人生态度，但也是其不择精粗皆有可赏的饮食观的体现"。（莫砺锋：《饮食题材的诗意提升：从陶渊明到苏轼》，《文学史沉思拾零》，中华书局2013年版，第64页）李光与苏轼一样，他也热爱生活，以一种审美愉悦的心情来面对现实，以充满诗意的眼光来观察生活，于是生活中一切美好的事物都能在他的笔下得到诗意提升，猪肉也不例外。

朱敦儒也曾在西江流域生活，他在词中就常常提及荔枝①。胡铨的这首小词既有词的美感特质，又有诗的美感特质，令我们自然而然地联想到苏轼贬谪到岭南的食荔枝诗②。胡铨倔强不屈、乐观旷达的人格个性与人生态度与苏轼有相似之处。他们所创作出来的人生境界，无论是体现在诗中，还是体现在词中，都是我们传统文化中所认可的最高境界。荔枝，在迁岭文人生命历程中占有十分重要的地位，它象征着一些美好的事物。当诗人对生活中美好的事物产生了兴趣的时候，他的痛苦压抑之情就会减少，这是因为美好的事物能使我们的精神愉快。愉快来了时，痛苦自然就被赶跑了。自然、艺术都是美好的事物。故东坡对岭南的美好事物荔枝情有独钟，甚至以之喻生活中深刻的道理③。胡铨的人生态度与人格个性确实与苏东坡有着非常相似，甚至神似的地方。胡铨与苏轼一样，信而见疑、忠而被谤，被奸臣迫害而被贬谪到岭南。但他们都没有怨天尤人，而是把握现在、活在当下，用乐观旷达之心去体味生活中之美好事物，用他们善于发现美的眼睛去欣赏岭南的斜阳芳草、梅雨荔枝，度过了充实的人生。我

---

① 如朱敦儒在西江流域所作："山晓鹧鸪啼，云暗泷州路。榕叶阴浓荔子青，百尺桄榔树。尽日不逢人，猛地风吹雨。惨黯蛮溪鬼峒寒，隐隐闻铜鼓。"《卜算子》，〔（宋）朱敦儒著，邓子勉校注：《樵歌校注》，上海古籍出版社 2010 年版，第 311 页〕

② 东坡诗云："我生涉世本为口，一官久已轻莼鲈。人间何者非梦幻，南来万里真良图。"〔《四月十一日初食荔枝》，（清）王文诰辑注，孔凡礼点校《苏轼诗集》卷三九，中华书局 1982 年版，第 2122 页〕"罗浮山下四时春，卢橘杨梅次第新。日啖荔枝三百颗，不辞长作岭南人。"（《食荔枝二首》其二《苏轼诗集》卷四〇，中华书局 1982 年版，第 2194 页）

③ 《东坡志林》卷一一中记载一则趣事："仆尝问荔枝何所似。或曰：'荔枝似龙眼。'坐客皆笑其陋，荔枝实无所似也。仆云：'荔枝似江瑶柱。'应者皆怃然，仆亦不辩。昨日见毕仲游，仆问杜甫似何人？仲游言：似司马迁。仆喜而不答，盖与曩言会也。"（明万历商濬《稗海》本；又见《苕溪渔隐丛话前集》卷一一，吴文治主编《宋诗话全编》，凤凰出版社 1998 年版，第 4 册，第 3590 页）此事虽小，可以喻大。诗圣杜甫把唐代由盛转衰的生活片段，几十年来他个人、家庭和当时的社会国家以及一切所见所闻都放进他的诗中，从而创作出了不朽诗篇，被称作"诗史"。他的诗是艺术真实与现实真实的高度统一，这与"史家之绝唱，无韵之离骚"的司马迁创作的《史记》确有神似之处。若从这个角度来看，我们甚至可以"问胡铨似何人"？答曰"似苏东坡"。起胡铨于地下而问之，他一定会"于我心有戚戚焉"的。胡铨在评价杜甫时说"凡感于中，一于诗发之"，在《澹陵文集序》中又指出"凡文皆生于不得已"。这些评论虽然是胡铨评诗论文之语，但移来评论他自己的小词创作，亦大体恰当。可以说"感于中""不得已"的创作动因，也是胡铨的夫子自道，他的文学创作正体现出了有感而发、文生于情的审美风貌。

们在这样的诗词中"涵泳之，体认之，岂不足以感发吾心之真乐乎"①，之所以有这样的效果，乃是这些诗词中的描写"只把做景物看亦可，把做道理看，其中亦尽有可玩索处"②。

胡铨把自己在新州生活时的一个片段放进了这首小词里，这只是他在西江流域生活时日常的人生，平平常常，似乎没有讲到什么大道理。但我们却可以从中读出他那勇者不惧、智者不惑、仁者不忧也不恼的伟大人格。所谓：不著一字，尽得风流。我们从中可以感受到深刻的人生哲理，这样的词中之理与词中的意象浑然一体，"神理凑合时，自然恰得"③："其中之理，至虚而实，至渺而近，灼然心目之间，殆如鸢飞鱼跃之昭著也。"④ 从胡铨描写日常生活片段的小词中，我们还能体会到他那爱国爱民爱生活的情怀。

胡铨没有在小词里面讲道德仁义、国家民族大义，只是平平淡淡地把他在西江流域新兴生活时的日常生活、人生一景放进小词里，斜阳芳草、梅雨荔枝，都是胡铨贬谪岭南时亲切友好的朋友，他把自然风光拟人化、有情化了，与自然进行了友好的沟通，从而与自然建立起一种和谐默契的内在联系。这正印证了朱熹"以理遣情"的观点⑤。理学大师朱熹特别强调通过自己的学问之功来排遣内心的烦恼不平，在处理人与自然、人与社会的关系时力图做到心平气和，和谐相处。这样也就把自己的胸襟境界扩大了。快乐，是一种人生境界。君子是快乐的，北宋大儒周敦颐与西江流域的端州有密切联系，他在教育晚生后学程颢时就曾指出"孔颜乐处"的重大意义。程颢曾深情地叙述自己跟随周敦颐问学时的情景："昔受学于周茂叔，

---

① 这是罗大经以杜甫为例谈到诗歌鉴赏方法时的一段经典论述："杜少陵绝句云：'迟日江山丽，春风花草香。泥融飞燕子，沙暖睡鸳鸯。'或谓此与儿童之属对何异。余曰：不然，上二句见两间莫非生意，下二句见万物莫不适性。于此而涵泳之、体认之，岂不足以感发吾心之真乐乎！大抵古人好诗，在人如何看，在人把做甚么用。如'水流心不竞，云在意俱迟''野色更无山隔断，天光直与水相通''乐意相关禽对语，生香不断树交花'等句，只把做景物看，亦可；把做道理看，其中亦尽有可玩索处。大抵看诗，要胸次玲珑活络。"（《鹤林玉露》乙编卷二"春风花草"条，第149页）
② （宋）罗大经撰，王瑞来点校：《鹤林玉露》乙编卷二"春风花草"条，中华书局1983年版，第149页。
③ （清）王夫之著，戴鸿森笺注：《姜斋诗话笺注》，人民文学出版社1981年版，第63页。
④ （清）叶燮：《原诗·内篇下》，人民文学出版社1979年版，第32页。
⑤ 朱子指出："盖天地万物，本吾一体。吾之心正，则天地之心亦正矣；吾之气顺，则天地之气亦顺矣。故其效验至于如此。此学问之极功，圣人之能事。"［（宋）朱熹：《中庸章句》，《朱子全书》，上海古籍出版社、安徽教育出版社2010年版，第6册，第33页］

每令寻颜子、仲尼乐处，所乐何事。"① 钱穆先生对此有很好的阐释，他说：

> 周濂溪教二程寻孔颜乐处所乐何事。可见乐在心，亦不离事。②

赏心乐事，在这里可以说是"乐心""乐事"，心情与外在之事有非常密切的联系。胡铨深得"孔颜乐处"的真谛，他真正做到了"万卷不移颜氏乐"③，似乎得到了孔子、颜回、陶渊明、白乐天、欧阳修、苏子瞻等人乐观主义的真传，养成了乐天知命的积极心理。朱熹的理学与孔子的仁学有一脉相承之处，都特别重视人类心灵的解脱、安宁与愉悦。胡铨就是一位深得"孔颜之乐"的迁岭文人，他在小词中所表现出来的情感倾向也与儒家的伦理理性有着非常深刻的内在契合。

虽然地处岭南的西江流域在唐宋文人眼中被视为畏途，是瘴疠之地，但是如果有一双懂得欣赏美的眼睛，也能够发现西江流域具有适合万物滋长的优越自然资源与自然环境。江河密布，山林纵横，物产丰富的西江流域，使得胡铨在西江流域的新州时能够与物为友，与物相游，当下便是一满足，从而忘记忧虑、净化心灵，在西江流域的山林云水中寻找到精神的避难所、心灵的安顿处。胡铨的这首小词正印证了德国著名的古典哲学家谢林的一句名言：

> 美感创造不仅开始于对貌似不可解决的矛盾的感受，而且按照一切艺术家以及一切具有艺术家灵感的人们的供认，还结束于对无限和谐的感受。④

---

① 《河南程氏遗书》卷二上，吕大临所记，程颢、程颐著，王孝鱼点校《二程集》，中华书局1981年版，第16页。

② 钱穆：《评胡适与铃木大拙讨论禅》，《中国学术思想史论丛》卷四，安徽教育出版社2004年版，第199页。

③ （宋）胡铨：《和王民瞻送行诗》，北京大学古文献研究所编《全宋诗》，第34册，第21587—21588页。

④ ［德］谢林：《先验唯心论体系》，梁志学、石泉译，商务印书馆1976年版，第266页。

和谐是美感创造的重要表现①。胡铨就是这样"具有艺术家灵感"的词人，他在词中表现出来的这种处世哲学可以说是对命运开玩笑，也即是用一种乐观、玩世的态度来面对苦难悲剧的现实，从而获得了心灵上的平安宁静。他虽然没有在小词中谈仁义道德，却没有一句不是仁义、不是道德、不是国家民族大义、不是中国文化所推崇的最高的人生境界——天人合一的和谐境界。儒家讲乐山乐水，道家讲道法自然，追求与自然的和谐相处。南宋迁岭文人胡铨就在西江流域的新州平平淡淡、快快乐乐地实现了自己的人生价值，也通过作品传达出了中国传统文化所提倡的审美境界——自然、和谐。

胡铨从新州来到吉阳（今海南三亚）后，依然保持着心胸开阔、恬淡自安的生活状态，他自嘲道："新州席未暖，珠崖早穷羁。"② 他在诗中放声歌唱："此行所得诚多矣，更愿从今泛经槎。"③ 并用充满好奇的口吻说道："予自新州亦再迁吉阳，乃知即崖州也。"④ 礼失求诸野。朝庭之中奔走干谒之风盛行，无行文人在朝廷里阿谀逢迎、歌功颂德，在贬谪之地新州的胡铨却能独善其身，保持自我人格的高洁，并在贬所写出了如此优美动人、启人思考的佳作，印证了东坡先生"花竹秀而野者也"之说。胡铨、李光、黄公度等迁岭文人虽然才华横溢、志高才大，却被贬谪到蛮荒之地，他们就像秀而野的花竹一样。胡铨本人对此深有体会，他在《秀野堂记》中说：

> 清江之新淦杨君图南，年未及衰，已为菟裘计，艺林向公名其堂曰"秀野"，取东坡诗所谓"花竹秀而野"者也。⑤

这段文字虽然是胡铨对向子𬤇"秀野"二字的解读，然而也可以看成胡铨的夫子自道，他通过解读"秀野"二字，来表达自己随遇而安，虽野

---

① 理学大师朱熹指出："若致得一身中和，便充塞一身；致得一家中和，便充塞一家；若致得天下中和，便充塞天下。"（《朱子语类》卷六二，中华书局1988年版，第1519页）。

② （宋）胡铨：《家训》，北京大学古文献研究所编《全宋诗》，第34册，第21578页。

③ （宋）胡铨：《到琼州和李参政》，北京大学古文献研究所编《全宋诗》，第34册，第21574页。

④ （宋）胡铨：《书崔公冶书后》，四川大学古籍整理研究所编《全宋文》，第195册，第273页。

⑤ （宋）胡铨：《秀野堂记》，《胡澹庵先生文集》卷一九，乾隆二十二年刊本。

而秀、虽秀而野的性格特征与精神面貌①。南宋迁岭文人所作的这些小词可以说就像是"秀而野"的"花竹"一样，为宋词新质的形成提供了一种绝佳的范例。

新州，是个小地方，南宋迁岭文人使它变大。胡铨、李光、黄公度、朱敦儒等南宋迁岭文人在西江流域生活时，他们的心态情感、人格精神都在文学作品中呈现出来了，人们读了这些描写在西江流域生活的作品，也能够学习他们面对人生苦难、人生失意时的乐观精神、坦荡胸襟。同时南宋迁岭文人也把中原的先进文化、进步思想带到了当地，世人更加熟悉新州、泷洲、康州、端州等一系列西江流域的地名，这些地方也因此而成了历史文化名城，这里不但有蛮山瘴水，也有斜阳芳草、梅雨荔枝，更有张元干的《送胡邦衡待制赴新州》。他们的文学作品，使西江流域的文化得到了发展。

三　富有成就感

除了倔强不屈、乐观旷达之外，富有成就感亦是胡铨长寿的要素之一。胡铨"年壮气刚"之时就"直声已著缙绅间""直声遂震于夷夏"，成就感不可谓不充足。宋室南渡以来的岁月，情况瞬息万变，随着时光流逝，胡铨的这种成就感越来越明显，文人的责任感也越来越大。当然，胡铨成就感、责任感的形成，还源于各种复杂微妙因素的综合作用。他早年反抗秦桧的经历，并在秦桧当权时蒙受贬谪迁徙的命运，随着时空的转移，后来成为积极性因素。在传统观念里，胡铨的上述经历，已完全可以说是"士不可以不弘毅"的"士"的道德楷模，人格典范。即使是主张与

---

① 胡铨的知交好友李光在文化性格与人生态度方面与胡铨有相似之处，他曾作《南歌子》，在词序中写道："民先兄寄野花数枝，状似蓼而丛生。夜置几案，幽香袭人，戏成一阕。"词云："南圃秋香过，东篱菊未英。蓼花无数满寒汀。中有一枝纤软、吐微馨。　被冷沉烟细，灯青梦不成。皎如明月人窗棂。天女维摩相对、两忘情。"（《全宋词》，中华书局1999年版，第2册，第1017页）"状似蓼而丛生"却"幽香袭人"的"野花"，正是胡铨、李光等南宋迁岭文人屡遭贬谪、投闲置散却仍然保持自我高洁人品的象征。

金议和的周必大也对胡铨的人格精神赞叹不已①。这一点胡铨的同乡后辈罗大经已经看出来了，他一针见血地指出周必大把胡铨比作"求仁得仁"的伯夷叔齐乃是"回护得体"②。胡铨也以伯夷叔齐自许许人，深刻地认识到自己直道事人的人格价值的重要性，他在写给好友王庭珪的《和王民瞻送行诗》中道："万卷不移颜氏乐，一生无愧伯夷班"③，正是南宋迁岭文人普遍都认同向往的人格理想。对士人人品要求极高的南宋大儒朱熹高度评价胡铨道德文章时说："澹庵奏疏为中兴第一，可与日月争光矣"；南宋末年著名的抗元义士谢枋得也赞叹道："胡澹庵肝胆忠义，心术明白，思虑深长，读其文想见其人，真三代以上人物。"④ 可见，在南宋一朝时，胡铨就受到广大名贤士大夫的推崇赞扬，被认为是具有高尚人品的典范。

胡铨遭贬，受到时人的广泛关注。王庭珪预见到了胡铨遭贬的重大意义⑤，在他看来，谪太轻，意义小，等胡铨一贬再贬，贬谪之重令人发指

---

① 据周必大《资政殿学士赠通奉大夫胡忠简公神道碑》载："当是时，一胡编修名震天下。勇者服，怯者奋。朝士陈刚中以言饯行，至云：'屈膝请和，庙堂无策。张胆论事，枢庭有人。'贬令安远，之死靡憾。乡人王庭珪尝赋'奸谀胆落'之诗，窜徙夜郎，反以为荣。下至武夫悍卒，遐方裔土，莫不传诵其书，乐道其姓氏，争愿识面。虽金人亦因是知中国之不可轻。盖天理所存，自公达之；人心所愤，自公发之。扶世垂教，非圣朝之伯夷欤？孔孟而在，其大书特书也必矣。"（《文忠公集》卷三〇，《影印文渊阁四库全书》本，第 1147 册，第 336 页）周必大的对金态度，详参许浩然《诗学、私交与对金态度——胡铨、周必大的乡邦唱和》（《井冈山大学学报》2015 年第 2 期），此文指出："与胡铨不同，周必大与南宋主和一派的渊源甚深，他在仕宦上很受当时主和派宰相汤思退的提携。周必大绍兴二十一年（1151）进士及第、二十七年（1157）博学宏词科中试，均受到汤氏的知遇。……与主战的政见相异，周必大的政治立场与汤思退同调，倾向于和议。"

② 《鹤林玉露》甲编卷五"胡忠简碑"条载："周益公作《胡忠简神道碑》云：'武王一戎衣而天下定，义士犹或非之，孔子奚取焉，为万世计也。'盖忠简力诋和议，乞斩秦桧，而绍兴终于和戎，故以忠简比夷齐，以高宗比武王，可谓回护得体。"（第 83 页）

③ （宋）陈思编，（元）陈世隆补：《两宋名贤小集》卷一七七，《影印文渊阁四库全书》本，第 1363 册，第 465 页。

④ 见《胡澹庵先生文集》卷首《历代名贤评论》，乾隆二十二年刊本。

⑤ 在《跋曾世选三贤论》中，王庭珪指出："秦桧忽自金举族以归，力主和议，有异议者，桧辄害之，人皆股栗。独一胡编修上书，乞斩桧罢和议。方其历天阶、攀殿槛、陈祸福，左右皆震动，敌亦知国有人焉，俯首听命，不复他言。然则二贤者可谓有功于国。昔孔子作《春秋》，孟子距杨墨，其功乃配于禹。善乎！曾世选以二士合文忠公为三贤，论其道一也。三贤者，皆庐陵人，他日有能绘三贤之像屋而祠之，使千载之下乱臣贼子过之者犹缩项而趋，可畏而仰哉！"（《卢溪文集》卷五〇，《影印文渊阁四库全书》本，第 1134 册，第 339 页）在《与邦衡》中，王庭珪安慰胡铨道："某自去年闻邦衡以言事贬韶州，中外耸瞻，尝约刘校书作送行诗，以俟邦衡之南走，欲效昔人送唐介，为一时盛事。既而根邦衡谪太轻，此作遂废。"（四川大学古籍整理研究所编：《全宋文》，第 158 册，第 182 页）

时，其意义便显示出来了，这既是安慰胡铨，也可以看作王庭珪的夫子自道之语。王庭珪作诗为胡铨送行，与张元干作词送行一样可以流芳千古①。王庭珪其人其诗也因胡铨遭贬一事而在当年产生了轰动效应，胡铨在《卢溪文集序》中亦有真实的记载，序中专门提及此事：

> 绍兴壬戌秋，铨坐不肯与丑虏和议，且乞斩主议大臣二人，铨爵削，窜岭表。先生送行诗有云："名高北斗星辰上，身落南州瘴疠间。"人争传诵。②

此段记载中值得我们注意的是："人争传诵"的不仅是王庭珪的诗句，还有胡铨刚正不阿、直道而行的伟大人格。而胡铨在为王庭珪文集作序时津津乐道此事，则可见此事在胡铨心中所引起的巨大的成就感与荣誉感。无独有偶，胡铨之贬的重要意义，在其好友陈刚中之启文中亦有生动感人

---

① 杨万里在《卢溪先生文集序》中对王庭珪进行评价道："绍兴八年，故资政殿学士胡公以言事忤时相黜，又四年谪岭表，卢溪先生以诗送其行，有'痴儿不了公家事'之句，小人飞语告之。时相怒，除名流夜郎。时先生年七十矣。于是先生诗名一日满天下。"（《卢溪文集》卷首，《影印文渊阁四库全书》本，第1134册，第100页）胡铨在为王庭珪所作的《墓志铭》中亦表达了相似的意思，从下面这段叙述中我们也可以看出胡铨对王庭珪的由衷敬意与深深感激之情："绍兴戊午，铨以狂瞽忤时相，壬戌秋谪岭表，士皆刺舌，公独以诗送行，有'痴儿不了公家事，男子要为天下奇'之句。婉娈者告讦，诏帅臣沈昭远鞫治以闻，除名窜夜郎。公至，人争迎劳执鞚蹲门者屡满。时忠州刺史马羽段守尊以师礼，公曰：'加礼罪人，恐与时左。'羽曰：'闻先生之名旧矣，获遣固所愿。'且命其子从学，遂中第。公归自夜郎，年几八十。"（《卢溪文集》附录，《影印文渊阁四库全书》本，第1134册，第347页）王庭珪被捕窜辰州的一个细节，在周必大的《左承奉郎直敷文阁主管台州崇道观王公廷珪行状》中有详细的记载："公学无不通，而尤邃于《易》。少尝师乡先生张汝明，晚自得于言意之表。汉上朱先生震、文定胡公安国、芗林向公子諲知其解，皆叹赏，以为必传。公亦不轻示人，欲献公车。会诗狱兴，郡守议收公。理掾汪公涓奋曰：'王君刚介，勇于义。一纸书招来，必来。'他掾变色云云，自请提禁卒、挟巡尉押公。守唯唯。他掾遂行，至则突入公家，公谈笑就逮。家四壁立，惟《易解》镵箧中。卒疑其货也，掣以去。他日，公叹曰：'天厄吾书。'或谓今藏掾家云。"（《文忠集》卷二九，《影印文渊阁四库全书》本，第1147册，第317页）我们也可以从中体会到，对《易》的精深理解，有利于王庭珪化解人生的困扰与不幸，从而乐观旷达、无忧无惧地面对生活中的逆境。

② （宋）胡铨：《卢溪文集序》，祝尚书编《宋集序跋汇编》，中华书局2010年版，第3册，第1061页。

之表达①，陈刚中以启为胡铨送行之事也记载到当时的史学名著《建炎以来系年要录》中②，足以流传青史。胡铨遭受贬谪对成就其名声能起到巨大作用，甚至连他的政敌范同都看出来了③。此人头脑清醒、虽在位高权重之时仍然不失理性，认识到胡铨遭贬一事对秦不利而对胡铨有利，这是非常难得的见解。因此，"秦甚畏范"，或许就是看到了范同眼光见识的过人之处，已经到令人心生畏惧的地步。对秦桧来说，范同此言不幸而中，胡铨因得罪秦桧而被一贬到福州、再贬到新州、三贬而到儋州，越贬越远、越贬越重，而胡铨的名声也越来越大，最终竟能与名重天下的宰相李纲、赵鼎、李光并列为"南渡四名臣"，成了庐陵文化史上的"四忠一节"之一④。范同所言"若重行遣，适成孺子之名"，正是范仲淹"公罪

---

① 据罗大经《鹤林玉露》甲编卷三载："胡澹庵乞斩秦桧得贬，卢溪先生王庭珪字民瞻，以诗送之曰：'痴儿不了公家事，男子要为天下奇。'亦贬辰阳。太府寺丞陈刚中，字彦柔，以启贺之云：'屈膝请和，知庙堂御侮之无策；张胆论事，喜枢庭经远之有人。身为南海之行，名若泰山之重。'又云：'谁能屈大丈夫之志，宁忍为小朝廷之谋。知无不言，愿请尚方之剑；不遇故去，聊乘下泽之车。'亦贬安远宰。"[（宋）罗大经撰，王瑞来点校：《鹤林玉露》甲编卷三"幸不幸"条，中华书局1983年版，第47页] 罗大经的这段记载中，特别引起我们注意的是陈刚中"以启贺之"四字，在史学名家罗大经看来，胡铨遭贬乃是值得庆贺之事，这与王庭珪在《与胡邦衡》中所言"既而恨邦衡谪太轻"有异曲同工之妙，都是突出体现胡铨之贬在中国历史，尤其是在南宋历史上的重要意义。

② 《建炎以来系年要录》卷一二三载："铨之行也，监登闻鼓院陈刚中以启送之曰：'屈膝请和，知庙堂御侮之无策；张胆论事，喜枢庭谋远之有人。身为南海之行，名若泰山之重。'又曰：'知无不言，愿请尚方之剑；不遇故去，聊乘下泽之车。'秦桧大恨之。"[（宋）李心传：《建炎以来系年要录》，中华书局1988年版，第2004页] 陈贬赣州安远，并死于贬所。

③ 范同是奸臣，附和秦桧，是秦桧同乡兼党羽，就是他向秦桧出谋划策，解除了岳飞、韩世忠等三大将兵权而取得了"绍兴和议"的成果，官拜参知政事。据朱熹所说："杀岳飞，范同谋也。胡铨上书言秦桧，桧怒甚，问范：'如何行遣?'范曰：'只莫采，半年便冷了。若重行遣，适成孺子之名。'秦甚畏范，后出之。"[（宋）黎靖德编：《朱子语类》卷一三一，中华书局1986年版，第3161页]

④ 欧阳修谥号"文忠"、周必大谥号"文忠"、胡铨谥号"忠简"、杨邦乂谥号"忠襄"、杨万里谥号"文节"，他们成了士子的楷模、官员的榜样，受到后人的崇拜敬仰，流芳百世。

不可无，私罪不可有"① 的最佳注脚。

中国人十分注重"得名"，甚至于对"名"有一种宗教般的信仰②，能得好名声于人间，自是人生最大的荣耀。不顾个人安危勇于谏诤的名声，更是被世人所推崇。③ 以现代胡适之言来鉴古，可以说胡铨正是在宋室南渡后"小人们天天歌功颂德、鼓吹升平的滥调"之时，敢于"冒天下之大不韪"，说"正论危言"的志士，这样的志士也正是儒家思想中所极力推崇的"大丈夫"的理想人格，体现出了孟子所提倡的"富贵不能淫、贫贱不能移、威武不能屈"及"自反而宿，虽千万人吾往矣"的"大丈夫"的精神气质④。胡铨文化性格与人生思考诠释了这句经典名言，故能受到时贤及后人由衷的敬意与推崇。由此可见，伸屈有时而不同，荣辱既久而自判。昔日之辱，未必不为今日之荣；今日之屈，未必不是后日之伸。权奸秦桧与高宗皇帝对胡铨的惩罚反而成为他一生之中最感荣耀之

---

① 王曾瑜先生对此有很好的解释，他说："据《宋刑统》卷二，'公罪谓缘公事致罪，而无私曲者'，'私罪谓不缘公事私自犯者，虽缘公事，意涉阿曲，亦同私罪'。用现代的话说，政治上必须坚持原则，不怕得罪上级和皇帝，不怕受罪，而个人操守，则务求清白，绝不能贪赃枉法。……在等级授职制的官场里，只有像范仲淹那样的哲人，才能提炼和总结出'公罪不可无，私罪不可有'的为官之道。一般说来，做官无非是希望步步高升，得罪上级和皇帝，就无法指望升迁，甚至还要受惩罚，得死罪。《聊斋志异》卷八《梦狼》说：'黜陟之权，在上台，不在百姓。上台喜，便是好官，爱百姓，何术能令上台喜也？'说破了官场中阿谀奉承的真谛。坚持原则，不计较个人的升黜荣辱，当然是一种很高的情操和修养。"（《古今一理——王曾瑜读史杂感》，上海古籍出版社2013年版，第70—71页）周必大在《文忠集》卷四七《跋张仲宗送胡邦衡词》中表达的观念正可补充说明这一点，他深刻有力地指出："长乐张元干，字仲宗，在政和、宣和间已有能乐府声。今传于世，号《芦川集》，凡百六十篇，而以《贺新郎》二篇为首，其前遗李伯纪丞相，其后即此词。送客贬新州以《贺新郎》为题，其意若曰：'失位不足吊，得名为可贺也。'"（《影印文渊阁四库全书》本，第1147册，第500页）

② 胡适对此有详细的论述与批判，详参其《不朽——我的宗教》，初载于1919年2月《新青年》第六卷第二号，收入胡适著《中国文化的反省》，华东师范大学出版社2013年版，第184—190页。

③ 胡适先生在《宁鸣而死，不默而生——九百年前范仲淹争自由的名言》中道："从中国向来知识分子的最开明的传统看，言论的自由，谏诤的自由，是一种'自天'的责任，所以说，'宁鸣而死，不默而生'。从国家与政府的立场看，言论的自由可以鼓励人人肯说'忧于未形，恐于未炽'的正论危言，来替代小人们天天歌功颂德、鼓吹升平的滥调。"（胡适：《中国文化的反省》，华东师范大学出版社2013年版，第25页）

④ 《公孙丑章句上》，杨伯峻译注《孟子译注》，中华书局2008年版，第46页。

事，而且这种惩罚越重，他的荣耀感就越强。胡铨具有勇敢强悍、果断刚毅的个性、睥睨世俗的心态，勇于维护自己的尊严，坚持自己的主张，他一生大起大落，是像北宋名臣范仲淹一样有"公罪"而无"私罪"之人。

最令人感到振奋的是孝宗皇帝对胡铨的高度评价，更加固化了他的成就感。隆兴元年癸未（1163），也就是胡铨上高宗封事被贬谪了二十五年后，胡铨侍宴于后殿，作《经筵玉音问答》，十分详细地记载了孝宗与他的对话，其中有一段如下：

> 予答曰："方今太上退闲，陛下御宇，政当勉志恢复，然此乐亦当有时。"上答曰："卿顷霅不忘君，真忠臣也！虽汉之董、汲，唐之房、魏不过是也。"①

这段记载颇能表现胡铨的心境：他获得了一个"忠臣"的好名声。中国古代的士大夫十分注意自己在历史上的声名与地位，尤其是对后人产生的影响力。古人云：人生有三不朽，立德、立功、立言。胡铨应当知道，仅此一事，就足以令他在立德、立言方面不朽了。

立德、立功、立言三不朽，出自《左传·襄公二十四年》。胡铨在《春秋》方面的研究颇有心得，他敢于仗义执言，显然是"明于《春秋》"②大义的结果。更何况当时金人在中原烧杀掠夺，无恶不作，更激起了他的民族义愤。作为一个舍身报国的大丈夫、真豪杰，胡铨敢于用诗词文章针砭时弊、关心民瘼，且立意高远、笔锋犀利、才情四溢，心中巨大的成就感与荣耀感也就可想而知了。我们试举南宋名臣郑刚中与之对比。郑刚中"由秦桧以进"的经历，在议和时期蒙受重用，随着时空的流转，后来成消极性因素，在四库馆臣眼中，郑刚中的上述经历，已够归入奸佞

---

① 《经筵玉音问答》，《澹庵文集》卷二，《影印文渊阁四库全书》本，第1137册，第27页。
② 《四库全书总目》卷一五八《澹庵文集》提要载："铨师萧楚，明于《春秋》，故集中嘉言谠论多本春秋义例。"（第1360页）

之徒的行列，为世人所唾弃①。从郑刚中之子的曲意回护、四库馆臣的精心辨析之情形中，我们更可理解胡铨一生直道而行、立德立言之成就感的可贵与不易。与郑刚中类似，吴曾也在秦桧当权时陷事权奸得以主奉常簿，但秦桧一死，吴曾自知取媚秦桧乃是值得羞愧之事，在自己的著作中曲意回护，企图掩盖自己的这一不耻行径，但欲盖弥彰，反而让人揭示出其人生中的这一污点，赵彦卫在《云麓漫钞》中即将其昭之若揭②。吴曾对自己言行的刻意隐瞒和赵彦卫对吴曾进行尽情的揭露，都反映出了当时士人普遍性的价值取向与是非标准。即使因陷事权臣而得到官位的吴曾也对自己的言行感到羞怯，知道自己的言行是为了权利而丧失了良知。与郑刚中、吴曾相反，胡铨的一生行事，正好契合了中国古代正直之士的为官之道。

胡铨对于自己所扮演的英雄角色，始终是自觉自愿的，并且有一种作为男子汉、大丈夫的成就感。胡铨曾在《祭吕尚书文》中高度评价吕颐浩：

> 谁不碌碌保妻子，公独不暇字其孤；谁不保宠死家簀，公独不得全其躯。③

---

① 《四库全书总目》卷一五八《北山集》提要载："史称刚中由秦桧以进，故于和议不敢有违。及充陕西分画地界使，又弃和尚原与金，后为宣抚使时，始以专擅忤秦桧意，至窜谪以死。今集中所载《谏和议》四疏及议和不屈一疏，大旨虽不以议和为非，而深以屈节求和为不可。又有救曾开一疏，救胡铨一疏，与史皆不合。徐梦莘《三朝北盟会编》于当时章奏事迹搜括无遗，独不及此七疏。曾敏行《独醒杂志》虽记刚中与李谊等六人共救胡铨事，然但云人对便坐，亦不云有疏。或者良嗣耻其父依附秦桧，伪撰以欺世欤？诸疏之后，多良嗣附记之语，若斤斤辨白心迹者。是必于公议有歉，故多方回护，如恐不及，李纲、胡铨诸集，亦何待如是哓哓哉！"（第1361页）。郑刚中是南宋迁岭文人中比较引人注目的一位，他为政干练有方略，后遭贬谪而死于封州，人多为其扼腕叹息，所作诗文得到世人的赞赏。（详参《瀛奎律髓汇评》卷一三纪昀评语及《直斋书录解题》卷一八《北山集》）

② （宋）赵彦卫《云麓漫钞》卷一〇载："曾字虎臣，抚州临川人，秦益公（桧）当轴时，上所业得官。绍兴癸酉，自救局改右承奉郎，主奉常簿，为玉牒检讨官。秦薨，不敢出。其（指吴曾著《能改斋漫录》）第十九卷，自称不乐京局，且不能委屈时好，恐以罪去，以此惑后人。盖癸酉岁正是秦兴大狱，追治贤士大夫时，则必有以取媚，致身清要。"（《影印文渊阁四库全书》本，第864册，第355页）

③ （宋）胡铨：《祭吕尚书文》，《胡澹庵先生文集》卷二二，乾隆二十二年刊本。

这段话虽然是用来赞扬吕颐浩的，也可以看作胡铨的夫子自道之语。正是看到了普天之下的人大多"碌碌保妻子""保宠死家簪"，胡铨才指出吕颐浩的难能可贵之处，而胡铨自己的言行也正体现出这种可贵的人格。他上书高宗时道：

> 《春秋左氏》谓无勇者为妇人，今日举朝之士皆妇人也。①

人的成就感是没有标准，只有比较的，只有通过对比而来。有时与自己的过去对比，更大程度上是与他人对比。在秦桧当权、文丐奔竞的社会环境下，当"举朝之士皆妇人"之时，胡铨表现出他极大的勇气与不同寻常的一面，从而获得了巨大的成就感。一个具有成就感的人是很容易得享高寿的。

四 良好的人际关系

一个人如何处理与家庭、朋友、社会之间的关系，是人生中最重要最关键的内容。人际关系处理好了，人的心情自然就好了。人的心情好坏，很大程度上与他的人际交往有着密切的联系。虽长期处在贬谪之地，但热爱与人交往，尤其是乐于奖掖后进，仁慈行善，与同僚、晚辈、普通大众保持良好的人际关系，是胡铨得享高寿的又一重要原因。

胡铨良好的人际关系来自他的文化性格与气质风度，据他的门生杨万里《胡铨行状》所载：

> 公居无事时，下心拱手，言恐伤人。独论国事，劲气正色，贯日袭月，奋以直前，不怵不恻，不疚不怂，大节揭揭，细行斩斩，动容

---

① （元）脱脱等：《宋史》卷三七四《胡铨传》，第 11588 页。

出辞，见者起敬。长身玉立，望之山如，即之春如。①

　　胡铨这种随和圆融的人生态度十分有利于他的人际交往。胡铨主张抗金报国至死不渝，拥有直道事人、刚正不阿的美好名声，但他并不以此沾沾自喜，妄自尊大，而是善于理解与同情他人，从而有一个圆融完满的人生。胡适先生曾指出汪精卫悲剧命运的一个重要因素就是他的"'烈士'情结"②。胡适所言很有道理，把自己当作珍珠就会有被埋没的痛苦。同样，把自己当作"烈士"的精卫也就会自以为是"烈士"应理所当然地得到世人的尊重与崇拜，自大容易轻人，恃才也就傲物，这样就导致不把他人放在眼里，视平庸凡俗之辈为无物，稍不如意就郁闷不已、愤愤不平，不能听从多方面有利的建议，从而失去自我，陷入万劫不复的深渊。胡铨并非鲁莽之辈，他对人生的进退出处有着相当深刻的见解，特别是对古人所提出的"明哲保身"之道也有自己独特的理

---

①　《诚斋集》卷一一八，（宋）杨万里著，王琦珍整理《杨万里诗文集》下，江西人民出版社2006年版，第1890页。胡铨身材高大魁梧，而他的患难之交张元干却身材矮小，据胡仔《苕溪渔隐丛话》后集卷三六引《诗说隽永》载："李伯纪为行营使，时王仲时、张仲宗俱为属，王颀长，张短小，白事相随。一馆职同在幕下，戏云：'启行营：大鸡昂然来，小鸡竦而待。'"（吴文治主编：《宋诗话全编》，凤凰出版社1998年版，第4册，第4243页）张元干《芦川归来集》卷一〇《自赞》亦不讳言："尔形侏儒，而行谷与。"（上海古籍出版社1978年版，第188页）两人并不因为身材上的差异而影响到他们真挚的友情，从中可见胡铨人际关系良好之一斑。在《与胡澹庵书》中，杨万里亦表现出对恩师的仰慕与思念之情："属者客里落寞，乃得望见玉立之容。于东湖之西、西山之东。一听谈间之淙净，便觉满面康衢之埃，拂拂吹去矣。'君子不可得而侍也'，吾家子云此语，岂可诽其不解事也哉？登仙之行，独不得与追送之列，折腰之役，实使之然。涉世之礼，事贤之敬，久矣二者之不相为用，而况以涉世者而事其师乎？虽然，语离之际，远送之情，此古人所以登山临水，黯然销魂者也，某独无情哉？情生于中而不可制，势禁于外而不得逞，所谓'一行作吏，此事便废'，言之太息。即辰夏气归奇，恭惟遄归修门，得觐帝所，忠勤天助，台候动止万福，师门玉眷均祉。某以四月二十六日受职，今且逾月矣。上官见容，吏民见信者，不曰自澹庵门下来乎？"［《诚斋集》卷六五，（宋）杨万里著，王琦珍整理《杨万里诗文集》，江西人民出版社2006年版，第1038页］

②　胡适在1944年11月13日的日记里写道："精卫一生吃亏在他以'烈士'出身，故终身不免有'烈士'的complex（情结）。他总觉得，'我性命尚不顾，你们还不能相信我吗？'"（《胡适日记全编》，安徽教育出版社2001年版，第563页）叶嘉莹先生认同胡适先生的看法，她在《谈陈寅恪与钱钟书二人对汪精卫之诗与人的评说》一文中指出："从总体来看，则钱氏之诗便似较陈氏之诗稍逊一筹了。不过勿论陈氏与钱氏之诗孰胜，总之此二人之诗，实在都和胡适的日记一样，都并没有指称汪氏为汉奸而加以辱骂之意，也都表现了一种作为理性之学者的风度，自然都是值得我们尊敬的。"（林宗正、张伯伟主编：《从传统到现代的中国诗学》，上海古籍出版社2017年版，第457页）

解①，对古代"既明且哲，以保其身"有相当清晰的认识，故能在人际交往中保持优游不迫的从容态度。南宋文人对"明哲保身"的处世哲学大多是持肯定的态度，如张元干在高度评价向子諲时道："虽曰守节仗义，而远迹危机；虽曰正色立朝，而独往勇决。殆将明哲以保身，优游以卒岁者欤。"② 这段话移来评价胡铨也非常贴切，他"正色立朝，而独往勇决"，在面对人生的大是大非的问题时表现出倔强不屈的性格特点，平时与朋友相处时却表现出"下心拱手，言恐伤人""望之山如，即之春如"的一面，这就使得他非常善于与人交往，得以"优游以卒岁"。

胡铨高洁的人品与美好的风度吸引了大量仁人志士与他时相过从，其中就有张元干、王庭珪、李弥逊、陈刚中这样的生死之交，也有李光这样互相勉励的至交好友，当然还有与杨万里、张孝祥、周必大、楼钥这些晚生后辈的忘年之交。胡铨上书反抗秦桧的行为，引起了张元干、王庭珪、李弥逊、陈刚中等仁人志士的深刻同情，他们为此而付出了被贬谪被流放甚至是生命的代价③。胡铨对此深有感触，对朋友的义气念念不忘，时常形诸笔墨④。由此可见，胡铨不是一个人在战斗，在他的身边有一批志同道合的好友在为他呐喊呼号，甚至牺牲性命也在所不惜。南宋迁岭文人的作品中不仅仅表达了他们的愤怒、不平、怨恨、失望等负面的不良情绪，更多的时候也展示了他们的亲情与友情、慷慨与义气、仁爱与同情、旷达与超越等正面健康的情感。《鹤林玉露》所记之事就颇能反映胡铨的处世方式与为人之道，书中提到的方滋虽是秦桧党中人物，但本性不坏，胡铨深受秦桧迫害，在谪居岭南时与方滋时相过从，交情颇深。秦桧死后，秦党受到株连，方滋失业，生活陷入困境。胡铨向方滋伸出了援助之手，特

① 详参（宋）胡铨《李元直文集序》，《胡澹庵先生文集》卷一五，乾隆二十二年刊本。
② （宋）张元干：《芦川归来集》卷一〇《芟林居士赞》，上海古籍出版社1978年版，第183页。
③ （元）脱脱等《宋史》卷三七四《胡铨传》载："其谪广州也，朝士陈刚中以启事为贺。其谪新州也，同郡王庭珪以诗赠行。皆为人所讦，师古流袁州，庭珪流辰州，刚中谪知虔州安远县，遂死焉。"（第11583页）
④ 在《赠王复山人序》中，胡铨就对好友的深情厚谊深表感激，写道："初，某之南迁，登闻鼓院陈刚中以启送行，得罪，死荒远，天下以言为讳。继而卢溪王公民瞻以诗送行，其略云：'痴儿不了官中事，男子要为天下奇。'而安成凶人啸群不逞，讦其语以为讪。民瞻坐狱，欲救根树，而太守吴温彦、运使林大声、提刑李芝、赣守曾惇不切究之。"（《胡澹庵先生文集》卷一六，乾隆二十二年刊本）

别引荐推举，帮他脱离人生困境①。

　　除了方滋外，胡铨与他人交往时也大多能够和谐相处，常怀感恩之心，我们从中能够感受到胡铨的人格魅力与人生境界。胡铨所作的《跋郑亨仲枢密送邢晦诗》一文详细记述了自己由于直道而行，反抗强权而遭到秦桧迫害之事，但他并没有因此而愤愤不平、郁郁寡欢，而是对高压政治下文丐奔竞中、世态炎凉里仍然如此仗义支持帮助自己的好友充满了温情与敬意②。可见，正直、豪迈、小心谨慎、与人为善、个性突出的胡铨是南宋迁岭文人群体中颇受欢迎的一位。他虽然遭受到程迈中、张棣、王鈇等见风转舵、见利忘义的奸佞小人的陷害打击，但患难见真情，胡铨周围的好友大多数是慷慨赴义的豪杰之士，他们为了共同的理想与事业走到了一起，与奸臣进行了殊死搏斗，最后谪居岭海，甚至死于贬所也在所不辞。南宋文人的居岭生涯是寂寞的，其中有痛苦也有欢乐。在寂寞的谪居生活中能得到好友的慰问，是他们最大的欢乐。胡铨在岭海贬所常与友人往来酬唱，时相过往，深得友朋切磋之乐③。从胡铨所作的唱和诗词中可

---

① 《鹤林玉露》乙编卷二"存问逐客"条载："胡澹庵谪岭南，士大夫多凌蔑之，否则畏避之。方滋字务德，本亦桧党，待之独有加礼。澹庵深德之。桧死，其党皆逐。务德入京，谋一差遣不可得，栖栖旅馆。澹庵偶与王梅溪语及其事，梅溪曰：'此君子也。'率馆中诸公访之，且揄扬其美，务德由此遂晋用。"（第145—146页）

② 《跋郑亨仲枢密送邢晦诗》载："绍兴丁巳公与铨同为编修官密院，戊午夏又同考较省闱，讫事摄都司除殿中侍御史，迁中执法。冬，金人以伪诏授我欲屈无堤之舆，下拜以受从之。公与铨力争不可，言颇讦上震怒，诏褫铨爵，投昭州，公奋然曰：'吾尝同僚，决不使邦衡独斥。'夜半与谏议大夫李谊宜言、吏部尚书晏敦复景初、户部侍郎李弥逊似之、向子諲伯恭、礼部侍郎晏开大猷、张九成子韶对便坐引救，上稍稍霁威，右相秦桧、参知政事孙近激公义，亦即时人对乞从公。台谏侍从请上赐可，铨得释，谪广州监盐仓。公又引大义折桧，遂有量与录用之请，除铨金书福唐幕，辛酉到官。壬戌秋，闽帅程迈中铨以飞语，复岭岭表。己巳春，新州张棣承广帅王鈇风旨劾奏，铨移海外。未几公自泗州宣抚被遣徙桂阳，又徙封州，亦坐鈇之谮也。乙亥夏，病不起，铨方居海岛，愧不能效栾布与敬脂之收葬，以报公恩，抱恨千古。丙子夏，铨蒙恩徙衡，戊寅冬，公之婿郴司户邢晦德旧罢官，过雁峰出示公遗墨，读之潸然出涕，属有悼亡之戚，不克继韵，辄书旧所作楚词于后，盖上以为天下恸而下以哭其私也。"（《澹庵文集》卷四，《影印文渊阁四库全书》本，第1137册，第40—41页）

③ 张伯麟，字庆符，当涂人。绍兴初，以明经入太学，时秦桧主和议，伯麟愤而题斋壁云：夫差，尔忘勾践之杀尔父乎？元夕都市张灯，伯麟过中贵人白谔门，见灯盛设，取笔题其上，如斋壁所书。秦桧闻之，下伯麟于狱，捶楚无全肤，流吉阳军。桧死，释回，不知所终。当时和他一起贬谪到吉阳军的还有胡铨。胡铨十分欣赏张庆符在题壁作品中表现出来的气魄与勇气。他们在贬所吉阳时还经常往来，诗词酬答。[详参（清）王梓材、冯云濠撰《宋元学案补遗》卷三四，人民出版社2012年版，第3册，第1310—1311页]

以感受到他在贬谪之地的豪饮之态与旷达胸襟①。这是一种无奈的旷达，流露出迁岭文人较为普遍的情感意绪。胡铨在谪居岭海时还写了多首与陈景卫唱和的词作②，有这么多好朋友鼓励胡铨，安慰他，劝勉他，使他振作心情，人生如此，夫复何求？胡铨身处在芬芳友情的包围中，心情是愉快的，而心情的愉快，最有利于长寿。事实证明，李光、胡铨、王庭珪、张元干都得享高寿，活过了他们的政敌秦桧，赢得了最后的胜利。

胡铨曾经为了反对议和，维护民族尊严而不顾性命，但他没有觉得"我性命尚不顾，你们还不能相信我吗"，没有因为自己曾经的"不顾性命"、放手一搏就要求他人如何对他，没有一厢情愿的烈士情结，他不会用烈士的道德标准来绑架自己与他人，从而能够与他人和谐相处。如他的同乡后辈也是名流显人的周必大，虽然是主张议和的，在重大政治问题上与胡铨存在巨大分歧，但仍然十分尊重胡铨，并与他结下了非常友好和谐的关系③。其中原因，我们认为最重要的是胡铨的文化性格与人格个性吸引了晚辈周必大，对周必大来说，胡铨是一个拥有巨大人格魅力的乡贤长辈，而且性格随和，并不以自己的是非、道德标准来要求规范他人。胡铨是个慷慨赴义、矢志不渝的志士，也曾经有过"烈士"情怀与表现，这是很高的境界，受到世人的高度赞扬与广泛称颂。毕竟，要做"烈士"是一个很高的道德要求，并不是人人皆可达到的。胡铨自己能够做到，但他却并不要求人人都做到，他对人性与人情有深刻的体察与领悟，故能够与人为善，善于理解并同情他人的脆弱与无奈。只有这样，才能与大多数人保

---

① （宋）胡铨《醉落魄·辛未九月望和答庆符》云："百年强半。高秋犹在天南畔。幽怀已被黄花乱。更恨银蟾，故向愁人满。　招呼诗酒颠狂伴。羽觞到手判无算。浩歌箕踞巾聊岸。酒欲醒时，兴在卢仝碗。"（《全宋词》，中华书局1999年版，第2册，第1612页）胡铨《和张庆符题余作清江引图》载："痛饮从来别有肠，酒酣落笔扫沧浪。如今却怕风波恶，莫画清江画醉乡。""何人半醉眼花昏，画出江南烟雨村。满世庚尘遮不得，聊将醉墨洗乾坤。"（吴熊和主编：《唐宋词汇评》两宋卷，浙江教育出版社2004年版，第1742页）

② （宋）胡铨《临江仙·和陈景卫梅》云："我与梅花真莫逆，别来长恐因循。几年不见岭头春。栩然蝴蝶梦，魂梦竟非真。　浪蕊浮花空满眼，愁眉不展长颦。此君还似不羁人。月边风畔，千里淡相亲。"（《全宋词》，中华书局1999年版，第2册，第1613页）除此之外，胡铨还有《鹧鸪天·和陈景卫忆西湖》《醉落魄·和答陈景卫望湖楼见忆》（《全宋词》，第2册，第1612页）等与陈景卫在岭海的唱和词。

③ 周必大的政治主张及他与胡铨的亲密友好关系，可参许浩然《周必大的历史世界——南宋高、孝、光、宁四朝士人关系之研究》第五章《分歧与交谊》第二节《诗学、私交与对金态度——周必大与胡铨的唱和往来》，凤凰出版社2016年版，第284—295页。

持良好的人际关系。周必大在谈到胡铨的诗时，谓其有不可及者三①，其中，最难得的是：胡铨乐于且善于与晚生后辈交往，不摆名流、长辈的架子，体现出了独特的人格魅力。因此，士子多愿随之。德不孤，必有邻。正所谓物以类聚、人以群分。从胡铨游者大多是"志大而赡于文"之辈。在《跋王民瞻送胡邦衡南迁诗》中，周必大亦道出了时人对胡邦衡人格精神、人生态度及其文学风格的向往与传承②，斯文不灭，此之谓也。

胡铨与同乡后辈、名流显人周必大、杨万里等人结成了非常密切的联系，我们在谈到南宋地域诗人群体形成时不得不把胡铨作为核心人物甚至领袖人物。楼钥在《跋胡澹庵和学官八诗》中所叙述的胡铨，可以作为我们论述的注脚③。楼钥自己的命运转变与胡铨息息相关。他是隆兴元年癸未（1163）中的进士，楼钥试策时，偶犯旧讳，时为考官的胡铨对楼钥的才华非常欣赏，对他加以援手，称许他是"翰林才"，为晚生后辈延誉扬名不遗余力，楼钥因此以末等录取④。对此事，楼钥念念不忘，铭感于心，回首平生时特别谈到胡铨在他人生关键时刻对他的帮助⑤。胡铨在决定楼钥命运的那一刻确实起了非常重要的作用，楼钥中进士后进入仕途，为政敢于直谏，无所避忌，颇有恩人胡铨之风，后来成了一代名臣、文学大家，拜吏部尚书、迁端明殿学士、升参知政事、授资政殿大学士，提举万

① （宋）周必大《文忠集》卷四七《跋胡忠简公和王行简诗》载："用事博而精，下语豪而华，一也；士子投献，必用韵酬答，虽百韵亦然，盖愈多而愈工，二也；此篇和王君行简，年十五，长歌小楷，与四五十人无异，三也。"并说："行简世家临川，志大而赡于文，久从公游，其人亦可知矣。"（《影印文渊阁四库全书》本，第1147册，第498页）

② （宋）周必大《周文忠公集》卷四七《跋王民瞻送胡邦衡南迁诗》云："有澹庵压嵩岱、排淮泗之举，然后可以发泸溪穿天心、透月窟之诗，不如是不称二绝。澹庵授之从弟廉夫锷，廉夫复授其子涣，所谓文献相承，衣钵单传者。若能刻石，人授之本，则法周沙界矣。"（《影印文渊阁四库全书》本，第1147册，第499页）

③ （宋）楼钥《跋胡澹庵和学官八诗》云："是时年逾六十，思若涌泉，笔力愈劲，英特之气，至今凛然。周益公为隧碑，言先生刻意诗骚，后生投赆，率次韵以酬，多至百韵数十篇。然则此八诗，犹先生之细也。"（《攻媿集》卷七六，《影印文渊阁四库全书》本，第1153册，第236页）

④ （元）脱脱等《宋史》卷三九五《楼钥传》载："隆兴元年，试南宫，有司伟其辞艺，欲以冠多士。策偶犯旧讳，知贡举洪遵奏，得旨以冠末等。投赆谢谢公，考官胡铨称之曰：'此翰林才也。'"（第12045页）可见胡铨为他人印可延誉的热情。

⑤ （宋）楼钥《跋胡澹庵和学官八诗》云："隆兴改元，钥就试省闱，先生以秘书少监为参详官，钥策卷误犯'秦陵旧讳'，知举内相洪公方欲为之奏，闻先生赞其决，遂叨末第，盖优恩也。"（《攻媿集》卷七六，《影印文渊阁四库全书》本，第1153册，第236页）

寿观，卒后赠少师。当年科场上的这件事一方面反映出胡铨慧眼识英才，具有鉴识人才的能力，另一方面也体现了胡铨胸襟广大，颇有提携选拔聪明才智之士的拳拳之心。

胡铨晚年尤其喜欢与后生晚辈交游，乐此不疲。如胡铨与比他小二十四岁的后辈周必大时相过从，他们在日常生活中的饮酒赏花、品茶下棋、诗酒风流中找到了情感的共鸣。作为名流显人，爱与后生、士子交往，是胡铨性格中非常突出的一点。胡铨不但关心晚生后辈的学问，而且还关心后辈的生活及前途发展，极力地帮晚生后辈延誉援引，如胡铨在为杨万里的父亲作墓志铭时，特别介绍了杨万里的成长历程，对杨万里充满了爱护之情①。"与游最故"且为同乡前辈的胡铨对杨万里一生的影响是巨大而深远的。这在杨万里所作的《胡公行状》中也得到了印证②。有趣的是：胡铨为杨万里的父亲作墓志铭，杨万里后来又为胡铨作行状，他们之间的互相推崇与延誉十分引人注目。文字因缘逾骨肉。我们认为：杨万里对胡铨的赞赏，一方面是出于对胡铨的由衷敬意，另一方面在某种程度上怀有报恩的心理。正因有了杨万里的极力推崇，胡铨的精神世界与高尚人格得到了更多人的认可与欣赏，引起了后世人们的广泛同情与共鸣。

在西江流域的社会发展进程中，迁岭文人起了重要的作用，他们在这里的生活与创作，使西江流域的风景与事物可感可触，更加灵动鲜活起来，这就既延续了他们的文学生命，使他们的文学作品与当下生活息息相

---

① （宋）胡铨《杨君文卿墓志铭》载："庐陵杨万里将葬其父，以左从政郎前枢密院编修官杨文昌状，谒铭于某曰……公岁入束修之赀，以钱计者才二万，橐籥太毂，忍饥寒以市书，积十年得数千卷，谓其子：'是圣贤之心具焉，汝盍懋之！'绍兴甲戌，万里策进士第，调赣州户掾，再调永州零陵丞，皆侍公之官。每过庭，必曰：'俭则不贿。'尝携万里见无垢先生侍郎张公九成、澹庵先生今侍郎胡公某于赣，又见紫岩先生大丞相魏国张公浚于永，三公皆以宿儒赏之。而丞相尝荐其子改秩左宣教郎，授临安府学教授。逮归，而公寝病矣，盖隆兴二年二月也。公喜其子归，疾小逾。六月仲潘夕，忽呼万里曰：'吾梦登蓬莱山，且诵玉川子乘此清风欲归去之句，何祥也？'自是病益殆。八月四日早，作揪以坐，默而游。呜呼，其告之矣。享年六十有九。……某曰：'身之名扬以显亲，孝之终也。乞铭志墓，抑末矣。矧予文非凯费，亦曷足为不腐之托？'然万里与游最故，且诚以请，义不得辞，遂刚取其行实叙而铭之。"（《澹庵文集》卷二五，乾隆二十二年刊本；又见辛更儒《杨万里集笺校》附录四《有关传记资料及纪念文》，中华书局2007年版，第5337—5338页）

② 《诚斋集》卷一一八《胡公行状》载："至朱崖，或谂公以有后命，家人为恸，公方著书，怡然也。吉阳士多执经受业者，凡经坯冶，皆为良士。初，吉阳贡士未尝试礼部，公勉之行。及位于朝，乃请广西五至礼部者，乞不限年与推恩，自是仕者相踵。"［（宋）杨万里著，王琦珍整理：《杨万里诗文集》下，江西人民出版社2006年版，第1884页］

关，唤起了后人对迁岭前辈的缅怀，也加深了后人对迁岭前辈的崇敬与效仿，继续为当地文化事业添砖加瓦，有效地促进了西江流域精神文明事业的持续、健康发展。胡铨在岭海时不但传授给晚生后学以学问，而且为他们的应试入仕也给予了真挚热情、切实可行的指导，为当地文化事业的发展作出了巨大贡献。而后生、士子的投赞诗文，亦得到了胡铨的真诚酬答。胡铨收到晚生后辈的诗文后"必用韵酬答""率次韵以酬"，这些投赞诗文的后生、士子就相当于得到了名流显人的印证、认可，得到了进一步扬名、发展的机会。胡铨北返受到孝宗皇帝的重用时，他仍然关心惦记着西江流域及海南士子的前途，尽可能地为他们创造更加良好的入仕条件①。海南，曾经是胡铨的贬谪磨难之地，但他不忘故人，时常奖掖维护与提携帮助海南后学，这可以说是一种很难达到的人生境界。不仅如此，胡铨还乐于助人，热情洋溢地向孝宗皇帝推荐人才②。胡铨因主张抗战得到孝宗的重视，孝宗与他纵论天下英才，胡铨趁机向他推荐了自己熟悉的亲人好友、故旧相识，如胡镐、胡昌龄、胡籍、王庭珪、杨万里、周必正等，值得注意的是，胡铨还推荐了后来成为理学大师的朱熹。朱熹当时还只有三十四岁，胡铨已经六十二岁了，胡铨对晚生后辈朱熹的推荐，也可以看出他能够通过一双慧眼鉴别英才。杨万里在《与胡澹庵书》里提供了一个具体的细节，可见作为名流的胡铨，他的印可延誉在当时能起到重要作用。③

---

① （宋）周必大《文忠集》卷三〇《资政殿学士赠通奉大夫胡忠简公神道碑》载："既抵珠崖，著书怡然，不以死生介意，士执经从学多可观，预贡者相继赴南宫。其后公还朝，复请五至省者，许勿限年推恩，自是海岛颇有仕宦者。"（《影印文渊阁四库全书》本，第1147册，第336页）

② 《杨万里集笺校》卷一一八《胡公行状》载："（隆兴元年）上在讲筵，谓公曰：'卿之学术，士所甚服。'因及此曰：'文士如苏轼、黄庭坚者谁欤？'对曰：'未见其人。''诗人如张耒、陈师道者谁欤？'对曰：'太上时，如陈与义、吕本中，皆宗师道者。'上曰：'如韩驹、徐俯，皆有诗名，卿可广访其人。'退而荐王庭珪、朱熹、杨万里、周必正、弟镐、犹子昌龄、籍云。"（第4505页）胡铨在《卢溪先生文集序》中亦讲述了自己推荐好友王庭珪之事，读来令人感动："铨顷于榻前论先生人物云：'虽老，宰相材也。'盖用狄梁公荐张柬之语，上不以为过。然则上之知先生深矣，倘未死，其见用于时，殆未易量也。"（祝尚书编：《宋集序跋汇编》，中华书局2010年版，第1061页）

③ 《诚斋集》卷六五《与胡澹庵书》载："麻阳叔父有书于先生，欲求一字之褒于刘帅恭父，先生岂啬此于门者乎？蒙挥毫斜行，使僎人领之以归，某当即送似于麻阳也。钦夫犹外补，先生独无意乎？函文之侍，眇在天半，惟先生以身为社稷之依，可不爱重？"〔（宋）杨万里著，王琦珍整理：《杨万里诗文集》中，江西人民出版社2006年版，第1038页〕

胡铨以自己横溢的才华、高尚的人格为他赢得了良好的人际关系与远近皆知的名声，以至于黎族子弟也纷纷向他请教问学。据洪迈在《容斋随笔》中的记载："黎酋闻邦衡名，遣子就学。"① 而胡铨也以自己渊博的学问，高尚的人格，效仿前贤，指引当地子弟潜心向学。胡铨乐于与晚生后辈交往，特别重视乡邦文化的建设。在《葛司成祠堂记》中，胡铨一方面歌颂了庐陵人物之盛，另一方面对教育事业也高度重视②。胡铨不仅重视自己家乡的文化教育事业，也重视天下人才的培养。他为发展岭南地区的文化教育事业的拳拳之心在其《吉阳军劝谕修学》一文中得到了生动的体现，从中可以看出他的具体做法③。胡铨的心血没有白费，他的教育深刻地影响了他的学生。广西郁林人施峻因父亲在海南做官而跟随胡铨学习，胡铨鼓励他道："施生日读千余言不休，使得贤师友而加勉焉，其可量也耶！"④ 可见胡铨十分注重师友之间的深厚感情。《宋元学案》从学问传承的角度高度评价胡铨，指出："澹庵以孤忠谠论，震耀千秋。则其弟子之于春秋，非徒口讲耳受者矣。"⑤ 深受时人好评、有着很好名声的胡铨阅尽世态炎凉，仍然不失与人为善之心。这表明，他的生活是圆融婉转

---

① （宋）洪迈撰，孔凡礼点校：《容斋随笔》三笔卷一《朱崖迁客》，中华书局 2005 年版，第 436 页。

② 详参（宋）胡铨《葛司成祠堂记》，《胡澹庵先生文集》卷一九，乾隆二十二年刊本。

③ （宋）胡铨《吉阳军劝谕修学疏一》载："某扶自视事伊始，款谒先圣，窃见殿宇卑陋，堂室荒芜，欲一新之未能。今众学职锐然请表帅郡人：张大其制，某亦忻然割俸，效韩潮州劝谕修学故事。故兹疏示，各宜勉力。"（四川大学古籍整理研究所编：《全宋文》，第 195 册，第 207 页）《吉阳军劝谕修学疏二》载："扶以鲁《论》虽取于卑宫，义《易》特明于隆栋。况此诗书之圃，实为教化之关，不崇高则无以称数仞之墙，不壮大则何以昭百世之祀？一新其制，众力是资。出俸百千，敢庶几于潮守；改为十像，请矜式与邺侯。倘推教子之诚，共广育才之地。岂特一时之壮观，永为千古之宏规。庶宽州县直徒劳，无负朝廷之善养。"（四川大学古籍整理研究所编：《全宋文》，第 195 册，第 207 页）

④ （宋）胡铨：《送施峻序》，四川大学古籍整理研究所编《全宋文》，第 195 册，第 243 页。

⑤ （清）黄宗羲：《宋元学案》卷四五"清节萧三顾先生楚"条，中华书局 1986 年版，第 1146 页。萧楚是胡铨的同乡前辈，据《四库全书总目》卷一五八《澹庵文集提要》载："铨师萧楚，明于《春秋》，故集中嘉言谠论多本《春秋》义例，于南渡大政多所补救。"（《四库全书总目》，第 1360 页）胡铨跟随萧楚学习《春秋》，一生师事之，这对胡铨的人品学问、道德文章产生了深刻的影响。胡铨学本春秋，登甲科时为《春秋》第一，归来拜见萧楚于床下，萧楚诲之曰："学者非但拾一第，身可杀，学不可辱。毋祸我《春秋》乃佳。"此教诲掷地有声，胡铨的生平事迹可以说很好地诠释了萧楚的教导，"铨议论恳切，卓然为天下名臣"［（清）谢旻等监修：《江西通志》卷七五，《影印文渊阁四库全书》本，第 515 册，第 583 页］。萧楚绝意仕途，隐居三顾山下，著书立说、聚众授徒，主要传授《春秋》之学，终身不要，以学者终身，颇有名士之风。

的、很有弹性，很能适应环境，既在重大原则问题上敢于坚持不渝地斗争，也能在日常生活中世事洞明、人情练达。深沉细密的人生思考与旷达乐观的文化性格，使胡铨在贬谪之所也没有怨天尤人、自暴自弃，而是充分利用谪居岭海的充裕时间著书立说、聚众授徒、交流酬酢，凭借着自己的凝聚力、影响力和主战士人的巨大声望，既带来了自己文学创作的丰收，也促进了当地的文化建设事业，带动了周围的文人士子与他往来唱和。胡铨与其他迁岭文人，如李纲、李光、赵鼎等名臣显人的交游过从，更是一种巨大精神力量，促进了西江流域的文学活动，丰富了当地的文化内涵。

　　还有一则与朱熹有关的逸闻趣事，或许也可以补充说明胡铨高寿的秘诀。朱熹是胡铨的同乡晚辈，胡铨曾上章推荐过他①。朱熹也是积极主张抗金的，时至隆兴元年（1163），朝廷众臣除胡铨一人继续坚持主张抗金外，大多转向主和，而朱熹此时只有三十四岁，坚决支持胡铨的主战主张，痛斥和议，入临安奏事时强烈批判当时主张和议的参知政事周葵②，可见胡铨与朱熹在政治立场这一重要问题上是一致的。胡铨也十分欣赏朱熹这位青年才俊，反倒是朱熹对这位抗金老前辈的生活作风提出了异议③。此则记载表面上似说朱熹讥讽胡铨不能脱离色欲的诱惑而误平生，实则从此更能理解胡铨有血有肉、生气勃勃、元气淋漓的一面，正是由于胡铨热爱生活、热爱生活中一切美好的事物，他才能在岭海飘零十余年而得北归。四库馆臣对此有较通达的看法，指出：

---

① 据罗大经《鹤林玉露》甲编卷六"朱文公论诗"条载："胡澹庵上章，荐诗人十人，朱文公与焉。文公不乐，誓不复作诗，迄不能不作也。"［（宋）罗大经撰，王瑞来点校：《鹤林玉露》，中华书局1983年版，第112页］
② 详参束景南《朱熹年谱长编》，华东师范大学出版社2014年版，第309—311页。
③ （宋）罗大经撰，王瑞来点校《鹤林玉露》乙编卷六"自警诗"条载："胡澹庵十年贬海外，北归之日，饮于湘潭胡氏园，题诗曰：'君恩许归此一醉，旁有梨颊生微涡。'谓侍妓黎倩也。厥后朱文公见之，题绝句曰：'十年浮海一身轻，归对黎涡却有情。世上无如人欲险，几人到此误平生。'《文公全集》载此诗，但题曰'自警'云。……乃知尤物移人，虽大智大勇不能免。由是言之，'世上无如人欲险'，信哉！"（第229—230页）我们认为，在秦桧虎口余生的胡铨能幽默诙谐地写出"君恩许归此一醉，旁有梨颊生微涡"的诗句，正体现了他那旺盛的生命力与顽强拼搏的昂扬乐观精神。

铨孤忠劲节照映千秋，乃以偶遇歌筵，不能作陈烈逾墙之遁，遂坐以自误平生，其操之为已蹙矣。平心而论，是固不足以为铨病也。①

如果我们再作更进一步的思考，就会发现与胡铨一样被朝廷贬谪排挤出朝廷的白居易，不是一样在贬所时竟然与琵琶歌女产生了"同是天涯沦落人，相逢何必曾相识"的真挚情感吗？我们认为白居易在与琵琶歌女产生情感共鸣时也消解了自己的苦闷，在倾听他人诉说人生苦难遭遇时也排解了自己的抑郁不平，所以善于与人交往，尤其是善于与身边遇到的一些身份卑微鄙下的普通人交往，并与他们建立良好的人际关系，这是胡铨与白居易得享高寿的一个重要原因。无论是胡铨诗中描写的黎倩姑娘，还是白居易笔下的琵琶歌女，都是些普通人，可是一到胡铨、白居易笔下，就都有神、有味、有生活的情趣和人间的一份同情。这些都源于胡铨与白居易一样具有苦中亦可作乐的良好性格，他们与人交往时能够平等待人，以平常心对待身份地位比自己低的人，只有这样的人才能得到最广大的人们的认可，从而获得良好的人际关系。

五　胡铨的历史地位

胡铨因敢于直谏而被一贬再贬，几遭不测②，但他在贬谪岭南之地随遇而安，乐天知命，"晚遇圣天子擢用"，备受恩宠，他的人生有一个很好的完成过程。胡铨在中国历史上占有重要的地位。清人赵翼即指出：

自胡铨一疏，以屈己求和为大辱，其议论既恺切动人，其文字又愤激作气，天下之谈义理者，遂群相附和，万口一词，牢不可破矣！③

赵翼的说法十分准确。我们认为：胡铨能够留名天下，对中国历史产

---

① 《四库全书总目》卷一五八集部十一·别集类十一《澹庵文集提要》，第1360页。

② 胡铨在绍兴八年反对和议、乞斩秦桧、孙近、王伦之流，名震天下，当时就影响很大，秦桧对胡铨恨之入骨，将他与赵鼎、李光三人的姓名写在高宗所赐的"一德格天之阁"内，"欲必杀之而后已"。[（元）脱脱等：《宋史》卷四七三《秦桧传》，第13764页]

③ （清）赵翼著，王树民校证：《廿二史札记校证》卷二六，中华书局1984年版，第552页。

生如此巨大的影响，也得益于他的运气。他在秦桧死时才五十三岁。等到1162 年高宗皇帝退位，胡铨六十一岁。胡铨活到了七十九岁，他在主持抗战的宋孝宗当皇帝的时候继续活了十八年。在这十八年里，他受到了孝宗皇帝的隆重的礼遇，孝宗虚席召见他，对这位曾经为民请命、舍身求法的前朝义士充满了同情与爱意，一年之间九次提拔他，一月之内三度拜二千石之命，十拜迁秩之旨，恩宠备至。隆兴元年癸未（1163）岁五月三日晚，胡铨侍宴于后殿，作《经筵玉音问答》，详细记载了自己与孝宗相会之情景，从中可见胡铨备受孝宗恩宠之情状①。君臣二人通宵达旦长谈，是古之少有之"奇事"。他们在交谈之际真情流露，尽情地诉说人世沧桑之感、兴亡之慨，可见君臣关系之密切。我们注意到胡铨在与孝宗谈话时多处提及西江流域的新州，反映出西江流域的这段生活经历在胡铨一生中有重要影响，西江流域的社会声誉也由此而在中国文化史上得以彰显。

胡铨特别看重自己的此次际遇，他在《经筵玉音问答》的跋语中多次表达自己对孝宗的感恩之情，颇能反映他晚年的心境②。他深信自己的功德、言行一定能够流传久远，为后世子孙所铭记。这样的民族文化心理在

---

① （宋）胡铨撰《澹庵文集》卷二《经筵玉音问答·跋》载："上亲手拍予背曰：'卿流落海岛二十余年，得不为屈原之葬鱼腹者，实祖宗天地留卿以辅联也。'予忽流涕答曰：'小臣三迁岭海，命出虎口，期今日再见天日。'上亦拭泪曰：'卿被罪许久，可谓无辜，天下知之，不在多说。'乃就坐，食两味八宝羹。上谓予曰：'此味极佳，内有蚌肉，犹可吃饭。'予答曰：'臣向在新州，日食海味，但于此则间尝。'上谓予曰：'此乃前日琼守张英臣所进者。'……顷上谓予曰：'朕无事时思卿赴贬之时心思如何？'予答曰：'只是伴著一片至诚心去，自有许多好处。'……上谓予曰：'卿向在海南时为诗必多。'予答曰：'臣向居岭海时，日率作诗十数首。初任福州金判，以诗词唱和，得罪，故迁新州，及居新州，又以此获遣，复徙吉阳军，甚矣！诗词能祸人也。如此今既蒙录用，静思二十年前为之坠泪。'上答曰：'桑田变为大海，大海变为桑田，古宇今宙，多少更易，此事非特卿坠泪，朕亦不知几拭泪矣！世事殊异，无可奈何！'予又奏曰：'臣向者谪新州，时兄锋在家，生母曾氏在堂。臣只携妻刘氏在任所。臣长男泳乃绍兴戊午冬生于姑苏，次男澥乃戊辰夏生于新州，次男浃乃甲戌生于吉阳军。甲戌春正月八日生母曾氏丧于家而臣不知，于五月四日方收家问，臣惟有朝夕辟踊痛哭，恨此身不即死与母相见于黄泉。'予言之，不觉泪下，上亦愀然……陛下且尚有侍宴之日，于是侍上入内，至候春门。予揖退至中书，远望正门已启，百官毕escort候朝。梅豀王十朋问曰：'何来？'予乃大笑，握其手曰：'老夫夜来，终夕不寝，今归自天上，此段奇事，兄岂容不知！'于是，即盥洗更朝服而见。"（《影印文渊阁四库全书》本，第 1137 册，第 26—29 页）

② （宋）胡铨撰《澹庵文集》卷二《经筵玉音问答·跋》载："予半生岭海，晚遇圣天子擢用，一岁之间，凡九迁其职。一月之间，凡三拜二千石之命，十拜迁秩之旨。至于隆兴癸未夏侍宴之恩，古今无比。"（《影印文渊阁四库全书》本，第 1137 册，第 29—30 页）

胡铨的《家训·序》中亦有生动、明白的表述①，反映了胡铨回首平生时的人生思考与文化性格②。在此《家训》中，胡铨特别提及自己因上高宗封事、反对与金人议和而被谪居西江流域新州一事，提醒自己的子孙做人要正直，要坚强不屈、敢于伸张正义，为正义之事"虽九死其犹未悔"。当然，其中也透露出他想告诫子孙，今日的荣耀与幸福生活来之不易，要懂得珍惜，努力为国为民做出自己应有的贡献，而不应该像那些纨绔子弟、富贵公子一样，只图眼前的享受，忘记了祖上创业之艰，以至虚度青春，耽误了大好年华，让祖上蒙受羞耻。实际上，胡铨的这番苦心没有白费，他的功德、言行，不但为自己的后世子孙所铭记，也为现代学者所关注。

对于胡铨上疏的深刻历史意义，文学史家郭预衡先生指出，此乃"一篇敢说敢骂的文章。给天子上书，敢于如此放肆，汉唐以来，并不多见"③。史学大师吕思勉先生非常重视胡铨的言行，将其视为民族主义"逐渐成长"时期的一个重要标志，对其愤然上《戊午上高宗封事》此举的意义进行了高度评价，指出了"民族主义"形成之因及其重要意义④。在这

---

① （宋）胡铨《澹庵文集》卷三《家训·序》载："淳熙庚子四月日诏加资政殿学士致仕，是月之望，告之祖考会诸姻亲，暮景至此，不亦乐乎。顷年经筵，蒙玉音曰：'祖宗创门之艰难，未有不自子孙不肖破之，朕今保太祖之国家，亦犹卿子孙他日保卿家门户也。'有感于兹，斐然纵成古律一通，以训予之子孙者，愿世世子孙努力云。"（《影印文渊阁四库全书》本，第1137册，第33页）

② （宋）胡铨：《澹庵文集》卷三《家训》，《影印文渊阁四库全书》本，第1137册，第33—34页。

③ 郭预衡：《中国散文简史》，北京师范大学出版社1994年版，第421页。

④ 吕思勉《吕著中国通史》载："试看宋朝南渡以后，军政的腐败，人民的困苦，而一部分士大夫反溺于晏安鸩毒，歌舞湖山可知。虽其一部分分子的腐化，招致了异族的压迫，却又因异族的压迫，而引起了全民族的觉醒，替民族主义，建立了一个深厚的根源，这也是祸福倚伏的道理。北宋时代，可以说是中国民族主义的萌蘖时期。南宋一代，则是其逐渐成长的时期。试读当时的主战派，如胡铨等一辈人的议论，至今犹觉其凛凛有生气可知。固然，只论是非，不论利害，是无济于事的。然而事有一时的成功，有将来的成功。主张正义的议论，一时虽看似迂阔，隔若干年代后，往往收到很大的效果。民族主义的形成，即其一例。论是非是宗旨，论利害是手段。手段固不能不择，却不该因此牺牲了宗旨。历来外敌压迫时，总有一班唱高调的人，议论似属正大，居心实不可问，然不能因此而并没其真。所以自宋至明，一班好发议论的士大夫，也是要分别观之的。固不该盲从附和，也不该一笔抹杀。其要，在能分别真伪，看谁是有诚意的，谁是唱高调的，这就是大多数国民，在危急存亡之时，所当拭目辨别清楚的了。民族主义，不但在上流社会中，植下了根基，在下流社会中，亦立下了一个组织。"（《吕思勉全集》，上海古籍出版社2016年版，第2册，第337页）

个历史进程中，南宋迁岭文人胡铨起到了巨大作用，"收到很大的效果"。如果继续深入研究下去，我们会发现，"民族主义"的形成与"民族共同体"有着千丝万缕的内在联系①。吕思勉先生在其《中国通史》中表达有关"是非""利害"的观点，与清人赵翼议论宋金和战之争时提出的"义理""时势"之论有异曲同工之处②。讲是非，谈义理，不但是胡铨心中巨大成就感的重要来源，也是他获得长寿的一个因素。

中国儒家思想提倡"仁者寿"。我们在研究胡铨的长寿之因时，发现胡铨身上体现出的民族文化性格，确实是我们"民族大多数成员所认同和景仰的精神内核，表现为一个民族独特的精神风貌"③。胡铨身上所体现出来的民族文化性格对于他在西江流域这个特定社会生活环境的生存和发展具有极其重要的价值与意义，反映出士大夫们最根本的价值取向，对于整个南宋迁岭文人群体具有巨大的凝聚作用。

我思故我在，人不过是其思想的外化，心有所思，人即成之。现代医学已经认识到人的寿命长短与其心理因素、文化性格、人生态度之间存在着密不可分的内在联系。胡铨成功的一个重要因素就在于他的高寿，在"半生岭海"之余，能熬到晚年，从而"遇圣天子擢用"。由此可见，长寿，对于历经磨难、饱受折磨而又有勇有谋的南宋迁岭文人来说难道不重要吗？正是在这个意义上，我们对胡铨长寿之因的探究，可以从一个独特的视角来触及中华民族优秀传统文化的精神内核。

第二节　黄公度文化性格形成的地域因缘

宋室南渡，有不少士人南奔岭海，黄公度即其中之一。南宋迁岭文人

① 张兵娟在《媒介仪式与文化传播——文化人类学视域中的电视研究》一文中指出："人们总是希冀在民族共同体及本民族的历史与文化中找到民族主义的力量与韧性，建构其文化身份和自我认同。"（《现代传播》2007年第6期）

② 赵翼指出："义理之说与时势之论往往不能相符，则有不可全执义理者，盖义理必参之以时势，乃为真义理也。"〔（清）赵翼著，王树民校证：《廿二史札记校证》卷二六，中华书局1984年版，第552页〕

③ 吴灿新：《民族精神的涵义和价值》，《学术研究》2003年第11期。

黄公度久负盛名，其贬谪至岭南肇庆的原因，主要有两个方面：一是与秦桧的政敌、当时名臣赵鼎往来酬酢、时相过从、交往甚密；二是写诗讥讽时政而得罪了权奸秦桧，特别严重的是其欲著野史以讥讪讽谤时政尤其是要贬斥秦桧，从而遭到报复。我们在分析黄公度贬谪岭南原因的基础上，对黄公度的文化性格、人生思考及其在贬所肇庆的政事治绩与文学创作详加辨析，力图对黄公度在肇庆所作之词的思想内涵、审美风貌进行客观、公允的评价。

南宋状元到肇庆对西江流域的社会变迁与文化发展是一件值得庆幸的大事。黄公度（1109—1156），字师宪，号知稼翁，绍兴八年（1138）进士第一①，是南宋抗议秦桧高压政策时引人注目的一位重要人物。关于黄公度中状元一事，历史上有一些传奇的记载②。这些记载虽然具有传说的色彩，然从中亦透露出一些文化信息。尤其是黄公度与"南宋四名臣"之一的胡铨交往，值得我们注意。"新兴酒绝佳，闽人重之"也反映了南宋时期西江流域的特产在南宋迁岭文人生命历程中的重要意义，迁岭文人自然而然就于笔底纸端将其表现出来了。黄公度中状元后签书平海军节度判官，除秘书省正字。本有大好前程，却因与赵鼎往来，并以诗忤秦桧而遭罢斥，被罢职主管台州崇道观，后更被贬谪至荒远的西江流域地区达十年之久，其间曾任肇庆府通判七年左右。因在肇庆通判任上治绩突出、效果显著，引起朝中大臣及高宗皇帝的关注及赏识。在秦桧死后，黄公度很快复起，仕至尚书考功员外郎兼金部员外郎。绍兴二十六年卒，年四十八。

在有关黄公度的传记资料中，特别引起我们注意的是厉鹗所辑撰的

---

① （元）脱脱等《宋史》卷二九《高宗本纪》六载，绍兴八年戊午（1138）六月十八日（壬申），赐礼部进士黄公度以下三百九十五人及第出身（第536页）。又据（宋）吴自牧著《梦粱录》卷一七"状元表"条载是年状元："八年戊子，黄公度。"[（宋）吴自牧著，周峰点校：《梦粱录》，文化艺术出版社1998年版，第266页] 南宋时期福建省中进士的人很多，就在黄公度中状元的那年，与他同时中进士的同乡就有三十多人，据（宋）何薳撰，钟振振校点《春渚纪闻》卷二"黄涅槃谶语"条载："黄公度，兴化人。既为大魁，郡人同登第者几三十人。"（《宋元笔记小说大观》，上海古籍出版社2001年版，第3册，第2372页）

② 据《夷坚支志》戊卷九载："黄师宪魁省闱时，胡邦衡以枢密院编修官点检试卷，得其程文，黄袖启谢之，有'欲治之主不世出，大名之下难久居'之语。胡虽赏其骈丽精切，而讶'难久居'之句为不祥。后胡获罪来福州，黄致子鱼红酒为饷，胡报以诗曰：'盈尺子鱼来丙穴，一瓶女酒敌新州。'自言以子对女，丙对新为工。盖新兴酒绝佳，闽人重之，故形于诗句。未几，胡再谪新州，黄亦不至达官。所谓难久之词，皆先谶也。"（转引自周勋初主编，葛渭君、周子来、王宝华编《宋人轶事汇编》，上海古籍出版社2014年版，第2248—2249页）

《宋诗纪事》，其卷四十五所选黄公度的五首诗中，有两首选自《肇庆府志》、两首选自《广东通志》，而且这两首选自《广东通志》的诗实际上也是描写肇庆风光及诗人在肇庆的心迹情感。从厉鹗《宋诗纪事》中所选之诗、所纪之事，我们也可以看出迁岭文人黄公度与西江流域，尤其是与肇庆地区关系之密切程度①。除此之外，黄公度还作了《中秋西江上》的六言诗，诗云："月色今宵万里，笛声何处孤舟。世事堪惊流水，乡心不忍登楼。"② 黄公度诗中风景如画的"端州"、东流而去的"西江"，都明确表达了诗人对肇庆风物的赞叹与留恋。当然，水是故乡甜，月是故乡明，肇庆风物的美好仍然抵挡不住诗人对故乡的思念。黄公度"得江山之助"，写出了动人的诗句。另外，江山还需伟人扶，黄公度流落到西江流域的端州，通过写诗填词，为当地的江山留下了"胜迹"，供世人登临之际，领会到西江流域风物的奇伟壮丽与迁谪文人在此地生活时丰富复杂的心迹情感。他在《自恩平还题嵩台宋隆馆二绝》中提到的"嵩台"，即是广东省肇庆市七星岩，"嵩台揽月"是肇庆七星岩的一个重要景点。据王象之所撰《舆地纪胜·肇庆府·景物下》记载七星岩："石室山。《元和郡县志》云：'在高要县北六里。'《图经》云：'唐天宝六年，改为嵩台山。'《南越志》云：'高要县有石室，自生风烟，南北二门状如人巧，号为神仙之下都，有笋石，土人谓之嵩台。'又，唐北海李邕有镌石洞门之内，今为七星岩。"③ 我们从王象之对七星岩记载的案语、考订中，可见此书"收拾之富，考究之精"，故为时人所称道。黄公度在咏叹肇庆七星岩即嵩台的美景时感叹"无端却被东风误"，应当是感叹自己功业无成、年

---

① 《宋诗纪事》卷四五"黄公度"条如下："包孝肃清心堂：'千里有余刃，一堂聊赏心。庭虚延远吹，簾敞受繁阴。休吏簾初下，忘怀机自沈。人间足尘土，无路到清襟。'（《肇庆府志》）分水岭：'呜咽流泉万仞峰，断肠从此各西东。谁知不作多时别，依旧相逢沧海中。'（《肇庆府志》：黄公度为秘书省正字，贻书台官，言者谓其讥讪时政，罢为主管台州崇道观，过分水岭，有诗云云。及公归莆，赵丞相鼎谪居潮阳，谗者附会其说，谓公此诗指赵而言，将不久偕佪还中都也。秦桧怒，令通判肇庆府。）题嵩台二绝：'四山如画古端州，州在西江欲尽头。漫道江山解客留，老夫归思甚东流。''松菊壶山手自栽，二年羁宦客嵩台。无端却被东风误，又作恩平一梦回。'（《广东通志》）"［（清）厉鹗辑撰：《宋诗纪事》，上海古籍出版社2013年版，第1137—1138页。《自恩平还题嵩台宋隆馆二绝》，《知稼翁集》卷下，《影印文渊阁四库全书》本，第1139册，第580页］
② （宋）黄公度：《中秋西江上》，《知稼翁集》卷下，《影印文渊阁四库全书》本，第1139册，第573页。
③ （宋）王象之：《舆地纪胜》卷九六《肇庆府·景物下》，中华书局1992年版，第3023页。

华逝去，表现了当时迁客骚人寓居岭南时普遍性的心态情感。

黄公度迁谪岭南后的身份、角色较之以往发生了改变，由文士、志士、谒客转到迁客，凸显了迁客这一文人群体的独特生存状态，体现出一种独特的社会心理，反映在词作、记录在词史上的便是一种独特的审美风貌。鉴于黄公度与西江流域尤其是与肇庆的密切联系，我们在此节重点探讨黄公度文化性格形成的地域因缘及其在贬所的政事治绩与文化贡献。

一　黄公度在肇庆的人生思考

黄公度在被贬之初，深切体验到人生荣辱、祸福、穷达、得失之间的巨大反差与鲜明对比，感情十分沉痛。在《谢授肇庆倅启》中感叹身世："名重而实不副，命乖而与世多违。一辱泥涂，五移岁月。托身余润，如行雾露之中；回首旧游，若在云天之上。不图流落，尚轸记怜。置之偏州，宠以别乘。"① 在《将赴高要官守书怀》中自抒怀抱："古来仕路多机阱，我复情田少町畦。回首壮图犹拾沈，惊心往事屡吹齑。不因昏嫁那能许，此去声名敢厌低。但使安闲更强健，何妨流落在涂泥。"② 这种"一辱泥涂""流落在涂泥"的现实生活境遇及其"回首旧游，若在云天之上。不图流落，尚轸记怜"的怀想之悲，表现了南宋迁岭文人在贬谪岭南后的普遍生活体验，他们经常性地怀念往昔的快乐生活。在痛苦的现实生活里回忆往日的欢乐事，更增添了他们的感伤惆怅，这种由今昔对比产生的怀想之悲，也是南宋迁岭文人群体悲剧性生命体验的表现之一。他们感慨曾经拥有的富贵繁华，都在一日之间如一场春梦般消逝了。

这种由今昔对比产生的人生感慨十分深沉。面对那荒园丘墟，黄公度既没有像一般迁岭文人那样只沉湎于往事的回忆中愁苦、哀怨、低徊掩抑、不能自拔，更没有沉湎于往事之中而无计可施、索寞以待，而是能够自我开解、排遣心中的苦闷抑郁。"但使安闲更强健，何妨流落在涂泥"就生动有力地展现了他面对贬谪生活的人生思考与文化性格，将自己独特的人生体验融入诗歌之中，表现了他对人生、社会、历史的独特看法。又如，《再用韵书怀》也颇能反映他渐入岭南瘴疠之地的开阔胸襟："行行渐

① （宋）黄公度：《知稼翁集》卷下，《影印文渊阁四库全书》本，第1139册，第550页。
② （宋）黄公度：《知稼翁集》卷下，《影印文渊阁四库全书》本，第1139册，第573页。

入瘴乡深，官事从人笑我侵。越俎代庖真有愧，逢场作戏本无心。宾僚暇日一杯酒，杖屦西园十亩阴。政尔无能落闲处，且从猿鸟觅知音。"① 类似的情绪在他的《赴南恩道间和杨体南三首》中亦有生动的表现："再岁大江滨，了无功可程。行行看绝塞，碌碌更专城。不作安巢鸟，应惭出谷莺。赖同草玄手，时抱一经横。""身在东西南北居，心安到处即吾庐。穷途俗眼休相薄，沮洳焉知无大鱼。白鸥应怪旧盟寒，斗粟低徊真强颜。更度桑干隔并土，不堪回首旧家山。"绍兴十九年，黄公度通判肇庆府，后摄知南恩州。这些诗就作于他赴任南恩州途中。这样的自嘲之语，实际上说明他具有与命运抗争的勇气和为改变命运而采取主动出击的行为。因为只有自信自强自立的人才能够如此自我解嘲，正视生活的困顿与自己的弱点和不足，消遣现实生活中的尴尬无奈，从而振作精神、强健身心，开始一段新的人生旅程。

黄公度一直在努力奋斗、寻找摆脱困境的方式。他这种宽和乐易、笑看风云、积极向上的文化性格十分有利于他的事业发展与文学创作，前人对此已有所发现和描述②。黄公度以肇庆府通判的身份权摄南恩州（治今广东阳江）使君时，为当地的文化教育作出了巨大贡献，经常指导当地士子学习写诗作赋，提倡教育，黄公度也因此而入了《广东通志·名宦志》③。据载：

① （宋）黄公度：《知稼翁集》卷下，《影印文渊阁四库全书》本，第 1139 册，第 577 页。

② 据《宋左朝散郎尚书考功员外郎黄公行状》载："公宽和乐易，喜愠不形于色。与人交，忘其短。其为人力可及，无所爱。士有寸长，即退然下之。尤不喜闻人过，平居泛然，若无所可否，而胸中泾渭明甚，于所厚善，眷眷不能舍。"（四川大学古籍整理研究所编：《宋集珍本丛刊》，线装书局 2004 年版，第 44 册，第 77 页）又据《宋尚书考功员外郎黄公墓志铭》载："公负大科名，益修远业，学识淹该，词气涵浩。其议论文采，含起草之姿。"（《宋集珍本丛刊》，第 44 册，第 78 页）

③ 能载入《广东通志·名宦志》的都是对广东地区社会发展做出重要贡献的仕宦之人，他们或者是才能突出，或者是品德高尚，或者是德才兼备，可为万世师表，因此而留下美名。其中有许多士大夫在西江流域地区兴学办学，推广教育，培养人才，采取一系列有力措施来促进当地经济、文化、教育事业的长远发展，为此而贡献了自己的才华与力量。据《广东通志》卷三八《名宦志》载："宦何以以名名者，实之宾也。以廉名，以知名，以能名，以勇名，以勋业名，以节义名，纪之司勋名于朝，播之诗歌名于野，传诸学士大夫名于一时，勒诸彝鼎斾常名于万世。名之义大矣哉！粤亦仕国也，石门之泉，合浦之珠，端江之砚，其名香矣。自陶唐迄今，史不绝书。"［（清）郝玉麟等监修，鲁曾煜等编纂：《广东通志》卷三八《名宦志》，《影印文渊阁四库全书》本，第 563 册，第 596 页］

黄公度字师宪，莆田人，绍兴八年进士第一人，为秘书省正字。坐与赵鼎往来，为秦桧所忌，十九年通判肇庆府，摄南恩守。增学廪，育贤才，学者用劝，南恩自唐贞观置郡至是始有登第者。及桧死，召对，乞揽乾纲，厚风俗，高宗嘉纳之，询以岭外弊事。公度曰："广东小郡有十年不除守臣者，权官苟且，郡政废弛，民受其弊"，高宗曰："卿归吏部，当无此弊"，遂以公度为考功员外郎。①

由此段《名宦志》的记载，我们可以看出研究西江流域社会发展变迁与南宋迁岭文人关系的几个重要问题。第一，西江流域地处偏远，文化落后。当时岭南地处偏远，尤其是西江流域的古端州地处岭南，属于广南东路，与中原之间五岭横隔，交通阻塞，语言不能相通，当时有"杀人祀鬼""巫觋挟邪术害人"的陋俗，是名副其实的蛮荒之地，文化之落后可想而知。第二，西江流域地区在当时缺少有力的政府治理，人才稀缺。正因西江流域文化落后，经济贫困，风俗野蛮、愚昧，中原官员宁可赋闲，也不愿意到广南地区做官，导致"广东小郡有十年不除守臣者"的状况。以端州为中心的西江流域地区因此而缺少有能力的官员来发展当地的文化教育事业，这是当时西江流域社会发展滞后的一个重要因素。第三，南宋迁岭文人黄公度意识到了问题的关键在于人才的稀缺，影响了社会经济的长足发展，他采取一系列的有力措施，极力改变西江流域落后的文化面貌，兴办学校，推行教育，培养人才，促进了西江流域社会的长远发展。其中特别值得我们注意的是：黄公度"增学廪，育贤才，学者用劝，南恩自唐贞观置郡至是始有登第者"，西江流域社会发展与南宋迁岭文人的密切联系由此可见。

黄公度赴朝廷面见高宗后仍关心西江流域的发展，提出西江流域人才缺少的问题与选拔有才能的实干人才任职西江流域的建议，高宗欣然接受，并对他委以重任，黄公度的政事治绩、行政才能由此可见。若天假以年，黄公度应该能为西江流域的社会发展做出更加重大的贡献。

---

① （清）郝玉麟等监修，鲁曾煜等编纂：《广东通志》卷三九《名宦志》，《影印文渊阁四库全书》本，第563册，第689页。

二　黄公度在肇庆的政绩与对肇庆风光的歌咏

黄公度在西江流域谪居时不仅仅要面对政敌的迫害，还要解决现实的生活问题。虽然环境艰苦，黄公度并没有自暴自弃，而是想方设法活在当下，与当地百姓融为一体，造福百姓，他也在其中自得其乐。如龚茂良《宋左朝散郎尚书考功员外郎黄公行状》就记载一件黄公度通判肇庆府时为受胥吏陷害之书生平反的光辉事迹，至今读来仍然令人深感欢欣鼓舞①。黄公度摄知南恩州时亦为当地百姓谋福利、干实事，为发展当地的文化教育事业作出了重要贡献，据龚茂良所作《宋左朝散郎尚书考功员外郎黄公行状》载：

> 居亡何，部使者檄公摄守南恩。至则决滞讼，除横敛，人安乐之。增学廪二百余斛，择其秀民，与之登降揖逊，学者用劝。南恩自唐贞观置郡，至是，始有梁作心者由科目登仕版，邦人相率绘公祠于学。②

南宋之前，受教育者主要还局限在地主、官僚或富商子弟。宋室南渡之后，随着大批文人迁岭南来，他们在当地办学、书院林立，各类学校或者书院，尤其是乡塾村校、私家讲学的发展，进一步发展了当地的文化教育事业，也促进了西江流域的社会变迁与文化发展。这样的现象在宋室南渡以来出现，十分引人注目。南宋各个地方的教育因此而获得了显著变化。据统计，宋代书院共有 397 所，其中南宋就占了 310 所③。由于迁岭文人的努力，当时的私塾村校在西江流域如雨后春笋般涌现出来，文化教育得到了前所未有的普及。岭南本地人才的培养，无疑体现出中国文化重心向南迁移的某种趋势。南宋迁岭文人在西江流域的文化教育活动有其巨

---

①　（宋）黄公度《知稼翁集》卷后所附载："高要于百粤尤荒远，非以罪迁及资浅躐授者不至。或唁公，公笑曰：'是独不可为政耶？'先是，属邑胥于道得铜，寓书生舍，既而诬以为金，郡置之狱。狱且具，生婴甚，抑于有司，莫能明。公至，一问得其情，立出之，以其罪罪诬者，府中折服，军赖以无事。"（《影印文渊阁四库全书》本，第 1139 册，第 583 页）
②　（宋）黄公度：《知稼翁集》卷后所附，《影印文渊阁四库全书》本，第 1139 册，第 583 页。
③　详参何忠礼《论南宋在中国历史上的地位和影响》，《杭州研究》2007 年第 2 期。

大的意义和深远的影响①。黄公度在西江流域的文化教育活动就是一个典型案例。由此可见,南宋迁岭文人即使是在环境恶劣的情况下也不放弃做好人、干好事以求改变自己命运、改善人民生活的机会。

黄公度还在肇庆地区登临揽胜,时时创作诗词歌咏肇庆山水名胜,如七言律诗《题七星岩》,就写尽了肇庆山水美景及其作为迁客逐臣徜徉其中的复杂心情:

> 天上何时落斗星,化为巨石罗翠屏。洞拆三叉盘空曲,壁立万仞穿青冥。客寻旧路不知处,龙去千载犹闻腥。欲访仙子问真诀,岩扃寂寂水泠泠。②

七星岩是肇庆的一大景观,湖岩交错,点缀如星,又以湖岩石洞取胜,因岩峰布列恰似北斗七星得名。星岩美景自古以来闻名遐尔,有关七星岩的传说更是丰富多彩,为本地民间广泛流传,历代文人墨客均留有诗句。如唐代著名书法家李邕就曾在肇庆留下足迹,至今肇庆七星岩仍保存着李邕书写的碑文。当时南宋迁岭文人亦很看重前人在肇庆留下的这些文化遗迹,曾几在《肇庆守郑子礼以李北海石室碑见寄辄次山谷老人韵为谢》中对肇庆七星岩的北海石室碑文进行了热情洋溢的讴歌③。黄公度在这首诗中用"天上何时落斗星,化为巨石罗翠屏",和"欲访仙子问真诀",则运用了北斗七星化作七星岩的传说。

黄公度在通判肇庆府时,还创作了赞美肇庆名胜披云楼、清心堂、包

---

① 陈正祥先生曾专门就这一问题提出了自己的见解,他指出:"方志中的选举一门,系记录当地人士的科举功名,如秀才、举人和进士等,颇能反映文风或人才的盛衰。而此项盛衰演变,亦有其地理背景;同时也暗示了文化中心的迁移。在选举门中最被重视的为进士,这是我们古代的一种学位;大致有点像现代的 Ph. D. 。但大多数时期,所订标准较美国目前泛滥的博士学位为高。当唐代的全盛时期,中进士的人多数限于中原;江南寥寥无几,岭南更谈不到。到了宋代,江淮一带中进士的渐多。及到明清二代,情势倒转过来;江南成为人文渊薮,中原相形见绌。方志之中,有进士的详细记录,正可利用进士籍贯分布的变迁,来研究中国文化中心的迁移。"(陈正祥:《中国文化地理》第二篇《方志的地理学价值》,生活·读书·新知三联书店 1983 年版,第 48 页)

② (宋)黄公度:《知稼翁集》卷下,《影印文渊阁四库全书》本,第 1139 册,第 577 页。

③ (宋)曾几《茶山集》卷三《肇庆守郑子礼以李北海石室碑见寄辄次山谷老人韵为谢》诗云:"吾评古法书,固自有高下。端州遗我石室碑,一字千金恐非价。莫邪之剑难争锋,李公落笔神气同。诗鸣一代属山谷,草根亦能吟秋虫。"(《影印文渊阁四库全书》本,第 1136 册,第 493 页)郑子礼,作为肇庆守的政绩,值得我们进一步深入研究与探讨。

公堂的诗篇。如《和章守三咏·披云楼》诗云："飞楼跨危堞，云雾晓披披。形胜供临眺，公馀来燕宜。江横睥睨阔，山入绮疏奇。风月本无价，君侯况有诗。"① 此诗是写给肇庆知府章元振（约1091—约1155）的。章元振字时举，福建崇安县（今武夷山市）人，政和五年（1115）中进士。他和秦桧同科登第，秦桧当国时，他甘于远宦，不与秦桧往来。他曾任洪州分宁县尉。任期内除暴安良，断案英明。潮州远离京都，政令多受阻挠，他极力除弊革新，颇有建树②。黄公度写这首诗时，章元振知肇庆府。后来章元振升朝议大夫、广东提举。披云楼始建于政和三年，端州郡守郑敦义将肇庆土城拓为砖城时所增创，并作匾于楼上，名曰"披云"，屹为一郡之伟观。由于崇楼杰阁，形势插天，故又称"飞云楼"。黄公度在绍兴十九年（1149）通判肇庆府时，写下了这首赞美披云楼的诗篇，披云楼在肇庆府的城墙上，前瞰西江，后枕北岭，气势雄伟，令人叹为观止。

除此之外，黄公度《和章守三咏》的另外两首诗是其吟咏肇庆名胜清心堂、包公堂的五言律诗③。肇庆是包拯的"成名地"，包拯掌管端州三年，"包拯不持一砚归"的故事就发生在肇庆④。包拯之后，越来越多的迁

---

① （宋）黄公度：《知稼翁集》卷下，《影印文渊阁四库全书》本，第1139册，第579页。

② 详参（清）郝玉麟等监修，鲁曾煜等编纂《广东通志》卷三九《名宦志》，《影印文渊阁四库全书》本，第563册，第687页。

③ （宋）黄公度《知稼翁集》卷下载："华堂传绘事，昭代得仪型。迹与莓苔古，名争兰茝馨。清风无远近，乔木未凋彤。今日砑坭手，依然庾鹤形。"（《右包公堂》）"千里有余刃，一堂聊赏心。庭虚延远吹，檐敞有繁阴。休吏帘初下，忘怀机自沉。人间足尘土，无路到清襟。"（《右清心堂》）（《影印文渊阁四库全书》本，第1139册，第579页）

④ 据《广东通志·名宦志》记载："包拯，字希仁，合肥人，天圣五年进士，除大理评事，调知天长县，有异政。徙知端州，临事明察，不遗隐伏，人称之为神明。端产砚，前守缘供贡率取数十倍以事权贵。拯命制者止足贡数，岁满不持一砚归。寻拜监察御史，疏请选广南知州，又奏请广南添差职官章再，上从之，擢龙图阁待制知开封府尹，拜枢密使，人以其笑比黄河清，童稚妇女亦知其名，京师语曰关节不到，有阎罗包老，卒谥孝肃。"[（清）郝玉麟等监修，鲁曾煜等编纂《广东通志》卷三九《名宦志》，《影印文渊阁四库全书》本，第563册，第685页] 端州处于西江岸边，长年水患不断，包拯到任后，修建城墙，以绝水患，至今肇庆仍在的宋城墙遗址，就是包拯修建时留下的。包拯来到岭南之前，端州从未建立官学，也无书院，缺少系统培养人才的机构，文化教育非常落后，民风愚昧，与当时中原地区书院文化昌盛的景象存在巨大反差，本地人才稀少，影响了西江流域社会文化的发展。包拯到端州后采取了一系列有力措施，极力改变西江流域落后的经济文化面貌，开始兴办书院，推动文化教育事业的发展，培养各方面的人才。包拯赴京任职后，仍然关心西江流域的社会发展，他连上三疏：《请选广南知州疏》《请广南添差职官疏》《再请广南添差职官疏》（详参吴祇若《跋包孝肃奏议》，《包拯集编年校补》附录，黄山书社1989年版），向朝廷报告西江流域人才稀少，急需人才的状况，建议选拔推荐有德能的各类人才来西江流域任职，这些举措极大地促进了西江流域的社会变迁与发展。

岭文人来到西江流域,他们在清正廉洁、实干兴邦、治理经济、推行教育、发展文化、培养人才等方面都以包拯为榜样,为促进西江流域社会的长远发展做出了自己的贡献。黄公度就是其中的突出代表,他在诗中表达了尚友古人,要与北宋名臣包拯为同调的积极态度,在肇庆这样的蛮荒之地也要保持自己高洁的人格尽心竭力发展文化教育事业,为当地百姓谋福利的强烈愿望。在兴办教育,推进文化事业,培养人才,促进西江流域社会的长远发展方面,黄公度与包拯有前后一脉相承的关系。

值得一提的是,黄公度还有些词是写于岭南肇庆的。如写给傅雱的《眼儿媚》《朝中措》两首词就很有代表性①。傅雱在建炎元年(1127)借工部侍郎充大金通和使,被留,后得归。建炎四年因安抚孔彦舟军,进为朝奉大夫。绍兴二年又因孔彦舟叛乱,被停官,英州羁管②。绍兴九年始许自便③,后寓居广州。在广州期间,傅雱与黄公度一起交游唱和,他写了咏梅词给黄公度,黄公度时在肇庆,依韵和之,很能反映他在肇庆时的生活状态与心迹情感。

除此之外,黄公度还作《谢傅参议彦济雱惠笋用山谷韵》给傅雱④,我们把黄公度的诗词参照起来阅读,或许能够发现一些更深层次的问题。南宋迁岭文人谪居岭南后,他们的生活并非完全隔离的,往往通过诗词唱和来寻找志同道合的朋友。如黄公度、洪适、傅雱等人迁居岭南时就常常通过诗词来互诉衷肠,结成患难之交。尤其值得注意的是:傅雱还是洪适的父执,他曾经在建炎年间与洪适之父洪皓一起出使金国,洪适尊称傅雱为丈,写了《临江仙·傅丈生日》《好事近·别傅丈》等词赠送给他。其

---

① 《全宋词》第2册载:"一枝雪里冷光浮。空自许清流。如今憔悴,蛮烟瘴雨,谁肯寻搜。昔年曾共孤芳醉,争插玉钗头。天涯幸有,惜花人在,杯酒相酬。"(《眼儿媚·梅词二首,和傅参议韵》)"幽香冷艳缀疏枝。横影丛霜溪。清楚浑如南郭,孤高胜似东篱。 岁寒风味,黄花尽处,密雪飞时。不比三春桃李,芳菲急在人知。"(《朝中措》)关于这两首词,《全宋词》引黄沃注云:"公时为高要倅,傅参议雱彦济寓居五羊,尝遗示梅词。公依韵和之。初公被召命而西过分水岭,有诗云:'鸣咽泉流万仞峰,断肠从此各西东。谁知不作多时别,依旧相逢沧海中。'及公遭谤归莆,赵丞相鼎先已谪居潮阳,谗者傅会其说,谓公此诗指赵而言,将不久复偕还中都也。秦益公愈怒,至以岭南荒恶之地处之,此词盖自况也。"(中华书局1999年版,第1720—1721页)

② (宋)李心传:《建炎以来系年要录》卷五七,中华书局1988年版,第994页。

③ (宋)李心传:《建炎以来系年要录》卷一二五,中华书局1988年版,第2033页。

④ 《知稼翁集》卷下,《影印文渊阁四库全书》本,第1139册,第575页。

中《临江仙·傅丈生日》热情讴歌傅雳为"勋业子卿全汉节，壮怀久寄林泉"①，对他的功业进行了高度评价。当然，明眼人一看就知道如此评价显然同傅雳与其父亲一起出使金国有密切的关系。洪适赞扬傅雳"子卿全汉节"，其实也是宣扬自己的父亲与傅雳一样具有汉代苏武那样的节操，既夸别人，又赞家父。南宋迁岭文人之间千丝万缕的复杂关系由此可见一斑。

贬谪在广东肇庆的黄公度还有《满庭芳》（枫岭摇丹）词描写岭南风光，此词是为高要太守章元振所作的寿词②，并将岭南风光融入祝寿之语中③。高要即今天广东省肇庆，黄公度是肇庆府通判，高要太守是他的顶头上司。包公堂、清心堂、披云楼皆是肇庆风景名胜。由此词可见，人间不是没有美，而是缺少发现美的眼睛。黄公度即使是在贬所肇庆也没有自惭形秽，而是自勉自砺，把握机遇、珍惜眼前，欣赏满目的青山绿水、怜取眼前的人情物态。即使是在困顿生活中、险恶环境里，黄公度也没有放弃做好人、干好事以求改变自己命运、改善人民生活的机会。而他对肇庆风景委曲详尽的咏叹及其在肇庆创作的文学作品，则让我们更加深刻具体地感受到了当时西江流域的风土人情与朝章典仪，在某种程度上也可以补史书之不足。

流寓在西江流域任肇庆通判，黄公度不断地寻找人生的出路，希望脱离岭海回到朝廷里去。朝廷所在地，即是中央所在，也是士大夫

---

① 《全宋词》，中华书局1999年版，第2册，第1784页。

② 章元振，字时举，崇安人，政和五年（1115）进士。与秦桧同登第，甘于远宦，未尝以私干谒秦桧（李心传：《建炎以来系年要录》卷一六八，中华书局1988年版，第2745页）。章元振曾知潮州，后守肇庆，赴任路过广州时，洪适为其作《会肇庆章守致语》，高度评价他："仁浃遐萌，无尺寸之肤不爱；威清群吏，虽铢两之奸皆知。绩既彻于法宫；寄遂隆于潜邸。"（洪适：《会肇庆章守致语》，《盘洲文集》卷六七，《影印文渊阁四库全书》本，第1158册，第696页）绍兴二十五年，章元振以治绩迁朝议大夫，提举广南东路常平茶事兼东西路盐事，黄公度又作启贺之。

③ 《全宋词》第2册载此词序云："熊罴入梦，当重九之佳辰；贤哲间生，符半千之休运。弧桑纪瑞，篱菊泛金。辄敢取草木之微，以上配君子之德。虽我无作者之妙，而意得诗人之遗。式弹卑悰，仰祝遐寿。"词云："枫岭摇丹，梧阶飘冷，一天风露惊秋。数丛篱下，滴滴晓香浮。不趁桃红李白，堪匹配、梅淡兰幽。孤芳晚，狂蜂戏蝶，长负岁寒愁。 年年，重九日，龙山高会，彭泽清流。向尊前一笑，未觉淹留。况有甘滋玉铉，佳名算、合在金瓯。功成后，夕英饱饵，相伴赤松游。"《全宋词》引黄沃注："高要太守章元振重九日为生朝，公以此词贺之。并序。公尝有《和章守三咏》，所谓包公堂、清心堂、披云楼，诗见集中。"（中华书局1999年版，第2册，第1722页）

向往"致君尧舜上，再使风俗淳"的地方，是无数士人心中向往建功立业的理想所在。黄公度在贬谪西江流域时也是如此，不过他能苦中作乐，"既来之，则安之"，做到"心安处便是身安处"，发现当地大自然与生活环境中美好的一面。正因如此，他才能摆脱困境的羁绊、抓住机遇，最终达到脱离岭海、回到朝廷的目的。

三　黄公度在肇庆的人际交往

正是抱着这样乐观进取的人生态度，黄公度在肇庆期间，也曾广泛交游，结交达官名流，作诗投赟广东帅臣方滋①，寻找脱离岭海的一切可能的机会。

频繁地写作诗词为方滋祝寿②，显然是黄公度为干谒讨好上司而作。当时方务德帅广东，乃名流显人，"平生三为监司，五为郡，七领帅节，

---

① 方滋常常厚待礼遇其治所下的贬谪官员，甚至于受到秦桧党羽的弹劾打击，说他"自为秀守，凡遇迁客，必款延厚遇，以结其他日复用之权"（《建炎以来系年要录》卷一四七，"绍兴十二年十月二月庚申"条，第2370页），因此而被罢职。方滋的这些义举虽给自己带来了麻烦，却拯救了众多迁岭之士。他们铭感在心，有时秉笔直书，记录下来，留传后世。如罗大经《鹤林玉露》对方滋的人品节操与仕途进退进行了记述："胡澹庵谪岭南，士大夫多凌蔑之，否则畏避之。方滋字务德，本亦桧党，待之独有加礼。澹庵深德之。桧死，其党皆逐。务德入京，谋一差遣不可得，栖栖旅馆。澹庵偶与王梅溪语及其事，梅溪曰：'此君子也。'率馆中诸公访之，且揄扬其美，务德由此遂晋用。"（《鹤林玉露》乙编卷二"存问逐客"条，中华书局1983年版，第145—146页）

② 《方务德滋生朝三首》中道："一气潜回万物春，星躔降昂岳生申。钓台今古风流在，梅岭东西雨露均。再拥朱辖专节制，久虚清禁待经纶。衮衣莫讶公归晚，要使遐荒识凤麟。""一别帝城今几秋，忧时不复为身谋。纷榆故国三千里，桃李新阴四十州。谈笑折冲无鼠辈，平生推毂尽清流。急面整顿乾坤了，鸣玉槐庭要黑头。""高门余庆自绵绵，唾手功名不作难。况是胸中绝畦町，更于笔下富波澜。家传元老谋猷壮，人乐将军礼数宽。香火祝公千百寿，姓名高并斗星寒。"［（宋）黄公度：《知稼翁集》卷下，《影印文渊阁四库全书》本，第1139册，第574页］《知稼翁集》卷下还载有黄公度《朝中措·梅词二首，贺方帅生朝，并序》，其序曰："玄冥司柄，雪敷南亩之丰登；庚岭生辉，梅报东君之消息。当一阳之来复，庆维岳之降神。某官节莹冰霜，家传清白。遐荒草木之细，皆知威名；调和鼎鼐之功，终归妙手。愿乘毂旦，即奉芝函。某望荣戟以趋风，适桑蓬之纪瑞。自惟弱植，方霈雨露之深恩；强缀芜词，用祝椿松之遐算。敢靳采览，第切兢惶。"词曰："屑瑶飘絮满层空。人在广寒宫。已觉楼台改观，渐看桃李春融。　　　一城和气，宾筵不夜，舞态回风。正是为霖手段，南来先做年丰。"［（宋）黄公度：《知稼翁集》卷下，《影印文渊阁四库全书》本，第1139册，第609页］

二广则皆任经略"①，特别是方务德经略广东时，常常礼贤下士。据洪迈的《容斋四笔》载："秦氏当国时，先忠宣公、郑亨仲资政、胡明仲侍郎、朱新仲舍人皆在谪籍，分置广东。方务德为经略帅，待之尽礼。秦对一客言曰：'方滋在广部，凡得罪于朝廷者，必加意护结，得非欲为异日地乎？'客曰：'非公相有云，不敢辄言。方滋之为人，天性长者，凡于人唯以周旋为志，非独于迁客然也。'秦悟曰：'方务德却是个周旋底人。'其疑遂释。当时使一检巧者承其问，微肆一语，方必得罪，而诸公不得安迹矣。言之者可谓大君子，当求之古人中。"② 细究相关文献，我们可以发现：方务德为经略帅时，能够待逐臣迁客尽礼，乃是一位贤达之人，故黄公度欲通过方帅脱离岭海的良苦用心也可由其频繁为方帅祝寿贺喜中窥见一斑。

除了方务德之外，黄公度还与洪适、洪迈往来酬酢、交游唱和。如《一剪梅》词道："冷艳幽香冰玉姿。占断孤高，压尽芳菲。东君先暖向南枝。要使天涯，管领春归。　　不受人间莺蝶知。长是年年，雪约霜期。嫣然一笑百花迟。调鼎行看，结子黄时。"《朝中措》词下留有其子黄沃所作的注解，其中有这样的话语：

> 方务德滋时帅广东，以启谢云："俾尔黄发，欲三寿之作朋；遗我绿琴，顾双金之何报？"尝邀公至五羊，特为开宴，令洪丞相适代为乐语云："云外神仙，何拘弱水？海隅老稚，始识魁星。"又寄调《临江仙》以侑觞云："北斗南头云送喜，人间快睹魁星。向来平步到蓬瀛。如何天上客，来佐海边城？　　方伯娱宾香作穗，风随歌扇凉生。且须滟滟引瑶觥。十年迟凤沼，万里寄鹏程。"及高要倅满，权帅置酒，令洪内相景卢迈作乐语，有云："三山宫阙，早窥云外之游；五岭烟花，行送日边之去。小驻南州之别业，肯临东道之初筵。"时二洪迭居帅幕下。又云："欲远方歆艳于大名，故高会勤渠于缛礼。"洪时摄帅司机宜。③

① （宋）韩元吉：《方公墓志铭》，《南涧甲乙稿》卷二一，《影印文渊阁四库全书》本，第1165册，第334页。

② （宋）洪迈撰，孔凡礼点校：《容斋四笔》卷八"贤者一言解疑谮"条，中华书局2005年版，第730页。

③ 《全宋词》，中华书局1999年版，第2册，第1721页。

这首词即为黄公度在肇庆任满，洪迈任帅司机宜时作，为了更好的发展前途，黄公度频频与这些名流显人过从往还以求晋升之阶。其中比较有代表性的还有《与洪景伯适》诗，诗云：

> 快笔三江倒，宏材太室须。平生阅人久，所识似君无。岭海非长策，乾坤赖壮图。殷勤将寿斝，邂逅即亨衢。老骥心犹在，饥鹰寒易呼。何时阙门外，握手话江湖。①

洪适之父洪皓因得罪秦桧被贬谪岭南，洪适此时正侍父往来于岭南，以供子职②，因此在岭南地区与黄公度相识相交，结成知己好友。这样的诗句颇能感发人的志意，读来令人感动，具有李商隐《夜雨寄北》"君问归期未有期，巴山夜雨涨秋池。何当共剪西窗烛，却话巴山夜雨时"的审美意境。再结合黄公度、洪适两人都曾在荒僻之地的岭海居住，却没有失去将来大展宏图的理想，设想将来能够忆苦思甜，"握手话江湖"，包含有"过去的痛苦在回忆起来时即成快乐"的深刻哲理，使此诗成了情、景、事、理高度融合的佳作。黄公度的这类作品，大都表达自己谪居岭南肇庆的人生态度和人格个性，展示自己永不屈服、昂扬进取的精神。当然，其中也流露出希望好友们在适当的时机关照一下自己，帮自己脱离蛮荒之地的岭海，到更广阔的天地去施展才华的愿望。

方滋也利用职权之便在岭南之地广泛延揽人才，洪皓、洪适、黄公度、胡铨、傅雱都与他时相过从，交往密切，形成了一个小范围的词人群体，为岭南文化、教育事业的发展起了潜移默化的推动作用。他延揽人才不遗余力，洪适曾入其幕下，黄公度也受其延请而来到广州聚会，这些迁岭文人在方滋辖区诗词唱和，交流感情，探讨人生，结下了深厚的友谊。南宋的名流显宦洪适与黄公度关系密切，他有多首词是赠送给黄公度的，

---

① （宋）黄公度：《知稼翁集》卷下，《影印文渊阁四库全书》本，第1139册，第576页。

② 据周必大《文忠集》卷六八《丞相洪文惠公适神道碑》载："公亦出通判台州，将满而忠宣公散官谪英州，台守观望，拟弹公文纳当路，转示言者，以为风闻。公免官，往来岭南供子职，阅九年。秦薨，忠宣北归，亦道卒。"（《影印文渊阁四库全书》本，第1147册，第720页）洪适父洪皓，因得罪秦桧，绍兴十七年五月责英州安置。据《宋史·高宗纪》七载，至绍兴二十五年十一月秦桧病死方复官北归。在洪皓贬谪岭南期间，洪适作为长子，往来饶州广南之间照顾父亲。

如《临江仙·会黄魁》《江城子·饯黄魁》《点绛唇·别师宪》《朝中措·黄师宪侍儿倩奴》《眼儿媚·瀛仙好客过当时》。试看其中的《朝中措·黄师宪侍儿倩奴》一词："嘉禾一别十经春，清泖记垂纶。今日天涯沦落，蹙然一见佳人。　　酒浮重碧，声低云叶，香趁霞裙。准拟魁星归去，它时相会金门。"① 黄公度的侍儿倩倩在广州宴席上认识了洪适，她以酒劝客，聊佐清欢，给洪适留下了深刻的印象，洪适能写词赠送给黄公度的侍儿，由此也可见两人关系之深厚。

除此之外，黄公度与洪适之弟洪迈关系亦非同一般，据洪迈《黄考功知稼翁集序》载：

> 忆四十年前，与公从容于番禺药洲之上，予作《素馨赋》，公盖戏而反之，异于不相知闻者。②

洪迈此序作于宁宗庆元二年（1196），上推四十二年，应是绍兴二十四年（1154），当时黄公度在肇庆任通判，《知稼翁集》卷下有诗题曰："洪景庐迈赋素馨，有'遐陬不遇赏拔'之叹，戏作反之。"洪迈此时主管广东经略安抚司机宜文字。可见一代名流洪迈亦曾经跟随黄公度在岭南之地吟风弄月，往来酬唱，游戏文字，他们算是诗人相得，"异于不相知闻者"。而洪氏兄弟在南宋一朝的显赫地位，显然有利于黄公度今后的发展。黄公度去世后，名流显人洪迈为其文集作序，高度评价其文学成就③，陈俊卿亦对其人其诗进行了品题印可④。这样印可延誉的序文为黄公度赢得了身后名声，特别为其子所重视。据黄公度之子黄沃在庆元二年跋其

---

① 《盘洲文集》，《影印文渊阁四库全书》本，第1158册，第780页。

② （宋）黄公度：《知稼翁集》卷首，《影印文渊阁四库全书》本，第1139册，第543页。

③ （宋）洪迈《知稼翁集序》载："公既以词赋压英躔，故于诗尤精。大抵铿锵蹈厉，发越沉郁，精深而不浮于巧，平淡而不近俗。与强名作诗者，直相千万。风樯阵马，不足呈其勇；犀渠鹤膝，不足侔其珍。《悲秋》之句曰：'迢迢别浦帆双去，漠漠平芜天四垂。雨意欲晴山鸟乐，寒声初到井梧知。'吾不知大历十才子，尚能窥其藩否？……追乐府词章，宛转流丽，读者咀嚼于齿颊间，而不能已。"［（宋）黄公度：《知稼翁集》卷首，《影印文渊阁四库全书》本，第1139册，第543页］

④ （宋）陈俊卿《知稼翁集序》载："因取考功文遍观之，典重温雅如其为人，其诗格律森严，兴寄深远，虽未尽追古作，要自成一家。间与予里居唱和数篇，余读而深悲之。公以文章魁多士，有盛名于时。"［（宋）黄公度：《知稼翁集》卷首，《影印文渊阁四库全书》本，第1139册，第542页］

集:"先君在时号知稼翁,文成辄为人取去,故笥所存,涂乙之余,才十一卷。沃于暇日泣而次之,名之曰《知稼翁集》,已刊于家塾。今复刊于邵阳郡斋,而求序于年家父执者,成先志也。柳柳州以垂绝之时,抵书于刘梦得曰:'我不幸死,以遗稿累故人。'此先君之意,沃所不能言也,使地下闻之,当喜身后无封禅书。"① 我们知道,此跋文中提到为文集作序认可的父执,即有洪迈,洪迈之序能够"成先志",名流印可的重要性由此可见。洪迈曾与黄公度相识相交相别于广州,黄公度高要任满时,洪迈任帅司机宜。黄公度努力结交名流显人,一方面与他宽和乐易,喜道人善的人格个性有关,另一方面也不否认其中有渴望名流显人印可延誉的目的。

等到权奸秦桧一命呜呼,黄公度重返朝廷就逐渐被提到议事日程。龚茂良《宋左朝散郎尚书考功员外郎黄公行状》载:

> 二十五年冬被召赴阙。明年正月入对便殿,乞总权纲,厚风俗,所言皆切时病。上嘉纳之,且知公归自南海,问劳良久。公因历陈远人利病如上旨。立拜考功员外郎。于是天子识公,将盖用之。②

黄公度长子黄沃在《知稼翁词识语》中亦有类似的记载③。《建炎以来系年要录》对此事的记载更加详细④。从中可见,黄公度的努力得到了回报,受到了当时名流权贵的知赏爱护。有了方滋及迭居帅幕的洪适、洪迈兄弟的知赏爱用,黄公度脱离岭海,召赴行在就是水到渠成、顺理成章之事了。

---

① (宋)黄沃:《知稼翁集跋》,载祝尚书编《宋集序跋汇编》,中华书局2010年版,第3册,第1363页。

② 四川大学古籍整理研究所编:《宋集珍本丛刊》,线装书局2004年版,第44册,第77页。

③ (宋)黄公度《知稼翁集》卷下载:"公既南归,适秦益公薨,于是大魁张九成、刘章、王佐、赵逵等以次除召。公在一辈中最久滞,故首被命,登对便殿,言中时病,上喜,劳问再三,面除尚书考功员外郎,朝论美其亲擢,知奖眷之渥继见朝夕。"(《影印文渊阁四库全书》本,第1139册,第610页)

④ (宋)李心传撰《建炎以来系年要录》卷一七一载:"绍兴二十六年正月庚午,左朝奉郎通判肇庆府黄公度引见。上曰:'卿官肇庆,岭外有何弊事?'公度曰:'广东西路有数小郡,如贵、新、南恩之类,有至十年不除守臣者。权官苟且,郡政弛废,或不半年而去,监司又复差人。公私疲于迎送,民受其弊。'上曰:'何不除人?'公度曰:'盖缘其阙在堂,欲者不与,与者不欲。'上曰:'若拨归部,当无此弊。'遂以公度为考功员外郎。"(中华书局1988年版,第2811页)

黄公度在迁居岭南的生活里，通过自己的诗词歌赋得到了名流显宦们的"知遇""称赏"，这离不开他的奔波"投献"之勤勉。南宋迁岭文人中类似黄公度这类经历的士大夫还有许多，在当时也占有一定的比重，以致南宋的胡次焱在思考诗歌与士大夫命运时，竟然能够通过大量事例来说明"诗能达人"这一文化现象①。黄公度在岭南肇庆为通判时，没有虚度年华，而是认真踏实地工作，广泛交游、干谒奔走，转益多门，切切实实地了解当地民风民俗、吏治腐败的具体情况，从而视野开阔、见解精辟，才能在入对便殿时，所言广南利弊皆切时病，受到天子赏识，遂为考功员外郎。可见，人生在世成功与否，外部客观条件固然重要，而内在的主观能动性和努力奋斗同样重要，甚至是更加重要。谪居在西江流域的肇庆这一特定生活环境与入仕空间里，黄公度的交际圈子却扩大到了当时岭南地区的广大领域，甚至影响了朝廷，这一状元才子的阅历也因此而变得更加丰富多彩、眼界也因此更加独到新颖，胸襟也因此而变得更加开阔雄伟，生命情感的体验也因此而更加深刻细腻。

　　黄公度的文学作品中有许多是他在西江流域生活时仿效东坡而又结合自己独特的生活环境、生活方式、生活条件的创造性的产物。黄公度生活经历及其在西江流域生活时的社会地位、物质基础与创作环境，无疑有利于他今后的仕途发展与文学创作。我们在此要特别强调，研究南宋迁岭文人的文学创作时不能忽视一个重要因素，即南渡以来，岭南地区的经济呈现出较好的发展态势②，通过前代文人的努力，当地的文化也有了一定的发展，谪居岭南尤其是肇庆的士大夫在生活环境、生活态度上与唐代甚至北宋相比已经有了一些变化，他们更加热爱岭南旖旎的风光。我们阅读南宋迁岭文人的作品时发现，热衷于欣赏西江流域地区的柔山秀水，表达对自然资源、地域风光的热爱，苦中作乐，已经成为南宋迁岭文人日常生活中最常见的行为。苦中作乐，无奈的豁达，是南宋迁岭文人在

---

① （宋）胡次焱在《赠从弟东宇东行序》中一针见血地指出："诗能穷人，亦能达人。世率谓诗人多穷，一偏之论也。陈后山序《王平甫集》，虽言穷中有达，止就平甫一身言之。予请推广而论。世第见郊寒岛瘦，卒困厄以死，指为诗人多穷之证。夫以诗穷者固多矣，以诗达者亦不少也。"（《梅岩文集》卷三，《影印文渊阁四库全书》本，第1188册，第549页）

② 详参吴松弟《北方移民与南宋社会变迁》第七章《移民与南宋经济》，台北：文津出版社1993年版，第175—209页；葛剑雄主编，吴松弟著《中国移民史》第四卷第十三章《靖康乱后北方人的南迁：移民与南宋经济》，福建人民出版社1997年版，第451—483页；葛金芳《宋代经济：从传统向现代转变的首次启动》，《中国经济史研究》2005年第1期。

谪居岭南生活时不得已也是不可或缺的人生选择。正是一批又一批迁岭南来的士大夫通过自己的艰苦奋斗，仅仅数十年就将蛮荒可怖的化外之地变成了士人安居乐业的人间乐土。尤其令世人觉得欢欣鼓舞的是：随着迁岭文人的大量涌入，原来文化落后的岭南地区终于在南宋中期出现了本地词人——号称"粤词之祖"的崔与之和李昴英，拉开了粤派词人载入词史的序幕，成为中国词史值得大书特书的一页。后来中国词学史上出现了籍贯为粤西的词人群体，这一词人群体的形成离不开中原文化的影响。因此，词学史上有"粤西词，始于宋代"的观念①。与此同时，当地人群的文化水平发生变化，受教育的人数激增，毋庸置疑，这些都离不开迁岭文人在此地作出的一点一滴的改造之功，巨大变化来源于历代迁岭文人在此地长期不懈的努力与贡献。南宋士人谪居岭南时最大限度地发挥出了自己的影响力，他们兴办学校、设立书院，聚众授徒、著书立说，让文化教育的影响有效深入西江流域的广大地区，为当时仍是文化落后的蛮荒之地带来一抹亮色。

迁岭文人在发展当地文化教育事业，改善人民生活水平时，也不忘用知识来改变命运，他们仍然抱着脱离困境的热望而东西奔走、干谒事人、请托求知从而达到从岭南平安回归的目的，应当说这也是南宋寓居西江流域士人的一大特征。因此，苦难与超越，是我们观察与思考西江流域社会变迁与南宋迁岭文人须臾不离的视角。南宋迁岭文人大多有过苦难的生活经历，他们凭借着自己豁达的胸襟、健康的心理、开朗的性格，不屈不挠的奋斗，终于超越苦难，在西江流域这片热土上开创了一片新天地，造福了一方百姓。

四　合东坡、碧山为一手

黄公度才华横溢、"以文章魁天下"，作为状元之才，他的创作赢得世

---

① 详参沈家庄《粤西词人群体研究导论》，《中国韵文学刊》2007 年第 2 期。

人的普遍好评①。值得注意的是，黄公度在岭南，尤其是在肇庆的文学创作取得了很高成就，受到四库馆臣的关注与赞赏②。黄公度的知交好友洪迈在《知稼翁集序》中提及他们当年在岭南吟风弄月、往来酬酢、时相过从的情景，对其一生重要行迹及文学创作进行了简要概述，我们可以据此对黄公度一生行事及文学创作进行研究，并由此探讨黄公度为人为文风格之一斑③。

黄公度在岭南肇庆所作之词引起了后人、时贤的普遍关注。四库馆臣评道：

> 词仅十三调，共十四阕。据卷末其子沃跋语，乃收拾未得其半，录而藏之以传后裔者。每词之下，系以本事，并详及同时倡酬诗文。公度之生平本末，可以见其大概，较他家词集，特为详备。④

历代评点黄公度词的文人正是根据其词之本事，再结合其词风，知人论世地作出评价。陈廷焯评道：

---

① 据毛晋汲古阁本《知稼翁词跋》载："知稼翁，字师宪，世居莆田，代多闻人。唐御史滔，即其先也。先是，莆田有谶云'拆却屋、换却椽，望京门外出状元。'绍兴八年，孙守益改创谯门，规模雄伟，甫成，公果以文章魁天下。公年四十有八，宅边有大木可蔽亩，忽仆。又自梦雷电震闪，旗帜殷赫；拥楗而去，金书化字以示。迨属纩之夕，果雷电大作，人甚异之。……有文集十一卷，子沃编以行世。丐序于莆田陈俊卿、鄱阳洪迈。洪迈评其词云：宛转清丽，读者咀嚼于齿颊间而不能已。又诵其悲秋之句曰：'迢迢别浦双帆去，漠漠平芜天四垂，雨意欲晴山鸟乐，寒声初到井梧知。'吾不知谪仙、少陵以还，大历十才子尚能窥其藩否？可谓赞扬之极矣。其居官始末，详于龚茂良行状、林大鼐墓志铭中。"（施蛰存主编：《词籍序跋萃编》，中国社会科学出版社1994年版，第196页）
② 《四库全书总目》卷一五八集部十一·别集类十一《知稼翁集》载："公度早掇巍科，而卒时年仅四十八，仕宦不达，故《宋史》无传。《肇庆府志》称其为秘书省正字时，坐贻书台官言时政，罢为主管台州崇道观，过分水岭题诗，有'谁知不作多时别，依旧相逢沧海中'之句。时赵鼎方谪潮阳，说者谓此诗指鼎而言，遂触秦桧之怒，令通判肇庆府云云。殆亦端悫之士，不附时局，故言者得借赵鼎中之欹。其诗文皆平易浅显，在南宋之初，未能凌踔诸家。然词气恬静而轩爽，无一切典涩龌龊之态，是则所养为之矣。"（第1364页）
③ （宋）黄公度：《知稼翁集》卷首，《影印文渊阁四库全书》本，第1139册，第543页。
④ 《四库全书总目》卷一九八，集部、词曲类一，第1818页。

知稼翁以与赵鼎善，为秦桧所忌，至窜之岭南。其《眼儿媚》（略）情见乎词矣，而措语未尝不忠厚。①

黄思宪《知稼翁词》，气和音雅，得味外味。人品既高，词理亦胜。《宋六十一家词选》中载其小令数篇，洵风雅之正声、温韦之真脉也。②

黄公度《知稼翁词》，气格高远，语意浑厚，直合东坡、碧山为一手。所传不多，卓乎不可企及。③

曾丰在《知稼翁词集序》中更是高度评价道：

考功所立，不在文字。余于乐章窥之，文字之中，所立寓焉。泉幕之解，非所欲去，而寓意于"邻鸡不管离情"之句；秘馆之除，非所欲就，而寓意于"残春已负归约"之句；凡感发而输写，大抵清而不激，和而不流；要其情性则适，揆之礼义而安。非能为词也，道德之美，腴于根而盎于华，不能不为词也。天于其年，苟夺之晚，俾更涵养，充而大之，窃意可与文忠相后先。④

陈廷焯、曾丰在此都将南宋迁岭文人黄公度与同样曾经被贬至岭海而以道德、"文章妙天下"著称的文忠公苏东坡相提并论⑤。令人扼腕叹息的是：苏东坡享年六十六岁，而黄公度享年仅四十八岁。黄公度的同乡且和他同年考中进士的陈俊卿享年七十四岁，龚茂良享年五十八岁，他们两人

---

① （清）陈廷焯著，杜维沫校点：《白雨斋词话》卷一，人民文学出版社 1959 年版，第 26 页。
② （清）陈廷焯著，杜维沫校点：《白雨斋词话》卷一，人民文学出版社 1959 年版，第 26 页。
③ （清）陈廷焯著，杜维沫校点：《白雨斋词话》卷八，人民文学出版社 1959 年版，第 209 页。
④ 施蛰存主编：《词籍序跋萃编》，中国社会科学出版社 1994 年版，第 195 页。
⑤ 曾丰在《知稼翁词集序》中指出："本朝太平二百年，乐章名家纷如也。文忠苏公文章妙天下，长短句特绪余耳，犹有与道德合者。'缺月疏桐'一章，触兴于惊鸿，发乎情性也，收思于冷洲，归乎礼义也。黄太史相多以为非口食烟火人语，余恐不食烟火之人口所出仅尘外语，于礼义遑计欤？"（施蛰存主编：《词籍序跋萃编》，中国社会科学出版社 1994 年版，第 195 页）

后来都位至宰辅①。我们研究黄公度流寓岭南，尤其是在寓居肇庆时的创作风格及其描写岭南的诗词在中国文学发展史上的地位与影响时，不禁要感叹：千古文章未尽才。

第三节　洪迈文化性格形成的家庭因素

宋室南渡以来高压政治盛行，朝廷实行词科取士，重视骈文的实用价值。骈文创作是当时文人实现自我价值与提高社会地位的重要手段，洪迈之父洪皓因忤秦桧而被迫迁岭，迁岭经历激发起洪迈及其家庭成员对四六文的重视和努力肄习，从而使洪迈的骈文创作成就突出，与汪藻、孙觌、周必大并肩，成为南宋骈文名家，共同促成了南宋骈文的繁盛。洪迈骈文创作成就的取得，从一个方面反映了特殊政治环境下迁岭文人重视家庭教育和家族文化承传的社会文化现象。

在中国古代，家庭的熏染对一个士人的成长影响巨大。南宋迁岭文人谪居时对家庭教育的重视，对天伦之乐的享受，是他们在政治失意后寻找精神避难所的自然选择。家庭，是他们从政治生活退避出来后的歇息之所，是他们孕育、开发人生智慧的重要源头。南宋洪氏家族之所以能取得令人瞩目的政治、文化与文学成就，其中一个重要因素就是家庭教育在其中发挥了举足轻重的作用。

洪迈十分重视四六创作，尤其是自己家庭成员的四六创作。他的名著《容斋随笔》篇幅长短不等，短的只有几十字，最长的一篇就是介绍自己家庭成员创作的"吾家四六"，将近三千字，在"四六"之前加上"吾家"二字，可见其家族观念之浓厚。在《容斋三笔》卷十"词学科目"

---

① 龚茂良不仅是黄公度的同乡兼好友，而且也和黄公度一样曾因反对秦桧而流寓岭南。他在迁居岭南时极力兴办郡学，发展文化教育事业，注重培养人才，促进了西江流域社会的长远发展，他也因此而升迁，官拜参知政事。据《广东通志·名宦志》载："龚茂良，字实之，闽之兴化人。绍兴进士第。历直秘阁、知江宁府，以忤权倖，求去。起广东提刑修建郡学，又值番禺南海学既成，释奠行乡饮酒以落之。城东旧有广惠庵，中原衣冠没于南者，葬之，岁久废，茂良访故地，更建海会浮图从寄暴露者，皆掩藏无遗。召对崇政殿，拜参知政事。"〔（清）郝玉麟等监修，鲁曾煜等编纂：《广东通志》卷三九《名宦志》，《影印文渊阁四库全书》本，第563册，第660页〕

结尾处，他特别强调"吾家所蒙，亦云过矣"①，家族自豪感跃然纸上。后人摘其《容斋随笔》中论四六的句子而成《容斋四六丛话》，在评价此书时道：

> 所论较王铚《四六话》、谢伋《四六麈谈》特为精核。盖迈初习词科，晚更内制，于骈偶之文用力独深，故不同于剿说也。②

洪迈对应用功能突出的四六"用力独深"，取得了重大成就，以至绍兴十年，洪迈为省试参详官，"主司委出词科题"③。洪迈的四六创作何以取得如此高的成就？他为何如此重视这些四六？这些成就的取得反映了哪些民族文化性格？这得从宋室南渡以来的政治、文化环境及其家庭背景谈起。

一 政治悲剧与迁岭的苦闷

宋室南渡之后，秦桧权倾朝野，在南宋政治舞台上扮演着一人之下、万人之上的角色。他通过权力结党营私、排挤异己。"自秦桧擅政以来，屏塞人言，蔽上耳目，一时献言者，非诵桧功德，则讦人语言以中伤善类，欲有言者，恐触忌讳，仅论销金铺翠、乞禁鹿胎冠子之类，以塞责而已，故皆避免轮对。"④ 朝廷一方面通过严刑峻罚，另一方面通过赏官赠禄来维持它的统治，这是靖康之乱后的时代特征。

洪迈早年进入仕途并不顺利，他中博学鸿词科时，父亲正谪居岭南，一家备受秦桧打压排挤。史载：

> 绍兴十五年始中第，授两浙转运司干办公事，入为敕令所删定官。皓忤秦桧投闲，桧憾未已，御史汪勃论迈知其父不靖之谋，遂出

---

① （宋）洪迈撰，孔凡礼点校：《容斋随笔》，中华书局 2005 年版，《容斋三笔》卷十"词学科目"，第 539—540 页。

② 《四库全书总目》卷一九七，存目类《容斋四六丛谈》提要，第 1797 页。

③ （宋）洪迈撰，孔凡礼点校：《容斋随笔》，中华书局 2005 年版，第 936 页。

④ （明）陈邦瞻：《宋史纪事本末》卷七五，中华书局 1977 年版，第 804 页。

添差教授福州。①

皓谪英州，适复论罢，往来岭南省侍者九载。桧死皓还，道卒，服阕，起知荆门军。②

洪迈在其名作《容斋四笔》卷一六《汉重苏子卿》中特别提及他父亲的气节与悲剧命运：

先公縶留绝漠十五年，能致显仁皇太后音书，蒙高宗皇帝有"苏武不能过"之语。而厄于权臣，归国仅升一职，立朝不满三旬，讫于窜谪南荒恶地，长子停官。③

洪迈的父亲洪皓是北宋末年进士，宋室南渡之初以徽猷阁待制假礼部尚书出使北方，被金人扣留十五年，南归后因直言触犯秦桧，被贬谪岭南九年而卒。《宋史·洪皓传》载：

（洪皓）安置英州。居九年，始复朝奉郎，徙袁州，至南雄州卒，年六十八。④

洪适在《跋先忠宣公鄱阳集》一文中对其父坎坷不平的人生境遇进行了详细的记述：

绍兴癸亥还朝，入直玉堂，不旬日领乡郡去，明年而遭祖母之丧。服除，未几，有岭表之谪，杜门避谤，不敢复为文章。谪九年而即世，故手泽之藏于家者，唯北方所作诗文数百篇乃独存。⑤

由此可见洪皓在政治高压下谨小慎微的心理状态。周辉《清波别志》

① （元）脱脱等：《宋史》卷三七三《洪迈传》，第 11570 页。

② （元）脱脱等：《宋史》卷三七三《洪适传》，第 11563 页。

③ （宋）洪迈撰，孔凡礼点校：《容斋随笔》，中华书局 2005 年版，第 819 页。

④ （元）脱脱等：《宋史》卷三七三《洪皓传》，第 11562 页。

⑤ （宋）洪适：《跋先忠宣公鄱阳集》，《盘洲文集》卷六三，《影印文渊阁四库全书》本，第 1158 册，第 662 页。

卷二所载洪皓死后张九成往悼一事，颇能反映当时高压政治下士大夫对政治迫害的警觉与余悸：

> 洪忠宣光弼北归，没于中途，舆榇度岭至南安，张子韶无垢往致奠，时尚未闻秦丞相死，祭文第云："年月日，具位某，谨以清酌之奠，告于某官之灵，呜呼哀哉！"格固新奇，情亦伤怆。或谓无垢亦尝占辞，凡窜易数四，终以积畏，亦恐反为洪氏累而不敢出，颇类竟达空函。若前知秦死，其免肆言力诋乎？①

洪迈也指出张九成的这篇祭文"情旨哀怆，乃过于词，前人未有此格"②。秦桧专权时，文士内心充满了忧惧。奔竞请托的现象，到了登峰造极的地步。当时的文人士子创作了大量歌功颂德、粉饰太平的谀颂之作。洪迈亦不能免俗，试看他在《上秦师相赞所业书》中所言：

> 会天子设两科以取士，闻有所谓博学宏词者，就求其术。或出所试文章，则以制诰为称首。于是私窃喜幸……棘闱既辟，一上而不偶。退因自取所试读之……或教之曰："大丞相秦公道德淳备，文章隽伟，方驾乎前人，宗师乎当世。盖其始也实以此科进，晚出之士不能亲炙先烈以增益其所不及，是亦自弃也已。"……旧所拟制诰、杂文凡十篇，谨赋诸下执事……愿安承教。③

这是一篇向秦桧干谒请托之文，其中称秦桧"道德淳备，文章隽伟，方驾乎前人，宗师乎当世"，显然是违心之语。洪迈希望得到秦桧的提携荐举，即"晚出之士"求"先烈以增益其所不及"。在当时的历史环境下，不愿"自弃"，就只有奉承迎合官场、文场之有力者，南宋士子大多有过这样干谒奔走的经历。洪迈干谒权贵以求走成功、成名的捷径，或许跟他早年一家备受秦桧忌恨而仕途不顺有关。

在秦桧当权的高压政策下，洪皓虽遭受放逐贬谪，但他心系家国，念

---

① （宋）周煇：《清波别志》卷二，《影印文渊阁四库全书》本，第1039册，第103页。
② （宋）洪迈撰，孔凡礼点校：《容斋随笔》卷一五"张子韶祭文"条，中华书局2005年版，第202页。
③ 四川大学古籍整理研究所编：《全宋文》，第222册，第18页。

兹在兹，无论是在扣留金朝还是贬谪岭南的岁月中，都不放松对家中子弟的教育。家庭教育对洪迈四六创作影响的记载频繁地出现在他的著作中。如《容斋三笔》卷八"忠宣公谢表"条载：

> 绍兴十三年使回，始复元官。时已出知饶州，命予作谢表，直叙其故，曰："论事见从，犹获稽留之戾。出疆滋久，屡沾旷荡之恩。……"书印既毕，父兄复共议，秦桧方擅国，见此表语言，未必不怒，乃别草一通引咎曰："使指稽留，宜速亏除之戾；圣恩深厚，卒从扰试之科。……"云云。前后奉使，无有不转官者，先公以朝散郎被命，不沾恩凡十五年，而归仅复所贬，而合磨勘五官，刑部皆不引用，秦志也。遂终于此阶。①

我们应特别留意洪迈晚年追忆"父兄复共议"的深刻意义，洪迈后来成为骈文大家，跟他早年受到父兄的言传身教有着非常密切的联系。

洪迈曾随父迁岭，对父亲的居岭生涯充满了理解之同情，他在自己的著作《容斋五笔》卷三《先公诗词》中特别记载了他父亲在迁居岭南时以杜诗、苏文为心灵的避难所，从杜甫、苏轼的作品中汲取精神养料的动人事迹。我们从中可以看到，南宋士人如何在岭南生活期间学习、效仿东坡的人生态度和生活方式，以及他们以诗词歌赋教育子弟的感人事迹：

> 先忠宣公好读书，北困松漠十五年，南谪岭表九年，重之以风淫末疾，而翻阅书策，早暮不置，尤熟于杜诗。初归国到阙，命迈作谢赐物一札子，窜定两句云："已为死别，偶遂生还。"谓迈曰："此虽不必泥出处，然有所本更佳。东坡《海外表》云'子孙恸哭于江边，已为死别。'杜老《羌村》诗云'世乱遭飘荡，生还偶然遂。'正用其语。"在乡邦日，招两使者会集，出所将宣和殿书画旧物示之。提刑洪庆善作诗曰："愿公十袭勿浪出，六丁取将飞辟历！"辟历二字如古文，不从雨。公和之曰："万里怀归为公出，往事宣和空历历！"迈

① （宋）洪迈撰，孔凡礼点校：《容斋随笔》，中华书局2005年版，第516—517页。

请其意，曰："亦出杜诗'历历开元事，分明在目前'也。"①

好读书的洪皓所读之书中必有东坡诗文，故在南谪岭表时自然而然地就想到了东坡海外表云"子孙恸哭于江边，已为死别"，此之谓文学"感发志意"的功能。东坡文章让洪皓心潮澎湃，"已为死别，偶遂生还"佳句的"窜定"，反映出洪皓在尚友古人时苏东坡的重要地位，他与杜甫一样成了洪皓渡过逆境、战胜苦难的良师益友。这样的言传身教、耳提面命，对洪迈提高自己的骈文创作能力的影响是显而易见的。洪皓学问渊博，注重家庭教育，他的言传身教让子弟受益匪浅，三个儿子适、遵、迈继承了家学，以词章显。

从洪适《先君述》所叙之事及所引制词中，我们可以看出洪氏兄弟们对父亲的由衷敬意、深切怀念及其家族荣耀感：

> 谪九岁，始复左朝奉郎。主台州崇道观，居袁州。未逾岭，疾革，以二十五年十月二十日薨于南雄。后一日，秦亡讣至。辅臣入奏，上嗟惜久之。即复敷文阁直学士，制曰："有功见知，圣人酌于用赏；不幸而过，君子为之动心。矧予严近之臣，备载忠勤之绩。眷倚方渥，爱憎随生。坐一眚以投荒，积九年而不徙。人无言者，朕甚念之。洪某学有本源，气存刚大，惟知忠力以卫上，不顾险夷之在前。御君命以于征，厄海滨而不悔。诚贯白日，声震朔方。义重于生，耿恭无王门之望；天将悔祸，苏武持汉节而归。大节无亏，多言不宥。遂解禁林之直，卒迁瘴岭之南。阅岁滋深，余龄可悯。宜畀真祠之逸，仍增延阁之华。尚对宠光，归安乡社。自圣上躬万几，还逐臣非罪者。"②

洪皓博闻强记，书无所不读，虽食不释卷。他好古博雅，善琴棋书画，尤其喜欢杜甫，这些文化修养深刻影响了其子弟，在他们笔下常有动人的记叙。据洪适记载：

---

① （宋）洪迈撰，孔凡礼点校：《容斋随笔》，中华书局2005年版，第860页。
② （宋）洪适：《盘洲文集》卷七四，《影印文渊阁四库全书》本，第1158册，第748—749页。

先君天性强记，书无所不读，虽食不释卷。稗官小说，亦暗诵，连数千言。……善琴、奕，好古，能别三代彝器。见书画，不计直，必得之乃已。有书万余卷，名画数百卷，皆厄兵烬。居穷绝域，复访求捆载以归。①

（先君）平生著书多……绍兴癸亥还朝，入直玉堂，不旬日领乡郡去。明年而遭祖母之丧。服除未几，有岭表之谪。杜门避谤，不敢复为文章。谪九年而即世，故手泽之藏于家者，唯北方所作诗文数百篇乃独存。谨泣而叙之，以为十卷，刻诸新安郡。未汇次者，犹有《春秋纪咏》千篇云。②

博学好古的氛围有益于子弟文化素养的形成。洪皓谪居英州时，洪迈正当年少，洪皓一刻也不放松对子弟的教育，洪迈为人所称道的博通史部，精于考据，熟谙典章的文化素质，离不开少年时期的家庭教育。《容斋四笔》卷一一"汉高帝祖称丰公"中自述少年苦学经历云：

予自少时读班史，今六七十年，何啻百遍，用朱点句，亦须十本，初不记忆高帝之祖称丰公，比再阅之，恍然若昧平生，聊表见于此。旧书不厌百回读，信哉！③

《宋史·洪迈传》亦载：

迈兄弟皆以文章取盛名，跻贵显，迈尤以博洽受知孝宗，谓其文备众体。迈考阅典故，渔猎经史，极鬼神事物之变，手书《资治通鉴》凡三。④

洪迈的文学成就，尤其是骈文创作方面的成就，与他早年勤苦读书的经历有密切联系。培养子弟热爱读书的浓厚兴趣是洪氏家庭教育中很重要

---

① 《盘洲文集》卷七四《先君述》，《影印文渊阁四库全书》本，第1158册，第750页。
② （宋）洪适：《盘洲文集》卷六三《跋先忠宣公鄱阳集》，《影印文渊阁四库全书》本，第1158册，第662页。
③ （宋）洪迈撰，孔凡礼点校：《容斋随笔》，中华书局2005年版，第764页。
④ （元）脱脱等：《宋史》卷三七三《洪迈传》，第11574页。

的方面。否则家中藏书再多，子孙不读也无济于事，正如周煇所说："聚而必散，物理之常。父兄藏书，惟恐子弟不读；读无所成，犹胜腐烂篋笥，旋致蠹鱼之变。"①洪氏子弟不但好读书，而且读而有成，这是令人欣慰之事。

洪皓谪居岭南英州的经历对洪迈产生了深远的影响，以至洪迈晚年犹能对当年在英州的所见所闻所感记忆深刻，并且异常珍惜。我们可以从洪迈《容斋随笔》中的一则记载看出其对英州的深厚情感：

> 英州之北三十里有金山寺，予尝至其处，见法堂后壁题两绝句。僧云："广州钤辖俞似之妻赵夫人所书。"诗句洒落不凡，而字画径四寸，遒健类薛稷，极可喜。数年后又过之，僧空无人，壁亦隳圮，犹能追忆其语，为纪于此。其一云："莫遣鞲鹰饱一呼，将军谁志灭匈奴。年来万事灰人意，只有看山眼不枯。"其二云："传食胶胶扰扰间，林泉高步未容攀。兴来尚有平生履，管领东南到处山。"盖似所作也。②

洪迈早年随父兄到过英州，曾见金山寺壁上有俞似所作、其妻赵氏所书的两首诗。数年后他再次经过英州时，墙虽毁塌，诗已无存。他却能够根据自己的追忆所得，把这两首诗记录到他的名作《容斋随笔》中。这一方面说明洪迈的记忆力过人，数年前见到过的两首诗竟然能够凭借记忆录制下来；一方面也很能说明洪迈对于英州的深厚感情，这毕竟是他父亲曾经生活过的地方，因此他才能够把当时当地的一花一草，一字一句都牢记心中。

此外，洪迈侍亲居岭南期间，时常寻访当地的名胜古迹，据其《容斋三笔》载：

> 英州小市，江水贯其中。旧架木作桥，每不过数年，辄为湍潦所坏。郡守建安何智甫始叠石为之，方成，而东坡还自海外，何求文以纪，坡作四言诗一首，凡五十六句。……予侍亲居英，与僧希赐游南

---

① （宋）周煇撰，刘永翔校注：《清波杂志》卷四"藏书"条，中华书局1994年版，第136页。
② （宋）洪迈：《容斋随笔》卷一三"俞似诗"，中华书局2005年版，第167—168页。

山，步过桥上，读诗碑。希赐云："真本藏于何氏，此有石刻，经党禁亦不存。"今以板刻之，乃希赐所书也。……坡公作诗时，建中靖国元年辛巳。予闻希剔语时，绍兴十七年丁卯，相去四十六年。今追忆前事，乃绍熙五年甲寅，又四十七年矣。①

江山留胜迹，我辈复登临。我们可从洪迈的记述中看出迁岭文人在游览山水之际对当地风光的好奇与喜爱。英州，对洪迈来说是一个终生难忘的地方，高压政策驱使他来到这个地方，并在以后漫长岁月里，时时追忆起这个地方。留予它年说梦痕，一花一木耐温存。岭南风物化成了洪迈笔下的文字，也建构起世人对当地文化的集体记忆。洪迈对自己在当地的见闻感想的叙述，实质上就是一种追忆，一种反思，而且是刻骨铭心、牵肠挂肚的追忆与反思，是晚年的洪迈对青少年时期居岭生活的一个深情回顾，而他个人的回忆与反思也就成了整个时代民族共同记忆的一个重要组成部分。正如清人浦起龙在评价杜甫的诗歌时所说：

> 少陵之诗，一人之性情而三朝之事会寄焉者也。②

由杜甫"一人之性情"可见"三朝之事"，我们也可由迁岭文人洪迈一人之追忆而感知当时的广大士人对西江流域的深厚感情与集体记忆。

南宋时期，洪氏父子相承，涌现出来的洪氏家族，令时人和后世广泛关注与高度重视，其中具有鲜活的文学因素，体现出深层次的民族文化性格。兹引数例。《宋史·洪皓传》赞曰：

> 皓留北十五年，忠节尤著，高宗谓苏武不能过，诚哉。然竟以忤秦桧谪死，悲夫！其子适、遵、迈相继登词科，文名满天下，适位极台辅，而迈文学尤高，立朝议论最多。所谓忠义之报，讵不信夫。③

魏了翁《鹤山集》卷五一《三洪制稿序》载：

---

① （宋）洪迈：《容斋三笔》卷一一"何公桥诗"，中华书局2005年版，第562页。
② （清）浦起龙：《读杜心解》卷首《少陵编年诗目谱》，中华书局1961年版，第60页。
③ （元）脱脱等：《宋史》卷三七三《洪皓传》，第11574页。

未有一翁三季如番阳洪氏之盛者也。中兴以来学士之再入者十有六人而洪氏之兄弟与焉。自绍圣立宏博科汔于淳熙之季所得不下七十人而至宰执至翰苑者仅三十人，洪氏之兄弟又与焉。呜呼！何其盛与！故人之称洪氏者，不以词章，则以记览；不以名位，则以科目。孰知其一心之传，上通于天，固有以敷遗子孙者欤。方文惠文安联登殊科时，忠宣公尚留朔方，高皇帝顾谓宰臣曰："父在远，子能自力，忠义报也。"①

四库馆臣知人论世，着眼于洪氏"家学"的角度对洪皓进行了高度评价，重点揭示他对儿子适、迈、遵的深刻影响，并上升到"渊源有自"的高度：

（皓）至绍兴十二年始归国，留金首尾凡十五年。后为秦桧所嫉，安置英州，皓诗所谓"六十之年入瘴乡"是也。居九年，始内徙，行至南雄州卒。……皓大节凛然，照映今古，虽不必以文章为重，然其子适、迈、遵承籍家学，并擢词科，著述纷纷，蜚声一代。渊源有自，皓实开之。②

在洪皓归国的那年，他的长子洪适、次子洪遵同为绍兴十二年（1142）博学鸿词科赐进士出身，后来分别官至丞相、执政；洪迈也在绍兴十五年中博学鸿词科。"博学宏词"科选拔人才，既要"博学"，有广博的学问；又要"宏词"，有宏大实用的文词。洪迈的家庭出身与家庭教育，无疑十分有利于他从事这方面的训练，使他能够深入了解朝廷的典章制度，撰写出时代需要的四六文。

二 词科取士与家族的繁盛

宋室南渡后右文、崇文风气盛行，文坛应制之作兴起，四六的应用功

---

① （宋）魏了翁：《鹤山集》卷五一《三洪制稿序》，《影印文渊阁四库全书》本，第1172册，第581页。

② 《四库全书总目》卷一五七《鄱阳集提要》，第1353页。

能大增，蔚为大观，文人美其名曰"应用"。谢伋《四六谈麈·序》道："朝廷以此取士，名为博学宏词，而内外两制用之，四六之艺诚曰大矣。下至往来笺记启状，皆有定式，故谓之应用。四方一律，可不习而知?"① 刘壎《隐居通议·骈俪总论》也指出："谓之四六，又谓之敏博之学，又谓之应用。"② 洪迈四六创作成就的取得，与其掌握了四六的应用功能且进行了长期的练习，有着十分密切的联系。

　　无论是"词科"，还是"内制"都需要擅长骈偶之文。洪迈对此深有感触，指出："四六骈俪，于文章家为至浅，然上自朝廷命令、诏册，下而搢绅之间笺书、祝疏，无所不用。"③ 为了进入朝廷，名扬缙绅，为了家族的兴旺，洪迈在入仕为官的历程中承担了大量朝廷命令、诏册、笺书、祝疏的书写工作，他对自己四六方面的成就也颇为自信，并深刻地认识到了四六的应用功能。如下面这段自述就很能体现他对骈文创作的态度及其创作成就：

　　　　臣一介书生，见识汙下，仅能骈四俪六，缀辑华藻，以事区区应用之辞章。④

　　这是洪迈的自谦之语，却也在某种程度上反映了当时洪迈骈文创作的具体情况。尤其是频繁创作"区区应用之辞章"的"骈四俪六"，既锻炼和提高了洪迈的四六创作能力，也为他赢得了地位与声誉。

　　这种情况的产生，离不开文人在政治生活中对文章"应用"功能的重视，骈文大多是为了实现某种功利目的而作。罗大经高度评价汪藻的四六文的审美价值与实用功能时道：

　　　　事词的切，读之感动，盖中兴之一助也。⑤

① （宋）谢伋：《四六谈麈》卷首，《影印文渊阁四库全书》本，第1480册，第20页。
② （宋）刘壎：《隐居通议》，中华书局1985年版，第211页。
③ （宋）洪迈撰，孔凡礼点校：《容斋随笔》，中华书局2005年版，第517页。
④ （宋）洪迈：《辞免兼侍讲状》，（元）祝渊《古今事文类聚·遗集》卷三，《影印文渊阁四库全书》本，第929册，第383页。
⑤ （宋）罗大经撰，王瑞来点校：《鹤林玉露》丙编卷三"建炎登极"条，中华书局1983年版，第283页。

骈文的应用功能，在南宋文人的创作中得到了凸显，成为南宋士人进入仕途的重要手段。伴随着骈文应用功能的扩大，士人骈文创作的功利目的增强，为满足现实生活中某些具体要求而作骈文的现象更加突出。北宋末年，擅长撰写适用于朝廷及官府文书的应用型人才稀缺，朝廷希望改变现状，采取措施来培养、吸收撰写四六的人才，其中之一是设置"词学科"。据《四朝闻见录》甲集《制科词赋三经宏博》载：

> 士皆不知故典，亦不能应制诰、骈俪选。蔡京患之，又不欲更熙宁之制，于是始设词学科，试以制、表，取其能骈俪；试以铭、序，取其记故典。①

南宋高宗绍兴初，又设置"博学宏词科"。据《宋会要辑稿·选举》一二之一一载，绍兴三年（1133）七月六日，都司指出：

> 工部侍郎李擢奏，乞令绍圣宏词与大观词学兼茂两科别立一科事，看详：绍圣法以"宏词"为名，大观后以"词学兼茂"为名，今欲以"博学宏词科"为名。②

《宋史·选举志二》谈到"博学宏词科"时，也说：

> 高宗立博学宏词科，凡十二题，制诰、诏表、露布、檄、箴铭、记赞、颂序内杂出六题，分为三场，每场体制一古一今。……公卿子弟之秀者皆得试。……南渡以来所得之士，多至卿相、翰苑者。③

在这种以词科取士的文化下，"能骈俪"、能"记故典"且是"公卿子弟之秀者"的洪氏兄弟无疑能够出乎其类、拔乎其萃，在此类竞争中脱颖而出、勇夺桂冠。据《容斋三笔·吾家四六》载：

---

① （宋）叶绍翁撰，沈锡麟、冯惠民点校：《四朝闻见录》甲集《制科词赋三经宏博》，中华书局 1989 年版，第 19 页。
② （清）徐松辑：《宋会要辑稿·选举》一二之一一一，中华书局 1957 年版，第 4453 页。
③ （元）脱脱等：《宋史》卷一五六《选举二》，第 3651 页。

绍兴壬戌词科，代枢密使谢赐玉带表，文安公曰："有璞于此必使琢，恍惊制作之工；匪伊垂之则有余，允谓便蕃之赐。"主司喜焉，擢为第一。乙丑年，代谢赐御书《周易》《尚书》表，予曰："八卦之说谓之索，奉以周旋；百篇之义莫得闻，坦然明白。"尾句曰："但惊奎璧之辉，从天而下；莫测龟龙之祕，行地无疆。"亦忝此选。①

四六的成就，造成了洪氏家族的繁盛，洪迈对自己家人因四六创作而取得的荣耀津津乐道，可见他对四六的重视及对因擅长撰写四六而取得的地位与名誉的珍视。他在"吾家四六"结尾处记叙四六创作中体现出来的手足之情，并希望子孙后辈能够继承家学、光大门楣，保持家族繁盛的用心十分明显：

余不胜书。唯记从兄在泉幕，淮东使者，其友婿也，发京状荐之，为作谢启曰："襟袂相连，凤愧末亲之孤陋；云泥悬望，分无通贵之哀怜。"皆用杜诗。其下句人人知之，上句乃《赠李十五丈》云："孤陋忝末亲，等级敢比肩。人生意气合，相与襟袂连。"此事适著题，而与前《送韦书记》诗句偶可整齐用之，故并纪于此。但以传示子孙甥侄而已，不足为外人道也。②

"词学科"对士人文化修养的要求很高，既要"能骈俪"，有良好的文字功底；又要"记故典"，对典章名物制度有深入了解，具备深厚的历史知识。这些修养的形成，不可一蹴而就，需要长期训练与实践。洪氏兄弟良好的家庭教育环境，无疑有利于此类人才的培养。

洪氏兄弟凭借卓越的四六创作能力与良好的文化修养，为家族赢得了荣誉、获取了地位。尤其是洪迈，他初为地方转运司属官，从馆职、郡守，做到翰林学士，以端明殿学士致仕，继承发展了父兄事业，为世瞩目。《宋史·洪迈传》载：

三年，迁起居郎，拜中书舍人兼侍读、直学士院，仍参史事。父

---

① （宋）洪迈撰，孔凡礼点校：《容斋随笔》，中华书局 2005 年版，第 520—521 页。

② （宋）洪迈撰，孔凡礼点校：《容斋随笔》，中华书局 2005 年版，第 525 页。

忠宣、兄适、遵皆历此三职，迈又踵之。①

在其名著《容斋随笔》中，洪迈反复强调自家人通过博学宏词科进入仕途的辉煌事迹，其中不乏炫耀的意味。如"三笔"卷十"词学科目"条载：

> 凡三场，试六篇，每场一古一今，而许卿大夫之任子亦就试，为博学宏词科，所取不得过五人。任子中选者，赐进士第。虽用唐时科目，而所试文则非也。自乙卯至于绍熙癸丑二十榜，或三人，或二人，或一人，并之三十三人，而绍熙庚戌阙不取。其以任子进者，汤岐公至宰相，王日严至翰林承旨，李献之学士，陈子象兵部侍郎，汤朝美右史，陈岘方进用，而予兄弟居其间，文惠公至宰相，文安公至执政，予冒处翰苑。此外皆系已登科人，然擢用者，唯周益公至宰相，周茂振执政，沈德和、莫子齐、倪正父、莫仲谦、赵大本、傅景仁至侍从，叶伯益、季元衡至左右史，余多碌碌。而见存未显者，陈宗召也。然则吾家所蒙，亦云过矣。②

宋室南渡之初博学宏词科的设立，吸引了大量士子奔赴此科，以至出现"近岁泛许人应博学宏辞，遂有妄以此自称。或假手作所业献礼部，亦许试。而程文缪不可读，亦无以惩之，殆非也"③的情况。洪氏兄弟的四六创作是他们成功的重要因素。还有一个因素，"公卿子弟之秀者皆得试"，即洪迈所说"许卿大夫之任子亦就试"的制度，显然有利于出身官僚仕宦家庭且具有良好教育环境的子弟。洪迈三兄弟皆"以任子进者"，他们的中选，反映出当时家庭出身对士人进入仕途的关键作用。

南宋时，要通过"博学宏词科"进入仕途实非易事。那些条件非普通人家的子弟所能具备，需要长期积累，甚至是几代人的积累，并以诗礼传家。首先，博览群书是进入"博学宏词科"的一个重要条件。洪迈家藏文

---

① （元）脱脱等：《宋史》卷三七三《洪迈传》，第11572页。

② （宋）洪迈撰，孔凡礼点校：《容斋随笔》，《容斋三笔》卷十"词学科目"，中华书局2005年版，第539—540页。

③ （宋）陆游：《老学庵笔记》卷五，钱仲联、马亚中主编《陆游全集校注》，浙江教育出版社2011年版，第11册，第362页。

物十分丰富，他博通史部，精于考据，熟谙典章，这既和其父洪皓重视教育子弟有关，也有利于洪迈自己的家庭教育，有利于提高家族子弟的文化素养。据马廷鸾《碧梧玩芳集》卷一五《跋山谷书刘梦得竹枝歌后》载："洪氏为鄱阳文章家，奥篇隐帙萃焉，法书名画特土苴耳。"① 在这样的家庭环境中，洪氏才能培养出其子弟四六创作的才能。

其次，我们也不能忽视人际关系在洪氏兄弟成功之路上的重要性。家族声望的形成，除了需要文化修养的积累，还要有人脉关系的延伸。叶适指出：

> 前后居卿相显人，祖父子孙相望于要地者，率词科之人也。其人未尝知义也，其学未尝知方也，其才未尝中器也……是何所取，而以卿相显人待之，相承而不能革哉？②

叶适旨在批评宏词科取士之不当，我们却从中可以到领会普通士子通过"宏词"进入仕途之不易。叶适揭示了一个现实："词科之人"大多是"前后居卿相显人，祖父子孙相望于要地者"，显赫的家庭出身，是入选的关键。至于"其人未尝知义也，其学未尝知方也，其才未尝中器也"则是意气之词，不必在意。谁能说三洪、周必大、周麟之、唐仲友、吕祖谦、真德秀这些由博学宏词科中选而进入仕途的大儒们是"未尝知义""未尝知方""未尝中器"呢？内举不避亲，"卿相显人、祖父子孙相望于要地者"进入词科之众，正反衬出普通士人进入仕途之难。

以上所述乃是人之常情、人情之常，杨万里一言以蔽之曰：

> 彼此无情分，岂可干求？③

魏了翁也指出洪氏兄弟仕途之顺的重要原因是其中的人脉关系，据他所说：

---

① （宋）马廷鸾：《碧梧玩芳集》卷一五，《影印文渊阁四库全书》本，第1187册，第109页。
② 《宏词》，《水心别集》卷一三，（宋）叶适著，刘公纯、王孝鱼、李哲夫点校《叶适集》，中华书局2010年版，第803页。
③ 《答吴节推》，《诚斋集》卷一○八，（宋）杨万里著，王琦珍整理《杨万里诗文集》（中），江西人民出版社2006年版，第1695页。

他日，文惠拜金书枢密，高皇帝复谓："卿父精忠，古今所无，今卿兄弟相继入辅，此天报也。"大哉王言。其诸异乎人之所以称洪氏者钦。……而人之以词章记览、名位科目为洪氏之盛者是知其小而遗其大，见以人而不见以天也。①

此段记载中所言之"天"，即常人不易看到的与血缘家族密切相连的人脉关系。南宋时期的名流显人大多认识到荐举提携的重要性及其操作程序，他们为维持家风门庭，可能利用职务之便为自己的亲友子侄辈请托荐举。而洪迈津津乐道"吾家所蒙，亦云过矣"的荣耀，则是叶适所说"前后居卿相显人，祖父子孙相望于要地者，率词科之人也"的最佳注脚。这就导致"先生（叶适）本无意于嫉视词科，亦异于望风承意者，然适值其时，若有所为"②。

中国传统社会家族观念浓重，十分注重血缘关系。古代社会关系中所谓三纲者，君臣、父子、夫妻。君臣之外的父子、夫妻及由此血亲关系延伸出来的兄弟、叔侄、祖孙等诸种关系，在士人人生之路上具有十分重要的影响。洪皓在贬谪岭南时期，依然好学如故，诗礼传家，培养教育子弟，洪适在父亲忤秦桧而被贬岭南英州安置之际，就免官往英州侍奉老父；洪遵、洪迈也随父在贬谪的几年内学习了父亲的精神，终成南宋一代名流显宦、硕学鸿儒。洪适、洪遵、洪迈兄弟以文章取盛名，时人称为"三洪"。洪迈对此"门户荣事"颇感荣耀，他在《容斋随笔》卷一六《兄弟直西垣》中特别记了一笔：

绍兴二十九年，予仲兄始入西省，至隆兴二年，伯兄继之，乾道三年，予又继之，相距首尾九岁。予作谢表云："父子相承，四上銮坡之直；弟兄在望，三陪凤阁之游。"比之前贤，实为遭际，固为门户荣事，然亦以此自愧也。③

① （宋）魏了翁：《鹤山集》卷五一《三洪制稿序》，《影印文渊阁四库全书》本，第1172册，第581页。
② （宋）叶绍翁撰，沈锡麟、冯惠民点校：《四朝闻见录》甲集《宏词》，中华书局1989年版，第35页。
③ （宋）洪迈撰，孔凡礼点校：《容斋随笔》，中华书局2005年版，第207页。

虽云"自愧",其实"自豪",其辞若有愧焉,实乃深喜之也,家族情怀,不言而喻。

这种"父子相承,四上銮坡之直;弟兄在望,三陪凤阁之游"的盛况,得到了世人的高度关注和由衷敬佩。张世南对此感叹道:

> 实为本朝儒林荣观之盛。①

洪氏家族"儒林荣观之盛",离不开宋室南渡以来高压政策下洪氏父子对血缘亲情、家族兴盛的重视,那种因爱家人,为了家庭、家族荣誉而努力奋斗的精神产生了巨大的力量。他们在文学创作中表现出来的父子之爱、手足之情,在很大程度上有利于他们对极权制度的排斥、对苦难的抗争。这使得他们在充满坎坷的社会环境中寻找到了一方可以依靠的精神家园,一处心灵安顿的栖息之所。

三 现实关怀与文化的传承

在中国传统观念看来,能够处理好种种血缘人伦关系的人也一样会注重处理好君臣关系,所谓"孝弟也者,其为仁之本与"②、"因不失其亲,亦可宗也"③,这种由家族推广到国家的思想观念,在南宋士大夫身上体现得十分明显。尤其是迁岭文人在人生失意时对子孙进行了正能量的教育,形成了一种悲怆之美,在传统兄友弟恭、父慈子孝的家庭生活中增添了一种奋发之意,提升了家庭教育的境界。父子、兄弟之间的骨肉亲情帮助他们度过了人生中最艰难的岁月。

洪迈兄弟在逆境中相互激励、相互扶持,共同进步的生活经历令人同情与敬佩。周必大撰《丞相洪文惠公适神道碑》记载了洪迈之父洪皓使金时,洪适作为家中长子如何率弟妹刻苦向学,承担教育弟妹的责任,颇能反映洪氏兄弟间的深厚感情:

---

① (宋)张世南撰,张茂鹏点校:《游宦纪闻》卷二,中华书局1981年版,第17页。
② 《论语·学而》,杨伯峻译注《论语译注》,中华书局1980年版,第2页。
③ 《论语·学而》,杨伯峻译注《论语译注》,中华书局1980年版,第8页。

忠宣公自嘉禾司录应选使朔方，公年十三，已能任家事，率五弟三妹，奉祖母及母，避乱归饶。母亡，复过嘉禾，食忠宣之禄。日夜率长弟文安公遵、次弟翰林学士迈，种学绩文，至忘寝食。①

许及之撰《宋尚书右仆射观文殿学士正议大夫赠特进洪公行状》亦载：

及使北，公年才十三，已能巇任门户。时值敌骑犯吴，间关奉秦国、魏国，挟五弟三妹归鄱阳。指众食贫，忠宣奉入在秀，复迎挈以往，凡九年，而魏国弃诸孤。忠宣又久留朔方，公茹悲含辛，破涕自力，以奉秦国之欢。躬率三弟，刻意问学，为文自出机杼，皆中程度，一时名人，多折辈行与之交。②

洪适的努力没有白费，得到时贤名流的赞赏，绍兴十二年，他带领兄弟赴临安应词科，结果与弟遵同登科，连高宗也闻而嘉叹，后三年，洪迈亦中选，三洪文名满天下。陈寅恪指出：

盖自汉代学校制度废弛，博士传授之风止息以后，学术中心移于家族，而家族复限于地域，故魏、晋、南北朝之学术、宗教皆与家族、地域两点不可分离。③

不仅魏、晋、南北朝之学术、宗教与家族、地域不可分离，南宋文学创作也与家族、地域关系密切。对自己家族成员经过艰难困苦而取得的荣耀，洪适念念不忘，一直到晚年记忆犹新，他在自撰的《盘洲老人小传》中特别强调了此事：

魏国弃诸孤，仲舅博士公使奉丧来无锡，依外氏以葬。时河南复为王土，尝拟宰臣贺表，以"齐人归郓谨之田"对"宣王复文武之

① （宋）周必大：《文忠集》卷六八，《影印文渊阁四库全书》本，第1147册，第719—720页。
② （宋）洪适：《盘洲文集》卷末附，《影印文渊阁四库全书》本，第1158册，第792页。
③ 陈寅恪：《隋唐制度渊源略论稿》，上海古籍出版社1982年版，第17页。

土"，舅氏爱其语，谓某曰："甥若加鞭不休，词科不难取。"乃同二弟闭门习，为之夜不安枕者余岁。既试，偶中选。宰臣进读制词，太上皇曰："父在远，其子能自立，可与升擢。"遂得敕令所删定官。①

名流显宦周必大对此脍炙人口之事亦特别重视，他在《丞相洪文惠公适神道碑》中记载道：

> 绍兴十二年，与文安公（洪遵）同博学宏词科。宰臣进呈所试制词，高宗曰："父在远，子能自立，可嘉。宜与升擢。"遂除敕令所删定官。后三年，翰林公（迈）亦中选。由是洪氏文名满天下。②

陈振孙《直斋书录解题》卷十八别集类谈到《鄱阳集》时也特别提及洪皓之子登词科、俱贵显之事：

> 皓奉使金国，守节不屈。既归，为秦所忌，谪英州，死之日，与秦适相先后。三子登词科，俱贵显。③

可见此事在历史上的影响之大，也可看出南宋时人对家族与文学创作关系的高度重视。叶绍翁撰《四朝闻见录》甲集《洪景卢》所载一事，颇能反映洪家兄弟之间的深厚感情：

> （迈）归番阳，与兄丞相适酬唱觞咏于林壑甚适。④

洪迈的兄长洪适、洪遵在绍兴十二年赴临安应词科而同登科，绍兴十三年洪迈的父亲洪皓南归，即以忠言得罪秦桧而被贬至岭南的英州，洪迈在他父亲被贬谪英州之后中选宏词科。

洪迈为了家族的兴旺，在进入仕途的过程中承担了大量朝廷命令、诏册、笺书、祝疏的书写工作，这既锻炼和提高了他的四六创作能力，也为

---

① 《盘州文集》卷三三，《影印文渊阁四库全书》本，第1158册，第471页。
② 《文忠集》卷六八，《影印文渊阁四库全书》本，第1147册，第720页。
③ （宋）陈振孙撰，徐小蛮、顾美华点校：《直斋书录解题》卷一八别集，第532页。
④ （宋）叶绍翁：《四朝闻见录》甲集《洪景卢》，第39页。

他赢得了地位与声誉。他的四六创作，引起了世人的广泛关注。绍兴三十一年三月，洪迈为枢密院检详诸房文字，十月，高宗亲征，迈草诏，又草告契丹诸国及中原诸路檄，皆是一时传诵的四六佳作。据《容斋三笔》卷八《吾家四六》载：

> 《辛巳亲征诏》曰："惟天惟祖宗，方共扶于基绪；有民有社稷，敢自佚于宴安。"又曰："岁星临于吴分，定成淝水之勋；斗士倍于晋师，可决韩原之胜。"①

洪迈所作《亲征诏》在当时引起了强烈反响。《鹤林玉露》丙编卷四"中兴讲和"条②、《耆旧续闻》卷六都引此两联③。周紫芝《太仓稊米集》卷一七为此而作《亲征诏下朝野欢呼六首》④、章甫《自鸣集》卷四为此而作《闻下亲征诏志喜》⑤。更值得我们注意的是迁岭文人杨冠卿《客亭类稿》卷一三为此而作的《读亲征诏》，对此诏充满了赞叹之情：

> 诏语深醇告万方，便知九鼎不劳扛。波臣奔走扶黄屋，约束风涛过大江。⑥

对洪迈充满了同情与共鸣。

洪迈的四六创作成就与其家庭教育关系密切。洪皓虽以气节闻名于世，却落得悲惨的命运，这不能不对洪迈产生巨大的影响。绍兴五年（1135），徽宗崩，洪皓遣使臣沈珍往燕山，建道场于开泰寺，作功德疏，北人争相传诵，故臣读之泣下。金主欲任用他为翰林学士，又迫授他职，皆誓死不就职，此事给年幼的洪迈留下了深刻的印象。洪迈晚年写《容斋三笔》卷八"徽宗荐严疏文"时，犹能对此事的来龙去脉进行详细的

---

① （宋）洪迈撰，孔凡礼点校：《容斋随笔》，中华书局 2005 年版，第 523 页。
② （宋）罗大经撰，王瑞来点校：《鹤林玉露》丙编卷四，中华书局 1983 年版，第 301 页。
③ （宋）陈鹄：《耆旧续闻》卷六，《宋元笔记小说大观》，上海古籍出版社 2001 年版，第 5 册，第 4828 页。
④ （宋）周紫芝：《太仓稊米集》，《影印文渊阁四库全书》本，第 1141 册，第 115 页。
⑤ （宋）章甫：《自鸣集》卷四，《影印文渊阁四库全书》本，第 1165 册，第 411 页。
⑥ （宋）杨冠卿：《客亭类稿》卷一三，《影印文渊阁四库全书》本，第 1165 册，第 532 页。

记述：

> 徽宗以绍兴乙卯岁升遐，时忠宣公奉使未反命，滞留冷山，遣使臣沈珍往燕山，建道场于开泰寺，作《功德疏》曰："千岁厌世，莫遂乘云之仙；四海遏音，同深丧考之戚。况故宫为禾黍，改馆徒馈于秦牢；新庙游衣冠，招魂漫歌于楚些。虽置河东之赋，莫止江南之哀。遗民失望而痛心，孤臣久絷惟欧血。伏愿盛德之祀，传百世以弥昌；在天之灵，继三后而不朽。"北人读之亦堕泪，争相传诵。其后梓宫南还，公已徙燕，率故臣之不忘国恩者，出迎于城北，搏膺大恸。虏俗最重忠义，不以为罪也。①

值得注意的是洪迈对其父所作骈体文《功德疏》的引用，既反映出当时此文产生的轰动效应及日后的流传情况，也透露出洪迈对其父的由衷敬意及因此产生的心慕手追之情。洪皓使金时的豪情胜慨，无疑有助于激发洪迈的爱国热情。受到父亲人格精神的感召，时议遣使报金国聘，迈慨然请行，充贺大金登宝位国信使。周必大、范成大有诗送行，范成大在《送洪景卢内翰使虏二首》其一中，特别从"家传忠义"的角度对他此行作了高度评价：

> 金章玉色照离亭，战伐和亲决此行。国有威灵双节重，家传忠义一身轻。②

洪迈此番出使，无愧使命，被人反复强调"有诸父风"③、"无愧于乃父也"④，论者大多从其继承父志的角度来对他进行评价。洪迈对自己用于幕府应制的四六创作颇感自豪，促使他用四六表达感情，频频引用以缩同

①　（宋）洪迈撰，孔凡礼点校：《容斋随笔》，中华书局2005年版，第515页。
②　《石湖诗集》卷八，（宋）范成大著，富寿苏标校《范石湖集》，上海古籍出版社2006年版，第102页。
③　（明）商辂等：《御批续资治通鉴纲目》卷一五于"遣起居舍人洪迈使金"条下"发明"，武英殿聚珍版。
④　（明）商辂等：《御批续资治通鉴纲目》卷一五于"遣起居舍人洪迈使金"条下"广义"，武英殿聚珍版。

好。《容斋三笔》卷八《吾家四六》载:

> 《檄书》曰:"为刘氏左袒,饱闻思汉之忠;徯汤后东征,必慰戴商之望。"又曰:"侯王宁有种乎?人皆可致;富贵是所欲也,时不再来。"①

我们从这些四六中可以明显感受到洪迈受父亲影响,自觉继承父业,大大激发了自己在入幕风气盛行的社会环境下创作战斗檄文的热情。

当时有识之士敏锐地感受到了洪氏父子不同凡响的成就。《无垢先生横浦心传录》卷上所载一事颇能反映张九成对他们父子的评价:

> 洪忠宣公皓一日归自虏中,忠节炳炳,有识称叹。圣意方眷,将欲大用,秦公忌而斥之。南安士子春试归,且以秦氏子取高第为美者,谈不容口,乃嗟洪公之斥,因说及其子。先生不觉失笑,因谓之曰:"以名欺人,其如实何?"……越一日,士复有请,且以一笑为问。先生曰:"洪公诸子蕴蕴有器识,不肯作时习语,往往自有知者。况此公见厄虏庭十余年,艰险万状,死亦不畏,义气凛凛,照映古人。秦公以私害之,不久天必伸之矣。不可以一时得失利害,妄窥贤者用心。"问者见先生色变而退。②

张九成对秦桧父子及洪氏父子的对比议论,包含了深刻的人生哲理。确实,人生在世"不可以一时得失利害,妄窥贤者用心"。今日之失或许是明日之得,今日之得也可能引发日后之失。历史上常有小人得志、"君子固穷"③、"不容,然后见君子"④ 的现象。

对于南宋文人自觉地继承与传播中华民族优秀传统文化及对家族发展的重视,我们可以从洪迈为南宋迁岭文人黄公度文集所撰序中看出一斑,他在为逝者印可延誉之际,亦颇能满足生者请托的意愿,透露出他强烈的

---

① (宋)洪迈撰,孔凡礼点校:《容斋随笔》,中华书局 2005 年版,第 523 页。
② (宋)于恕编:《无垢先生横浦心传录》卷上,明万历年间吴惟明刻本《横浦先生文集》附,北京大学图书馆藏。
③ 《论语·卫灵公》,杨伯峻译注《论语译注》,中华书局 1980 年版,第 161 页。
④ (汉)司马迁:《史记》卷四七《孔子世家》,中华书局 2011 年版,第 1932 页。

现实关怀：

> 公既没，其嗣子邵州君沃收拾手泽，汇次为十有一卷，诗居大半焉。它文悉从肺腑，源深流长。迨乐府词章，宛转清丽，读者咀嚼于齿颊间而不能已。惟其不沾于用，身不到銮坡凤阁中铺扬太平之闳休，其所表暴如是而已。魏国陈丞相既序其首，而邵州又欲予赘语于后。忆四十年前与公从容于番禺药洲之上，予作《素馨赋》，公盖戏而反之，异于不相知闻者。兹不宜辞，若平生事业则有参知政事龚公吏部尚书林公之铭在。庆元二年十月庚申，焕章阁学士、宣奉大夫、提举隆兴府玉隆万寿宫、魏郡公鄱阳洪迈序。①

　　我们在此特别强调洪迈"焕章阁学士、宣奉大夫、提举隆兴府玉隆万寿宫、魏郡公"的身份，是想说明南宋士人请人作序印可时是有讲究的，一般不会请普通人作序，而要请名流巨卿，这样才能起到延誉扬名的作用。从此序中"魏国陈丞相既序其首"可知作序之人已不同凡响，从"邵州又欲予赘语于后"的文字背后我们还能感受到黄公度之子也不是凡俗之士，否则难以请动两大名流巨卿为其父作序延誉。故洪迈作此序时还要特别考虑到生者的请托意愿，这就涉及文学创作中"期待视野"的问题。这个"期待视野"使洪迈在创作时首先有一个假想的阅读对象，即这篇序是要写给谁阅读的。因此，洪迈此序包含了十分丰富的文化内涵，他除了表达对死者"忆四十年前与公从容于番禺药洲之上"的故人之情外，还不负生者即故人之子"欲予赘语于后"所托。这就决定了替逝者印可延誉文字的双重性质，符合中国人的传统文化心理。洪迈作序为迁岭名臣黄公度延誉既能令逝者精神犹在，此身已死、此心不朽，也能激励生者继承先人之志，将家族的文化事业继续发扬光大，字里行间透露出对其子孙后代所寄予的厚望。我们从这段印可延誉的文字中可以看出迁岭文人的后人为祖上刊书，请人作序以成先人之志的普遍行为，及洪迈对家族发展极为重视的民族文化心理。士人在为逝者印可延誉时大多着眼于这些方面，子孙后代、门人弟子在为先人、师长文集作序印可时尤其注重这一点。

---

① 《知稼翁集序》，（宋）黄公度撰《知稼翁集》卷首，《影印文渊阁四库全书》本，第 1139 册，第 543 页。

无独有偶，洪迈后人洪伋亦请人为洪迈文集作序。据何异撰《容斋随笔·序》载：

> 知赣州寺簿洪公伋，以书来曰："从祖文敏公由右史出守是邦，今四十余年矣。伋何幸远继其后，官闲无事，取文敏随笔纪录，自一至四各十六卷，五则绝笔之书，仅有十卷，悉锓木于郡斋，用以示邦人焉。想像抵掌风流，宛然如在，公其为我识之。"……宝谟阁直学士、太中大夫、提举隆兴府玉隆万寿宫临川何异谨序。①

洪伋是洪适孙，淳熙间为奉议郎、荆湖南路提举茶盐司干办公事。绍熙三年，金判荆门，被檄摄军事。嘉定间，由知赣州擢江西提刑，曾为祖上洪迈刊刻《容斋随笔》，并作跋语道：

> 叔祖文敏公居闲日久，著述为多，《随笔》五书凡七十四卷，考核经史，据摭典故，参订品藻，精审该洽，学士大夫争欲传袭。伋顷守章贡，后公四十年，以其书锓于郡斋。……又后公四十三年，于是复锓此书于建。方欲汇公之文刻置祠下，适以移官未暇也。当嗣图之，以成山庄先生之志云。②

洪伋是有一定成就的刊书者。他请人为自己的祖上作序印可并为洪迈著作所写的跋语中道出了迁岭文人的后人为祖上刊书，以成先人之志的普遍心理，这对我们理解中国古籍的刊刻与流传颇有启示意义。

令人感兴趣的是，南宋士大夫不但为自己祖上刊刻著作或请人为自己祖上作序印可，也在自己作序时为稚子延誉。如洪迈在《容斋四笔·序》中道：

> 稚子懔每见《夷坚》满纸，辄曰："《随笔》《夷坚》皆大人素所游戏，今《随笔》不加益，不应厚于彼而薄于此也。"日日立案旁，必俟草一则乃退。重逆其意，则哀所忆而书之。懔嗜读书，虽就寝，

---

① （宋）洪迈撰，孔凡礼点校：《容斋随笔》，中华书局2005年版，第979—980页。
② （宋）洪迈撰，孔凡礼点校：《容斋随笔》，中华书局2005年版，第982页。

犹置一编枕畔，旦则与之俱兴。而天啬其付，年且弱冠，聪明殊未开，以彼其勤，殆必有日。丈夫爱怜少子，此乎见之。于是占抒为序，并奖其志云。①

名流印可在南宋可谓无处不在、无远弗届。这促使迁岭文人在人生失意时善于发现家族中的读书种子，并极力培养他们热爱读书的兴趣与氛围，对子孙进行正能量的教育，形成了一种积极进取的精神，在传统兄友弟恭、父慈子孝的家庭环境下增添了一种昂扬乐观的情绪，提升了家庭教育的境界。我们从南宋迁岭文人为自己亲友所托而作的印可延誉的文字中，也可以透视某些深层次的民族文化性格，领会到洪氏家族兴旺繁盛及洪迈骈文创作取得重大成就的深刻历史动因。

---

① （宋）洪迈撰，孔凡礼点校：《容斋随笔》，中华书局 2005 年版，第 629 页。

第五章　南宋文人对西江流域的
文化记忆与地域认同

西江流域优美的自然山水与生态资源，不仅为迁岭文人提供了安身立命的物质基础，也为他们提供了文学创作与文化活动的重要源泉。西江流域社会文化的发生、发展、演变与传承，离不开迁岭文人在此进行的文化活动。迁岭文人在西江流域的文化活动，为当地留下了丰富多彩的文化遗迹。人事有代谢，往来成古今。这些丰富的人文遗迹与优美的自然山水融合在一起，更加丰富了西江流域的文化底蕴、促进了当地的文化发展。

一个民族如果没有记忆，就不能保留与传播该民族的文化，也就很难促进该民族文化的发展与社会的变迁。钱穆先生说过，对历史应抱有温情与敬意①，忘不了的人和事，才是真生命②。叶嘉莹先生有一段关于诗人与漫游的话，她说：

> 古人所说的"读万卷书，行万里路"与太史公的"周览天下"是与中国历史之悠久、地理之广远结合在一起的。每个国家有每个国家的民族性，而这个国家之民族性的形成，与其地理背景有很密切的关系。所以一个人的成长，要受到种种复杂因素的影响。而"周览天下名山大川"这样的经历，不但可以开阔你的心胸，而且可以让你逐渐形成与自己的国家、民族密切结合起来的感情。每一个地方、每一处名胜、每一座山、每一条河，里边都结合了

---

①　钱穆：《国史大纲》，商务印书馆2005年版，第1页。
②　钱穆：《八十忆双亲·师友杂忆》，生活·读书·新知三联书店2005年版，第44页。

千古的兴亡。①

正因此，我们要对国家民族的历史、地理，对自己生活过的这片土地，应抱有温情与敬意。西江流域社会地位的形成，离不开历代迁岭文人的追忆与描写。而迁岭文人对西江流域的记忆与描写，实际上就是在为发展与传播这片土地的文化作出自己的贡献。"有情天地内，多感是诗人"（顾非熊《落第后赠同居友人》），文学史，在某种程度上可以说是心灵史，是文人对自己心灵、情感的记述。而在这些记述中，追忆往昔生活是敏感多感的诗人墨客最常见的表现方式之一。南宋迁岭文人对西江流域的追忆，既是他们生活的重要内容，也反映出他们多愁善感的诗人气质。他们用如椽妙笔记叙了西江流域的美好山水风物及自己生活其间的心迹情感。他们的这些追忆之作，既有高度的文学价值，又有重要的史料价值，是我们探究南宋流寓岭南文人不可或缺的参考资料。

第一节　范成大对西江流域追忆的诗语表达

范成大在张孝祥离开桂林七年之后来到了此地，范成大不仅是中兴四大诗人之一，也是著名的游记高手，他的游记名篇《揽辔录》《骖鸾录》《吴船录》《桂海虞衡志》在我国文化地理学研究中具有十分重要的地位。

一　追忆：范成大叙写西江流域的重要表现

人世间的许多情感不是与生俱来的，很多时候需要用心经营，需要一点一滴的积累、一点一滴的回忆来巩固与加强。研究南宋迁岭文人范成大在西江流域的生活体验、生活方式，大多是通过他离开当地后的自我反思、自我追忆来实现的。范成大时常以自己过去的经历与现实的感受去观察、描写西江流域自然风物与社会变迁，这一特点在他的游记与诗词创作中体现得十分突出。

---

① 叶嘉莹：《叶嘉莹说杜甫诗》，中华书局 2015 年版，第 28—29 页。

追记西江流域的生活环境和生命体验成了范成大创作的重要内容，并且有历史地理学的名著《桂海虞衡志》传世①。范成大此书是在淳熙二年（1175）春从广西入蜀赴任途中而作，"道中无事，时念昔游，因追记其登临之处与风物土宜"，此时在书中追忆往昔在西江流域的欢乐事就是题中应有之义了。通过范成大自己的追忆、描述，我们可以感受到南宋迁岭文人对西江流域普遍存在的情感倾向与文化认同。

据于北山撰写的《范成大年谱》载，范成大在乾道七年（1171）论罢近习张说，随后以集英殿修撰知静江府，兼广西经略安抚使，期间一度归于家乡吴中，筑石湖别业，因此与西江流域结下了不解之缘。乾道八年冬，范成大赴广西帅任，乾道九年春抵达桂林，为桂帅，三月十日接任。②在此途中，范成大详记沿途见闻，撰写了《骖鸾录》一卷。此书记载了范成大在乾道八年十二月，从苏州出发，经浙江、江西、湖南来到西江流域桂林的沿途见闻，其中有许多文字是对西江流域风物的记述，如乾道九年在桂林遇到了当地罕见的大雪，就被范成大记录在此篇游记中了。四库馆臣评价此书时道：

> 此编乃乾道壬辰成大自中书舍人出知静江府时，纪途中所见。……考《虞衡志》作于自桂林移帅成都时，其初至粤时未有也。则此书殆亦追加删润而成者欤？③

① 《桂海虞衡志·序》表达了范成大在锦城乐国之地追忆西江流域桂林时的深厚感情，如他所言："始余自紫薇垣出帅广右，姻亲故人张钦松江，皆以炎荒风土为戚。余取唐人诗，考桂林之地，少陵谓宜人，乐天谓之无瘴，退之至以湘南江山胜于骖鸾仙去，则宦游之适，宁有逾于此者乎！既以解亲友而遂行。乾道九年三月既至郡，则风气清淑，果如所闻，而岩岫之奇绝，习俗之醇古，府治之雄胜，又有过所闻者。余既不鄙夷其民，而民亦矜予之拙而信其诚，相戒毋欺侮。岁比稔，幕府少文书。居二年，余心安焉。承诏徙镇全蜀，亟上疏，固谢不能。留再阅月，辞勿获命，乃与桂民别。民舣客于途。既出郭，又留二日，始得去。航潇湘，绝洞庭，溯滟滪，驰驱两川，半年达于成都。"［（宋）范成大撰，方健整理：《桂海虞衡志》，大象出版社 2012 年版，第 98 页。（宋）范成大撰《桂海虞衡志》卷首（《影印文渊阁四库全书》本）第 589 册第 367 页中无"时念昔游"四字。此书又载（宋）范成大《范成大著述六种·桂海虞衡志》，孔凡礼点校，中华书局 2002 年版，第 71—177 页。还有齐治平《桂海虞衡志校补》，广西民族出版社 1984 年版。范成大迁岭事迹还可参考杨文衡《范成大》，收录在谭其骧先生主编《中国历代地理学家评传》第 2 卷，第 137—161 页］
② 于北山：《范成大年谱》，上海古籍出版社 2006 年版，第 148—169 页。
③ 《四库全书总目》卷五八史部传记类《骖鸾录提要》，第 529 页。

范成大是一位非常关心民瘼、重视记录地方风物的政治家、文学家，他在西江流域任职期间，既重视民生，改革盐税、使苛捐杂税得以减轻，减轻了人民负担，而且对西江流域蛮荒之地不加歧视，故为民所重①。不仅如此，范成大还以如椽妙笔，生动有力、妙趣横生地记录了自己在西江流域的所见所闻所感，这些见闻感受为世人了解西江流域提供了重要文献资料。值得注意的是，范成大的这些游记作品大多是"追加删润而成者"，表现了他对往昔居岭生活的留恋与珍惜。

优秀的文学作品往往是作家感觉的具体生动的体现，尤其是诗歌，好的诗歌常常是一个时代的心电图，最直接、最敏锐、最真实（艺术的真实）、最生动、最优美、最鲜活地和盘托出一个时代的民族文化心理。作为南宋中兴四大诗人之一的范成大，对西江流域的社会变迁与文化发展有深切的体认，即便他对西江流域自然风物与风俗民情的记述描写大多数是事后追忆之作，但他那敏感、多感、善感、能感人所不能感的诗人之笔，也能够很好地表现西江流域的社会变迁与文化发展——无论是物质的还是精神的。可以说，范成大的游记及诗歌作品在某种程度上是研究西江流域自然风物与社会状况的重要文献。

西江流域的宦游生涯给范成大留下了美好而深刻的印象，他在离开西江流域之后仍惓惓不舍，心驰神往于往日在桂林时的欢乐生活。如在《怀桂林所思亭》诗中，范成大写道：

> 篸山奇绝送归时，曾榜新亭号所思。桂水祗今湘水外，他年空有四愁诗。②

在以后的岁月里，无论范成大身在何方，看到何物，他都会自然而然地联想起自己在西江流域生活时的春树暮云，想起那里的独特民俗及自然风物，追忆往昔之情沛然莫之能御。如《罗江》诗云：

---

① 详参《宋史》卷三八六《范成大传》；周必大《周益国文忠公集·平园续稿》卷二二《资政殿大学士赠银青光禄大夫范公成大神道碑》、《皇宋中兴两朝圣政》卷五二、《续资治通鉴》卷一四三。

② （宋）范成大著，富寿荪标校：《范石湖集·石湖居士诗集》卷一五，上海古籍出版社2006年版，第191页。

岭北初程分外贪，惊心犹自怯晴岚。如何花木湘江上，也有黄茅似岭南。①

在湘江之上看到的花木，就让范成大想到了岭南的黄茅，对岭南的感情之深由此可见。又如在《初入湖湘怀南州诸官》中，范成大也用了相似的抚今追昔的抒情手法，表达出自己对西江流域风物的追忆与留恋②。与此类似的还有《题湘山大施堂》一诗，诗中小序写道："山中祖师号无量寿，真身塔在焉。"范成大对佛教有很深刻的理解，因此他才能够将佛教义理、禅宗心法融入这首追忆往昔生活的诗歌中，让人既感受到他对西江流域的一片真挚的深情，同时又令人深思生命存在的意义何在，从而给人以启发，令读者读了此诗之后眼界更加开阔，并能够用更加豁达大度的心胸来面对人生，这是一首旷达而且真诚的佳作③。在他宦游四方之际，范成大常常追忆起往昔在西江流域生活的情境，这既容易让他感叹浮生若梦、人生如寄，往事只能回忆，又让他感到饱览过奇绝之景、不虚此生，同时又伤长年羁旅、不如归乡，急急流年、滔滔逝水，受用一朝、一朝便宜。"永恒只存在于令人永志不忘的往事中。回忆往事能使人得到相等的或更多于身历其境时的欢乐。"④范成大在日后的诗歌作品中念念不忘"我从蛮岭瘴烟来，不怕雨云埋岳趾"⑤"万里三年醉岭梅，东风刮地马头回"⑥"三年瘴雾亦奇绝，浮世登临如此几"⑦。"此时此刻，记忆力使他们意识到自己失去了某种东西，由于这种失落，过去被视为理所当然的东

---

① 《范石湖集·石湖居士诗集》卷一五，上海古籍出版社 2006 年版，第 191 页。
② 《范石湖集·石湖居士诗集》卷一五载："今晨入湖南，甘土绛以紫。厥壤既殊异，风气当称此。回思始安城，旧籍赘楚尾。实惟荆州隶，零陵之南鄙。时雪度严关，物色号清美。侥以土宜观，尚非清湘比。何况引而南，焦茅数千里。向我作牧时，客过不停轨。憧憧走官下，既至辄各悔。书来无别语，但说瘴乡鬼。我今幸北辕，又念众君子。怀哉千金躯，博此五斗米。作诗讽方来，南游可以已。车轮倘无角，吾诗亦金杻。"（上海古籍出版社 2006 年版，第 191 页）
③ 《范石湖集·石湖居士诗集》卷一五载此诗云："重倚春林泪竹枝，南游风物鬓成丝。难寻桂岭千峰梦，更了湘山一段奇。来去别无心外法，行藏休问塔中师。若论大施门前事，竿木逢场且赋诗。"（上海古籍出版社 2006 年版，第 192 页）
④ 何冠骥：《中英诗中的时间观念》，《中外文学》第 10 卷第 7 期（1981 年 12 月）。
⑤ 《范石湖集·石湖居士诗集》卷一五，上海古籍出版社 2006 年版，第 199 页。
⑥ 《甘棠驿》，《范石湖集·石湖居士诗集》卷一五，上海古籍出版社 2006 年版，第 188 页。
⑦ 《湘口夜泊，南去零陵十里矣。营水来自营道，过零陵下，湘水自桂林之海阳至此，与营会合为一江》，《范石湖集·石湖居士诗集》卷一五，上海古籍出版社 2006 年版，第 194—195 页。

西，现在有了新的价值。"① 西江流域的"蛮岭瘴烟""岭梅""瘴雾"等"奇绝"之景，因为有了范成大日后漫长岁月中的反复追忆而具有了新的价值，他人生中的这段记忆，也引起了随后迁岭的文人士大夫的共鸣，成了西江流域社会文化发展史上宝贵的精神财富。

南宋文人迁岭，使得西江流域文化受到中原文化的浸润滋养，并与中原文化融汇、贯通，从而成了中华文化的重要组成部分。范成大的著述中包含了丰富多彩的自然地理资料，也蕴含着深厚广博的人文地理资料。这一切都离不开范成大对西江流域的由衷热爱与深情追忆。据范成大所撰《桂海虞衡志·自序》载：

> 道中无事，因追记其登临之处，与风物土宜，凡方志所未载者，萃为一书，蛮陬绝徼见闻可纪者，亦附著之，以备土训之图。噫！锦城以名都乐国闻天下，余幸得至焉。然且拳拳于桂林，至为缀缉琐碎如此。盖以信余之不鄙夷其民，虽去之远且在名都乐国而犹弗忘之也。②

南宋人陈振孙指出：

> 《桂海虞衡志》二卷，府帅吴郡范成大至能撰。范自桂移蜀，道中追记昔游。③

明代地理学家王士性（1547—1598）也指出此书乃追忆而成的：

> 昔宋范成大帅粤，爱其土之山川，及移蜀犹不忘，忆而作《桂海

① ［美］宇文所安：《追忆——中国古典文学中的往事再现》，郑学勤译，上海古籍出版社1990年版，"导论"第6页。
② （宋）范成大：《桂海虞衡志·自序》，《影印文渊阁四库全书》本，第589册，第367页。
③ （宋）陈振孙撰，徐小蛮、顾美华点校：《直斋书录解题》，上海古籍出版社1987年版，第259页。

虞衡志》，称"其胜甲于天下"。①

正所谓：留予他年说梦痕，一花一木耐温存，无论是范成大自述时念昔游，"因追记其登临之处"的风土人情、西江流域见闻，还是陈振孙指出"道中追忆昔游"、王士性所说"范成大帅粤，爱其土之山川，及移蜀犹不忘"，以及四库馆库特别强调"是编乃由广右入蜀之时，道中追忆而作"②，我们从中都可以看出，范成大十分欣赏自己曾经寓居在西江流域蛮陬绝徼时的见闻，衷心地热爱西江流域的地方文化，并对自己在"名都乐国"仍然怀念西江流域颇感自豪。"当我们回过头来考察复现自身的时候，我们发现，只有通过回忆，复现才有可能。"③ 可以说，范成大对西江流域的这种热情，及他对西江流域的深情追忆之作，为西江流域社会文化的发展提供了一笔厚重的精神文化遗产。

二　互证：透视范成大西江流域叙述的视角

范成大所撰写的游记、方志，可以和《范石湖集》中的诗词互相印证，互文见义，互相参照解读。除了将范成大自己的诗、文进行互相印证来研究西江流域社会变迁与南宋迁岭文人的联系，我们还可以将范成大的诗文作品与其他迁岭文人的作品对照来读，互相印证，互相说明，互相阐发。以他人证范，这也能够更加全面广泛地了解西江流域的地形地貌、风土人情、物产气候及当时迁岭文人的生活环境、生活方式与心迹情感。

范成大的《桂海虞衡志》"共十三篇，曰《志岩洞》《志金石》《志香》《志酒》《志器》《志禽》《志兽》《志虫鱼》《志花》《志果》《志草木》《杂志》《志蛮》。每篇各有小序，各志其土之所有"④。范成大亲自来

---

① （明）王士性：《桂海志续·序》，周振鹤编校《王士性地理书三种》所收《五岳游草》卷七《滇粤游上》，上海古籍出版社 1993 年版。王士性《桂海志续》是《桂海虞衡志》的续编，可见范成大描写西江流域的著作对后世的影响。此外，明代张鸣凤的《桂胜》《桂故》对西江流域的历史、文化、山水、文学也有具体而生动的描述与介绍，在继承晚唐莫休符《桂林风土记》、南宋范成大《桂林虞衡志》的基础上有了进一步的开拓与发展。

② 《四库全书总目》卷七〇史部地理类《桂海虞衡志提要》，第 625 页。

③ ［美］宇文所安：《追忆——中国古典文学中的往事再现》，郑学勤译，上海古籍出版社 1990 年版，第 117 页。

④ 《四库全书总目》卷七〇《桂海虞衡志提要》，第 625 页。

到西江流域的桂林，目睹了西江流域的新异事物，并对这一切事物都充满了好奇与热爱，掌握了西江流域的第一手材料，"身临其境的感觉毕竟是最真实的。而对文化现象，无论是精神的还是物质的，最敏感的却正是人的感觉"①。文学创作是"感"字当头，范成大作为诗词创作方面的行家里手，他将西江流域的山川形胜、风俗民情、气候物产、美好风物，一一记录在他的游记中，也记录在他的诗词里，那些奇风异俗、山川形胜、人情物态、逸闻趣事都在范成大笔下纸端呈现出来，实为西江流域之大观，真实生动地反映了当时西江流域的社会状况与文化发展。

范成大写了许多描写西江流域风物的诗词歌赋，这些正好可与他的地理学名著《桂海虞衡志》相印证。如在《严关》一诗的小序中，范成大写道：

> 或谓之炎关，桂人守险处。朔雪多不入关，关内外风气迥殊，人以为南北之限也。

范成大用他那诗人好奇的眼睛、优美动人的诗句来表现自己在西江流域蛮陬绝徼之地的奇特见闻。此诗云：

> 回看瘴岭已无忧，尚有严关限北州。裹饭长歌关外去，车如飞电马如流。②

与此类似，范成大在《施进之追路出严关，且写予真，戏题其上》一诗中吟咏道：

> 唤渡牂牁瘴水滨，严关关外又逢春。神仙富贵俱何在，且作全家出岭人。③

又如范成大有诗名曰"铧嘴"，这是西江流域的一个地名，范成大特

① 葛剑雄：《移民·移民文化·上海文化》，《往事和近事》，九州出版社 2016 年版，第 274 页。
② 《范石湖集·石湖居士诗集》卷一五，上海古籍出版社 2006 年版，第 189 页。
③ 《范石湖集·石湖居士诗集》卷一五，上海古籍出版社 2006 年版，第 189 页。

别在诗序中加以分析，说明此地所在、由来、特色及自己曾在西江流域做官时为当时人民作出的贡献，也暗示了诗人在当地的活动重心并非只是游览山水名胜，诗词酬唱往来，在某种程度上他还有一定规模的政绩①。试看范成大的叙述：

> 在兴安县五里所，秦史录所作也。迎海阳水，垒石为坛，前锐如铧，冲水分南北，下为湘、漓二江，功用奇伟，余交代李德远尝修之。②

对于自己特别关照要修葺的地方，范成大当然情有独钟，用生动优美、简洁明快、朗朗上口的语言尽情地讴歌颂扬此地风光。

此类诗歌在范成大诗集中比较典型，反映出范成大在西江流域生活时喜欢用诗歌来描写当时桂林的这些山水自然风光，并写自己与同僚游戏其间的人生态度与人生思考。兴安县是湘江、漓江二水的发源地，境内地形复杂多样，山清水秀，沟壑纵横交错，范成大曾经游览其间，作诗《兴安乳洞有上中下三岩，妙绝南州，率同僚饯别者二十一人游之》，诗歌生动活泼地表现出西江流域地区的地形地貌、秀丽风景及诗人与同游者徜徉其中的心情感受③。又如《与同僚游栖霞，洞极深远，中有数路，相传有通九疑者。烛将尽乃还，饮碧虚上，陈仲思用二华君韵赋诗，即席和之》，反映了当时范成大与同僚优游山水、诗歌酬酢的情况，可以印证和补充说明他在地理学名著《桂海虞衡志》中的记录④。

随后而来的迁岭文人戴复古在《玉华洞》一诗中补充说明了桂林岩洞

---

① 范成大对西江流域社会发展的贡献除此之外，还有许多，如他为广西盐法的制定与执行起到了重要的作用。详参（清）汪森编《粤西文载》卷一六《广西盐法志》，《影印文渊阁四库全书》本，第1465册，第736页。
② 《范石湖集·石湖居士诗集》卷一五，上海古籍出版社2006年版，第190页。
③ 《范石湖集·石湖居士诗集》卷一五，上海古籍出版社2006年版，第189页。
④ 《与同僚游栖霞，洞极深远，中有数路，相传有通九疑者。烛将尽乃还，饮碧虚上，陈仲思用二华君韵赋诗，即席和之》载："竹杖芒鞋俗网疏，每逢绝胜更踟蹰。但随岐路东西去，莫计光阴大小余。仿佛桃源犹舞凤，辛勤李白谩骑鱼。今朝真作游仙梦，不似骚人赋子虚。"（《范石湖集·石湖居士诗集》卷一四，上海古籍出版社2006年版，第186页）

之奇[①]。户崎哲彦对此也有评述，认为：

> 在南宋初期关于桂林山水定位尚未作出结论之际，戴复古《玉华洞》诗中的"忆昔游桂林，岩洞甲天下"。王正功《权府经略提刑大中丞公宴贺之诗》中的"桂林山水甲天下"，李曾伯《重建湘南楼记》中的"桂林山川甲天下，三百年间无兵革之警"等等，都用了"甲天下"。这一说法不仅是更换了范成大的词句，也继承了他的爱国思想。[②]

这段论述具有特别重要的意义，将戴复古、王正功、李曾伯对西江流域桂林风景的评价上升到"爱国思想"的高度，并认为这是对范成大爱国精神的继承。这种观点，无疑是深刻正确的。我们需要补充说明的是，户崎哲彦这里提到的"爱国思想"之形成，正是来自南宋迁岭文人对西江流域的由衷喜爱与热情歌颂，从而增强了我们民族的地域认同感与文化自信心，增强了生活在西江流域地区的人民的凝聚力与向心力。

随着前辈迁岭文人在西江流域的生活实践与文学创作，西江流域得到了很大的开发与发展，随后迁岭而来的南宋文人逐渐爱上了西江流域，等他们要离开岭南时，甚至还有些恋恋不舍之情。如刘克庄在《临江仙·潮惠道中》就把自己在岭南的生活描写得富有诗情画意，等到他离开此地时仍然充满了惆怅伤感[③]。在《粤西诗载》卷十收录了刘克庄初到西江流域的见闻与感受，颇能反映这位迁岭文人效仿前贤，寻幽探胜的心迹情感[④]。此外，刘克庄还作了许多优美的作品来描写西江流域的岩洞之奇、之美、之怪异独特，如《栖霞洞》《龙隐洞》《琴潭》《五月二十七日游诸洞》《伏波岩》《曾公岩》《戴秀岩》《佛子岩》《荔枝岩》《程公岩》《发湘源

---

① （清）汪森编《粤西诗载》卷三载："忆昔游桂林，岩洞甲天下。奇奇怪怪生，妙不可言写。玉华东西岩，具体而微者。神功巧穿凿，石壁生孔罅。玲珑透风月，宜冬复宜夏。中有补陀仙，坐断此潇洒。空山茅苇区，无地可税驾。举目忽此逢，心骇见希咤。题诗愧不能，行人亦无暇。"（《影印文渊阁四库全书》本，第1465册，第21页）

② ［日］户崎哲彦：《关于成语"桂林山水甲天下"的出处与典据——王正功的诗和范成大、柳宗元的评论》，《唐代岭南文学与石刻考》，中华书局2014年版，第73页。

③ （宋）刘克庄著，辛更儒笺校《刘克庄集笺校》载："不见仙湖能几日，尘沙变尽形容。夜来月冷露华浓。都忘茅屋下，但画画船中。两岸绿阴犹未合，更须补竹添松。最怜几树木芙蓉。手栽才数尺，别后为谁红。"（中华书局2011年版，第15册，第7452页）

④ 详参（清）汪森编《粤西诗载》卷一〇，《影印文渊阁四库全书》本，第1465册，第142页。

驿寄府公》《上巳与二客游水月洞分韵得事字》《程公岩》《辰山》《秋日桂州远华馆呈胡仲威》《中秋湘南楼饯张昭州》《癸水亭观荷花》《三月十四日陪帅卿出游》《泛西湖》《慈氏阁》《书堂山》《风宅》《赠辰山道人》《林容州别墅》。这些名篇佳作被收录到清代汪森所编辑的《粤西诗载》卷三中了①，颇能从各个角度更加详尽地印证补充范成大所言桂林岩洞之奇妙怪异。我们从中可以感受到范成大在《桂海虞衡志》一书中所记非虚，具有重要的史料价值与认识价值。

范成大后来宦游各地，时常忆及西江流域的风物，并将它与其他各地风光进行对比。他于乾道九年赴桂帅途中经江西，"章贡水，郁孤云"，是江西赣江一带的风光，认为"多情争似桂江春"，在他心目中，江西的风光还是比不上桂林的。②他的《鹧鸪天》开篇"荡漾西湖采绿蘋"的"西湖"亦是桂林的美景之一。据《临桂县志》卷十二《山川志》记载："西湖，旧在府城西三里。环浸隐山六洞，阔七百余亩，胜概甲于一郡。"范成大主政地方时，就游览过桂林的西湖，并对其中优美的自然风光进行了细腻而深入的描绘③。无独有偶，刘克庄来到西江流域的桂林时，也对桂林的西湖进行了热情的讴歌④。若将范成大与刘克庄二者描写西湖的作品

---

① （清）汪森编：《粤西诗载》卷三，《影印文渊阁四库全书》本，第1465册，第22—26页。

② 范成大在《骖鸾录》中对自己乾道九年赴桂帅途中经江西的往事进行了记述："（乾道九年正月）二十八日到余干县。前都司赵彦端德庄新居在县后山上，亦占胜。同过思贤寺清音堂，下临琵琶洲。""（闰正月五日）又登南昌楼、江月台。郡圃逼仄无可观。江西帅前右正言龚实之欲取王士元三江五湖之句，以厅事后堂为襟带堂，余为书其榜。"并有多首词作于此地。如《惜分飞·南浦舟中与江西帅漕酌别，夜后忽大雪》《满江红·清江风帆甚快，作此，与客剧饮歌之》《谒金门·宜春道中野塘春水可喜，有怀旧隐》。（于北山：《范成大年谱》，上海古籍出版社2006年版，第167—183页）

③ （宋）范成大《六月十五夜泛西湖，风月温丽》诗云："暮舣金龟潭，追随今夕凉。波纹挟月影，摇荡舞船窗。夜久西山高，松桂黯以苍。长烟界岩腹，浮空余刃铓。棹夫三弄笛，跳鱼翻素光。我亦醉梦惊，解缆濯沧浪。多情芙蕖风，嫋嫋吹鬓霜。会心有奇赏，天涯此何方。清润不生尘，空明满坐香。过清难久留，俯仰堕渺茫。"[（清）汪森编：《粤西诗载》卷二，《影印文渊阁四库全书》本，第1465册，第20页]

④ （宋）刘克庄《泛西湖》一诗云："桂湖亦在西，岂减颍与杭。丹桥抗崇树，绿波浮轻航。休沐陪胜饯，轩盖何炜煌。停桡藕花中，一目千红裳。讵知白昼永，但觉朱夏凉。古洞半芜废，仙人今在亡。踞石散醉发，吸涧浇吟肠。延缘缭溪步，诘曲经禅房。野鸟啼密竹，高蝉噪疏杨。虽无丝管乐，谈论谐宫商。诸君敏于诗，援笔如飞翔。顾予乏华藻，山鸡追鸾皇。颇能读古碑，所恨侵夕阳。明发复扰扰，前游未可忘。"[（清）汪森编：《粤西诗载》卷三，《影印文渊阁四库全书》本，第1465册，第25页]

进行互相印证，就更能确切全面地了解西湖风貌与迁岭文人居住在西江流域的人生态度与心迹情感。

范成大在桂林常常登临揽胜，细心体察，故能有许多发现。他在日后追忆桂林风物的《桂海虞衡志》中还描绘了桂林的大风，并探究其地风大的缘由，颇能持之有故、言之成理、自圆其说：

> 桂林多风，秋冬大甚，拔木飞瓦，昼夜不息。俗传：朝作一日止，暮七日，夜半则弥旬。去海犹千余里，非飓也。土人自不知其说。余试论之：桂林地势，视长沙、番禺在千丈之上，高而多风，理固然也。①

这些描述，可以和其他迁岭文人的作品对照来读，并与其他诗人的作品互相印证补充、互相说明生发，从中能够更加全面真实地了解到西江流域的地方特色。如同样描写西江流域桂林的风，刘克庄有《风宅》一诗写道：

> 风于天地间，惟桂尤其雄。将由岩窍多，或是地形穹。不知起何处，但觉来无穷。浮埃晦白昼，奇响击半空。一怒动旬浃，小亦数日中。城堞凛欲压，况此半亩宫。尝闻古至人，御行犹轻鸿。刘季晚可怜，击筑悲沛丰。我老断恐怕，眠身等枯蓬。飘掷付大块，奚必分西东。②

范成大、刘克庄都在作品中对桂林之风的气势之大进行了描写，刘克庄在诗歌中尽情地抒发了对桂林风势之盛的惊叹之情，而范成大不但描写了桂林多风的状况，还进一步对此现象进行了探究，探究桂林风大的缘由，反映了一代名流显宦在地方为官时深入考察当地地方特色、风俗物产、地理特点、民风习俗的钻研精神，也反映了范成大对西江流域民生疾苦、百姓生活的深度关注与留心。因为只有深入了解到了当地的地形地

---

① （宋）范成大：《桂海虞衡志》，《影印文渊阁四库全书》本，第589册，第384页。

② （宋）刘克庄：《风宅》，（清）汪森编《粤西诗载》卷三，《影印文渊阁四库全书》本，第1465册，第26页。

貌、气候物产、风土人情、民风习俗，也才能更好地因地制宜，根据当时人民具体的生活情况来为人民着想，急人民所难，解决当时人民切实存在的生活问题。

古人云："文章乃经国之大业，不朽之盛事。年寿有时而尽，未若文章之无穷。"① 此说甚有道理，西江流域的民俗民情，经过宋之问、杜审言、李商隐、张孝祥等前辈迁岭文人的探索、挖掘，到了范成大笔下，"在新的历史时期被种种复杂的因素所影响、所裹挟并得以强化"②，展示出了更加鲜明的时代特征与文人色彩。

三 抒情：范成大对西江流域生活的诗语表达

抒情，是中国古代诗歌的主要功能。我们有必要考察中兴四大诗人之一的范成大如何通过他那诗人般敏锐的感触，来描绘当时西江流域的社会环境与文化发展。范成大具有明显的文人学士的精神气质。他的幕府总是带有他个人的强烈色彩，地方官是什么性格，自然而然会影响到当时他幕下的幕僚们，从而染上了当时的地方文化特色，而西江流域社会文化的发展也生动活泼地体现在范成大的文学创作中。

范成大于淳熙二年（1175）罢任，正月二十八日发桂林，出严关，抵新安游乳洞③。其《陈仲思、陈席珍、李静翁、周直夫、郑梦授追路过大通，相送至罗江分袂，留诗为别》就很能体现范成大与同僚、好友之间的深厚情谊及他与人交往时的人生态度与人格个性④。正如清人汪森在《粤西文载·发凡》中所说：

> 唐宋之时，以岭南为迁谪所居，然苟非诸君子，则无以开辟其榛芜，发泄其灵异……或侨居其地，或经行其间，或为参佐，或则贬谪。登高而赋，遇景而题，甚且有搜奇剔隐以表章之，故当与粤西山

---

① （三国）曹丕：《典论·论文》，（梁）萧统编，（唐）李善注《文选》卷五二，中华书局1977年版，第720页。
② 仲富兰：《民俗传播学》，上海文化出版社2007年版，第5页。
③ 于北山：《范成大年谱》，乾道九年（1173）三月十日至淳熙二年（1175）正月二十八日，上海古籍出版社2006年版，第197页。
④ 《范石湖集·石湖居士诗集》卷一五，上海古籍出版社2006年版，第190—191页。

水并垂不朽。①

范成大与他幕府中那些迁岭南来的幕僚们时相过从、诗酒酬唱活动频繁，他们用诗词歌赋尽情地吟咏了其在西江流域的生活，"搜奇剔隐以表章之，故当与粤西山水并垂不朽"，这些作品在西江流域社会变迁与文化发展史上的意义，值得后世研究地域文化与文学的学者们重视。

范成大在广西桂林时，满腔热忱地对待当地百姓，尽心竭力地为当地百姓谋福利，政绩颇丰②。作为流寓之士，范成大非常热爱桂林的景观与风俗，写了许多名篇佳作来吟咏桂林风光，如《乾道癸巳腊后二日，桂林大雪尺余，郡人云前此未省见也。郭季勇机宜赋古风为贺，次其韵》就写尽了当时西江流域地区的风景特异之处，并展示了自己生处其间的豪情胜慨③。此诗作于乾道九年（1173）范成大出守桂林的时候，他对桂林雪景十分好奇与喜爱，屡屡形诸笔端。④ 范成大还在桂林登临揽胜，用他的如椽妙笔尽情地讴歌西江流域的风景之美、形胜之奇、民俗之淳、土地之沃，展示自己身处其中的心迹情感、人生态度、角色身份、身世遭遇、行为方式、创作观念、审美趣味，为他的文学创作提供了新鲜的内容、境界与风貌，在很大程度上反映了范成大在西江流域社会文化生活的几个重要的方面。在《次韵平江韩子师侍郎见寄三首》其一中，范成大写道：

> 自古四愁湘水深，谁将城郭启山林。有情碧嶂团栾绕，无数朱楼缥缈临。蚺鼓揭天惊客坐，象蹄航海厌蛮琛。三千客路长安远，故旧

---

① （清）汪森编，黄盛陆等校点：《粤西文载·发凡》，广西人民出版社1990年版，第8页。

② 据于北山记载，范成大"在帅桂二年中，陈奏措置，着意于矫弊政，建事功。如西南购马，缘革除宿弊，取信边民，而得马最多。如变盐法而漕计充裕，郡县亦减轻负担；如汰拣郡卒，期成劲旅；约结徭族，安定殊方；赈旱减租，冀纾民困，皆有明效可睹者。其离任也，申八剳而后行，均系措置军民问题之大端，俾后来者接续行之。离桂时曾有诗云：'愚悃无华敢自欺，寸诚珍重吏民知。'任内又兴建骖鸾亭、所思亭、碧虚亭、平易堂、正夏堂、进德堂等，均为郡中名胜"（于北山：《范成大年谱》，上海古籍出版社2006年版，第197页）。

③ 《范石湖集·石湖居士诗集》卷一四，上海古籍出版社2006年版，第176页。

④ 《范石湖集·石湖居士诗集》卷一四《次韵陈仲思经属西峰观雪》，上海古籍出版社2006年版，第176—177页。

书来直万金。①

范成大在此诗中特别向好友说明："南人以蚺蛇皮作腰鼓，响彻异常；交趾以象革为兜鍪，皆异事"，反映出范成大对西江流域风土民情、物产奇异的好奇心理与浓厚兴趣，因此才在诗中特别加以延伸注释。杜甫说"岑参兄弟皆好奇"，范成大也是"好奇"的，他用儿童般好奇的眼睛来欣赏这个世界，而西江流域奇异的风土人情、自然风光、物产资源都一再满足了他的好奇心，故他在与友人的酬唱之作中也一再将此写入诗中，希望能够与好友们一起分享他在西江流域的独特见闻，让好友们也能感受到他那效仿苏东坡"兹游奇绝冠平生"式的惊喜与满足。在与友人的诗歌酬唱中，范成大真实地表达了自己在西江流域生活时欢乐旷达的心胸。这样的情形在范成大的诗歌中是比较普遍的，诗酒风流成了范成大作为西江流域地方官而又兼具文士气的重要表现。在尚文风气盛行的南宋，范成大的精神气质、文化修养、人格个性、人生态度与处世方式十分有利于他的仕途发展，后来范成大官居吏部尚书、参知政事等高位是有深刻的文化性格因素存在的。

范成大在西江流域生活时与文人士子交游唱和、关心百姓生活和当地的文化教育事业，并用优美的诗歌将这些日常生活诗化，他也将自己在西江流域的生活审美化了。在送别友人周去非时，范成大将岭南风物写入离愁别恨之中，试看他的《送周直夫教授归永嘉》，诗云：

> 青灯相对话儒酸，老去羁游自鲜欢。昨夜榕溪三寸雨，今朝桂岭十分寒。知心海内向来少，解手天涯良独难。一笑不须论聚散，少焉吾亦跨归鞍。②

---

① 《范石湖集·石湖居士诗集》卷一四，上海古籍出版社 2006 年版，第 179 页。与此类似，范成大在桂林时还常写诗与远方的友人酬答往来。如在《施元光在昆山，病中远寄长句，次韵答之》诗中，范成大写道："四海飘蓬客舍边，几多云水与风烟。绝无膂力驱长彗，空有孤忠誓大川。参井忽随征马上，斗牛应挂故山前。亲交情话知何许，诗到天涯喜欲颠。"（《范石湖集·石湖居士诗集》卷一四，上海古籍出版社 2006 年版，第 186 页）
② 《范石湖集·石湖居士诗集》卷一五，上海古籍出版社 2006 年版，第 174 页。

范成大用生花妙笔描写了自己在西江流域行走时的见闻与感叹，颇能表现西江流域一带的自然风物在南宋名臣心海中掀起的波澜。此诗题中的"周直夫"就是周去非，他是《岭外代答》的作者，据《直斋书录解题》卷八载："《岭外代答》十卷。永嘉周去非（直夫）撰。去非，癸未进士。至郡倅。所记皆广西事。"① 从范成大此诗可以看出，他与随后迁岭的周去非曾有过密切交往。周去非正是仰慕范成大的人品学问，才对范成大心慕手追，在前辈迁岭文人的基础上继续深入考察西江流域的地形地貌、风土人情、物产习俗，从而撰写出了介绍西江流域文化的传世佳作《岭外代答》。在离开桂林之后，西江流域的一花一木、一山一水仍然时常萦绕在范成大、周去非等迁岭文人的心中，瘴疠之地的西江流域成了南宋迁岭文人心中一道亮丽的风景线、一块永志难忘的心灵净土、一段人生中鲜活而又美好的回忆。

范成大不仅用诗文来吟咏西江流域的美好风物，他还赋《水调歌头》《破阵子》《满江红》《鹧鸪天》等多首词，讴歌了桂林的名山胜水、风土人情。试看《鹧鸪天》：

> 荡漾西湖采绿蘋。扬鞭南埭衮红尘。桃花暖日茸茸笑，杨柳光风浅浅颦。　　章贡水，郁孤云。多情争似桂江春。崔徽卷袖瑶姬梦，纵有相逢不是真。②

据词中"桃花暖日茸茸笑，杨柳光风浅浅颦"等句，应作于春天，而"多情争似桂江春"，则是描写赞叹桂林的旖旎风光。

范成大在西江流域为官时颇有些政绩，况且他还能用如椽妙笔尽情地讴歌西江流域的风物。然而，当范成大离开西江流域时却在诗歌中流露出遗憾、自嘲的感情，认为自己对西江流域贡献的力量不够，心有余而力不足，令他汗颜。他用诗歌来自抒怀抱时说："万里三年醉岭梅，东风刮地马头回。心劳政拙无遗爱，惭向甘棠驿里来。"③ "泉螭无语笑经过，欲拊

① （宋）陈振孙撰，徐小蛮、顾美华点校：《直斋书录解题》，第 260 页。
② 《范石湖集》，上海古籍出版社 2006 年版，第 476 页。
③ 《甘棠驿》，《范石湖集·石湖居士诗集》卷一五，上海古籍出版社 2006 年版，第 188 页。

嫠鳏奈拙何！孤奉明恩虽出岭，欢颜终少汗颜多。"① 这样的诗句恰好说明了范成大心系西江流域的百姓，时时刻刻惦念着为当地人民多作贡献。离开生活了两年多的西江流域，范成大到繁华的天府之国去的时候，诗人真诚地表达出自己"心劳政拙""欢颜终少汗颜多"的心情。他十分在乎自己为官时在吏民心中的形象。在《大通界首驿》中诗人写道：

> 愚恑无华敢自欺，寸诚珍重吏民知。东风重倚庭前树，送别人情似到时。②

范成大为官一任，在离任时认为自己因为"心劳政拙"对当地人民"无遗爱"而心怀愧疚，实际上正说明了范成大时时把百姓生活放在心上，是一位勤政爱民的好官，他为国为民的赤诚之心是能够让"吏民知"的。

范成大在西江流域为宦时既关心民生疾苦，为民造福，又广泛游览，写下了大量描写西江流域风物的文学作品，为西江流域文化的传播与发展做出了积极的贡献。詹姆斯·W. 凯瑞指出："传播的起源及最高境界，并不是指智力信息的传递，而是建构并维系一个有秩序、有意义、能够用来支配和容纳人类行为的文化世界。"③ 此言甚好，说明了传播在文化学上的重要意义。历代迁岭文人在西江流域的政治活动与文学创作，大多起到了"建构并维系一个有秩序、有意义、能够用来支配和容纳人类行为的文化世界"的重要作用。

西江流域的游宦经历丰富了南宋迁岭文人的生命体验，过去的美好生活成了他们难忘的记忆。当南宋迁岭文人离开西江流域后，他们追忆曾经在西江流域的生活时，往往将当时的生活美化、诗化，并将其形诸纸底笔端，创作出了许多优秀动人的诗篇。陆放翁在《范待制诗集序》中指出：

> 公之自桂林入蜀也，舟车鞍马之间，有诗百余篇，号《西征小集》，尤隽伟。④

---

① 《灵泉·驿后有龙惠泉》，《范石湖集·石湖居士诗集》卷一五，上海古籍出版社 2006 年版，第 188—189 页。
② 《范石湖集·石湖居士诗集》卷一五，上海古籍出版社 2006 年版，第 190 页。
③ ［美］詹姆斯·W. 凯瑞：《作为文化的传播》，丁未译，华夏出版社 2005 年版，第 7 页。
④ （宋）陆游：《陆游集·渭南文集》卷一四，中华书局 1976 年版，第 2098 页。

于北山先生也指出：

> （范成大）自桂林抵成都（六月七日），船唇马背，迢遥数千里。举凡山水之幽奇，地方之习俗，古迹之胜况，物候之变迁，人民之疾苦，道路之险艰，所触所感，率有诗篇以寄意。①

这些"隽伟"之诗中，有许多即是诗人追忆西江流域生活环境、生活待遇、生活条件、生活方式及其中的人生态度与人格个性②。出岭固喜，然而西江流域美好的风物也让范成大魂牵梦萦，久久不能忘怀，成为他日后生活中的重要精神资源，一段宝贵的文化记忆。从他的诗句中我们可以看出南宋迁岭文人对西江流域生活的留恋与追忆，他们的浓厚兴趣与关注点所在。他们在留恋与追忆之作中自然而然地将西江风物、自然美景形诸笔端，充当了连接"西江流域社会变迁"与"历代迁岭文人"的桥梁，有意无意之中宣传与传播了西江流域的地方文化特色，提振了西江流域人民的地域荣誉感，这对西江流域社会变迁与文化发展无疑起到了积极的推动作用。

第二节 南宋迁岭文人对西江流域的 情感认同

南宋士人到了西江流域后首先就会想起他们的迁岭前辈，如果看到壁上有前辈名流的诗词，自然兴起题句于壁的冲动，并形之笔端。如范成大

---

① 于北山：《范成大年谱》，上海古籍出版社 2006 年版，第 198 页。
② （宋）范成大《初发桂林，有出岭之喜，但病馀便觉登顿，至灵川疲甚，自叹羸躯乃无一可，偶陆融州有使来，书此寄之》诗云："桂林独宜人，无瘴古所传。北客守炎官，恃此以泰然。堂高帷宴坐，讼简容佳眠。不计身落南，璷柄三回天。今朝遂出岭，欢呼系行缠。置兔脱丰草，池鱼跃清渊。那知多病身，久静翻怀安。长风荡篮舆，簾箔飘以翩。灵泉路吃蹶，仆夫告颓肩。我亦头岑岑，中若磨蚁旋。走投破驿宿，强饭不下咽。兹事未渠央，万里蜀道难。十年故倦游，况乃成华巅。蚕老当作茧，不茧夫何言！"（《范石湖集·石湖居士诗集》卷一五，上海古籍出版社 2006 年版，第 188 页）这样的诗句颇能反映范成大对西江流域的深厚感情。

诗《南台瑞应阁，用壁间张安国韵》，就是他看到了前任张孝祥的题壁诗，心有所感，手追之情沛然莫之能御①。

一 题壁：西江流域社会发展与文化传播的重要媒介

观壁、题壁诗词在唐宋文人笔下非常丰富。袁行霈先生在《学问的气象》中专门有一节《古代文学传播的方式与媒介》，谈到了文学传播与接受的问题，其中就提到"题壁"诗词②。《全宋诗》一共二十多万首，而题壁诗竟高达万首以上，由此可见宋人题壁风气之盛行，题材之广泛，功能之多样，作用之巨大，影响之深远。袁行霈先生对唐宋时期题壁作品的定量分析，正好可与王兆鹏先生提出来的学术观点互相印证。王先生也对题壁诗词进行了比较全面系统的阐述③。这就启发我们进一步探讨南宋迁岭文人题壁这种"日常性、普遍性的大众传播方式"在西江流域社会变迁史上所起到的作用。

西江流域题壁诗词的大量涌现与当时文人迁岭有密切联系。迁岭，使众多文人真正得以做到"读万卷书，行万里路"，在"行万里路"的迁岭过程中，文人将自己"读万卷书"的诗才尽情地、随时随地地宣泄在自己的题壁作品中。随着文人越来越多地迁入岭南地区，在西江流域的石壁上

---

① 范成大诗云："冲雨上山头，临云看山脚。松间一弹指，开此宝楼阁。草鞋方费钱，拂子不暇握。小偈出雷音，千古惊猿鹤。"（《范石湖集·石湖居士诗集》卷一五，上海古籍出版社2006年版，第195页）

② 袁行霈《学问的气象》载："题壁是一种值得重视的传播方式，此所谓题壁是指题写于墙壁上的文学作品，这是很有趣的传播方式。……据《全唐诗》统计，题壁诗达千首以上，据《全宋诗》统计，题壁诗达到万首以上。……题壁的场所相当广泛，有的题在游览的场所，如寺庙、楼台；有的题在官厅、驿站、妓馆，有的题在自己家中或朋友的家中。……关于题壁的故事相当多……黄鹤楼等名胜，常常成为文人题壁的场所，在这些地方的墙壁上题写文学作品，类似今人在电脑网络 BBS 上发布帖子。"[新世界出版社2009年版，第120—121页。又见袁行霈《中国文学概论》（增订本）第一编《总论》第六章"中国文学传播的方式与媒介"，北京大学出版社2010年版，第98—99页]

③ 王兆鹏在《宋代的"互联网"——从题壁诗词看宋代题壁传播的特点》一文中指出："题壁，是宋代流行的一种文化现象。题壁和观看题壁，是宋代文人士大夫日常生活的一部分。宋人题壁，类似于今人上网发帖，具有开放性、自由性、即时性、无偿性四大特点和发现人才、反映诉求、广告促销三大效应。就像当今网上有人发帖也有人跟帖评论一样，宋代题壁诗词，也常有'跟帖'唱和的。题壁传播和创作，构成了密切的循环往复的互动关系。"（《文学遗产》2010年第1期）

也有了越来越丰富多彩的题壁诗词作品遗迹，很能反映迁岭文人在西江流域留下的足迹及其对当地社会文化发展变迁的意义。彭乘《墨客挥犀》卷四所载一事颇能反映当时迁岭文人题壁的盛况①。一位无名的妇女在西江流域的题壁作品，竟然引起如此众多"好事者"的关注与效仿，更遑论历代迁岭文人日常普遍性的题壁行为对西江流域文化发展的巨大影响。西江流域石刻上的文字具有重要的文化意义，对发展与传播当地文化具有特别重要的作用。如大家耳熟能详的"桂林山水甲天下"的名言就是八百多年前南宋流寓岭南文人王正功刻在桂林独秀峰上的诗句②。桂林地域文化的传播与发展，显然离不开杜甫、柳宗元、韩愈、李商隐、黄庭坚、孙觌、李纲、张孝祥、范成大、刘克庄、李曾伯等人的品题印可之功③。

尤其是张孝祥、范成大在西江流域的题壁作品，更是引人注目。试看随后迁岭的刘克庄在诗中吟咏张孝祥题壁的贡献：

> 西巀林峦擅一城，渺然飞观入青冥。于湖数字题华栋，阳朔千山献画屏。境胜小诗难写尽，天寒薄酒易吹醒。独游不恨无人语，满壑松声可细听。④

① （宋）彭乘《墨客挥犀》卷四载："大庾岭上有佛祠，岭外往来题壁者鳞比。有妇人题云：'妾幼年侍父任英州司寇，既代归，父以大庾本有梅岭之号，今荡然无一株，遂市三十本，植于岭之左右。因留诗于寺壁，今随夫任端溪，复至此寺，诗已为圬镘者所覆，即命墨于故处。'诗曰：'英江今日掌刑回，上得梅山不见梅。辄俸买栽三十树，清香留与雪中开。'好事者因此夹道植梅多矣。"（中华书局 2002 年版，第 323 页）无名的妇人"随夫任端溪"的"端溪"，是西江流域的重要地区，位于今天广东省肇庆市东效，该地盛产砚石，故名端砚。端砚，是中国四大名砚之一，出产于唐代初期端州，距今已有一千三百多年的历史。南宋迁岭文人周去非所著《岭外代答》一书中专门有《端砚》一则记载道："余屡过端溪，必登砚岩，论之详矣。石品不一，大概有三：曰岩石，曰坑石，曰黄步石。"〔（宋）周去非：《岭外代答》，中国书店 2018 年版，第 177 页〕

② 王正功诗序如下："嘉泰元年，桂林大比，与计偕十有一人。九月十六日，用故事行宴享之礼，提点刑狱权府事四明王正功作是诗劝为之驾。"全诗云："百嶂千峰古桂州，向来人物固难俦。峨冠共应贤能诏，策足谁非道艺流。经济才猷期远器，纵横礼乐对前旒。三君八俊俱乡秀，稳步天津最上头。""桂林山水甲天下，玉碧罗青意可参。士气未饶军气振，文场端似战场酣。九关虎豹看劲敌，万里鲲鹏伫剧谈。老眼摩挲顿增爽，诸君端是斗之南。"

③ 详参〔日〕户崎哲彦著《关于成语"桂林山水甲天下"的出处与典据——王正功的诗和范成大、柳宗元的评论》，《唐代岭南文学与石刻考》，中华书局 2014 年版，第 57—79 页。

④ （宋）刘克庄：《千山观》，（清）汪森编《粤西诗载》卷一四，《影印文渊阁四库全书》本，第 1465 册，第 204 页。

于湖题壁在刘克庄心中引起了深刻的影响，从而与"阳朔千山"一起留在了他的记忆里，也留在了西江流域的文化发展史上。

范成大帅桂林时，他的题壁诗歌也有很多，引起后来者的关注与追慕。江湖文人戴复古也曾来到西江流域，他在诗歌中表现了自己漂泊江湖的流落之悲①。到了西江流域，戴复古与同僚游览期间，发现了范成大的大量题刻作品，故在《留守参政大资范公余同年进士，往岁帅桂林，题刻最多，四方传之。暇日尝与同僚遍观，因即公所名壶天观题数语》一诗中写道：

> 宣政喜边功，隆兑筑州县。程公自名岩，刻石记所建。得既不偿费，中兴弃不缮。诞谩磨崖辞，当日妄夸衒。英英石湖仙，改作壶天观。壁间三大字，庄重如峨弁。诗文鸾鹤音，笔势龙蛇变。登高瞰洞户，漓水澄如练。胜概耸灵台，退观起三叹。玲珑二十四，妙墨镌题遍。我来为拂尘，端若侍颜面。邦人颂遗爱，寿骨癯且健。今坐玉麟堂，安得使之见。②

题壁作品具有特别明显且重要的传播效应，范成大在"玲珑二十四"的壁间，"妙墨镌题遍"，后来者"来为拂尘，端若侍颜面"时，看到他的题壁作品自然而然地想起他为当地社会发展所作出的贡献，故戴复古能因此而作出"邦人颂遗爱，寿骨癯且健"的妙语。

范成大在西江流域桂林的行踪、政绩及文学创作是他为当地人民留下的宝贵精神遗产，引起了世人的高度重视。清人汪森"官广西桂林府通判，其在粤时，以广西志缺略殊甚，考据难资，因取历代诗文之有关典故者，详搜博采"③，编撰成《粤西文载》一书，其中就专门收录了范成大

---

① 在《送湘漕赵踣中寺丞移宪江东》中，戴复古写道："持节复持节，因循霜鬓侵。盛衰关大数。豪杰负初心。宇宙虚长算，江湖寄短吟。番阳秋水阔，湘浦未为深。"[（清）汪森编：《粤西诗载》卷一〇，《影印文渊阁四库全书》本，第1465册，第141页]又如在《寄广西漕陈鲁叟诰院》，戴复古写道："回首元龙百尺楼，一时诗酒记同游。好山历历在人眼，流水滔滔任客舟。归雁欲从何处去，落花恨不为春留。锦囊佳句无人问，自别君来白尽头。"[（清）汪森编：《粤西诗载》卷一四，《影印文渊阁四库全书》本，第1465册，第203页]

② （清）汪森编：《粤西诗载》卷三，《影印文渊阁四库全书》本，第1465册，第21—22页。

③ 《四库全书总目·粤西文载提要》，（清）汪森编《粤西文载》，《影印文渊阁四库全书》本，第1465册，第1页。

的《桂林中秋赋·并序》一文①。

此小序追忆往昔，感叹今夜，写下了在西江流域具有重要史料价值与文学价值的佳作②。汪森收录此赋到其所编的《粤西文载》卷一，也可见此赋在西江流域社会文化史上的重要性。

二　"不愿千金剂，惟祈百谷丰"：李曾伯的贡献

范成大在西江流域生活时考察、研究、提炼出当地风物中最典型、最基本、最突出的东西进行系统描述与阐释，他的《桂海虞衡志》可以说是对当地风土人情、自然环境与社会变迁的一个概述，其中有相当大的理论提升的空间。此书原有两卷，分别记载了西江流域地区的岩洞、金石、香、酒、器、禽、兽、虫鱼、花、果、草木、杂志、蛮十三门类。其中与西江流域社会文化关系最为密切的是：范成大在此书中热情洋溢地讴歌桂林的山水自然风光与社会风俗习惯，如其赞誉"桂山之奇"为"天下第一"，有重要的认识价值与审美意义③。胡仔对桂林的描写与范成大有相似

---

① 其序曰："乾道癸巳中秋，湘南楼月色佳甚，病起不觞客，又祈雨，蔬食清坐。默数年来，九遇此夕，皆不常处。乙酉值三馆，丙戌与严子文游松江，有来岁复会之约。丁亥又以薄遽走阳羡，与周子充遇于晻画溪上，戊子守括苍，己丑以经筵内宿，庚寅出使，次于睢阳，辛卯出守西掖，泊舟吴兴门外，壬辰始归石湖，而今复逾岭，叹此生之役役，次其事而赋之。"〔（清）汪森编：《粤西文载》卷一，《影印文渊阁四库全书》本，第1465册，第430页。此文载（宋）范成大著，富寿荪标校《范石湖集》，上海古籍出版社2006年版，第457页，文字略有差异〕

② （宋）范成大：《桂林中秋赋》，（清）汪森编《粤西文载》卷一，《影印文渊阁四库全书》本，第1465册，第430页。

③ 范成大在《桂海虞衡志》中指出："余尝评桂山之奇，宜为天下第一。士大夫落南者少，往往不知，而闻者亦不能信。余生东吴，而北抚幽蓟，南宅交广，西使岷峨之下，三方皆走万里，所至无不登览。太行、常山、衡岳、庐阜，崇高雄厚，虽有诸峰之名，政尔魁然大山；峰云者，盖强名之。其最号奇秀，莫如池之九华、歙之黄山、括之仙都、温之雁荡、夔之巫峡，此天下同珍之者，然皆数峰而止尔，又在荒绝僻远之濒，非几杖间可得。且所以能拔乎其萃者，必因重冈复岭之势，盘亘而起，其发也有自来。桂之千峰，皆旁无延缘，悉自平地崛然特立，玉笋瑶簪，森列无际，其怪且多如此，诚当为天下第一。韩退之诗云：'水作青罗带，山如碧玉簪。'柳子厚《訾家洲记》云：'桂林多灵山，发地峭竖，林立四野。'黄鲁直诗云：'桂岭环城如雁荡，平地苍玉忽嵯峨。'观三子语意，则桂山之奇，固在目中，不待余言之。"（《影印文渊阁四库全书》本，第589册，第368页）

之处，都引用了韩愈、柳宗元、黄庭坚的诗句①。虽然胡仔要比范成大早四十年前到桂林，但日本学者户崎哲彦却指出：

> 范成大《桂海虞衡志》（淳熙二年，1175）中的"桂山之奇，宜为天下第一"之语与成语"桂林山水甲天下"很相似。"天下第一"的评价是由他自身的体验和思想中得出的结论，这在当时具有划时代的意义。②

此言甚确！只有亲身体验过西江流域地方的生活，才能对当地的风物进行如此真实而贴切的描述，也只有曾经遍游过祖国的大好河山，才有资格与自信说出"桂山之奇，宜为天下第一"的话。户崎哲彦先生的过人之处还在于，他指出了范成大此说的政治意义。

我们下面就以李曾伯为例来补充说明这一点，进一步深化西江流域社会变迁与南宋迁岭文人关系的研究。南宋迁岭文人在西江流域为官时，广泛体验生活，观察民情风俗，加强了世人对西江流域风物的认识，为我们提供了一批生动鲜活的西江流域社会生活画卷。李曾伯"所至皆有实绩"，"为南渡以后名臣"③，他曾任职于西江流域，《桂胜》卷一记载了李曾伯在独秀山的题诗，诗名曰："淳祐庚戌，覃怀李曾伯因劝农来此，得四十字。是日微风扇和，轻云阁雨，千峰翠滴，四野绿秀，枝禽对语，春意骀荡无极，徜徉久之，缓辔而去。"④ 李曾伯的诗云：

---

① （宋）胡仔撰《渔隐丛话前集》卷五五载："余览《倦游杂录》言：'桂州左右山皆平地拔起，竹木蓊郁，石如黛染，阳朔县尤奇，四面峰峦骈立，故沈水部彬尝题诗曰'陶潜彭泽五株柳，潘岳河阳一县花。两处争如阳朔好，碧莲峰里住人家'。余初未之信也。比岁，两次侍亲赴官桂林，目睹峰峦奇怪，方知《倦游杂录》所言不诬，因诵韩、柳诗云：'水作青罗带，山为碧玉簪。'又云：'海上群峰似剑铓，春来处处割愁肠'之句，真能纪其实也。山谷老人谪宜州，道过桂林，亦尝有诗云：'桂岭环城如雁荡，平地苍玉忽嵯峨。李成不生郭熙死，奈此百嶂千峰何。'"（《影印文渊阁四库全书》本，第1480册，第349页）

② 户崎哲彦在《关于成语"桂林山水甲天下"的出处与典据——王正功的诗和范成大、柳宗元的评论》一文中还指出："正如他写的那样，他知道'天下'的山水，这些都是源于他自己的经历。具体性、客观性、经验主义，把这些都变成了具有说服力的东西。在范成大之前，也并不是没有写文章论述桂林山水的文人，但是没有人像范成大那样作了详细的分析、论述，并在此基础上来论证桂林山水为天下第一的。"（［日］户崎哲彦：《唐代岭南文学与石刻考》，中华书局2014年版，第66—67页）

③ 《四库全书总目》卷一六三《可斋杂稿》提要，第1400页。（夏承焘：《宋词系》，《夏承焘集》，第3册，第514页）

④ （明）张鸣凤：《桂胜》卷一，《影印文渊阁四库全书》本，第585册，第654页。

老龙昔未蜕，尝蛰此山中。霖雨春畴足，风云夜壑空。两崖高下倚，一径往来通。不愿千金剂，惟祈百谷丰。①

李曾伯"因劝农来此"，在桂林一带不仅关心当地的农业发展，而且还广泛游览，用优美动人的诗句记载了他的游踪、见闻及感想。《桂胜》卷二记载李曾伯游七星山时道："……河内李曾伯长孺同宾客温陵钱宏声父……以淳祐庚戌二月中浣来游。"②《桂胜》卷三还记载了李曾伯游览西江流域叠彩山时的情形："河内李曾伯长孺领客胡实端甫、李廷龙东甫、管安昌顺甫、周应和同甫同来。"③

除了七星山、叠彩山外，李曾伯对西江流域邕州地区的武缘、宣化两县的风俗民情也进行了观察，在《回宣谕团结奏》中对当时的社会风俗有深入细致的记述，他指出：

尝历观二县风俗，樵苏种获，与夫负贩趁墟，皆付之妇人；而为丈夫者，却抱哺炊爨，坐守茅庐，盖其气力反妇女之不若。④

这段生动有趣的记载，具有非常重要的史料价值，可以从周去非《岭

① （明）张鸣凤：《桂胜》卷一，《影印文渊阁四库全书》本，第585册，第654页。
② （明）张鸣凤：《桂胜》卷二，《影印文渊阁四库全书》本，第585册，第688页。张鸣凤的《桂胜》一书在研究西江流域社会变迁方面具有重要的史料价值。据《四库全书总目》卷七〇《桂胜》提要评价："《桂胜》以山水标目，各引证诸书，叙述于前，即以历代诗文附本条下。而于石刻题名之类，搜采尤详。又随事附以考证，多所订正。后董斯张《吴兴备志》、朱彝尊《日下旧闻》即全仿其体例。于地志之中最为典雅。《桂故》分郡国、官名、先政、先献、游寓、杂志六门。郡国，考历代沿革，详列史志，辨之桂林非古之桂林。官名，则胪举历代之制，盖疆域明则先献有所限，职制明则先政有所征验，乃不至如他书书人物名宦附会牵合，故以冠于首也。其先政、先献、人各为传，大抵熔铸旧文，剪裁蔓语，务取其有关是土，而不滥涉其生平。又多采金石之文，不尽取诸史籍。故其辞简而不支，博而有据。其游寓、杂志，亦多据题名碑碣，姓名年月，历历可稽。在明代舆记之中，于康海《武功志》、韩邦靖《朝邑志》外，自为别调，可以鼎立而三，他家莫之逮也。二书所载，皆止于南宋。盖年远者易湮，时近者易滥，详人所略，略人所详，其书乃博赡而有体，是又鸣凤创例之微意欤？"（第618页）
③ （明）张鸣凤：《桂胜》卷三，《影印文渊阁四库全书》本，第585册，第713页。
④ （宋）李曾伯：《可斋续稿·后集》卷七《回宣谕团结奏》，《影印文渊阁四库全书》本，第1179册，第702页。

外代答》的相关记述中找到印证①。我们从这两段记载的相互印证中可以看出当时西江流域某些地区的风气习俗、文化观念、经济水平及社会发展状况，很值得研究社会文化史的学者们关注。

南宋迁岭文人到了岭南之后没有怨天尤人，自暴自弃，而是发挥自己作为地方官员、知识精英的作用，积极开展地方文化建设，为西江流域的社会发展作出了自己的贡献。李曾伯到了西江流域后广泛进行文化交流活动，在当地寺庙建立了太宰祠堂②。李曾伯特别看重自己家族与西江流域的密切联系③。正因对西江流域有着特殊的情感，他才为自己的祖上（五代祖）李邦彦在西江流域建太宰祠。李邦彦虽然位至宰辅，人品却较差，名声不好，史书上记载他"俊爽，美风姿，为文敏而工。然生长闾阎，习猥鄙事，应对便捷，善讴谑，能蹴鞠，每缀街市俚语为辞曲，人争传之，自号李浪子"，"无所建明，惟阿顺趋旨充位而已，都人目为'浪子宰相'"④，"邦彦庸材具位，时有浪子之称"⑤。李曾伯却与祖上不同，"能以事功显，由著作郎两分漕节，七开大阃，通知兵事，所至皆有实绩，后官至观文殿学士，为南渡以后名臣"⑥。结合南渡时期李邦彦官至太宰却因主和误国被贬死桂林的具体事例，李曾伯为他的祖上建祠堂确实可以为一邦百姓之教训与警示，尤其是李邦彦自号李浪子，在南渡时期名声很大，影响深远，他的人品行事无疑有违国家大义，而他贬死于西江流域桂林一事则更引人注目。李心传《建炎以来系年要录》卷三五特别提到："（建炎

---

① （宋）周去非撰《岭外代答》卷三《惰农》载："既种之后，旱不求水，涝不疏决，既无粪壤，又不耔耘，一任于天，既获则束手坐食以卒岁，其妻乃负贩以赡之，己则抱子嬉游，慵惰莫甚焉。彼广人皆半羸长病，一日力作，明日必病或至死耳。"（中国书店 2018 年版，第 122—123 页）

② 据（元）杨宗瑞《重修大雄寺碑》记载："灵川县隶静江，其阿练若曰大雄，盖一邑祝厘之所也。……经略使李曾伯以其祖父太宰李文和公邦彦言事忤旨，谪死桂林，迁葬灵川，建太宰祠堂于寺。"［（清）汪森编：《粤西文载》卷四一，《影印文渊阁四库全书》本，第 1466 册，第 376 页］

③ （宋）李曾伯《跋商宣教携示先开国遗墨》载："岭表去天一方，自三吴来仕者求诸里人犹鲜，况北方之人乎？况北方之同郡邑者乎？况又北方之同郡邑南方之有事契者乎？况又北方之同郡邑南方之有事契越五六十年而子孙相邂逅者乎？……畴昔先太宰以建炎己酉入浔，先开国以淳熙己酉在贺，不肖孙又以淳祐己酉来桂，百二十年间，祖孙六世而三临之。家北人也，与南方有缘如此，又皆在己酉，岂偶然哉？"（《可斋杂稿》卷二三，《影印文渊阁四库全书》本，第 1179 册，第 425 页）

④ （元）脱脱等：《宋史》卷三五二《李邦彦传》，第 11120 页。

⑤ 《四库全书总目》卷一六三《可斋杂稿》提要，第 1400 页。

⑥ 《四库全书总目》卷一六三《可斋杂稿》提要，第 1400 页。

四年秋七月）责授建宁军节度副使李邦彦卒于桂州。"①

李曾伯在西江流域为官不久，但是政绩斐然②。他身处南宋后期，面对元人的入侵，采取了许多应对措施，如招募间谍，通大理，增招新军，科降和籴、修筑城池，经理两江，辑约溪峒，团结民丁等③，为保卫西江流域的安全作出了积极的贡献。日本学者户崎哲彦先生说他继承了范成大的"爱国思想"④，确实是非常精辟的见解。

正像晋室南迁，江南秀丽风景影响当时文人的创作风貌一样，南宋流寓岭南文人在迁岭的过程中，西江流域风物也侵入他们的诗词文章中，有力地改变了南宋流寓岭南文人的创作面貌。他们进一步活跃了西江流域的文化活动，促进了西江流域社会文化的发展变迁，为西江流域的物质、精神文明建设作出了巨大贡献，以至于多年以后明代士人周孟中任广西左布政使时，他对历代迁谪到西江流域桂林的名宦作了一个高度评价⑤。这是非常精彩的带有总结性的评判，我们从中可以感受到张孝祥、范成大、胡铨、李光、高登、吕愿中、任续、胡寅、崔与之、李曾伯等南宋迁岭文人对西江流域发展作出的巨大贡献。周孟中最后总结道：

---

① （宋）李心传：《建炎以来系年要录》卷三五，中华书局1988年版，第673页。

② 据（清）汪森编《粤西文载》卷六三记载："李曾伯字长孺，河南人，淳祐九年知靖江府兼经略安抚使。后元兵自滇入侵广右，曾伯积谷练众，缮城浚隍，为必不可犯之计。援军至者礼遇其将甚备，军不敢扰，且乐为用。元兵知不可攻，北去。曾伯遣军蹑其后，败之黄沙，又败之衡山，湘桂以宁。"（《影印文渊阁四库全书》本，第1467册，第48页）

③ 详参（宋）李曾伯《帅广条陈五事奏》，《可斋杂稿》卷一七，《影印文渊阁四库全书》本，第1179册，第360—366页。

④ ［日］户崎哲彦：《关于成语"桂林山水甲天下"的出处与典据——王正功的诗和范成大、柳宗元的评论》，《唐代岭南文学与石刻考》，中华书局2014年版，第73页。

⑤ （明）周孟中《桂林名宦祠碑》载："天地之正气，无乎不在。人生其间，惟君子得是气之正，由是随所遇而发，光明正大，精诚不二。其生也，人仰之；其没也，人思之，祠庙而蒸尝之，君蒿凄怆，如或见之。岂非礼义之同，然旷百世而相感者乎？监察御史邵武朱公钦巡按二广政暇考图按志广右人物于宋得朱道诚、李琪、石安民、宋士尧、冯京……于文庙之右名唐得褚遂良、张九龄、刘蕡、元结，宋得余靖、李师中、胡舜陟、李浩、唐体仁、高登、赵抃、岳飞、程珦、廖德明、崔与之、苏缄、吴得、陆绩，流寓宋得范祖禹、张廷坚、胡梦昱、黄庭坚、邹浩、胡铨、李光、刘子羽、汉得士燮，祀于文庙之左。诸君子或生于斯，或仕于斯，或流寓于斯，或以忠义显，或以孝友称，或以政事名，或以武功奋，当大任而不疚，抗大义而不回，临大节而不变，虽时异势殊，而根于正气之发者，盖无有不同也。是故气之光明如日星，正大如山岳，精诚不二，贯金石而神明，去今千百载，凛凛犹有生气。"［（清）汪森编：《粤西文载》卷三九，《影印文渊阁四库全书》本，第1466册，第330页］

朱公祠而祀之以风后进，可谓知所务矣。孟中奉命督学，恐久而泯没，迺谓桂林知府罗珦同知冯冕琢石刻诸贤名氏并履历之大概，庶后君子仰其名而论其世，论其世而师其人，使吾之正大光明、精诚不二与之匹休焉，顾不伟欤！①

继范成大、周去非、张栻、李曾伯、周孟中之后，清代的汪森也来到广西桂林府，任通判，他编辑了《粤西诗载》《粤西文载》《粤西丛载》三部大书，记录了西江流域的一些重要的诗文、典故，这些书对研究西江流域社会变迁与历代迁岭文人具有重要的史料价值②。"诗不发扬因地小"③，诗人得到"江山之助"，"饱以五车读，劳以万里行"④，才能创作出优美动人的文学作品，正如清代孔尚任所说："盖山川风土者，诗人性情之根柢也。得其云霞则灵，得其泉脉则秀，得其冈陵则厚，得其林莽烟火则健。凡人不为诗则已，若为之，必有一得焉。"⑤ 另外，"江山留胜迹"、江山还需伟人扶，自然风光也需要名流显人的品评印可，方可名声大振、流芳百世。西江流域自然美景的发现、挖掘，品题延誉，深刻影响当地文化的发展、传播。我们认为，西江流域社会变迁，离不开一代又一代迁岭文人的心血与努力。尤其是当迁岭文人用自己的如椽妙笔描写当地风光时，他们更确切地说是在宣扬、传播当地的物质、精神文明。

---

① （明）周孟中：《桂林名宦祠碑》，（清）汪森编《粤西文载》卷三九，《影印文渊阁四库全书》本，第1466册，第330页。

② 《四库总目提要·粤西诗载提要》载："《粤西诗载》二十五卷、《粤西文载》七十五卷、《粤西丛载》三十卷，国朝汪森撰，森，嘉兴人，官广西桂林府通判，其在粤时以广西志缺略殊甚，考据难资，因取历代诗文之有关典故者，详搜博采。……其体例明整，所录碑版题咏之作多志乘所未备。其文载中所分山川、城郭、官署、学校、书院、宫室、桥梁、祠庙、军功、平蛮、诸子目，皆取其事之绝有关系者，故所收于形势扼塞，控置得失、兴废利弊诸大端，纪录尤详，洵能得其要领。以视曹学佺《全蜀艺文志》瞻富不及而谨严殆为胜之。至《丛载》分为二十目，所录虽颇近琐碎而遗文轶事有裨考证者，悉已采辑，无遗于一方文献，亦有可藉以征信者焉。"[（清）汪森编：《粤西诗载》，《影印文渊阁四库全书》本，第1465册，第1—2页]

③ （清）宋湘撰，黄国声校辑：《红杏山房集·红杏山房诗钞·南行草》之《黔阳江上》，中山大学出版社1988年版，第220页。

④ （宋）陆游撰，钱仲联校注：《剑南诗稿校注》卷一八《感兴》，上海古籍出版社2005年版，第1433页。

⑤ （清）孔尚任著，汪蔚林编：《孔尚任诗文集》卷六《古铁斋诗序》，中华书局1962年版，第475页。

三 《岭外代答》的创作缘起与情感认同

南宋偏安一隅的政治局面，导致当时文人更加集中精力关注南方，尤其是岭南一带的自然风光与风土人情。在这种情况下，我们更能理解四库馆臣评价南宋地理名著《方舆胜览》时所说的一段话："盖中原隔绝，久已不入舆图，所述者惟南渡疆域而已。"① 这既反映了宋室南渡以来研究地理的文人学士的无奈，也凸显了这时西江流域社会环境的重要性，使得越来越多的文人开始关注并运用他们的如椽妙笔来歌咏这片神奇的土地。比较典型的例子就是南宋名流周去非在淳熙间任桂林通判所撰的《岭外代答》，其最初的著述动机乃是当时有许多人向他询问岭南的情况②，他受到激励，故有此不朽之作。另外，他之所以撰写《岭外代答》也深受范成大的影响，因为有此创作动因，周去非致力于挖掘出西江流域山水风光与风土人情的特异之处，以拓展当时人的视野，满足他们的好奇心，也借以抒发自己对西江流域的情感认同。

作为游记高手与诗坛大家，范成大在西江流域的描写与叙述方面对南宋迁岭文人周去非产生了重要影响。周去非是在范成大离任之后来到桂林的，著有记述西江流域风土人情的名作《岭外代答》一书，此书具有非常高的史料价值与文学价值，是了解西江流域社会变迁与南宋迁岭文人生活状况的重要著作。据四库馆臣评价：

> 岭外代答十卷，宋周去非撰。去非，字直夫，永嘉人。隆兴癸未进士，淳熙中官桂林通判。是书即作于桂林代归之后。自序谓本范成大《桂海虞衡志》而益以耳目所见闻，录存二百九十四条。盖因有问岭外事者，倦于应酬，书此示之，故曰代答。……而边帅法制财计诸门，实足补正史所未备，不但纪土风物产，徒为谈助已也。③

由此可见，周去非的《岭外代答》也是在离开西江流域之后所作，属

---

① （宋）祝穆：《方舆胜览》卷首提要，《影印文渊阁四库全书》本，第471册，第541—542页。

② 《四库全书总目·岭外代答提要》，第389页。

③ 《四库全书总目·岭外代答提要》，第389页。又见（宋）周去非《岭外代答》，中国书店2018年版，第1—2页。

于追忆之作，反映了南宋迁岭文人对西江流域的文化认同与地方记忆，属于地域文化的研究范畴。南宋迁岭文人对西江流域旖旎风光和美好生活的追忆，可以提升人们的地域自豪感与文化自信心。目前，国家记忆方面的研究方兴未艾，我们可以从地方记忆的角度来探讨西江流域社会变迁与迁岭文人的问题。

国家记忆与地方记忆乃是互相联系、互相依存的。周去非在《岭外代答·序》中表达出他对西江流域的深厚感情，他清醒地认识到自己担负着介绍与传播西江流域风土民情、典章制度的历史重任，决定效仿前贤范成大的所作所为，继续为传播与发展西江流域社会文明作出自己的贡献①。南宋迁岭文人来到西江流域苦心经营、发愤著述，为新的文风和新的诗歌题材的兴起种下了契机，他们在岭南文化史乃至西江流域社会变迁史上具有十分重要的地位。

宋南渡以后文人创作的关于岭南风物的诗词的确比以往增加了许多，留给后代诗歌研究者无穷的好奇和乐趣。如周去非在此书中描写桂林山之奇特时道：

> 其尖翠特立，无不拔地而起，绵延数百里，望之不见首尾，亦云盛哉！②

桂林的岩洞是一个奇观，范成大曾把这些岩洞的形貌特点记载到他的《桂海虞衡志》中，引起时人的广泛关注。南宋姚宋佐在《上桂林詹帅》中热情讴歌这些岩洞：

> 九月无霜飞叶少，四时有笋乱丛深。桂林二十四岩洞，杖屦十年供醉吟。③

① （宋）周去非《岭外代答·序》载其著述经过："入国问俗礼也。矧尝仕焉而不能举其要。广右二十五郡，俗多夷风而疆以戎索，海北郡二十有一，其列于西南方者蜿蜒若长蛇，实与夷中六诏安南为境，海之南郡又内包黎獠，远接黄支之外。仆试尉桂林，分教宁越。盖长边首尾之邦，疆场之事，经国之具，荒忽诞漫之俗，瑰诡谲怪之产，耳目所治与得诸学士大夫之绪谈者亦云广矣。盖尝随事笔记，得四百余条，秩满束担东归，邂逅与他书弃遗置勿复称也。"（《影印文渊阁四库全书》本，第589册，第391页）
② （宋）周去非：《岭外代答》，《影印文渊阁四库全书》本，第589册，第394页。
③ （宋）王象之：《舆地纪胜》卷一〇三《广南西路·静江府》，中华书局1992年版，第3185页。

周去非也用他那强烈的好奇心描述了岭外的风土人情，如对桂林、钦州气候的描绘就颇真切传神①。我们读了这样的描述不但不会心生畏惧，视之若畏途，反而能激起心中登临揽胜的豪情胜慨，也想随着作者去当地走走看看，一饱眼福，一新耳目。何况岭南也有风景优美、气候宜人之处，能够引起南宋迁岭文人的强烈兴趣。

周去非通过吟咏杜子美的诗歌来探究当时当地的旖旎风光及宜人气候，从而勾起世人对岭南的热爱之情：

> 杜子美诗："五岭皆炎热，宜人独桂林。梅花万里外，雪片一冬深。"盖桂林尝有雪。②

南宋迁岭文人在前人描写当地风光的基础上继续进行文学创作与文化活动，杜甫的诗句向世人透露出一个重要信息，即"桂林尝有雪"，这一信息在南宋迁岭文人的文学作品中得到了生动有力的印证。范成大到桂林后就创作出了许多优美动人的诗句来吟咏当地的雪景。杜子美的诗歌被张孝祥、范成大、周去非等迁岭南来的士大夫广泛引用，由此可见南宋迁岭文人对杜子美诗句的高度重视及普遍认可，这是他们迁居岭南时在生活环境相似的地方尚友古人，时时想到古人的诗句，从而与古人的心情产生了沟通共鸣的结果。

可以说，范成大、周去非等迁岭文人因为亲自来到西江流域并在此地区进行了生活实践，对西江流域桂林风物进行仔细观察与亲身体会，所以他们描绘西江流域风物的作品应当说在杜子美的基础上继续深化与细化了。如南宋迁岭文人对西江流域的物产桂树就有深入实际的研究，范成大

---

① （宋）周去非《岭外代答》卷四《风土门》载："南人有言曰：'雨下便寒晴便热，不论春夏与秋冬。'此语尽南方之风气矣。桂林气候，与江浙颇相类，过桂林城南数十里，则便大异。杜子美谓'宜人独桂林'，得之矣。钦阳雨则寒气渐渐袭人，晴则温气勃勃蒸人，阴湿晦冥，一日数变，得顷刻明快，又复阴合。冬月久晴，不离葛衣纨扇；夏月苦雨，急须袭被重裘。大抵早温，昼热，晚凉，夜寒，一日而四时之气备。九月梅花盛开，腊夜已食青梅，初春百卉荫密，枫槐榆柳，四时常青。"（《影印文渊阁四库全书》本，第589册，第421—422页）

② （宋）周去非：《岭外代答》卷四《风土门》，《影印文渊阁四库全书》本，第589册，第422页。

指出："桂林以桂名，地实不产，而出于宾、宜州。"① 与此类似，周去非也指出："南方号桂海。秦取百粤，号曰桂林。桂之所产，古以名地。今桂产于钦、宾二州，于宾者，行商陆运致之北方；于钦者，舶商海运致之东方。"② 很明显，周去非对桂林山水的了解熟悉程度及其对当地旖旎风光的热爱之情，受到范成大的直接影响。据载："成大《石湖诗集》，凡经历之地，山川风土，多记以诗。其中第十四卷，自注皆桂林作。"③ 范成大对"桂海"情有独钟，经常提及，如其有诗题名曰《画工李友直为余作冰天桂海二图，冰天画使北虏渡黄河时，桂海画游佛子岩道中也。戏题》④。除此之外，范成大还有名句："今又飘飘而桂海兮，实望舒于南疆"⑤，在《桂林中秋赋》中也提到了"桂海"。这些对西江流域美好风物的详细叙述与生动描绘，反映了他们对西江流域的情感认同，有利于增强西江流域人民的地域自信与文化认同。这是吸引着越来越多的文人迁岭南来的重要思想资源。

范成大、周去非的迁岭经历与情感体验在南宋迁岭文人中具有普遍性，反映出当时迁岭文人对西江流域的一种较通达的看法，这离不开前代迁岭文人在西江流域的努力耕耘及对当地风光的热情歌颂，让随后迁岭南来的人们不再视西江流域为畏途，而是怀着好奇与探险的心理，想来当地走走看看。

第三节 "不以入岭为难"：南宋文人寓居西江流域的文化意义

南宋迁岭文人常以迁岭前辈韩愈、东坡为楷模，尚友古人，并且因为有了新的生活环境与人生阅历的启示，他们展现出来新的创作风格与审美

---

① （宋）范成大：《桂海虞衡志》，《影印文渊阁四库全书》本，第589册，第383页。
② （宋）周去非：《岭外代答》，《影印文渊阁四库全书》本，第589册，第453页。
③ 《四库全书总目》卷七〇《桂海虞衡志》提要，第625页。
④ 诗云："许国无功浪著鞭，天教饱识汉山川。酒边蛮舞花低帽，梦里胡笳雪没鞯。收拾桑榆身老矣，追随萍梗意茫然。明朝重上归田奏，更放岷江万里船。"（《范石湖集·石湖居士诗集》卷一四，上海古籍出版社2006年版，第184页）
⑤ （宋）范成大：《桂林中秋赋》，（清）汪森编《粤西文载》卷一，《影印文渊阁四库全书》本，第1465册，第430页。

风貌。林希逸所撰《后村先生刘公行状》记载刘克庄的迁岭行为方式与生活作风时道：

> 文清李相当国，擢公江西提举，改广东提举。公不以入岭为难，道出潮、惠，谒昌黎祠，访坡公旧迹。庚子元日始至，以婴孺视岭民，以冰玉帅寮属，岁计羡而商征宽，民夷安之。八月，升漕。……留粤两年，更摄帅、舶，俸给例卷，皆却不受。买田二百亩，以赡仕于南而以丧归者，南人刻石纪之。①

林希逸是刘克庄的知交好友，十分了解刘克庄迁岭寓岭时的宦游事迹与心迹情感，故这段记载真切而深刻地揭示出了一个客观事实：南宋迁岭文人大多也像刘克庄一样"不以入岭为难"，他们的过人之处在于并不纠缠于自我一时的荣辱得失，而是能够把看待人生的镜头放在更远处，从而消解人生苦闷、心情抑郁的不良因素，达到胸襟豁达、乐观自适的人生境界。南宋迁岭文人之所以在迁岭时能有这样的人生态度与胸襟气度，我们认为主要有两方面的原因：一方面是他们尚友古人，以迁岭前辈韩愈、苏轼为榜样，从他们身上汲取面对人生苦难、消解抑郁苦闷的心灵解脱方式，尤其是苏轼居岭时间长，磨难多，但他仍然能够笑看风云，形成了一整套化解人生苦闷的心理模式，为后世迁岭文人提供了取之不尽、用之不竭的精神养料。另一方面，经过韩愈、柳宗元、刘禹锡、苏轼、黄庭坚、秦观、李纲、赵鼎、李光、胡铨、黄公度、朱敦儒、洪迈等前辈迁谪文人的努力，西江流域的经济、文化、政治环境都有了许多改善。此时的西江流域虽然还是令人生畏的瘴疠之地，然而因为有了迁岭前辈精神支柱的激励，再加上西江流域文明的逐渐开化、进步，大多数的随后迁岭南来的文人逐渐摆脱了内心的恐惧与不安。他们不再"以入岭为难"，甚至带着一丝好奇与冒险的心态想到西江流域来走一走、看一看，以亲身体验一下前辈迁岭文人"九死南荒吾不恨，兹游奇绝冠平生"的人生经历和豪迈之情。

---

① （宋）林希逸：《后村先生刘公行状》，（宋）刘克庄著，辛更儒校注《刘克庄集笺校》卷一九四，中华书局2011年版，第7551—7552页。

一 "旧说桂林好，君今幕府游"：学问渊源与张栻幕府

张栻（1133—1180），字敬夫，号南轩，他对西江流域的吟咏具有特别重要的意义，这与他在中国文化史上的地位有关①。张栻师从胡宏，"学问渊源本出胡宏"②，开创了南轩学派，与朱熹、吕祖谦齐名，并称东南三贤。他一生著述颇丰，现存《南轩易说》三卷、《论语解》十卷、《孟子说》七卷、《南轩先生文集》四十四卷等③，是当之无愧的学问大家、名流显人。张栻乃南宋高宗、孝宗朝的名臣张浚之子。张浚一生主张抗金报国，与南宋迁岭文人胡铨、李光、李纲等有密切关系，他还是南宋著名诗人杨万里的恩师，杨万里非常推崇他④。张栻有乃父之风，杨万里在《怡斋记》中追忆了自己去长沙向张栻访学的动人情景，并表达了人生聚散离合的深沉感慨⑤。

张栻关心民瘼、一心恢复，曾言："夫欲复中原之地，先有以得中原之心，欲得中原之心，先有以得吾民之心。求所以得吾民之心者，岂有

---

① 陈亮指出："乾道间，东莱吕伯恭、新安朱元晦及荆州（张栻）鼎立，为一世学者宗师。"[（宋）陈亮著，邓广铭点校：《陈亮集》（增订本）卷二九《与张定叟侍郎构》，中华书局1987年版，第383页]

② 《四库全书总目》卷一六一《南轩集》提要，第1386页。

③ 详参祝尚书《宋人别集叙录》卷二一，中华书局1999年版，第1025—1035页。

④ （宋）杨万里撰，辛更儒笺校《杨万里集笺校》卷六二《驳配飨不当疏》载杨万里对张浚的评价："忠献魏国公张浚，身兼文武之全才，心传圣贤之绝学……捐躯许国，忠孝之节动天地而贯日月。"（中华书局2007年版，第2694页）杨万里是在绍兴二十九年己卯（1159）为零陵丞时，谒见张浚，认识张栻的。据罗大经《鹤林玉露》甲编卷一"诚斋谒紫岩"条载："杨诚斋为零陵丞，以弟子礼谒张魏公。时公以迁谪故，杜门谢客。南轩为之介绍，数月乃得见。"[（宋）罗大经撰，王瑞来点校：《鹤林玉露》，中华书局1983年版，第14页]杨万里与张栻时相过从，往来唱和，友情甚笃。绍兴三十一年辛巳（1161），杨万里作《和张钦夫望月词》，在自序中透露出了唱和之由："钦夫（张栻）示往岁五月《咏归亭侍坐丞大丞相望月词》，予以辛巳二月既望夜归，读书于诚斋。甲夜漏未尽二刻，月出于东山，清光入窗，欣然感而和焉。"[《诚斋集》卷四五，（宋）杨万里撰，辛更儒笺校《杨万里集笺校》，第2297页]

⑤ （宋）杨万里《怡斋记》载："乾道丙戌之冬，予自庐陵抵长沙，谒乐斋先生侍讲张公，公馆予于其居之南轩。……今侍讲官八桂，予居庐陵，炳先兄弟在长沙，交游之存亡离合，其使予悲也。予老矣，侍讲亦年过四十，炳先兄弟其尚少也乎？其亦似予之老乎？"[《诚斋集》卷七二，（宋）杨万里撰，辛更儒笺校《杨万里集笺校》，第3021页]

他哉？不尽其力，不伤其财而已矣。"① 政治失意后，张栻聚众授徒，得天下英才而教育之，广交天下英才。乾道中，张栻应刘珙之邀主讲岳麓书院，知严州，召为吏部员外郎兼侍讲，出知袁州。归居长沙，讲学著述，完成《论语解》《孟子说》，对孔孟之道有深入的研究。张栻在长沙与诸学友过从讲习的情景在他的《答陈平甫书》中有生动感人的记载②。因此，张栻门下济济多士，众多学友同志跟随他研究学问、探讨人生。淳熙元年（1174），张栻起知静江府，广南西路经略安抚使，五年，除荆湖北路转运副使③。

张栻特殊的身份地位、渊博的学识、高尚的人格、良好的人际关系，使得跟随他问学的人非常多，这些问学者中也有些与西江流域结下了不解之缘。跟随张栻问学而比较出众的有吴猎（1143—1213），湖南醴陵人，早年跟从张栻问学，后转益多师，复请益于朱熹、吕祖谦。在屡举不第的情况下，吴猎曾入张栻幕府，为浔州平南县主簿、摄静江府教授，为广西经略司准备差遣，嘉泰三年除广西经略转运判官，改知鄂州④。还有宋牲，也曾受到张栻印可延誉，据真德秀《宋文林郎墓志铭》载，宋牲年十二三，已卓然自立，从吕祖谦学，论《通鉴》贯穿不穷，祖谦大奇之。年十四五，随父至长沙，张栻一见，许其资可以任道。绍熙元年进士，授筠州高安主簿。调融州掾，辟广西盐事主管官⑤，从中可见张栻对学生命运的巨大影响及其学生来到西江流域所作的重要贡献。

张栻是如何来到西江流域的？他为西江流域社会发展作出了哪些具体的贡献呢？这是我们接下来需要讨论的问题。

---

① （元）脱脱等：《宋史》卷四二九《张栻传》，第12771页。

② （宋）张栻《答陈平甫书》载："自尔以来，仆亦困于忧患，幸存视息于先庐。绅绎旧闻，反之吾身，寖识义理之所存。湘中二三学者时过讲论，又有同志之友自远而至，有可乐者，如是又五载。"［（宋）张栻撰，朱熹编：《南轩集》卷二六，《影印文渊阁四库全书》本，第1167册，第634页］

③ 张栻事迹详参朱熹《右文殿修撰张公神道碑》、杨万里《张左司传》，《宋史》卷四二九本传，胡宗懋《张宣公年谱》［吴洪泽、尹波主编：《宋人年谱丛刊》第10册，四川大学出版社2003年版，第6255—6354页］

④ 吴猎生平事迹及其与西江流域的密切关系，详参《敷文阁直学士赠通议大夫吴公行状》（《鹤山先生大全文集》卷八九），《宋史》卷三九七本传。

⑤ （宋）真德秀：《宋文林郎墓志铭》，《西山文集》卷四二，《影印文渊阁四库全书》本，第1174册，第669—672页。

张栻于淳熙元年除旧职知静江府，兼广西经略安抚使。关于张栻来到西江流域的前因后果，杨万里所撰的《张左司传》记载甚详①。杨万里根据朱熹的《张公神道碑》而撰写成《张左司传》，由此两文可见，在朱熹、杨万里两位名臣看来：张栻是因为敢于直谏而遭到从臣忌恨诋毁而退居长沙，后又因"上复念栻"而知静江府，经略广南西路。这表明张栻是直道而行的耿介之士，他高尚的人格、横溢的才华与过人的能力让皇上念念不忘，故有东山再起之日②。

在居岭的四五年间，张栻也常用济世救民之心来劝勉奔走于西江流域幕府游宦的晚生后辈，如他在《若海运使移节广东赋诗赠别予每过若海诸郎诵书于旁琅琅可喜为之重赋》其二诗中云："愿崇诗礼训，勿近利名场。"③ 与此类似，张栻还在《送陈仲思参佐广右幕府》中写道：

> 旧说桂林好，君今幕府游。江山资暇日，梅雪类吾州。煮海何多说，安边更预谋。政应勤婉画，不用赋离忧。④

南宋入幕风气的盛行，也为西江流域输入了大量有用之才。淳熙初，张栻为广南西路经略安抚使时就广招文人士子入其幕中。如陈琦，是乾道

---

① （宋）杨万里《张左司传》载："栻在朝未期，而召对六七，栻感上非常之遇，知无不言，大抵皆修身务学、畏天恤民，抑侥幸、屏谗谀之意，宰相益惮之。从臣有忌之者，而近幸尤不悦，遂合中外之力以排去之。栻退居长沙，待次三年。淳熙改元，上复念栻，诏除旧职，改知静江府，经略安抚广南西路。"［《诚斋集》卷一一五，（宋）杨万里撰，辛更儒笺校《杨万里集笺校》，第4434—4447页。又见（宋）杨万里著，王琦珍整理《杨万里诗文集》，江西人民出版社2006年版，第1849—1850页］（宋）朱熹撰《右文殿修撰张公神道碑》载："淳熙改元，公家居累年矣。上复念公，诏除旧职，知静江府、经略安抚广南西路。"［《朱文公文集》卷八九，（宋）朱熹撰，朱杰人、严佐之、刘永翔主编《朱子全书》（修订本），第24册，第4136页］

② 张栻过人的才能，在少年时期即表现出来了。据杨万里《张左司传》载："浚起谪籍，受重寄，开府治戎，参佐皆极一时之选，而栻以藐然少年，内赞密谋，外参庶务，幕府诸人皆自以为不及。"［《张左司传》，《诚斋集》卷一一五，（宋）杨万里撰，辛更儒笺校《杨万里集笺校》，第4434页］

③ （宋）张栻：《新刊南轩先生文集》卷五，《宋集珍本丛刊》，第60册，第46页。

④ （清）汪森编：《粤西诗载》卷一〇，《影印文渊阁四库全书》本，第1465册，第140页。

二年进士，曾从张栻游，后来到西江流域，入张栻幕府①。又如游九言
（1142—1206）也曾入张栻广西幕府。游九言十岁时即能为文力诋秦桧，
及长，锐志当世。师张栻，以祖荫入仕，举江西漕司进士第一，历古田
尉、江州录事参军、沿海制司干官，淳熙十五年监文思院上界。张栻帅广
西，辟置幕下。庆元间，起为江东抚干②。

　　文人入幕，对西江流域社会变迁与文化发展起到了一定的作用。张栻
热爱西江流域的感情常常体现在他送人入幕的诗歌中，尤其是送亲朋好友
来到西江流域的幕府时，他更加毫无保留地热情讴歌幕府生活与当地风
光。《送甘甥可大定叟弟之桂林》一诗，就表现出他对幕府生活的向往及
对西江流域风物的赞叹之情，鼓励晚生后辈到了当地要尽情游览以排遣情
累，其中"人言桂林好，颇复类中州。近郊多胜概，雉堞冠层楼。待渠幕
府暇，时与同冥搜"之语，反映了西江流域在当时士人心目中的地位及作
者对亲友入西江流域幕府时的欣慰③。张栻在送他的亲友来到西江流域时，
还劝勉他们不忘父辈的功业，要努力学习前贤，在西江流域的幕府中要勤
政为民，以完成父辈未竟的事业。如其《送定叟弟之官桂林》诗云："呜
呼忠献公，典则垂后裔。遗言故在耳，夕惕当自厉。"④ 诗题中的定叟是张
栻的弟弟张杓，张栻送弟弟来西江流域入幕时，就用父亲的遗言典则来勉
励劝慰他，希望他在西江流域的桂林为官时能够继承父兄的志愿，造福一
方百姓。

　　张栻幕府之中济济多士，人才繁盛，一方面与当时张栻的身份、地位
有关；另一方面也离不开张栻鉴识人才的眼光与荐举提携贤才的拳拳之
心。罗大经在《鹤林玉露》丙编卷六"南轩辨梅溪语"中记载了一则张栻

---

① 陈琦入张栻广南西路经略安抚使幕中的事迹，详参（宋）杨万里《陈择之墓志铭》（《诚斋
　　集》卷一二九），《宋史翼》卷二一。王炎（1137—1218），字晦叔，乾道五年进士，调明州
　　司法参军、鄂州崇阳簿，也曾入江陵帅张栻幕府，且时相过从，十分投缘（王炎入张栻幕府
　　事详参《宋史翼》卷二四，《南宋馆阁续录》卷八、九）。
② 游九言入西江流域张栻幕府事迹，详参《闽中理学渊源考》卷二、《宋史翼》卷二五。
③ 整首诗云："季也有行役，我思独悠悠。亲朋非不多，子能从之游。桂席上湘水，青山挟行
　　舟。篮舆问岭路，政尔荔子秋。人言桂林好，颇复类中州。近郊多胜概，雉堞冠层楼。待渠
　　幕府暇，时与同冥搜。吾子有令姿，胸中富九流。处世多龃龉，但当付沧洲。超然扩远思，
　　讵可耳目谋。愿为百炼刚，莫作绕指柔。昔人不吾欺，子盍试反求。预想他年归，此地复绸
　　缪。刮目看二子，一笑纾百忧。"[（清）汪森编：《粤西诗载》卷二，《影印文渊阁四库全书》
　　本，第1465册，第14页]
④ （宋）张栻：《新刊南轩先生文集》卷二，《宋集珍本丛刊》，第60册，第27页。

与孝宗在东华门谈论天下英才的动人故事①。从中可见，张栻的人才观非常通脱与宏达，并不以一眚而掩盖人才，故士人大多愿意投奔其幕府。他们在张栻西江流域的幕府中时相过往，优游山水，诗词酬唱，文化氛围十分浓厚，有力地推动了西江流域文化事业的发展。

张栻作为幕主，十分喜欢游览自然山水，他自称"平生山水癖，妙处只自知"②，写了许多描写赞赏西江流域风物的诗歌。他创作的诗歌道尽了西江流域的自然风光与诗人徜徉美景中的心迹情感。由此可见，随着历代迁岭文人的开发与播种，西江流域到了南宋时期已经得到了很大的发展，这反过来又吸引了越来越多的文人来此地游宦、观光，更进一步地提升了西江流域的知名度。李昂英在《送族子春叟游西广》时就感叹西江流域风物之美，对其充满了美好的向往③。

西江流域清幽美好的自然山水也十分适合迁岭南来的文人墨客在此读书、思考，从而对人生、宇宙、世事、社会有了更加深刻的领悟，并将这些领悟形诸纸底笔端。如张栻所作《静江归舟中读书》一诗云：

> 南风驾小雨，群山净如沐。吾归及新凉，所历慰心目。轧轧柔橹鸣，卧见山起伏。推枕意悠然，还取我书读。平生领解处，于焉更三复。老矣百念疏，但欲斯境熟。向来五岭游，日力半吏牍。小心了宦事，终觉愧茕独。世路自险夷，人情费追逐。翩翩孤飞翼，息荫望

---

① （宋）罗大经撰，王瑞来点校《鹤林玉露》丙编卷六载："孝宗因论人才，问：'王十朋如何？'对曰：'天下莫不以为正人。'上曰：'当时出去，有少说话待与卿说。十朋向来与史浩书，称古则伊、周，今则阁下，是何说话？'对曰：'十朋岂非谓浩以伊、周之任而责之乎？'上曰：'更有一二事，见其有未纯处。'对曰：'十朋天下公论归之，更望陛下照察主张。臣父以为陛下左右，岂可无刚明腹心之臣，庶几不至孤立。'上曰：'刚患不中，奈何？'对曰：'人贵夫刚，刚贵夫中。刚或不中，犹胜于柔懦。'上默然。盖史直翁与张魏公议论不同，梅溪则是张而非史者也。故上因直翁之说而有是言。上又尝曰：'难得仗节死义之臣。'南轩对曰：'陛下欲得仗节死义之臣，当于犯颜敢谏中求之。'亦指梅溪而言也。"（中华书局1983年版，第345—346页）

② 《清明后七日与客同为水东之游翌朝赋此》，（清）汪森编《粤西诗载》卷二，《影印文渊阁四库全书》本，第1465册，第15页。

③ 李昂英诗云："凤出丹山定九苞，桂林要拣一枝巢。久闻岩窦须幽讨，不是人豪莫泛交。鹤发频将安问寄，萤窗勤把旧书抄。功名到底还坚志，崛起新丰一草茅。"［（清）汪森编：《粤西诗载》卷一四，《影印文渊阁四库全书》本，第1465册，第207页］

林麓。①

　　这首诗收录到清代汪森所编辑的《粤西诗载》一书中，同时也将张栻对西江流域优美山水景物的讴歌、自己读书时的人生思考与文化性格记录在了中国文化史上，吸引后世越来越多的文人来到西江流域，并与他产生了共鸣。如吴儆在《次韵南轩先生榕溪阁·问山谷所名》一诗就对他充满了同情之了解②。这首诗同样被收到《粤西诗载》中，后世读者读到这些迁客骚人的诗歌，会油然而生敬意，从而心慕手追，影响到后世迁岭文人人生道路的选择与文化性格的自我设计，西江流域社会变迁与迁岭文人的密切联系由此可见一斑。

　　张栻在西江流域的幕府生活是充实的，收获很多，既为当地百姓做了实事，为百姓谋福利，为当地的文化事业作出了贡献，也收获了友谊，结识了许多知交好友，得到广大百姓的普遍认可，与当地百姓产生了浓厚的情谊。张栻死时，西江流域的百姓仍然深切感激怀念他，为他痛哭流涕。据杨万里《张左司传》载：

　　　　病且死，手疏劝上"亲君子，远小人，信任防一己之偏，好恶公天下之理。以清四海，以固丕图"，天下诵之。年四十有八。上深悼之，四方贤士大夫往往出涕相吊。而江陵、静江之民，皆哭之哀。③

　　从"静江之民，皆哭之哀"中，我们可以看出西江流域的人们对他的深切思念，而思念，最能代表世人对官员为政一方贡献的看法。正是张栻主政静江时为当地人民所付出的辛苦努力，给他们留下了深刻印象，引起他们的沉痛哀悼。这或许是对张栻好学深思、勤政为民一生的

---

① （清）汪森编：《粤西诗载》卷二，《影印文渊阁四库全书》本，第1465册，第15—16页。

② 诗云："绍圣用事臣，党与纷相摎。当代几忠良，一朝咸黜幽。太史坐直笔，愈黜名愈休。消长关否泰，天意匪人谋。累臣谁司城，独为景物留。当时西复南，万里不停舟。谁知百年定，欲起九京游。积莽新陈迹，寒泉荐水瓯。想当千骑临，水木寒萧飕。我公今伊传，兹焉少夷犹。炎方洞瘵徐，公来今已瘳。榕溪两甘棠，千载谁劣优。太史后凋松，公如巨川舟。"［（清）汪森编：《粤西诗载》卷二，《影印文渊阁四库全书》本，第1465册，第16页］

③ （宋）杨万里：《张左司传》，《诚斋集》卷一一五，杨万里撰，辛更儒笺校《杨万里集笺校》，第4440页。

最好慰藉。

另外，张栻作为文人显儒，他在西江流域的文学创作也促使了西江流域风物声名更加显著。淳熙元年，张栻起知静江府，广南西路经略安抚使。他在广西为政时，除了整顿兵籍，申严伍法，群蛮贴息，奏革横山买马①，还十分注重自己在西江流域宦游时留下的政绩与文字，"其心未尝一日不在朝廷，而汲汲然惟恐其道之终不行也"②的精神也体现在他为宦西江流域时所创作的文学作品中。张栻在自己的诗歌中时常提及西江流域③。"湘南楼"在西江流域的桂林，张栻常来此地徜徉，在其中读书、吟诗、饮酒、交游。正可谓是良辰、美景、赏心、乐事一时并聚，诗人怡然自乐的心情也自然而然地体现于诗歌中。在诗中张栻还表达了自己"未可效王粲，居然思故乡"④的心情，显示出他要以西江流域为家，尽职尽责、尽心竭力地为西江流域社会发展做出贡献的良好愿望。张栻主政广西时常当中和天、携乐易友、饮欢喜酒、饮自在诗，尽情地歌颂了西江流域的自然美景，表达了他对西江流域的热爱之情。《和正父游榕溪韵》《六月二十六日秀青亭初成与客同集》《和友人梦游西山》《鹿鸣宴》《次赵漕赠王昭州韵》《送韩宜州》⑤等诗，都是他在西江流域生活与情感的生动体现。江山还需伟人扶，西江流域的山水风物一再得到名流显人张栻品题印可，这显然十分有利于它的接受与传播。

---

① 详参（元）脱脱等《宋史》卷四二九《张栻传》。朱熹撰写的《右文殿修撰张公神道碑》（《朱文公文集》卷八九）、杨万里撰写的《张左司传》[《诚斋集》卷一一五，（宋）杨万里撰，辛更儒笺校《杨万里集笺校》，第4434—4447页；（宋）杨万里著，王琦珍整理：《杨万里诗文集》，江西人民出版社2006年版，第1849—1850页]等文都详细记载了张栻在西江流域为官时的政绩，从中可见张栻"书生独多忧，何以救民瘵"（《道旁见获者》，《新刊南轩先生文集》卷二，《宋集珍本丛刊》，第60册，第26页）的仁者之心。

② （宋）朱熹：《晦庵先生朱文公文集》卷七八《江陵府曲江楼记》，朱杰人等主编《朱子全书》，第24册，第3749页。

③ （宋）张栻《望后一日与客自水乡登湘南，月色佳甚，翌日用乡字韵简游诚之》诗云："一雨五日余，南州三伏凉。唤客近方沼，笑谈引杯长。相将复登楼，月色在屋梁。念我怀百忧，忽发复变苍。及此少自舒，觞咏未心忘。孤光凛下照，景妙无留藏。沙边数白鹭，欲下仍翔徉。群动亦自得，如我四体康。平生子游子，虚白生吉祥。官舍并楼居，登临筋力强。未可效王粲，居然思故乡。（诚之所居，正在楼旁，自中夏以来，每携书独登）"[《南轩集》卷三，《影印文渊阁四库全书》本，第1167册，第442页。又载（清）汪森编《粤西诗载》卷二，《影印文渊阁四库全书》本，第1465册，第14页]

④ （清）汪森编：《粤西诗载》卷二，《影印文渊阁四库全书》本，第1465册，第14页。

⑤ （清）汪森编：《粤西诗载》卷一四，《影印文渊阁四库全书》本，第1465册，第200页。

在离开西江流域幕府时，张栻特别赋诗一首《张子真杨政光吴德夫追路湘源赋此以别》感谢"向来幕府游"的好友为他送行，而自谦"为谢桂父老，无泽留一方"，字里行间流露出他非常想留泽一方，为西江流域的社会发展与文化繁荣作出自己的贡献，实际上他也做到了。我们从中还可以看出张栻对西江流域的留恋与对自己能够"惟余石间字"欣慰，既留恋西江流域的自然风光与父老乡亲，又欣慰自己在西江流域没有虚度光阴，而是有所作为①。

西江流域地区受到世人的关注与向往，离不开一代又一代迁岭文人的品题与印可。文人的品题印可，扩大了西江流域的知名度，促使西江流域的自然风光、风土人情、气候物产、文化遗迹逐渐为世人所熟悉。南宋时期的迁岭文人，如李纲、李光、胡铨、赵鼎、胡寅、高登、黄公度、朱敦儒、吕本中、陈与义、曾几、张孝祥、范成大、周去非、曾丰、张栻、刘克庄等名流显人都来到了西江流域，文人墨客喜欢品题印可的习性，也使得他们来到西江流域后大多对当地的风物进行了品题印可，所谓："品题得要领，亦有翰墨留。"② "惟余石间字，时与洗苔苍。"南宋迁岭文人就是耕耘西江流域这一美好园地的"播种者"，他们以自己的如椽妙笔在诗词歌赋中对西江流域风物进行了热情洋溢的品评赞美，并让自己创作的这些优美的文学作品流传后世，让世人更加了解与熟悉西江流域的风物，从而产生来西江流域走走看看的好奇与行动，促进了西江流域文化与外界文化的交流与融合，实际上也是为发展西江流域文化、促进西江流域社会变迁作出了贡献。

① （宋）张栻《张子真杨政光吴德夫追路湘源赋此以别》诗云："驱车出严关，触热归路长。一雨群物苏，吾亦清凉。漓水自南去，湘流正洋洋。眷言二三友，跋马勤送将。萧然短长亭，每语夜未央。张子名家驹，千里方腾骧。杨卽岭中彦，而能敛锋芒。延陵旧所熟，气味固难忘。向来幕府游，三秀丽斋房。居然出别语，分袂楚粤乡。人生会有别，勿悲参与商。独有赠言意，临岐更平章。风俗易移人，宦途剧羊肠。千钧有不守，决去飞鸟翔。要当勉自持，诗书作金汤。他年相会处，刮目看增光。为谢桂父老，无泽留一方。惟余石间字，时与洗苔苍。"[（清）汪森编：《粤西诗载》卷二，《影印文渊阁四库全书》本，第1465册，第16页]
② （宋）张栻：《题榕溪阁》，（清）汪森编《粤西诗载》卷二，《影印文渊阁四库全书》本，第1465册，第15页。

二 "山水奇丽，妙绝天下"：孙觌对西江流域的吟咏

孙觌要比范成大早大约四十年来到桂林，他在绍兴二年（1132）被流放到象州时，途经桂林，撰写了《桂林十咏》来吟咏桂林美好的自然风光，为桂林山水的名扬天下起到了重要的广告宣传的作用。其《桂林十咏·序》曰：

> 桂林山水奇丽，妙绝天下，柳子厚《记訾家洲亭》，粗见其略。余以六月六日度桂岭，更仆诣象。……名之曰《桂林十咏》。

其中吟咏《龙隐岩》诗云：

> 跳波触石喧，古木抱崖拥。老蛟压泥蟠，一笑作潭洞。孤峰起嵽嵲，哀壑浩呼汹。腥风噀蛙淫，冻雨落毛氄。凛凛白昼寒，瘴发立尽耸。旱气曒日黄，缩爪但阴拱。悠然四大海，敛此一毛孔。安得化为霖，蕙叶有光宠。①

这些作品颇有文学价值与史料价值，值得我们深入研究与探讨。

与张栻、范成大等名流显人相比，迁岭文人孙觌（1081—1169）是个异类。他天才早慧，五岁时即为苏轼所器重。徽宗大观三年（1109）年中进士，金兵破汴京时，孙觌曾草降表②，高宗即位，以降表事斥罢，归州安置，未几再试中书舍人。建炎二年（1128），孙觌知平江府，绍兴元年（1131），起知临安府，绍兴二年，以盗用军饷除名，象州羁管。四年，放还，居太湖二十余年致仕。孝宗乾道五年（1169）卒，年八十九，是南宋时期高寿的文人。孙觌善属文，尤长四六，著有《鸿庆居士集》。孙觌的人品道德颇为世人所诟病，诸如"小人""生平出处则至不足道""怙恶

---

① （清）汪森编：《粤西诗载》卷三，《影印文渊阁四库全书》本，第1465册，第17—18页。
② 详参《三朝北盟会编》卷二七、四三、六二、七一。

不悛"，是世人对孙觌人品道德的定位①。

但是，我们不能因人废言，孙觌也曾向往高洁的人格境界，如他为好友向子諲所作的《芗林铭》就流露出他的价值取向与人格理想：

> 向子諲博极群书，尚友千载，治一室，植众香草环之，而读《离骚经》其中，自号芗林居士。②

孙觌这段文字塑造出来的人格理想是他自己"虽不能至，然心向往之的"。尤其值得注意的是：孙觌贬谪岭外，羁管象州之际，写有大量吟咏西江流域的五言古诗，如《八桂堂》《栖霞洞》《来风亭》《龙隐岩》《曾公岩》《西山超然亭》《峇岩寺》《饮修仁茶》《题象守坐啸堂》《别象州陈守容德》等③，这些作品都被收录到汪森所编辑的《粤西诗载》卷三中，由此可见后世文人在收集西江流域史料时对孙觌作品的重视。

孙觌记录了西江流域的美景和自己在西江流域的行踪与心情，其中不乏文字优美、感情真切之作。如《七星岩》一诗就颇值得我们注意，诗云：

> 十载污修门，簪橐侍帝垣。五云深莫窥，众星拱以繁。一坐犊背

---

① 《四库全书总目》卷一五七《鸿庆居士集提要》载："觌字仲益，晋陵人。徽宗末，蔡攸荐为侍御史，靖康初，蔡氏势败，乃率御史极劾之。金人围汴，李纲罢御营使，太学生伏阙请留，觌复劾纲要君，又言诸生将再伏阙。朝廷以其言不实，斥守和州。既而纲去国，复召觌为御史。专附和议，进至翰林学士。汴都破后，觌受金人女乐，为钦宗草表上金主，极意献媚。建炎初，贬峡州，再谪岭外。黄潜善、汪伯彦复引之，使掌诰命。后又以赃罪斥提举鸿庆宫，故其文称《鸿庆居士集》。孝宗时，洪迈修《国史》，谓靖康时人独觌在，请诏下觌，使书所见闻靖康时事上之，觌遂于所不快者如李纲等，率加诬辞，迈遽信之，载于《钦宗实录》。其后朱子与人言及，每以为恨，谓小人不可使执笔。故陈振孙《书录解题》曰：'觌生于元丰辛酉，卒于乾道己丑，年八十九，可谓耆宿矣，而其生平出处则至不足道。'……赵与时《宾退录》复摘其作莫开墓志极论屈体求金之是，倡言复仇之非，又摘其作韩忠武墓志极诋岳飞，……为颠倒悖缪。则觌之怙恶不悛，当时已人人鄙之矣。然觌所为诗文颇工，尤长于四六，与汪藻、洪迈、周必大声价相埒。必大为作集序，称其名章隽句晚而愈精，亦所谓孔雀虽有毒，不能掩文章也。流传艺苑已数百年，今亦姑录存之，而具列其秽迹于右。一以节取其词华，一以见立身一败，诟辱千秋，清词丽句转有求其磨灭而不得者，亦足为文士之炯戒焉。"（第1355—1356页）
② （宋）魏齐贤：《五百家播芳大全文粹》卷一〇八，《影印文渊阁四库全书》本，第1353册，第779页。
③ （清）汪森编：《粤西诗载》卷三，《影印文渊阁四库全书》本，第1465册，第17—18页。

书，身落海上村。山川发余想，钟鼓眩昔闻。星图焕斗极，两两错地文。今日复何日，乘槎造天阍。日月起可挟，参井立能扪。谁当揭其柄，为我酌瀛尊。①

令人深感兴趣的是：西江流域的肇庆与桂林都有七星岩。黄公度笔下的"七星岩"是肇庆的七星岩，而孙觌笔下的"七星岩"是桂林的七星岩。一个是岩峰，一个在岩洞。南宋迁岭文人来到西江流域后更加扩大和丰富了描写当地风物的优秀篇章，他们对西江流域的山川岩洞、气候物产、风俗人情、名胜古迹及自己身处其中的心迹情感、人生思考一一形诸笔底纸端。这些诗句大都收录到清代汪森所编辑的《粤西诗载》一书中了，成为展示西江流域自然风物与人文胜迹的重要组成部分。

三 "平生乐事，莫如桂州时"：刘克庄追忆西江流域幕府生活的文化意义

宋室南渡以来，战事频繁，名卿显宦广开幕府，招贤纳士，"遂至四方游士，挟策兵间，补授书填，比比皆是"②。这一风气影响深远，两广地区在南宋一朝也是幕府密集地区，刘克庄曾入广西经略安抚使胡槻幕府③。刘克庄的迁岭，丰富了他的生活阅历，也增强了他面对苦难的信心与勇气，从而使得他的情感更加坚实饱满，极大地丰富了他的文化性格与人生思考。他在《后村诗话》前集卷二中写道："李伯纪丞相《过海》绝句云：'假使黑风漂荡去，不妨乘兴访蓬莱。'与坡公'九死南荒吾不恨，兹游奇绝冠平生'之句殆相伯仲，异乎李文饶、卢多逊穷愁无憀之作矣。"④ 这段话虽然是针对南宋名臣李纲被贬单州团练副使，移万安军安置时所作，然而其中李纲、东坡的风神意态与精神气质，与入岭南来的刘克庄亦颇有相通之处。

---

① （清）汪森编：《粤西诗载》卷二，《影印文渊阁四库全书》本，第 1465 册，第 17 页。
② （宋）李曾伯：《除淮阃内引第二札》，《可斋杂稿》卷一七，四川大学古籍整理研究所编《全宋文》，第 339 册，第 109 页。
③ 刘克庄自述赴岭经过与心路历程时道："然而谋之妻子，诚寂寂以难堪；畏我友朋，盖迟迟而未往。及申再命，始勇一行。……穷诡异瑰奇之观，忘羁旅漂泊之感。"［（宋）刘克庄：《赴辟广西通帅启》，四川大学古籍整理研究所编《全宋文》，第 328 册，第 34 页］
④ （宋）刘克庄：《后村诗话》前集卷二，吴文治主编《宋诗话全编》，凤凰出版社 1998 年版，第 8 册，第 8377—8378 页。

刘克庄来到岭南时"不以入岭为难"，他的《后村先生大全集》中有大量描写西江流域风物的诗篇。刘克庄来到西江流域是在嘉定十四年（1221）冬，当时他已经三十五岁了，应广西经略安抚使胡槻之辟，从福建出发，经过江西、湖南，来到广西。1222 年春天到了桂林，这年的冬天，刘克庄考试及格，就辞官告别美丽的西江流域回到故乡莆田。因他与南宋名臣胡铨之孙胡槻时常诗词酬唱，受到胡槻隆重的礼遇，他离开西江流域时，时为广西帅臣、位高权重的胡槻亲自为他饯行①，盛况空前。据《行状》记载：

　　　　八桂胡公槻以经司准遣辟公，辞不就，魏国力勉之。八桂佳山水，胡与公倡酬几成集。外帅权重，不轻饯客。公入京进卷，胡公饮别榕台，人以为前此未有也。②

　　因此，这段迁岭经历使刘克庄对西江流域产生了非常美好深刻的印象，他有许多诗词描写西江流域的自然美景及自己生活其中的悠闲心境。如《上巳与二客游水月洞分韵得事字》云：

　　　　胜迹造物悭，贫交世情弃。昔戒十客来，且无一人至。惟余暨两君，鼎足坐水次。欢言天气佳，谁谓风土异。高吟离骚选，序酌逮髫稺。涤崖去恶诗，扪石认缺字。古来几禊饮，传者才一二。兰亭感慨多，未了生死事。杜陵更酸辛，穷眼眩珠翠。旨哉兹日游，超然遗尘累。逍遥千载后，尚有浴沂意。岩扉滑如玉，岁月可镌识。③

　　西江流域岩洞颇多、奇特圣异之处常常令迁岭文人流连忘返、赞叹不已。刘克庄描写西江流域岩洞的诗歌在南宋迁岭文人中具有典型性。在从西江流域回到故乡福建的路上，刘克庄仍然对西江流域依依不舍，恋恋不

① 胡铨的孙子胡槻、胡榘都官至尚书。详参（元）脱脱等《宋史》卷三七四《胡铨传》，第 11579—11590 页。
② （宋）林希逸：《后村先生刘公行状》，（宋）刘克庄著，辛更儒校注《刘克庄集笺校》卷一九四，中华书局 2011 年版，第 7549 页。
③ （清）汪森编：《粤西诗载》卷三，《影印文渊阁四库全书》本，第 1465 册，第 22 页。

忘，有许多诗歌描写西江流域的自然美景与风土人情①。这些诗篇及他在胡槻幕府中所作之文章，受到当时名流显宦真德秀、陈孔硕、叶适、赵汝谈等前辈的赞叹赏识、印可延誉，从此声名日盛。据刘克庄友人洪天锡所作《墓志铭》载："时《南岳稿》《油幕笺奏》初出，家有其书。叶公正则评公诗，许以大将旗鼓。赵公履常称公散语与水心不相上下。……诸老多折辈行。"②《后村先生刘公行状》亦载："南塘为西宗，得公诸作于北山，甚奇之。或问北山：'潜夫诸作如何？'北山曰：'不患不好，只患忒好。'公归自桂林，迁道见南塘于三山，读公《南岳稿》，称赏不已，自此遂为文字交。水心评公诗曰：'是当建大将旗鼓者。'"③

刘克庄与西江流域结下了不解之缘，他在诗歌中常常提起西江流域尤其是桂林，充分表现了他对桂林山水的追忆及对世事无常、往事成空、俯

---

① 详参《后村先生大全集》卷四至卷六纪游诸诗［（宋）刘克庄著，辛更儒校注《刘克庄集笺注》，第 207—399 页］。刘克庄对西江流域地区风物的描绘记述是自觉自愿的，这反映出他十分注重保持与宣扬地方文化的情况。刘克庄对地方文化的重视还体现在他为一些地方志著作写的序跋之类的文字上，如他在《清源新志》中高度评价徐仲晦、王无远所作的重要贡献时写道："徐君仲晦、王君无逸二君订旧闻之尤讹舛者，失记载者，据近事之有考据者，未流传者，为新志十二卷。起嘉泰辛酉，迄淳祐庚戌。事之终始，政之沿革，循良之遗爱，耆旧之绪言，网罗略尽。"［（宋）刘克庄撰，辛更儒校注：《刘克庄集笺校》卷一○六《清源新志》，第 10 册，第 4426—4427 页］又如刘克庄在《仙溪志序》中指出："上下数百年间，人事之变，风土之宜，采之旧闻，访之故老，皆有考据，厘为十五卷。"［（宋）刘克庄：《后村集》卷九《仙溪志序》，《宋集珍本丛刊》，第 80 册，第 186 页］刘克庄作为一位著名的文学家，在为他人所编辑的方志作序时十分注意当地人物的风神意态、性格特征与人生态度，如在《仙溪志序》中，刘克庄特别强调了该地方志的编纂者能够有一种正确的著述态度，即"地以人重，赡言耆归，有列于庆历谏官者，有危言党论，相望于元祐党籍者"，对"志人物尤详焉"［（宋）刘克庄：《后村集》卷九《仙溪志序》，《宋集珍本丛刊》，第 80 册，第 186 页］的编纂者进行了高度评价。这些都表明了刘克庄十分重视弘扬地方文化的态度，正因有此态度与认识，他才能在西江流域生活时的岁月里，仔细观察、认真体验、对西江流域的人事之变悉心收集，对西江流域的风土之宜旁搜博采，对西江流域的旧闻访之故老，考古访旧、哀辑会粹、讨论是正，广泛开展服务西江流域社会发展的活动，为自己的文学创作积累了丰富多彩的素材，也为西江流域社会变迁贡献了自己的力量。

② （宋）洪天锡：《墓志铭》，《后村先生大全集》卷一九五，（宋）刘克庄撰，辛更儒校注《刘克庄集笺校》，第 7567—7568 页。

③ （宋）林希逸：《行状》，《后村先生大全集》卷一九四，（宋）刘克庄撰，辛更儒校注《刘克庄集笺校》，第 7562 页。

仰之间已为成迹的感伤惆怅①。刘克庄把他在西江流域看到的、听到的、亲身经历到的自然环境与生活情境都融入诗句中了，故能写得如此真切动人，细致入微。这段迁岭的生活经历对刘克庄的文学创作产生了巨大的影响。在离开西江流域的岁月里，刘克庄经常在自己的著作中追忆他曾经生活过的桂林，并且还常常将自己当时在桂林的人际交往也写入诗中，让我们从中感受到刘克庄在西江流域幕府生活期间交流之广，游览之富，阅历之丰，迁岭寓岭生活对其影响之深。

　　在西江流域幕府的这段生活成了刘克庄人生中宝贵而难忘的经历。在他离开桂林不久的嘉定十六、十七年间，刘克庄自桂林入都改秩，高似孙来拜访刘克庄，刘克庄将此事记录在自己所作的《后村诗话》一书中②。由此可见，迁岭生活在刘克庄一生中具有特别重要的意义。刘克庄也深深地认识到这一点，时常津津乐道这一难忘的经历："余少未为人所知，水心叶公称其诗可建大将旗鼓，西山真公自为正录时称其文，延誉于诸公。"③在他日常的生活里，刘克庄也时常追忆当年居岭、出岭时的生活情景。《后村先生大全集》卷九四《送陈东序》记载刘克庄追忆往昔生活时道："后十年，予从事广西经略使府，潜仲适漕幕。岭外少公事，多暇日，予二人游钓吟奕必俱，神崖鬼洞，束缊冒进。唐镵宋刻，剜苔疾读。登巇放鹤，俯漱呼龙，平生乐事，莫如桂州时也。既而余二人考举及格，同日出岭。"④刘克庄的《发湘源驿寄府公》是嘉定十六年（1223）里居时所作，他在诗中追忆："岁晚谋北辕，凄其难为怀。……未闻从事去，亲致元戎来。缱绻谈至夜，霜月照露苔。长跪抱马足，离绪焉能裁？丽谯落天杪，怅望空倚桅。昔人死知己，骨朽名不埋。公有管乐姿，愚非温石才。

① （宋）刘克庄《訾家洲》载："裴柳英灵渺莽中，鹤归应不记辽东。遗基只有蛩鸣雨，往事全如鸟印空。溪水无情流潋潋，海山依旧碧丛丛。断碑莫怪千迴读，今代何人笔力同。"［（清）汪森编：《粤西诗载》卷一四，《影印文渊阁四库全书》本，第1465册，第204页］

② 《后村诗话》卷八载："癸未甲申，余自桂林入都改秩。一日，自外归，逆旅主人云：'有二客访君不遇，留刺而去。'视之，盖高续古、钟春伯二馆职也。皆素昧，明日往谢。高云：'吾于陆伯敬处见子某诗。'钟云：'吾于南塘处见子四六，相约访君，共论此事，何相避之深也。'钟惠四六一卷，高遗《疏寮诗》二册。未几，钟贵显，高出馆不复入，今皆物故。"［（宋）刘克庄著，辛更儒校注：《刘克庄集笺校》卷一八〇，第6933页］

③ 《后村先生大全集》卷一一二《杂记》，（宋）刘克庄著，辛更儒校注《刘克庄集笺校》卷一八〇，第4672页。

④ （宋）刘克庄著，辛更儒校注：《刘克庄集笺校》卷九四，第3968页。

他时傥后凋，安敢忘栽培？"① 我们从中可以感受到，刘克庄对"平生乐事，莫如桂州时"的留恋及追忆往昔生活时"凄其难为怀"的惆怅与感伤。

有了美景，又有了懂得欣赏美景的眼睛，南宋迁岭文人何往而不乐哉！他们就在西江流域的大自然、"佳山水"中进行文学创作，取得了引人注目的成就。许棐在《梅屋诗稿·读南岳新稿》中赞叹道："细把刘郎诗读后，莺花虽好不须看。"② 武衍《适安藏拙余稿乙稿·刘后村被召》也对刘克庄高度评价道："细评《南岳稿》，远过后山诗。"③ 刘克庄的好友林希逸认为："公见地既高，而学有定力，穷达得丧、是非毁誉，寄之歌咏，一付嬉笑。"④ 可谓是对刘克庄最生动传神的评价。钱锺书先生指出："盖放翁、诚斋、石湖既殁，大雅不作，易为雄伯，余子纷纷，要无以易后村、石屏、巨山者矣。三人中后村才最大，学最博；石屏腹笥虽俭，而富于性灵，能白战；巨山寄景言情，心眼犹人。"⑤ 我们认为，正是读万卷书，行万里路，并"不以入岭为难"，广泛观赏各地风光，才造就刘克庄"才最大，学最博""江湖派里最大的诗人"⑥ 的高度成就。

嘉熙三年（1239）十月，五十三岁的刘克庄除广东提举，这是他时隔十八年后再次来到西江流域，并于嘉熙四年八月升任广东转运使，重阳，以漕摄帅。刘克庄曾入西江流域广西帅臣胡槻幕府中任幕僚，后又来到岭南任广东提举，以漕摄帅，从西江流域的一个幕僚升任为地方帅臣，他以幕主之位时常与同僚们诗酒风流，丰富了西江流域的文化事业。在《辞桂帅辟书作》中，刘克庄写道：

> 一昨闻公幕府开，梦魂频绕岭头梅。久抛靴袴辞军去，忽有弓旌扣户来。茅舍相过争借问，荷衣欲出却徘徊。旧时橄笔今焚弃，孤负

---

① （宋）刘克庄著，辛更儒校注：《刘克庄集笺校》卷六，第375页。
② 傅璇琮、程章灿主编：《宋才子传笺证·南宋后期卷》，辽海出版社2011年版，第418页。
③ 傅璇琮、程章灿主编：《宋才子传笺证·南宋后期卷》，辽海出版社2011年版，第418页。
④ （宋）林希逸撰：《行状》，《后村先生大全集》卷一九四，（宋）刘克庄撰，辛更儒校注《刘克庄集笺校》，第7562页。
⑤ 钱锺书：《钱锺书手稿集·容安馆札记》卷一第252则，商务印书馆2003年版，第410页。
⑥ 钱锺书：《宋诗选注》，人民文学出版社1989年版，第249页。

黄金百尺台。①

在来到桂林的日子里，刘克庄与朋友广泛交游，诗词酬唱频繁，在《未至桂州叶潜仲以诗相迎次韵》中，刘克庄表现了自己当时的心迹情感：

> 柘冈西路别君时，几见天涯柳弄丝。横草壮心空慷慨，覆蕉残梦懒寻思。羞将白发趋新府，却忆青山领旧祠。犹有南来奇特事，马头先得故人诗。②

《武冈叶使君寄诗至桂林次韵二首》反映了刘克庄在桂林时的交游，诗云：

> 词客纷纷载后车，谁能远寄病相如。双旌已拜湖南牧，尺素犹题岭外书。诗句骑驴游蜀后，情怀赋鹏吊湘馀。若还阇郡春风暖，便拟移家占籍居。
> 北戍逢君岁建寅，岂知今作落南人。瘴来客病邻山鬼，舶去乡书托海神。目送飞鸢偏恋土，梦随画隼共行春。谢家兄弟如双璧，交契宁非有宿因。③

西江流域的幕府生活，在刘克庄的小词中也有生动具体的表现。《临江仙·庚子重阳，余以漕摄帅，会前帅唐伯玉、前漕黄成父于越王台。明年是日，寓海丰县驿作》载：

> 去岁越王台上饮，席间二客如龙。凭高吊古壮怀同。马嘶千嶂暮，乐奏半天中。　今岁三家村市里，故人各自西东。菊花时节酒樽空。可怜双雪鬓，禁得几秋风？④

① （宋）刘克庄：《辞桂帅辟书作》，（清）汪森编《粤西诗载》卷一四，《影印文渊阁四库全书》本，第1465册，第203页。
② （清）汪森编：《粤西诗载》卷一四，《影印文渊阁四库全书》本，第1465册，第203—204页。
③ （清）汪森编：《粤西诗载》卷一四，《影印文渊阁四库全书》本，第1465册，第204页。
④ （宋）刘克庄著，辛更儒校注：《刘克庄集笺校》卷一九一，第15册，第7451—7452页。

嘉熙四年（1240），刘克庄时年五十四岁，从转运使摄帅，相当于在岭南时从一个幕府中的幕僚升任为幕主。作为岭南地区的一个地方长官，刘克庄不仅与前任幕主唐璘、幕僚黄朴登高宴饮，诗词酬唱，展示出迁岭文士的文采风流，而且自抒怀抱，将西江流域的风物引入词中，拓展了唐宋词的审美境界。当时在岭南为帅臣的生活是如此丰富多彩，以至离开之后，刘克庄还时常追忆往昔的欢乐事。今昔对比，俯仰之间已为陈迹之感自然而然地流露出来。西江流域的这段生活经历在刘克庄生命中的意义由此小词而见一斑。

南宋迁岭文人在西江流域广泛交游，扩大自己在当地的社交活动范围，建立了良好的人际关系，从而能够心情愉快地度过居岭时的生活。刘克庄就是其中的代表，他在当地创作的诗词酬唱作品不绝如缕，这源于刘克庄天性好交往，也得益于西江流域地区宽松的政治、文化环境。他在离莆田赴广东时，好友王实之连夜赶来给他送行，他即赋《一剪梅·余赴广东，实之夜饯于风亭》一词，词曰：

> 束缊宵行十里强，挑得诗囊，抛了衣囊。天寒路滑马蹄僵，元是王郎，来送刘郎。　　酒酣耳热说文章，惊倒邻墙，推倒胡床。旁观拍手笑疏狂，疏又何妨，狂又何妨。①

这首词深刻反映出刘克庄"不以入岭为难"的豪情胜慨，既没有韩愈"知汝远来应有意，好收吾骨瘴江边"的畏惧担忧，也没有柳宗元"欲采蘋花不自由"的无奈感伤。刘克庄此时不仅痛饮狂歌、逸兴遄飞，而且表达出对好友王实之浓厚的情谊，生动展示了南宋迁岭文人在迁居岭南之前的心理状态、人生思考、行为方式等方面与唐代迁岭文人的区别。

---

① （宋）刘克庄著，辛更儒校注：《刘克庄集笺校》卷一九一，第 15 册，第 7463 页。词中的王实之，名迈，兴化军仙游（今属福建）人，历官直秘阁、广东提举等。他与刘克庄关系密切，刘克庄后来罢职回到故乡，王实之作词《贺新郎·呈刘后村时自桂林被召到莆又遭烦言》安慰他，刘克庄非常感动，作《贺新郎·王实之喜余出岭，命爱姬歌新词以相劳，辄次其韵》回报王实之，既自慰且共勉。词曰："此腹元空洞。少年时、诸公过矣，上天吹送。老大被他禁害杀，身与浮名孰重。这鼓笛、休休拈弄。彩笔掷还残锦去，愿今生、来世无妖梦。且饭莱，莫吞凤。　　新来喑哑如翁仲。羡王郎、骖鸾缥缈，玉箫吹动。应笑夔州村里女，炙面生愁进奉。要绝代、倾城安用。今古何人知此理，有吾家、酒德先生颂。三万卷，漫充栋。"（《全宋词》，中华书局 1999 年版，第 4 册，第 3350—3351 页）由此可见两人之关系非同一般。

刘克庄再次来到岭南后，仍然喜欢寻幽探胜，寻访迁岭前贤韩愈、苏轼生活过的遗迹。试看他所作的《东坡故居》：

> 嘉祐寺荒谁与葺？合江楼是复疑非。已为韩子骑麟去，不见苏仙化鹤归。
>
> 惠州副使是新差，定武端明落旧阶。尽遣秦郎晁子去，只携《周易》《鲁论》来。①

苏东坡在谪居广东惠州时写下了吟咏惠州西湖的名作《江月五首并引》，其诗小序写得很好，颇能反映东坡迁岭时的旷达胸襟：

> 岭南气候不常。吾尝曰：菊花开时乃重阳，凉天佳月即中秋，不须以日月为断也。今岁九月，残暑方退，既望之后，月出愈迟。予尝夜起登合江楼，或与客游丰湖，入栖禅寺，叩罗浮道院，登逍遥堂，逮晓乃归。杜子美云：四更山吐月，残夜水明楼。此殆古今绝唱也。因其句作五首，仍以"残夜水明楼"为韵。

序中所言"丰湖"即惠州西湖也。其诗写出了自己在游览西湖美景时深刻的人生感受②。这些诗句如此优美动人，自然引得后来的文人墨客追随效仿。刘克庄来到惠州后，也跟随着东坡的足迹，写下了《丰湖》诗。辛更儒先生引用光绪《惠州府志》卷三一《流寓》来注解"帝恐先生晚牢落，南迁犹得管丰湖"两句："谓苏轼。轼于绍圣初安置惠州，初至，寓合江楼，继迁嘉祐寺，后乃卜筑白鹤峰，居惠凡四年，泊然无所芥蒂，

---

① （宋）刘克庄著，辛更儒校注：《刘克庄集笺校》卷一二，第705页。

② （清）王文诰辑注，孔凡礼点校《苏轼诗集》载："一更山吐月，玉塔卧微澜。正似西湖上，涌金门外看。冰轮横海阔，香雾入楼寒。停鞭且莫上，照我一杯残。""二更山吐月，幽人方独夜。可怜人与月，夜夜江楼下。风枝久未停，露草不可藉。归来掩关卧，唧唧虫夜话。""三更山吐月，栖鸟亦惊起。起寻梦中游，清绝正如此。驱云扫众宿，俯仰迷空水。幸可饮我牛，不须违洗耳。""四更山吐月，皎皎为谁明。幽人赴我约，坐待玉绳横。野桥多断板，山寺有微行。今夕定何夕，梦中游化城。""五更山吐月，窗迥室幽幽。玉钩还挂户，江练却明楼。星河澹欲晓，鼓角冷知秋。不眠翻五咏，清切变蛮讴。"（中华书局1982年版，第2140—2142页）

人无贤愚皆得其欢心。"① 我们从这段注解苏轼、刘克庄的异代之间的同题共作中，可以感受到苏东坡在文化性格与创作风貌方面对后世迁岭文人所产生的广泛而深刻的影响。惠州西湖原名丰湖，经过著名迁岭文人苏轼、刘克庄的题咏赞赏，成了如今惠州最著名的风景名胜，"江山留胜迹"，乃是因为有苏、刘这样的名流显人在此登临赋诗的缘故。

此时，对西江流域风物有深入了解的刘克庄不再视岭南为畏途，一方面是因为受到了迁岭前辈苏轼人生思考与文化性格的指引，一方面也是由于刘克庄自己来到西江流域的生活实践。前辈迁岭文人的模范指引与自己在当地的生活实践对南宋迁岭文人心灵启迪的作用是巨大且重要的。据《后村先生大全集》卷一九四林希逸撰《行状》记载：

> 公不以入岭为难，道出潮、惠，谒昌黎祠，访坡公旧迹。庚子元日始至。以婴孺视岭民，以冰玉帅寮属，岁计羡而商征宽，民夷安之。②

这与李纲迁岭时的生活方式与人生态度有相似之处。他们都不以迁岭为难，而是以迁岭前贤东坡为榜样，尚友、效法古人，在西江流域生活时勤政爱民，造福百姓，为西江流域社会发展作出了重要的贡献。

在他第二次迁岭南来以及居岭的日子里，刘克庄创作了大量诗词吟咏西江流域的自然风光与人情物态，以及他生活其中的心迹情感与人生思考③。这次刘克庄在西江流域居住了两年，新的生活环境与新的生活方式深刻影响到他的文学创作，他在词中普遍使用题序，抒发自我在西江流域的生活环境、生活方式、生活条件及自我的心迹情感，继承和发展了"东坡范式"的审美境界，是迁岭文人作词时抒情自我化的典型，如此时所作的《贺新郎·题蒲涧寺》《贺新郎·题唐伯玉奏稿》《贺新郎·送唐伯玉

---

① （宋）刘克庄著，辛更儒校注《刘克庄集笺校》卷一二载刘克庄诗云："岷峨一老古来少，杭颍二湖天下无。帝恐先生晚牢落，南迁犹得管丰湖。""小米侍郎生较晚，龙眠居士远难呼。不知若个丹青手，能写微澜玉塔图？""作桥聊结众生缘，不计全家落瘴烟。内翰翻身脱犀带，黄门劝妇助金钱。"（第706—707页）

② （宋）林希逸：《后村先生刘公行状》，（宋）刘克庄著，辛更儒校注《刘克庄集笺校》卷一九四，第7551—7552页。

③ 刘克庄这次来西江流域的沿途及居岭期间所诗词，详参《后村先生大全集》卷一一、卷一二及《后村词笺注》卷一。

还朝》《贺新郎·送黄成父还朝》《水调歌头·游蒲涧追和崔菊坡韵》《水调歌头·喜归》《水调歌头·解印有期戏作》《水调歌头·八月上浣解印别同官度上赋》《水调歌头·次夕觞客湖上赋葛仙事》《水调歌头·十三夜同官载酒相别不见月作》，就反映出词人在西江流域生活时的文化性格与人生思考。《贺新郎·题蒲涧寺》比较典型地体现了他此时词作的特点。词云：

> 风露驱炎毒。记仙翁、飘然谪堕，吹笙骑鹄。历历汉初秦季事，山下瓜犹未熟。过眼见、群雄分鹿。想得拂衣游汗漫，试回头、刘项俱蛮触。斫鲸脍，脯麟肉。　　越人好事因成俗。拥遨头、如云士女，山南山北。问讯先生无恙否，齐鲁干戈满目。且游戏、扶胥黄木。不是世无瓜样枣，便有来、肯饱痴儿腹。聊举酒，笑相属。①

蒲涧寺在广州白云山麓，嘉熙四年（1240）元月，刘克庄到广州任职。相传安期生七月二十五日在蒲涧寺升仙，广东的风俗就在这一天游蒲涧寺，刘克庄入乡随俗，作此词反映他居岭时期的生活环境、生活条件、生活作风，以及他在此地生活时的人生态度与人格个性。

除此之外，刘克庄还在岭南刊刻书籍，传播文化，嘉惠后学，为西江流域社会文化的发展尽心竭力。刘克庄在《跋文章正宗》中自述刊刻真德秀之书以指引后学，发展文化的良苦用心时道：

> 晚使岭外，与常平使者李鉴汝明协力锓梓，以淑后学。是书行，选粹而下皆可束之高阁。犹恨南中无监书，而二汤在远，不及精校也。②

在《题郡学刊文章正宗》中，刘克庄指出自己在刊刻书籍时的一些失误与遗憾，由此可见他对刊刻书籍的重视：

① 《全宋词》，中华书局1999年版，第4册，第3350页。
② 《后村先生大全集》卷一〇〇《跋文章正宗》，（宋）刘克庄著，辛更儒校注《刘克庄集笺校》，第9册，第4202页。

> 顷余刻此书于番禺，委同官卢方春辈置局刊误。属以召去，去时书犹未成。后得其本，殆不可读，有漏数行者；有缺一二句者；有颠倒文义者；如鲁鱼亥豕之类，则不可胜数。①

发现失误，才能改正。刘克庄时时留意自己在岭南时的文化教育事业，才能及时改进，等到淳祐元年（1241）六月二十四日刘克庄召赴行在奏事时，他已经为当地文化事业作出了巨大的贡献②。

南宋迁岭文人在西江流域的创作，时常表露的是个人遭到放逐，在寄居他乡、流离播迁之际的情感和思考，这样的创作既是个人的，也是时代、地域的，反映了南宋迁岭文人在面临着迁徙流播命运时的犹豫、彷徨、恐惧不安及坚韧、顽强、执着不屈，众多个体的创作组合在一起就形成了南宋迁岭文人的集体情感和价值取向。从这个意义上说，南宋迁岭文人的作品，可以理解为认识、总结和展示中华民族精神及其形成演进的重要形式。正如郑振铎先生指出：

> 我们要了解一个时代，一个民族，或一个国家，不能不先了解其文学。……文学史的主要目的，便在于将这个人类最崇高的创造物文学在某一个环境、时代、人种之下的一切变异与进展表示出来……"中国文学史"在这样的情形之下，便是一部使一般人能够了解我们往哲的伟大的精神与崇高的创作成就的重要书册了。一方面，给我们自己以策励与对于先民的生活的充分的明了，一方面也给我们的许多友邦以对于我们的往昔与今日的充分的了解。③

这段话对于我们从中华民族精神和心灵史的角度来理解南宋迁岭文人在西江流域的创作活动提供了重要的理论指导。地方文化的发展与社会变迁不是一蹴而就的，而是经过了历代无数仁人志士的努力共同完成的。

------

① 《后村先生大全集》卷一〇六《题郡学刊文章正宗》，（宋）刘克庄著，辛更儒校注《刘克庄集笺校》，第 10 册，第 4420 页。
② 详参《后村先生大全集》卷七六《广东被召辞免状》，（宋）刘克庄著，辛更儒校注《刘克庄集笺校》，第 8 册，第 3436 页。
③ 郑振铎：《插图本中国文学史》，北京出版社 1999 年版，绪论第 4—5 页。

从汉末建安文人依靠刘表到唐代杜甫流寓蜀地依靠严武生活的时期，岭南地区仍然是落后、蛮荒的，不但经济落后，文化也相对落后，被大多数士大夫视作畏途①。然而，到了南宋，西江流域在文人的印象中已经有了很大的改观，他们甚至"不以入岭为难"，从流寓岭南的生活经历中悟出了独特的人生智慧②。正因有了苏轼、唐庚、刘克庄等先后谪居岭南的文人人生思考与文化性格的指引，随后迁岭而来的文人才能化病场为道场，化烦恼为菩提，怀抱着好奇之心与豪壮之情，想要效仿迁岭前贤，也要来此地走走看看，经历一次"它日宾主来归，余固衰惫，尚能携斗酒虀肩，出里门一笑相劳苦也"③ 的人生体验。

　　到了元代，已经有人认识到了岭南虽然辟远荒芜，如果有好官为政于此，未尝不能有所作为，而且岭南正是由于一代又一代的文人迁岭而来，逐渐得到开发利用，社会文明也日益发展。岭南由原来人们心目中的"偏且远，风气异中州"，转变到"风气与中州亦不甚异，食有海之百物，果有丹荔黄蕉，花有素馨山丹，其人少争讼，喜游乐，使者无以南粤视之，则嘉政美俗与江东西闽浙不异"④。这是有一个漫长的演变过程的，此前文

---

① 　刘克庄指出："国家忧顾在西北，功名机会在西北，天下士不游广陵谒陈登，适荆依刘表，则入蜀客严武。是二三公，有事权势力，呼吸间能使人不贫不贱，杖策而往，赢粮而从，宜也。若岭峤偏远，无进取蹊径，世以为雾潦炎热之地。士或南辕，亲友谏止；不可止，则握手郑重，以尊生为祝；不相知者至有息阴止渴之疑。"［《后村集》卷九六《送卓渔之罗浮》，（宋）刘克庄著，辛更儒校注《刘克庄集笺校》，第 9 册，第 4052—4053 页］

② 　《后村集》卷九六《送卓渔之罗浮》载："惠在广左，未为深入，苏、唐二公遗迹在焉，罗浮山、丰湖之胜甲东南，余曩使粤，更再寒暑，幸免黄茅之沴，亦无薏苡之谤，是在人而已。元城公有止酒之戒，田承君有在京师病伤寒之喻，苟伐天和，虽在中州而病，不必南州能病人也。前人有夷齐不易心之论，苟萌得心，虽饮廉泉而浊，不必贪泉能污人也。"［（宋）刘克庄著，辛更儒校注：《刘克庄集笺校》，第 9 册，第 4053 页］

③ 　《后村集》卷九六《送卓渔之罗浮》，（宋）刘克庄著，辛更儒校注《刘克庄集笺校》，第 9 册，第 4053 页。

④ 　（元）徐明善《芳谷集》卷上《送郑大使之广东序》载："方今庾岭南，谈者以为偏且远，风气异中州，仕者不欲往，往者又欲不久居。故于其职业无忧且勤之心，由是民俗日益荒陋。倘有贤刺史如王尊者，忘其身不息其职，为朝廷剪蛇鳄之暴横，均雨露之偏枯，易其荒陋，纳诸良驯，此诚南粤大幸也。予耳目所接者广东廉访使者如王阳，以病去者多而叱驭者少，官吏玩玩，赤子或为龙蛇，朝廷乃命河南行省左右司郎中郑公为使，甦息存全之。唯公慷慨直前，不以偏且远为疑也。夫其恭上命如此，轸远民如此，祝融海若效祥介祉必矣，而何火堆炎峤之足忧哉！或又言风气与中州亦不甚异，食有海之百物，果有丹荔黄蕉，花有素馨山丹，其人少争讼，喜游乐，使者无以南粤视之，则嘉政美俗与江东西闽浙不异，自公此行始矣。"（《影印文渊阁四库全书》本，第 1202 册，第 574 页）

人们迁岭付出了巨大的牺牲，作出了重要的贡献。

南宋迁岭文人之于西江流域社会变迁，就像从外吹来的新观念、新生命、新形式、新事物的暖流，至今这些迁岭文人的优秀作品仍然向西江流域文化发展辐射出精神的热能。我们一遍遍阅读南宋迁岭文人作品的过程也就是一次次地从他们的作品中倾听迁岭文人内在深沉的心声，感受到一种向上的力量，一种异样的热情，深刻地感受到古今历史文化生命的息息相通。在流离播迁、羁旅漂泊频繁的日子里，南宋迁岭文人不畏岭南之地的艰苦，在西江流域的广大地区开辟出了一片文化繁荣的新天地。更有甚者，有些迁岭文人历尽人生的艰难险阻、费却无数心血之后，仍然无法回到朝廷，他们将自己生命中最后的光辉献给了西江流域这片土地，为自己的信念付出了伟大的实践，最终托体同山阿，与西江流域的自然大化融为一体，令后人无限嘘唏感叹。我们从现存的文献资料及南宋流寓岭南文人留存下来的零金碎玉般的美妙文字中，仍然可以感受和触摸到他们历经苦难的灵魂及他们在苦难中超越自我、解脱苦闷的心理模式，不至于令那些在西江流域社会变迁及南宋文学史上作出重要贡献的生命和伟大情怀消逝在历史的尘埃之中。

结　语

"南宋流寓岭南文人研究"这一课题的核心内容是:西江流域地区是如何由原来的蛮荒之地变得越来越文明的?我们想要选取一个视角,着重探索南宋流寓岭南文人在其中所起到的重要作用。由于宋室南渡以来,大量文人迁岭,西江流域的广大地区得到了更加广泛而深入的开发,在南宋流寓岭南文人的努力下,西江流域地区的文化不断得到发展。

刘彦和指出:

> 心生而言立,言立而文明,自然之道也。①

南宋迁岭文人在西江流域生活时自然要"情动于中而形于言","言立而文明"。随着越来越多的迁岭文人来到西江流域地区,该地"心生而言立"的人越来越多,"共取其心焉"的"好事君子"②也越来越多,该地"言立而文明"的程度自然就越来越高,这是宋室南渡以来文人迁岭而导致西江流域社会变迁的"自然之道"。概括言之,南宋文人不断涌入西江流域地区,并在蛮荒之地进行文学创作和聚众授徒等文化教育活动,使得该地的文化教育事业发生了很大的改观,自然生态与文化生态环境得到了越来越多的改善,吸引了后世越来越多的文人士大夫到西江流域这片广阔的土地上来,从而让原来的蛮荒之地变得越来越文明。

南宋流寓岭南文人的创作,有着重要的审美价值与认识价值,对于我们认识、了解靖康之乱后南宋特殊的社会环境及文人迁居的地域文化特征

---

① 《文心雕龙·原道》,(南朝梁)刘勰著,周振甫注《文心雕龙注释》,人民文学出版社1981年版,第1页。

② 袁行霈:《陶渊明集笺注》,中华书局2003年版,第59页。

有着重要的意义。对于与西江流域社会变迁关系密切的南宋迁岭文人，我们试图将他们的文化性格与人生思考当作中国传统文化在特定历史时空的独特表现来加以考察，在西江流域社会变迁的背景下寻求到一个合适的切入点，从而能够切实、准确地阐述研究对象。从南宋流寓岭南文人与西江流域的相互联系来考察西江流域的发展变迁，以及南宋迁岭文人人生思考与文化性格的形成与演变，是我们研究的目标。如果读者对南宋迁岭文人命运的曲折性和性格的复杂性有进一步的理解，并注意到南宋文人迁岭与西江流域社会发展变迁之间存在的种种内在联系，那么，我们的研究目标就达到了。

我们的研究重点体现在三个方面。第一个方面，主要考察南宋迁岭文人的人格精神。文学作品，是一个时代的晴雨表，是一个地域生活的人们的情感、精神、感觉的集中体现，这一部分的论述围绕着南宋文人迁谪到岭南地区的悲剧性生命体验与悲剧意识的消解展开。透过研究南宋迁岭文人的文学创作，我们可以看到，西江流域既是大多数迁岭文人曾经到过的地方，也是他们在悲剧性生命体验里坚守自己的人生信念，消解生活苦闷、寻求心灵解脱的必然选择。南宋迁岭文人大多曾在寓居岭南的生活中进行文学创作，伟大的作家，往往用生命来进行创作，用生活来实践他们的创作。南宋迁岭文人们的许多优秀作品在某种程度上可以说是他们用生命写成的。这就需要我们努力探索，更深入地进入南宋迁岭文人生命深处及其生活的地域环境，为南宋文学及西江流域地方文化的研究贡献我们的绵薄之力。我们分别从南宋迁岭文人的处世方式、生命沉沦、心态情感、超越机制、人生思考及其文化性格的建构等多个方面来探讨这一文人群体在迁岭、居岭生活时的主体人格特征及其转变过程。

第二个方面，我们试图深入细致地分析靖康之乱后特殊社会政治背景下南宋迁岭文人的文学创作，更旨在探讨南宋迁岭文学产生的地域环境、文化背景，就此提出并尽量解释一些有争议的文学史现象，对靖康之乱后特殊社会背景下南宋迁岭文人的某些理解与误解，也尽量提出我们自己的看法。南宋迁岭文人身处不同的位置，他们或在体制之中，或在体制之外，当他们来到西江流域进行文学创作时，都在述说同一个客观存在的对象——西江流域社会，呈现出他们对于西江流域社会关注的深度、广度与持久的程度。他们如何面对、认识、观察、描写、追忆、叙述他们曾经生活过的这片土地，成了我们研究的焦点与兴趣所在。南宋迁岭文人创作上所取得的成就，既有个人经历、创作能力、表达需要、心灵体验的因素，也有他们所生长的地理环境的因素，还有他们所处的特殊时代的因素，是众多因素多方面综合作用的结果，也即是历史的合力所造成的结果。

我们的研究力求由诗词兼及文章，由个体作家扩展到群体研究，由分析作品的艺术风格至考察创作实践中文人心态、文化性格的特点。我们主要是从文化性格、人生思考这两个方面来考察靖康之乱后特殊社会背景下南宋迁岭文人在岭南地区的创作活动。南宋迁岭文人在政治失意时到山林云水中去寻找心灵的避难所，岭南风物以极大的热情拥抱着这批失意的文人。风物虽美，信非吾土，他们在岭南地区生活的时候大多是孤独无依的，他们渴望交流、企求理解，并希望有朝一日能脱离荒远的迁谪之所。在这种情况下，对人生、社会、自然、历史进行哲理思考，并从中获得心灵的解脱，也就成了他们迁居西江流域生活时必然的选择。除此之外，居岭生活是孤独的，他们渴望交流，居岭生活中的干谒求知活动，使倔强不屈、乐观旷达的某些文化性格倾向自然而然地渗透到了南宋迁岭文人的审美观念、创作冲动和忧患意识中，并影响到他们的情感活动及其文学创作的主题趋向、审美特质。他们的创作观念有所更新、题材范围有所扩大，批评视野有所开拓，交流方式有所丰富，对文学传统有自觉的传承与发展，并带有浓厚的南宋迁岭文人展现自我、寻求生活出路的特点。在这些创作活动中，他们的参政意识、怀抱志向、人生态度都呈现出显著特点：自始至终都要追求自我人格形象的建构与彰显，从而尚友古人，从孔孟、老庄、陶渊明、杜甫、白居易、韩愈、苏轼等往圣先贤丰富而复杂的人生经验中汲取到有益的精神养料，并在新的特定历史条件、地域环境下寄托了自己之情怀。南宋迁岭文人干谒求知、交游唱和、入幕游宦风气的盛行，在他们的文学创作中也有具体生动的表现，反映了他们在岭南地区生活时的主要精神状态，生命寄托和价值取向。

第三个方面，我们对南宋流寓岭南文人在西江流域社会变迁及其在中国文学史上的独特地位与价值进行评估：（1）西江流域社会变迁与南宋文学的传播。（2）西江流域社会变迁与南宋文学的新变。（3）西江流域社会变迁与南宋迁岭文人人格精神的形成。（4）南宋迁岭文人对西江流域社会变迁的积极影响。

在研究过程中，我们始终无法摆脱发现的激动与欣喜。随着研究的深入，我们逐渐形成了"一个中心、两个关注点"：一个中心是南宋流寓岭南文人的文化性格。两个关注点，是"苦难"与"超越"——靖康之变、宋室南渡以来与士大夫命运紧密联系的两个关键词。与这两个关键词紧密联系的是当时的政治制度与西江流域的特殊地理环境与生存环境。士大夫因靖康之乱后特殊社会背景、政治环境、政治制度而遭受贬谪、迁徙的命运，尤其是流寓到西江流域的士大夫们，他们或是流放者，或是避难者，或是政治失意者，或是移民，都要承受着时代与个人的双重苦难。唐宋时期，由于政治斗争上的种种原因贬谪到西江流域的士大夫特别多，而当地的自然环境、生活环境显得非常恶劣，"岭南为炎海奥区"①，当时迁岭文人谪居岭南则"半隶蛮獠者"②。他们一方面要执着于人生，忍受岭南恶劣的自然环境，坚持不懈、顽强不屈地使生命得以延续下去；一方面面对人生的苦难，生活的困境，他们必须寻找到精神的解脱之道，常常徜徉于自然山水、名山大川之中，希望能从名山胜水中悟出人生真谛，寻找到超越人生苦闷抑郁的方法。这就要求他们心态健康、旷达乐观，更加要超然物外，调整好自己的心态，到山林云水中去寻找心灵的避难所，在苦难的生活中学会超越，以便在新的生活环境中也能够乐天知命，乐山乐水，心平气和、怡然自得，活得平安快乐。政局的变化导致南宋文人流寓到西江流域，他们饱受了生活的苦难，到西江流域的山林云水中寻找精神的避难所，找到了解脱生活苦难的超越机制。超越机制也促使流寓岭南文人文化性格的形成，乐观旷达、随遇而安的文化性格也有利于他们对西江流域地区产生文化认同，并在当地兴办学校、兴修水利、著书立说、聚众授徒，极大促进了西江流域社会变迁与文化发展。

从大量事实中可以看出，西江流域的地理环境对于南宋迁岭文人来说是一个崭新的世界。在传统观念看来，中原地区是文化的中心，而南方长期以来一直被视为边缘，尤其是西江流域地区显然是一块湿热、充满瘴疬之地，是流人放逐之乡。东汉末年王粲《七哀诗》中"复弃中国去，委身适荆蛮"表现出来的思想感情，流露出了中国传统士大夫长期以来存在着的正统观念。"山水以形媚道"，南宋迁岭文人的创作之路与他们的心灵解脱之道是相伴而行的，反映出南宋迁岭文人们在苦难困顿的生存环境下通过山林云水寻求觉悟、走向超脱的心路历程。这就构成了本课题叙述视角

---

① 《四库全书总目》卷六八《广东通志》提要，第608页。
② 《四库全书总目》卷六八《广西通志》提要，第609页。

的几个要素。靖康之乱后特殊社会背景与政治环境迫使大量知识精英迁岭南来，在某种意义上改变了士大夫的生存状态、生存方式、生存环境，他们的思想、情感、观念、心理也随之发生了改变，形成了一种新的文化性格与人生思考。我们从体制、文化、人性、思维、情感、心理诸方面对南宋迁岭文人进行了初步探讨，探讨迁岭文人在历劫多难的流寓生活中对命运的反抗与超越，以及靖康之乱后特殊社会背景下南宋迁岭文人人性的复杂、无常、矛盾之处，目的是突出人性的幽暗与光明、压抑与舒张、沉沦与抗争，通过研究靖康之乱后特殊社会背景下南宋迁岭文人的表现来揭示中国古代流寓文学中的若干普遍现象，重点揭示出南宋迁岭文人超越苦难的心理模式及其文学创作在西江流域社会变迁史上的重要意义。

具体而言，我们希望在如下方面取得一定的突破：

（1）宋室南渡以来，朝廷实行高压政策，金人入侵，导致文人迁岭成了一种社会风气，一种普遍存在的人生选择，"时江北士大夫，多避地岭南者"①。截至目前，较少有人留意过南宋迁岭文人在西江流域的生活方式，历代正史对他们在西江流域的生活环境也少有记载，学术界对南宋迁岭文人迁谪、寓居西江流域的文献资料还较陌生，而这些资料的历史价值却在与文人诗词、野史笔记、地方志的互证中清晰地呈现出来了。我们将古代文学领域与西江流域地域文化结合起来进行研究，为学术界提供了一个地域文学研究的具体案例。

（2）文学创作的方式最能表达具体的生活内容与心态情感。实际上，许多南宋迁岭文人的作品内涵复杂，不仅仅具有抒情言志的功能，还有重要的史料价值。相对于大多数南宋迁岭文人一生的创作而言，迁岭寓岭时期所赋诗篇占的比例或大或小。但他们的文学作品在迁岭寓岭过程中，有时却发挥出其独特的作用。南宋迁岭文人借助文学作品来完整地展现他们迁居岭南的过程，以及表现他们对于迁岭的恐惧、焦虑、紧张、彷徨及他们如何在迁居岭南之后克服这些不良情绪、从负面情感中解脱出来的心路历程。在众多的迁岭文人中，李纲、朱敦儒、陈与义、吕本中、张孝祥、胡铨、黄公度、胡寅、高登、李光、洪迈、范成大、周去非、张栻、刘克庄等名流显人之寓居西江流域尤其广为人知，在当地产生了深远的社会影响。其中，文学创作扮演着重要的角色，起到了非常重要的作用。我们试

---

① （宋）李心传：《建炎以来系年要录》卷五六，中华书局1988年版，第986—987页。

图将这些文人流寓岭南的文化意义揭示出来。

（3）探讨了苏轼的人生思考与文化性格对南宋迁岭文人心理和创作的影响。南宋时期活跃的诗歌流派、频繁的社交活动、繁盛的文学批评，还有那些价值极高的地域文学作品，与当时崇苏、学苏的时代特征及文人的迁岭行为都有着非常紧密的关系。

（4）在相关史料的基础上，我们结合南宋迁岭文人的文集考证钩沉了他们的生平事迹、探究他们迁岭的深层历史动因。以辨析迁岭行为背后的儒家义理、价值观念为重要视角，对于南宋迁岭文人如何在文学创作中铺陈、展现他们的情感与思绪，如何在一字一句、声韵格律、文笔精华之间表现出历史经验、地域见闻、心灵感受等，也是我们进行研究的内容。至于大量迁岭文人作品中蕴藏的文化性格、人生思考和文化记忆，更是我们的研究兴趣所在。

南宋迁岭文人在靖康之乱后特殊社会环境下的人际交往、迁岭方式、居岭态度，体现了一种士人的生存状态，其中蕴藏了极其深刻的传统文化智慧，体现了中国文人思维方式的奥妙。历史与现实有时存在着一脉相承的内在联系，我们可以从历史中读懂现实，也可以通过现实生活来理解、反观历史。唐宋文人的迁岭，是中国古代流寓文学史上的一个重要议题。我们力图突破学界主要着眼于对韩愈、苏轼等少数著名迁岭、居岭文人进行个案研究的格局，从群体演进与文化认同的角度，对南宋迁岭文人进行全面系统的研究，既注重西江流域社会变迁与流寓文人相结合的特点，也特别注意突出西江流域的地域特征与南宋文人迁岭居岭时的人格个性、人生态度。通过对宋室南渡以来的基本史实与南宋迁岭文人的文学创作的综合分析与文本细读，系统考察西江流域社会变迁与南宋迁岭文人群体的动态发展，着力探讨西江流域社会文化演进的历程及其内在深层的历史文化动因，深入揭示南宋迁岭文人丰富多彩的生活实践与文学创作风貌，细致地描述南宋迁岭文人文化性格与人生思考的发展演变，以期从广度与深度上拓展加深迁岭文人研究的领域和空间，为这一方面的研究提供一个可以继续深入探讨的新的学术增长点，以期引起时贤及方家、学者对这个方面研究的兴趣，从而推动这一研究领域，为迁岭文人的研究开拓出一个新局面。

以南宋流寓岭南文人及其作品为研究对象，我们围绕西江流域社会变迁这一主题，深入分析当地人事的变迁、社会文化环境的变化、民俗风物在南宋迁岭文人作品中的体现，诠释了南宋迁岭文人这一文人群体在西江流域这样一个特殊地域所作出的贡献。我们尽量避免传统的文学史的写法，而是在考辨文献、辨析史料、解读作品的基础上深入每一位重要的南宋迁岭文人的心灵深处，探究他们的生命体验与文学创作，探求他们为何选择迁岭，如何迁岭以及在迁岭、居岭过程中的心迹情感、生活环境、生活习惯、生活条件、生活方式等方面所发生的种种变化，他们在作品中如何反映这些变化。

通过这样的研究，我们力图更加深入地体会南宋流寓岭南文人在生活困境中的生命体验及其化解生活苦难的心理解脱模式。我们的研究是否达到了这样的目的，还需要得到读者的检验与认可。"方其搦翰，气倍辞前；暨乎篇成，半折心始。何则？意翻空而易奇，言征实而难巧也。"① 刘彦和的这句话，于我心有戚戚焉。我们对过去历史的研究也只是反映我们"愚者千虑"时阅读、思考、体验、探索、感受的成果，聊备一说，或有"一得"，自是一家之言。愚者点滴之得，或可补充智者之"一失"。毕竟，历史只是叙述过去，并不等于过去。

---

① 《文心雕龙·神思》，（南朝梁）刘勰著，周振甫注《文心雕龙注释》，人民文学出版社 1981 年版，第 295 页。

参 考 文 献

一　古籍类文献

（汉）班固撰，（唐）颜师古注：《汉书》，中华书局 1998 年版。

（汉）司马迁：《史记》，中华书局 1998 年版。

（汉）徐干：《中论》，《影印文渊阁四库全书》本，第 696 册。

（金）刘祁撰，崔文印点校：《归潜志》，中华书局 1997 年版。

（明）陈邦瞻：《宋史纪事本末》，中华书局 1977 年版。

（明）陈霆：《渚山堂词话》，《词话丛编》本。

（明）陈子龙撰，施蛰存、马祖熙标校：《陈子龙诗集》，上海古籍出版社
　　1983 年版。

（明）程敏政编：《新安文献志》，《影印文渊阁四库全书》本，第
　　1376 册。

（明）程敏政辑：《宋遗民录》，《四库全书存目丛书》史部第 88 册，齐鲁
　　书社 1996 年版。

（明）胡应麟：《诗薮》，上海古籍出版社 1979 年版。

（明）黄淮、杨士奇编：《历代名臣奏议》，《影印文渊阁四库全书》本，
　　第 433—442 册。

（明）李日华：《六研斋笔记》，《影印文渊阁四库全书》本，第 867 册。

（明）钱毂编：《吴都文粹续集》，《影印文渊阁四库全书》本，第
　　1386 册。

（明）宋濂等：《元史》，中华书局 1976 年版。

（明）王猷定：《四照堂集》，《丛书集成续编》第 151 册，新文丰出版公
　　司印行。

（明）许学夷：《诗源辩体》，人民文学出版社 1987 年版。

（明）杨慎：《升庵集》，《影印文渊阁四库全书》本，第 1271 册。

（明）杨士奇、黄淮编：《历代名臣奏议》，《影印文渊阁四库全书》本，第 435 册。

（明）朱存理：《珊瑚木难》，《影印文渊阁四库全书》本，第 815 册。

（明）朱存理：《赵氏铁网珊瑚》，《影印文渊阁四库全书》本，第 815 册。

（南朝梁）刘勰著，周振甫注：《文心雕龙注释》，人民文学出版社 1981 年版。

（南朝梁）沈约：《宋书》，中华书局 1974 年版。

（南朝梁）钟嵘著，陈延杰注：《诗品注》，人民文学出版社 1961 年版。

（南朝宋）范晔撰，（唐）李贤注：《后汉书》，中华书局 1998 年版。

（清）毕沅：《续资治通鉴》，中华书局 1957 年版。

（清）曹庭栋：《宋百家诗存》，《影印文渊阁四库全书》本，第 1477 册。

（清）陈廷焯，屈兴国校注：《白雨斋词话足本校注》，齐鲁书社 1983 年版。

（清）陈廷焯：《白雨斋词话》，人民文学出版社 1959 年版。

（清）陈廷焯：《白雨斋词话》，唐圭璋编《词话丛编》本，中华书局 1986 年版。

（清）陈祚明评选，李金松点校：《采菽堂古诗选》，上海古籍出版社 2008 年版。

（清）邓廷桢：《双砚斋词话》，《词话丛编》本。

（清）丁绍仪：《听秋声馆词话》，《词话丛编》本。

（清）方东树撰，汪绍楹校点：《昭昧詹言》，人民文学出版社 1961 年版。

（清）顾嗣立编：《元诗选》，中华书局 1987 年版。

（清）归庄：《归庄集》，上海古籍出版社 1984 年版。

（清）郭庆藩撰，王孝鱼点校：《庄子集释》，中华书局 1961 年版。

（清）郭祥伯：《灵芬馆词话》，《词话丛编》本。

（清）何文焕辑：《历代诗话》，中华书局 1981 年版。

（清）黄子云：《野鸿诗的》，王夫之等撰《清诗话》本，上海古籍出版社 1978 年版。

（清）黄宗羲编：《明文海》，《影印文渊阁四库全书》本，第 1453— 1458 册。

（清）黄宗羲原著，（清）全祖望补修，陈金生、梁运华点校：《宋元学案》，中华书局 1986 年版。

（清）嵇璜：《钦定续文献通考》，《影印文渊阁四库全书》本，第 626—631 册。

（清）纪昀等编：《四库全书总目》，中华书局 1965 年版。

（清）江昱疏证：《山中白云词疏证》，《彊村丛书》本，广陵书社 2005 年版。

（清）焦循：《雕菰楼词话》，《词话丛编》本。

（清）孔尚任著，汪蔚林编：《孔尚任诗文集》，中华书局 1962 年版。

（清）况周颐原著，孙克强辑考：《蕙风词话·广蕙风词话》，中州古籍出版社 2003 年版。

（清）李慈铭：《越缦堂日记》，辽宁教育出版社 2001 年版。

（清）李慈铭撰，由云龙辑：《越缦堂读书记》，中华书局 2006 年版。

（清）李调元：《雨村词话》，《词话丛编》本。

（清）李铭皖、冯桂芬等纂：《苏州府志》（四），清光绪九年刊本影印《中国方志丛书·华中地方·第五号》，成文出版社有限公司印行。

（清）李清馥：《闽中理学渊源考》，《影印文渊阁四库全书》本，第 460 册。

（清）厉鹗：《樊榭山房集》，《影印文渊阁四库全书》本，第 1328 册。

（清）厉鹗辑：《宋诗纪事》，上海古籍出版社 2013 年版。

（清）刘熙载：《词概》，《词话丛编》本。

（清）陆心源辑：《宋史翼》，中华书局 1991 年版。

（清）陆心源撰，徐旭、李建国点校：《宋诗纪事补遗》，山西古籍出版社 1997 年版。

（清）钱大昕著，陈文和、孙显军校点：《十驾斋养新录》，江苏古籍出版社 2000 年版。

（清）钱谦益著，（清）钱曾笺注，钱仲联标校：《牧斋初学集》，上海古籍出版社 2009 年第 2 版。

（清）钱谦益著，（清）钱曾笺注，钱仲联标校：《牧斋杂著》，上海古籍出版社 2007 年版。

（清）钱谦益著，（清）钱曾笺注，钱仲联标校：《钱牧斋全集》，上海古籍出版社 2003 年版。

（清）钱泳：《履园丛话》，中华书局 1997 年版。

（清）屈大均：《广东新语》，中华书局 1985 年版。

（清）全祖望：《鲒琦亭集外编》，中华书局 1983 年版。

（清）阮元：《四库未收书目提要》，商务印书馆 1955 年版。

（清）阮元辑：《桐江集》，《影印宛委别藏》本，江苏古籍出版社 1988 年第 105 册。

（清）邵廷采：《思复堂文集》，浙江古籍出版社 1987 年版。

（清）沈德潜著，霍松林校注：《说诗晬语》，人民文学出版社 1979 年版。

（清）沈祥龙：《论词随笔》，《词话丛编》本。

（清）沈雄：《古今词话》，《词话丛编》本。

（清）沈曾植：《菌阁琐谈》，《词话丛编》本。

（清）孙麟趾：《词迳》，《词话丛编》本。

（清）田同之撰，郭绍虞编：《西圃诗说》，《清诗话续编》本（上），上海古籍出版社 1983 年版。

（清）万斯同辑：《宋季忠义录》，《丛书集成续编》第 253 册。

（清）汪森编：《粤西诗载》，《影印文渊阁四库全书》本，第 1465 册。

（清）汪森编：《粤西文载》，《影印文渊阁四库全书》本，第 1465—1467 册。

（清）王昶：《春融堂集》，《续修四库全书》本，第 1438 册。

（清）王夫之著，舒士彦点校：《宋论》，中华书局 1964 年版。

（清）王士禛著，张宗柟纂集，戴鸿森校点：《带经堂诗话》，人民文学出版社 1998 年版。

（清）王又华：《古今词论》，《词话丛编》本。

（清）王毓贤：《绘事备考》，台湾商务印书馆 1971 年版。

（清）吴升：《大观录》，《续修四库全书》本，第 1066 册。

（清）吴之振编：《宋诗钞》，上海古籍出版社 1993 年版。

（清）徐逢吉、陈景钟辑：《清波小志·清波小志补》，中华书局 1985 年新 1 版。

（清）徐釚撰，唐圭璋校注：《词苑丛谈》，中华书局 2008 年版。

（清）徐松辑：《宋会要辑稿》，中华书局 1957 年版。

（清）永瑢等：《四库全书简明目录》，古典文学出版社 1957 年版。

（清）永瑢等著，傅卜棠点校：《四库全书简明目录》，华东师范大学出版社 2012 年版。

（清）张德瀛：《词徵》，《词话丛编》本。

（清）张宗橚编，杨宝霖补正：《词林纪事词林纪事补正合编》，上海古籍出版社 1998 年版。

（清）赵翼著，江守义、李成玉校注：《瓯北诗话》，人民文学出版社 2013 年版。

（清）赵翼著，王树民校证：《廿二史札记校证》（订补本），中华书局 1984 年版。

（清）周济：《介存斋论词杂著》，人民文学出版社 1959 年版。

（清）周济：《宋四家词选目录序论》，《词话丛编》本。

（清）朱绪曾：《开有益斋读书志》，光绪庚辰金陵翁氏刊本。

（清）朱彝尊：《曝书亭集》，《影印文渊阁四库全书》本，第 1317—1318 册。

（清）朱彝尊、汪森编，民辉校点：《词综》，岳麓书社 1995 年版。

（宋）蔡戡：《定斋集》，《影印文渊阁四库全书》本，第 1157 册。

（宋）曹彦约：《昌谷集》，《影印文渊阁四库全书》本，第 1167 册。

（宋）柴望：《秋堂集》，《影印文渊阁四库全书》本，第 1187 册。

（宋）陈傅良：《止斋文集》，《影印文渊阁四库全书》本，第 1150 册。

（宋）陈杰：《自堂存稿》，《影印文渊阁四库全书》本，第 1189 册。

（宋）陈骙：《南宋馆阁续录》，《武林掌故丛编》本。

（宋）陈骙：《文则》，《影印文渊阁四库全书》本，第 1480 册。

（宋）陈骙、佚名撰，张富祥点校：《南宋馆阁录·续录》，中华书局 1998 年版。

（宋）陈亮：《龙川集》，《影印文渊阁四库全书》本，第 1171 册。

（宋）陈亮：《龙川文集》，《丛书集成初编》本。

（宋）陈起编：《江湖后集》，《影印文渊阁四库全书》本，第 1357 册。

（宋）陈起编：《江湖小集》，《影印文渊阁四库全书》本，第 1357 册。

（宋）陈深：《宁极斋稿》，《影印文渊阁四库全书》本，第 1189 册。

（宋）陈思编，（元）陈世隆补：《两宋名贤小集》，《影印文渊阁四库全书》本，第 1362—1364 册。

（宋）陈与义著，吴书荫、金德厚点校：《陈与义集》，中华书局 1982 年版。

（宋）陈郁：《藏一话腴》，《影印文渊阁四库全书》本，第 865 册。

（宋）陈渊：《默堂集》，《影印文渊阁四库全书》本，第 1139 册。

（宋）陈允平：《西麓诗稿》，《丛书集成续编》本，第 166 册。

（宋）陈造：《江湖长翁集》，《影印文渊阁四库全书》本，第 1166 册。

（宋）陈振孙著，徐小蛮、顾美华点校：《直斋书录解题》，上海古籍出版社 1987 年版。

（宋）陈知柔撰，郭绍虞编：《休斋诗话》，《宋诗话辑佚》（下），中华书局 1980 年版。

（宋）陈著：《本堂集》，《影印文渊阁四库全书》本，第 1185 册。

（宋）程珌：《洺水集》，《影印文渊阁四库全书》本，第 1171 册。

（宋）程公许：《沧洲尘缶编》，《影印文渊阁四库全书》本，第 1176 册。

（宋）程颢、程颐著，王孝鱼点校：《二程集》，中华书局 1981 年版。

（宋）戴复古著，金芝山点校：《戴复古诗集》，浙江古籍出版社 2012 年版。

（宋）戴复古著，吴茂云、郑伟荣校点：《戴复古集》，浙江大学出版社 2012 年版。

（宋）邓牧：《洞霄图志》，《丛书集成新编》本，第 95 册，新文丰出版公司印行。

（宋）杜范：《清献集》，《影印文渊阁四库全书》本，第 1175 册。

（宋）范成大：《桂海虞衡志》，《影印文渊阁四库全书》本，第 589 册。

（宋）范成大著，富寿荪标校：《范石湖集》，上海古籍出版社 2006 年版。

（宋）方凤著，方勇辑校：《方凤集》，浙江古籍出版社 1993 年版。

（宋）方岳：《秋崖集》，《影印文渊阁四库全书》本，第 1182 册。

（宋）高登：《东溪集》，《影印文渊阁四库全书》本，第 1136 册。

（宋）高斯得：《耻堂存稿》，《影印文渊阁四库全书》本，第 1182 册。

（宋）高似孙著，王群栗点校：《高似孙集》，浙江古籍出版社 2015 年版。

（宋）葛胜仲：《丹阳集》，《影印文渊阁四库全书》本，第 1127 册。

（宋）龚明之、朱弁撰，孙菊园、王根林校点：《中吴纪闻·曲洧旧闻》，上海古籍出版社 2012 年版。

（宋）韩淲：《涧泉集》，《影印文渊阁四库全书》本，第 1180 册。

（宋）韩元吉：《南涧甲乙稿》，《影印文渊阁四库全书》本，第 1165 册。

（宋）洪迈撰，孔凡礼点校：《容斋随笔》，中华书局 2005 年版。

（宋）洪适：《盘洲文集》，《影印文渊阁四库全书》本，第 1158 册。

（宋）洪咨夔：《平斋文集》，《影印文渊阁四库全书》本，第 1175 册。

（宋）洪遵编：《翰苑群书》，《影印文渊阁四库全书》本，第 595 册。

（宋）胡铨：《澹庵文集》，《影印文渊阁四库全书》本，第 1137 册。

（宋）胡铨：《胡澹庵先生文集》，乾隆二十二年刊本。

（宋）胡寅：《斐然集》，《影印文渊阁四库全书》本，第 1137 册。

（宋）胡知柔编：《象台首末》，《影印文渊阁四库全书》本，第 447 册。

（宋）胡仲弓：《苇航漫游稿》，《影印文渊阁四库全书》本，第 1186 册。

（宋）胡仔辑：《苕溪渔隐丛话》，人民文学出版社 1962 年版。

（宋）黄幹：《勉斋集》，《影印文渊阁四库全书》本，第 1168 册。

（宋）黄公度：《知稼翁集》，《影印文渊阁四库全书》本，第 1139 册。

（宋）黄希：《黄氏补注杜诗》，《影印文渊阁四库全书》本，第 1069 册。

（宋）黄彦平：《三余集》，《影印文渊阁四库全书》本，第 1132 册。

（宋）黄震：《黄氏日抄》，《影印文渊阁四库全书》本，第 707—708 册。

（宋）家铉翁：《则堂集》，《影印文渊阁四库全书》本，第 1189 册。

（宋）姜特立：《梅山续稿》，《影印文渊阁四库全书》本，第 1170 册。

（宋）金履祥：《资治通鉴前编》，《影印文渊阁四库全书》本，第 332 册。

（宋）黎靖德编，王星贤点校：《朱子语类》，中华书局 1986 年版。

（宋）李焘：《续资治通鉴长编》，中华书局 2004 年版。

（宋）李纲：《梁溪集》，《影印文渊阁四库全书》本，第 1125 册。

（宋）李光：《庄简集》，《影印文渊阁四库全书》本，第 1128 册。

（宋）李昂英：《文溪稿》，《影印文渊阁四库全书》本，第 1181 册。

（宋）李心传：《道命录》，台湾文海出版社宋史资料萃编本。

（宋）李心传：《建炎以来系年要录》，中华书局 1988 年版。

（宋）李心传：《旧闻证误》，《影印文渊阁四库全书》本，第 686 册。

（宋）李心传撰，徐规点校：《建炎以来朝野杂记》，中华书局 2000 年版。

（宋）李曾伯：《可斋续稿》，《影印文渊阁四库全书》本，第 1179 册。

（宋）连文凤：《百正集》，《丛书集成新编》本，第 65 册。

（宋）林光朝撰，（明）郑岳编：《艾轩集》，《影印文渊阁四库全书》本，第 1142 册，台湾商务印书馆 1986 年版。

（宋）林景熙：《霁山集》，中华书局 1985 年版。

（宋）林景熙著，陈增杰校注：《林景熙集校注》，浙江古籍出版社 1995 年版。

（宋）林希逸撰，林式之编：《竹溪鬳斋十一稿续集》，《影印文渊阁四库全书》本，第 1185 册。

（宋）林亦之：《网山集》，《影印文渊阁四库全书》本，第 1149 册。

（宋）林之奇：《拙斋文集》，《影印文渊阁四库全书》本，第 1140 册。

（宋）刘辰翁撰，段大林校点：《刘辰翁集》，江西人民出版社 1987 年版。

（宋）刘辰翁撰，吴企明校注：《须溪词》，上海古籍出版社 1998 年版。

（宋）刘过：《龙洲集》，《影印文渊阁四库全书》本，第 1172 册。

（宋）刘克庄著，辛更儒笺校：《刘克庄集笺校》，中华书局 2011 年版。

（宋）刘宰：《漫塘集》，《影印文渊阁四库全书》本，第 1170 册。

（宋）楼钥：《攻媿集》，《影印文渊阁四库全书》本，第 1152—1153 册。

（宋）陆九渊：《象山先生全集》，上海：商务印书馆 1935 年版。

（宋）陆游著，夏承焘、吴熊和笺注，陶然订补：《放翁词编年笺注》（增订本），上海古籍出版社 2012 年版。

（宋）吕本中：《东莱诗集》，《影印文渊阁四库全书》本，第 1136 册。

（宋）吕本中：《东莱先生诗集》，《四部丛刊续编》影印宋本。

（宋）吕南公：《灌园集》，《影印文渊阁四库全书》本，第 1123 册。

（宋）吕午：《竹坡类稿》，国家图书馆藏清抄本。

（宋）吕祖谦撰，（宋）吕祖俭、吕乔年编：《东莱集》，《影印文渊阁四库全书》本，第 1150 册。

（宋）罗大经撰，王瑞来点校：《鹤林玉露》，中华书局 1983 年版。

（宋）马廷鸾：《碧梧玩芳集》，《丛书集成续编》，第 132 册。

（宋）孟元老著，周峰点校：《东京梦华录》（外四种），文化艺术出版社 1998 年版。

（宋）欧阳修：《欧阳文忠公集》，《四部丛刊》本。

（宋）普济著，苏渊雷点校：《五灯会元》，中华书局 1984 年版。

（宋）沈义父：《乐府指迷》，《词话丛编》本。

（宋）释道璨：《柳塘外集》，《影印文渊阁四库全书》本，第 1186 册。

（宋）释道原：《景德传灯录》，《续修四库全书》本，第 1282 册。

（宋）舒邦佐：《双峰猥稿》，清道光本。

（宋）舒岳祥：《阆风集》，《影印文渊阁四库全书》本，第 1187 册。

（宋）孙应时：《烛湖集》，《影印文渊阁四库全书》本，第 1166 册。

（宋）汪莘：《方壶存稿》，《影印文渊阁四库全书》本，第 1178 册。

（宋）汪应辰：《文定集》，《影印文渊阁四库全书》本，第 1138 册。

（宋）汪元量撰，胡才甫校注：《汪元量集校注》，浙江古籍出版社 1995 年
　　版。

（宋）汪元量撰，孔凡礼辑校：《增订湖山类稿》，中华书局 1984 年版。

（宋）王迈：《臞轩集》，《影印文渊阁四库全书》本，第 1178 册。

（宋）王阮：《义丰集》，《影印文渊阁四库全书》本，第 1154 册。

（宋）王十朋：《梅溪先生后集》，《影印文渊阁四库全书》本，第
　　1151 册。

（宋）王庭珪：《卢溪集》，《影印文渊阁四库全书》本，第 1134 册。

（宋）王炎：《双溪集》，《影印文渊阁四库全书》本，第 1155 册。

（宋）王沂孙等：《乐府补题》，《彊邨丛书》本，广陵书社 2005 年版。

（宋）王沂孙撰，吴则虞笺注：《花外集》，上海古籍出版社 1988 年版。

（宋）王应麟：《玉海》，《影印文渊阁四库全书》本，第 943—948 册。

（宋）王应麟撰，（清）阎若璩、何焯评注：《困学纪闻》，《影印文渊阁四
　　库全书》本，第 854 册。

（宋）王质：《雪山集》，《影印文渊阁四库全书》本，第 1149 册。

（宋）王铚撰，朱杰人点校：《默记》，中华书局 1981 年版。

（宋）王蘋撰，（明）王观编：《王著作集》，《影印文渊阁四库全书》本，
　　第 1136 册。

（宋）卫博：《定庵类稿》，《影印文渊阁四库全书》本，第 1152 册。

（宋）魏了翁：《鹤山全集》，《影印文渊阁四库全书》本，第 1172—
　　1173 册。

（宋）魏庆之撰，王仲闻点校：《诗人玉屑》，中华书局 2007 年版。

（宋）文天祥：《文山先生文集》，《四部丛刊》本。

（宋）吴龙翰：《古梅遗稿》，《影印文渊阁四库全书》本，第 1188 册。

（宋）吴渭编：《月泉吟社诗·诗评》，《影印文渊阁四库全书》本，第
　　1359 册。

（宋）吴文英著，吴蓓笺校：《梦窗词汇校笺释集评》，浙江古籍出版社
　　2012 年版。

（宋）吴锡畴：《兰皋集》，《影印文渊阁四库全书》本，第 1186 册。

（宋）吴曾：《能改斋漫录》，《影印文渊阁四库全书》本，第 850 册。

（宋）吴自牧：《梦粱录》，文化艺术出版社 1998 年版。

（宋）谢枋得：《叠山集》，《影印文渊阁四库全书》本，第 1184 册。

（宋）谢枋得著，熊飞、漆身起、黄顺强校注：《谢叠山全集校注》，华东师范大学出版社 1994 年版。

（宋）谢伋：《四六谈麈》，《影印文渊阁四库全书》本，第 1480 册。

（宋）辛弃疾著，徐汉明点校：《辛弃疾全集》，崇文书局 2013 年版。

（宋）辛弃疾撰，邓广铭辑校审订，辛更儒笺注：《辛稼轩诗文笺注》，上海古籍出版社 1995 年版。

（宋）辛弃疾撰，邓广铭笺注：《稼轩词编年笺注》（增订本），上海古籍出版社 1993 年版。

（宋）徐玑：《二薇亭诗集》，《影印文渊阁四库全书》本，第 1171 册。

（宋）徐元杰：《梅野集》，《影印文渊阁四库全书》本，第 1181 册。

（宋）徐照：《芳兰轩集》，《影印文渊阁四库全书》本，第 1171 册。

（宋）徐自明：《宋宰辅编年录》，《影印文渊阁四库全书》本，第 596 册。

（宋）徐自明撰，王瑞来校补：《宋宰辅编年校补》，中华书局 1996 年版。

（宋）许棐：《梅屋集》，《影印文渊阁四库全书》本，第 1183 册。

（宋）阳枋：《字溪集》，《影印文渊阁四库全书》本，第 1183 册。

（宋）杨冠卿：《客亭类稿》，《影印文渊阁四库全书》本，第 1165 册。

（宋）杨万里著，王琦珍整理：《杨万里诗文集》，江西人民出版社 2006 年版。

（宋）杨万里撰，辛更儒笺校：《杨万里集笺校》，中华书局 2007 年版。

（宋）姚勉撰，姚龙起编：《雪坡集》，《影印文渊阁四库全书》本，第 1184 册。

（宋）叶梦得撰，宇文绍奕考异：《石林燕语》，中华书局 1984 年版。

（宋）叶绍翁撰，沈锡麟、冯惠民点校：《四朝闻见录》，中华书局 1989 年版。

（宋）叶适著，刘公纯、王孝鱼、李哲夫点校：《叶适集》，中华书局 2010 年版。

（宋）叶适撰，（明）黎谅编：《水心集》，《影印文渊阁四库全书》本，第 1164 册。

（宋）俞成：《萤雪丛说》，百川学海本。

（宋）俞琰：《席上腐谈》，《影印文渊阁四库全书》本，第 1061 册。

（宋）虞俦：《尊白堂集》，《影印文渊阁四库全书》本，第 1154 册。

（宋）袁甫：《蒙斋集》，《影印文渊阁四库全书》本，第 1175 册。

（宋）袁说友：《东塘集》，《影印文渊阁四库全书》本，第 1154 册。

（宋）袁燮：《絜斋集》，《影印文渊阁四库全书》本，第 1157 册。

（宋）岳珂：《宝真斋法书赞》，《影印文渊阁四库全书》本，第 813 册。

（宋）岳珂：《愧郯录》，《影印文渊阁四库全书》本，第 865 册。

（宋）岳珂撰，吴企明点校：《桯史》，中华书局 1981 年版。

（宋）曾丰：《缘督集》，《影印文渊阁四库全书》本，第 1156 册。

（宋）曾协：《云庄集》，《影印文渊阁四库全书》本，第 1140 册。

（宋）张端义：《贵耳集》，《影印文渊阁四库全书》本，第 865 册。

（宋）张九成撰，郎晔编：《横浦集》，《影印文渊阁四库全书》本，第
1138 册。

（宋）张世南撰，张茂鹏点校：《游宦纪闻》，中华书局 1981 年版。

（宋）张栻撰，朱熹编：《南轩集》，《影印文渊阁四库全书》本，第
1167 册。

（宋）张孝祥著，徐鹏校点：《于湖居士文集》，上海古籍出版社 2009
年版。

（宋）张孝祥撰，宛敏灏笺校，祖保泉审订：《张孝祥词笺校》，黄山书社
1993 年版。

（宋）张炎：《词源》，《词话丛编》本。

（宋）张炎著，夏承焘校注：《词源注》，人民文学出版社 1963 年版。

（宋）张元干：《芦川归来集》，上海古籍出版社 1978 年版。

（宋）张元干著，曹济平笺注：《芦川词笺注》，上海古籍出版社 2010
年版。

（宋）赵孟坚：《彝斋文编》，《影印文渊阁四库全书》本，第 1181 册。

（宋）赵汝愚编：《宋名臣奏议》，《影印文渊阁四库全书》本，第 431、
432 册。

（宋）真德秀：《西山文集》，《影印文渊阁四库全书》本，第 1174 册。

（宋）郑刚中撰，郑良嗣编：《北山集》，《影印文渊阁四库全书》本，第
1138 册。

（宋）郑思肖著，陈福康校点：《郑思肖集》，上海古籍出版社 1991 年版。

（宋）周必大撰，周纶编：《文忠集》，《影印文渊阁四库全书》本，第
1147—1149 册。

（宋）周煇：《清波别志》，《影印文渊阁四库全书》本，第 1039 册。

（宋）周煇撰，刘永翔校注：《清波杂志》，中华书局 1994 年版。

（宋）周密：《草窗韵语》，民国十三年（1924）乌程蒋氏密韵楼景刊宋刻本。

（宋）周密：《癸辛杂识》，中华书局 1988 年版。

（宋）周密：《志雅堂杂抄》，清道光三十年（1850）南海伍氏刻本。

（宋）周密著，史克振校注：《草窗词校注》，齐鲁书社 1993 年版。

（宋）周密撰，邓子勉校点：《浩然斋雅谈·志雅堂杂钞·云烟过眼录·澄怀录》，辽宁教育出版社 2000 年版。

（宋）周密撰，孔凡礼点校：《浩然斋雅谈》，中华书局 2010 年版。

（宋）周密撰，张茂鹏点校：《齐东野语》，中华书局 1983 年版。

（宋）周密撰，周峰点校：《武林旧事》，文化艺术出版社 1998 年版。

（宋）周去非：《岭外代答》，《影印文渊阁四库全书》本，第 589 册。

（宋）周紫芝：《太仓稊米集》，《影印文渊阁四库全书》本，第 1141 册。

（宋）朱松：《韦斋集》，《影印文渊阁四库全书》本，第 1133 册。

（宋）朱熹：《四书章句集注》，中华书局 1983 年版。

（宋）朱熹撰，朱杰人、严佐之、刘永翔主编：《朱子全书》（修订本），上海古籍出版社、安徽教育出版社 2010 年版。

（宋）庄绰撰，萧鲁阳点校：《鸡肋编》，中华书局 1983 年版。

（唐）白居易：《白氏长庆集》，《影印文渊阁四库全书》本，第 1080 册。

（唐）房玄龄：《晋书》，中华书局 1974 年版。

（唐）慧能著，郭朋校释：《坛经校释》，中华书局 1983 年版。

（唐）刘恂：《岭表录异》，《影印文渊阁四库全书》本，第 589 册。

（唐）司空图著，郭绍虞集解：《诗品集解》，人民文学出版社 1963 年版。

（五代）王定保撰，姜汉椿校注：《唐摭言》，上海社会科学院出版社 2003 年版。

（元）程钜夫：《雪楼集》，《影印文渊阁四库全书》本，第 1202 册。

（元）仇远：《金渊集》，《影印文渊阁四库全书》本，第 1198 册。

（元）仇远撰，（清）项梦昶编：《山村遗集》，《影印文渊阁四库全书》本，第 1198 册。

（元）戴表元：《剡源文集》，《影印文渊阁四库全书》本，第 1194 册。

（元）戴表元著，李军、辛萝霞校点：《戴表元集》，吉林文史出版社 2008

年版。

（元）方回：《桐江集》，《丛书集成三编》，第 47 册。

（元）方回：《桐江续集》，《影印文渊阁四库全书》本，第 1193 册。

（元）方回选评，李庆甲集评校点：《瀛奎律髓汇评》，上海古籍出版社 2005 年版。

（元）方回撰，（清）阮元辑：《桐江集》，《影印宛委别藏》本，江苏古籍出版社 1988 年版，第 105 册。

（元）黄溍撰，（明）张俭编：《文献集》，《影印文渊阁四库全书》本，第 1209 册。

（元）刘将孙：《养吾斋集》，《影印文渊阁四库全书》本，第 1199 册。

（元）刘壎：《水云村稿》，《影印文渊阁四库全书》本，第 1195 册。

（元）陆辅之：《词旨》，《词话丛编》本。

（元）马端临：《文献通考》，浙江古籍出版社 2000 年版。

（元）马臻：《霞外诗集》，《影印文渊阁四库全书》本，第 1204 册。

（元）牟巘：《牟氏陵阳集》，《影印文渊阁四库全书》本，第 1188 册。

（元）盛如梓：《庶斋老学丛谈》，《影印文渊阁四库全书》本，第 866 册。

（元）苏天爵著，陈高华、孟繁清点校：《滋溪文稿》，中华书局 1997 年版。

（元）陶宗仪编：《说郛》，《影印文渊阁四库全书》本，第 876—878 册。

（元）陶宗仪著，文灏点校：《南村辍耕录》，文化艺术出版社 1998 版。

（元）脱脱等：《宋史》，中华书局 2011 年版。

（元）王义山：《稼村类稿》，《影印文渊阁四库全书》本，第 1193 册。

（元）王恽：《秋涧集》，《影印文渊阁四库全书》本，第 1200 册。

（元）王镒：《月洞吟》，《影印文渊阁四库全书》本，第 1189 册。

（元）吴澄撰，吴当编：《吴文正集》，《影印文渊阁四库全书》本，第 1197 册。

（元）佚名撰，王瑞来笺证：《宋季三朝政要笺证》，中华书局 2010 年版。

（元）余阙：《青阳集》，《影印文渊阁四库全书》本，第 1214 册。

（元）袁桷：《清容居士集》，《影印文渊阁四库全书》本，第 1203 册。

（元）袁桷：《延祐四明志》，《影印文渊阁四库全书》本，第 491 册。

（元）张伯淳：《养蒙文集》，《影印文渊阁四库全书》本，第 1194 册。

（元）赵孟頫：《松雪斋集》，《影印文渊阁四库全书》本，第 1196 册。

（元）赵文：《青山集》，《影印文渊阁四库全书》本，第 1195 册。

（元）郑元祐：《遂昌杂录》，《影印文渊阁四库全书》本，第 1040 册。

《道藏》洞真部第七十六册，民国十二年（1923）十月上海涵芬楼影印本。

《两朝纲目备要》，《影印文渊阁四库全书》本，第 329 册。

《陶渊明资料汇编》，中华书局 1962 年版。

《中国方志丛书》第 221 册《宜兴县志》，成文出版社有限公司印行。

北京大学古文献研究所编，傅璇琮等主编：《全宋诗》，北京大学出版社 1998 年版。

蔡嵩云笺释：《乐府指迷笺释》，人民文学出版社 1963 年版。

陈匪石：《声执》，《词话丛编》本。

陈鼓应：《老子注译及评介》，中华书局 1984 年版。

陈鼓应注译：《庄子今注今译》，中华书局 1983 年版。

陈垣：《通鉴胡注表微》，辽宁教育出版社 1997 年版。

陈增杰校点：《永嘉四灵诗集》，浙江古籍出版社 1985 年版。

程端麒校点：《精选名儒草堂诗馀》，辽宁教育出版社 2003 年版。

邓广铭：《辛弃疾年谱》，生活·读书·新知三联书店 2007 年版。

邓广铭点校：《陈亮集》（增订本），中华书局 1987 年版。

丁传靖辑：《宋人轶事汇编》，中华书局 2003 年版。

丁福保辑：《历代诗话续编》，中华书局 1983 年版。

范文澜注：《文心雕龙注》，人民文学出版社 1958 年版。

傅璇琮主编：《唐才子传校笺》，中华书局 1987 年版。

葛渭君、王晓红校辑：《山中白云词》，辽宁教育出版社 2001 年版。

郭绍虞编选，富寿荪校点：《清诗话续编》，上海古籍出版社 1983 年版。

胡云翼编：《宋词选》，上海古籍出版社 1982 年版。

黄濬：《花随人圣庵摭忆》，中华书局 2008 年版。

黄畲校笺：《山中白云词笺》，浙江古籍出版社 1994 年版。

姜书阁笺注：《陈亮龙川词笺注》，人民文学出版社 1980 年版。

柯劭忞：《新元史》，民国九年（1920）天津徐氏退耕堂刻本。

孔凡礼点校：《苏轼文集》，中华书局 1986 年版。

李鸣、沈静校点：《刘将孙集》，吉林文史出版社 2009 年版。

李修生主编：《全元文》第 20 册，江苏古籍出版社 1999 年版。

梁启勋：《稼轩词疏证》，中国书店 1982 年版。

马兴荣：《龙洲词校笺》，江西人民出版社 1999 年版。

欧初、王贵忱主编：《屈大均全集》，人民文学出版社 1996 年版。

钱仲联、马亚中主编：《陆游全集校注》，浙江教育出版社 2011 年版。

沙灵娜选注：《宋遗民词选注》，巴蜀书社 1995 年版。

上海古籍出版社编：《宋元笔记小说大观》，上海古籍出版社 2001 年版。

四川大学古籍整理研究所编，曾枣庄等主编：《全宋文》，上海辞书出版社、安徽教育出版社 2006 年版。

唐圭璋编，王仲闻参订，孙凡礼补辑：《全宋词》，中华书局 1999 年版。

唐圭璋编：《全金元词》，中华书局 1979 年版。

汪圣铎点校：《宋史全文》，中华书局 2016 年版。

王水照编：《苏轼选集》，上海古籍出版社 1984 年版。

王仲闻校注：《李清照集校注》，人民文学出版社 1979 年版。

吴洪泽、尹波主编：《宋人年谱丛刊》，四川大学出版社 2003 年版。

吴文治主编：《宋诗话全编》，凤凰出版社 1998 年版。

吴则虞校辑：《山中白云词》，中华书局 1983 年版。

夏承焘笺校：《姜白石词编年笺校》，上海古籍出版社 1981 年新 1 版。

夏承焘校辑：《白石诗词集》，人民文学出版社 1959 年版。

辛更儒编：《辛弃疾资料汇编》，中华书局 2005 年版。

徐震堮笺校：《世说新语校笺》，中华书局 1984 年版。

许富宏撰：《鬼谷子集校集注》，中华书局 2010 年版。

杨伯峻编著：《春秋左传注》，中华书局 1981 年版。

杨伯峻译注：《论语译注》，中华书局 1980 年版。

杨伯峻译注：《孟子译注》，中华书局 1960 年版。

杨亮校注：《袁桷集校注》，中华书局 2012 年版。

于北山：《范成大年谱》，上海古籍出版社 2006 年版。

曾昭岷、王兆鹏等编：《全唐五代词》，中华书局 1999 年版。

湛之编：《杨万里范成大资料汇编》，中华书局 1964 年版。

张玉奇选注：《文山诗选》，江西人民出版社 1986 年版。

赵敏、崔霞点校：《何梦桂集》，浙江古籍出版社 2011 年版。

中国佛学院、中国佛教协会编：《释氏十三经》，书目文献出版社 1989 年版。

周勋初主编，葛渭君、周子来、王宝华编：《宋人轶事汇编》，上海古籍出版社 2014 年版。

朱德才主编：《增订注释张炎词》，文化艺术出版社 1999 年版。

朱孝臧辑校：《彊村丛书》，广陵书社 2005 年版。

祝尚书编：《宋集序跋汇编》，中华书局 2010 年版。

二 现当代著作

孔凡礼：《孔凡礼古典文学论集》，学苑出版社 1999 年版。

蔡镇楚：《宋词文化学研究》，湖南人民出版社 1999 年版。

陈寅恪：《金明馆丛稿初编》，生活·读书·新知三联书店 2011 年版。

陈寅恪：《金明馆丛稿二编》，生活·读书·新知三联书店 2011 年版。

陈允吉：《古典文学佛教溯缘十论》，复旦大学出版社 2002 年版。

陈正夫、何植靖：《许衡评传》，南京大学出版社 1995 年版。

陈正祥：《中国文化地理》，生活·读书·新知三联书店 1983 年版。

陈仲庚、张雨新编著：《人格心理学》，辽宁人民出版社 1986 年版。

陈柱：《中国散文史》，东方出版社 1996 年版。

程千帆：《唐代进士行卷与文学》，上海古籍出版社 1980 年版。

程郁缀、李静：《历代论词绝句笺注》，北京大学出版社 2014 年版。

戴伟华：《唐代使府与文学》，广西师范大学出版社 1998 年版。

邓广铭：《宋史十讲》，中华书局 2008 年版。

邓小军：《古诗考释》，商务印书馆 2013 年版。

邓小南：《祖宗之法——北宋前期政治述略》，生活·读书·新知三联书店 2006 年版。

丁放：《金元词学研究》，中国社会科学出版社 2002 年版。

丁楹：《南宋遗民词人研究》，凤凰出版社 2011 年版。

丁楹：《文化视野下的南宋干谒风气与文学创作研究》，暨南大学出版社 2016 年版。

方勇：《南宋遗民诗人群体研究》，人民出版社 2000 年版。

费孝通：《乡土中国》，人民出版社 2008 年版。

冯友兰：《三松堂学术论文集》，北京大学出版社 1984 年版。

冯友兰：《哲学的精神》，陕西师范大学出版社 2010 年版。

傅增湘：《藏园群书题记》，上海古籍出版社 1989 年版。

葛剑雄：《往事和近事》，九州出版社 2016 年版。

葛晓音：《诗国高潮与盛唐文化》，北京大学出版社 1998 年版。

顾随：《顾随全集》，河北教育出版社 2000 年版。

何忠礼：《南宋史及南宋都城临安研究》，人民出版社 2009 年版。

胡可先：《唐代重大历史事件与文学研究》，浙江大学出版社 2007 年版。

胡适：《胡适学术文集·中国文学史》，中华书局 1998 年版。

胡适选注，刘石导读：《词选》，中华书局 2007 年版。

黄杰：《宋词与民俗》，商务印书馆 2005 年版。

蒋星煜：《中国隐士与中国文化》，上海书店 1989 年版。

孔凡礼、齐治平编：《陆游资料汇编》，中华书局 1962 年版。

李剑亮：《唐宋词与唐宋歌妓制度》，浙江大学出版社 1999 年版。

李亦园、杨国枢主编：《中国人的性格》，中国人民大学出版社 2012 年版。

林庚：《唐诗综论》，清华大学出版社 2006 年版。

林文光选编：《王国维文选》，四川文艺出版社 2009 年版。

刘海峰：《中国科举文化》，辽宁教育出版社 2010 年版。

刘海峰、李兵：《中国科举史》，东方出版社 2004 年版。

刘师培著，舒芜校点：《论文杂记》，人民文学出版社 1959 年版。

刘扬忠：《唐宋词流派史》，福建人民出版社 1999 年版。

刘永济：《词论》，中华书局 2007 年版。

刘毓盘：《词史》，上海书店 1985 年版。

柳诒徵：《中国文化史》，东方出版中心 1988 年版。

龙榆生：《龙榆生词学论文集》，上海古籍出版社 1997 年版。

龙榆生编选：《唐宋名家词选》，上海古籍出版社 1980 年版。

鲁迅：《鲁迅全集》，人民文学出版社 1981 年版。

鲁迅：《魏晋风度及其他》，上海古籍出版社 2000 年版。

路成文：《宋代咏物词史论》，商务印书馆 2005 年版。

吕思勉：《白话本国史》，上海古籍出版社 2009 年版。

吕思勉：《中国通史》，中国商业出版社 2012 年版。

罗立刚：《宋元之际的哲学与文学》，复旦大学出版社 1999 年版。

罗宗强：《玄学与魏晋士人心态》，南开大学出版社 2003 年版。

毛荣生：《禅宗文化纵横谈》，上海古籍出版社 2001 年版。

冒广生著，冒怀辛整理：《冒鹤亭词曲论文集》，上海古籍出版社 1992
　　年版。

缪钺、叶嘉莹：《灵谿词说》，上海古籍出版社 1987 年版。

缪钺：《诗词散论》，上海古籍出版社 1982 年版。

缪钺著，缪元朗编：《古典文学论丛》，浙江大学出版社 2009 年版。

莫砺锋编：《第二届宋代文学国际研讨会论文集》，江苏教育出版社 2003
　　年版。

欧阳光：《宋元诗社研究丛稿》，广东高等教育出版社 1996 年版。

潘景郑：《著砚楼读书记》，辽宁教育出版社 2002 年版。

钱建状：《南宋初期的文化重组与文学新变》，厦门大学出版社 2006 年版。

钱穆：《国史大纲》，商务印书馆 1996 年版。

钱穆：《中国历代政治得失》，九州出版社 2012 年版。

钱穆：《中国历史研究法》，生活·读书·新知三联书店 2001 年版。

钱穆：《中国文学论丛》，生活·读书·新知三联书店 2002 年版。

钱穆：《朱子学提纲》，生活·读书·新知三联书店 2014 年版。

钱锺书：《管锥编》，中华书局 1986 年版。

钱锺书：《钱锺书手稿集》，商务印书馆 2003 年版。

钱锺书：《谈艺录》，中华书局 1984 年版。

钱锺书选注：《宋诗选注》，人民文学出版社 1989 年版。

秦寰明、萧鹏注析：《绝妙好词注析》，三秦出版社 1993 年版。

邱世友：《词论史论稿》，人民文学出版社 2002 年版。

饶宗颐：《词集考》，中华书局 1992 年版。

沈家庄：《宋词文化与文学新视野》，人民文学出版社 2001 年版。

沈松勤：《北宋文人与党争》，人民出版社 1998 年版。

沈松勤：《南宋文人与党争》，人民出版社 2005 年版。

沈松勤：《唐宋词社会文化学研究》，浙江大学出版社 2000 年版。

沈松勤编：《庆贺吴熊和教授从教五十周年论文集》，浙江大学出版社
　　2008 年版。

沈松勤：《宋代政治与文学研究》，商务印书馆 2010 年版。

沈祖棻：《宋词赏析》，上海古籍出版社 1980 年版。

施蛰存主编：《词籍序跋萃编》，中国社会科学出版社 1994 年版。

孙克强编：《唐宋人词话》，河南文艺出版社 1999 年版。

孙望、常国武等编：《宋代文学史》，人民文学出版社 1996 年版。

汤用彤：《理学·佛学·玄学》，北京大学出版社 1991 年版。

唐圭璋：《词学论丛》，上海古籍出版社 1986 年版。

唐圭璋、蒋哲伦、王兆鹏等校点：《唐宋人选唐宋词》，上海古籍出版社 2004 年版。

唐圭璋选释：《唐宋词简释》，人民文学出版社 2010 年版。

陶尔夫、刘敬圻：《南宋词史》，黑龙江人民出版社 1992 年版。

陶秋英：《宋金元文论选》，人民文学出版社 1999 年版。

陶然：《金元词通论》，上海古籍出版社 2001 年版。

王国维：《人间词话》，《词话丛编》本。

王国维：《人间词话》，人民文学出版社 1960 年版。

王国维：《宋元戏曲史》，上海古籍出版社 1998 年版。

王国维：《王国维文学论著三种》，商务印书馆 2010 年版。

王国维：《王国维遗书》，上海书店 1983 年版。

王国维著，滕咸惠校注：《人间词话新注》（修订本），齐鲁书社 1986 年新 1 版。

王闿运著，马积高主编：《湘绮楼诗文集》，岳麓书社 1996 年版。

王昆吾：《隋唐五代燕乐杂言歌辞研究》，中华书局 1996 年版。

王昆吾：《唐代酒令艺术——关于敦煌舞谱、早期文人词及其文化背景的研究》，东方出版中心 1995 年版。

王佺：《唐代干谒与文学》，中华书局 2011 年版。

王瑞来：《近世中国——从唐宋变革到宋元变革》，山西教育出版社 2015 年版。

王水照：《当代名家学术思想文库·王水照卷》，北方联合出版传媒股份有限公司万卷出版公司 2011 年版。

王水照：《王水照自选集》，上海教育出版社 2000 年版。

王水照、熊海英：《南宋文学史》，人民出版社 2009 年版。

王水照主编：《宋代文学通论》，河南大学出版社 1997 年版。

王水照主编：《新宋学》第一辑，上海辞书出版社 2001 年版。

王晓骊：《唐宋词与商业文化关系研究》，中国社会科学出版社 2004 年版。

王筱芸：《碧山词研究》，南京大学出版社 1991 年版。

王瑶：《中古文学史论》，北京大学出版社 1986 年版。

王易：《词曲史》，东方出版社 1996 年版。

王曾瑜：《古今一理——王曾瑜读史杂感》，上海古籍出版社 2013 年版。

王曾瑜：《丝毫编》，河北大学出版社 2009 年版。

王曾瑜：《纤微编》，河北大学出版社 2011 年版。

王兆鹏：《两宋词人丛考》，凤凰出版社 2007 年版。

王兆鹏：《宋南渡词人群体研究》，文津出版社 1992 年版。

王兆鹏：《唐宋词史论》，人民文学出版社 2000 年版。

王兆鹏：《唐宋诗词考论》，中国社会科学出版社 2013 年版。

吴宏一：《清代词学四论》，联经出版事业公司 1990 年版。

吴梅：《词学通论》，华东师范大学出版社 1996 年版。

吴熊和：《唐宋词通论》，浙江古籍出版社 1989 年版。

吴熊和：《吴熊和词学论集》，杭州大学出版社 1999 年版。

夏承焘：《夏承焘集》，浙江古籍出版社、浙江教育出版社 1998 年版。

萧鹏：《群体的选择——唐宋人选词与词选通论》，文津出版社 1992 年版。

肖鹏：《群体的选择——唐宋人词选与词人群通论》，凤凰出版社 2009 年版。

谢桃坊：《宋词辩》，上海古籍出版社 1999 年版。

谢正光编：《明遗民传记索引》，上海古籍出版社 1992 年版。

徐复观：《中国艺术精神》，春风文艺出版社 1987 年版。

徐清泉：《中国传统人文精神论要——从隐逸文化、文艺实践及封建政治的互动分析入手》，上海社会科学院出版社 2003 年版。

许总：《宋明理学与中国文学》，百花洲文艺出版社 1999 年版。

严北溟：《儒道佛思想散论》，湖南人民出版社 1984 年版。

严迪昌：《清词史》，江苏古籍出版社 1990 年版。

严迪昌：《清诗史》，浙江古籍出版社 2002 年版。

严迪昌：《阳羡词派研究》，齐鲁书社 1993 年版。

严复：《严复集》，中华书局 1986 年版。

杨海明：《唐宋词风格论》，上海社会科学院出版社 1986 年版。

杨海明：《唐宋词论稿》，浙江古籍出版社 1988 年版。

杨海明：《唐宋词美学》，江苏教育出版社 1998 年版。

杨海明：《唐宋词史》，天津古籍出版社 1998 年版。

姚淦铭、王燕编：《王国维文集》，中国文史出版社 1997 年版。

叶嘉莹：《词学新诠》，北京大学出版社 2008 年版。

叶嘉莹：《迦陵论词丛稿》，河北教育出版社 1997 年版。

叶朗：《中国美学史大纲》，上海人民出版社 1985 年版。

于北山：《陆游年谱》，上海古籍出版社 2006 年版。

余嘉锡：《四库提要辨正》，中华书局 2007 年版。

余英时：《钱穆与现代中国学术》，广西师范大学出版社 2006 年版。

余英时：《士与中国文化》，上海人民出版社 2003 年版。

余英时：《现代危机与思想人物》，生活·读书·新知三联书店 2005 年版。

余英时：《中国文化史通释》，生活·读书·新知三联书店 2012 年版。

余英时：《朱熹的历史世界》，生活·读书·新知三联书店 2004 年版。

俞陛云：《唐五代两宋词选释》，上海古籍出版社 1985 年版。

俞平伯：《唐宋词选释》，人民文学出版社 1979 年版。

袁行霈：《陶渊明集笺注》，中华书局 2003 年版。

袁行霈：《陶渊明研究》，北京大学出版社 1997 年版。

曾枣庄主编：《中国文学家大辞典》（宋代卷），中华书局 2004 年版。

张宏生：《江湖诗派研究》，中华书局 1995 年版。

张宏生：《清代词学的建构》，江苏古籍出版社 1999 年版。

张惠民编：《宋代词学资料汇编》，汕头大学出版社 1993 年版。

张剑、吕肖奂、周扬波：《宋代家族与文学研究》，中国社会科学出版社
　2009 年版。

张立伟：《归去来兮——隐逸的文化透视》，生活·读书·新知三联书店
　1995 年版。

张兴武：《两宋望族与文学》，人民文学出版社 2010 年版。

赵维江：《金元词论稿》，中国社会科学出版社 2000 年版。

周振甫、冀勤编著：《钱锺书〈谈艺录〉读本》，中央编译出版社 2013
　年版。

周祖譔：《隋唐五代文论选》，人民文学出版社 1999 年版。

朱光潜：《悲剧心理学》，人民文学出版社 1983 年版。

朱丽霞：《明清之交文人游幕与文学生态——以徐渭、方文、朱彝尊为个
　案》，上海古籍出版社 2008 年版。

祝尚书：《宋代科举与文学考论》，大象出版社 2006 年版。

宗白华：《美学散步》，上海人民出版社 1981 年版。

《第一届词学国际研讨会论文集》，"中央研究院"中国文哲研究所筹备处
1994 年版。

三　中文译著

［奥地利］西格蒙德·弗洛伊德：《弗洛伊德论美文选》，张唤民等译，知
识出版社 1987 年版。

［丹麦］勃兰兑斯：《十九世纪文学主流》第一分册，人民文学出版社
1997 年版。

［美］包弼德：《斯文：唐宋思想的转型》，刘宁译，江苏人民出版社 2001
年版。

［美］刘子健：《中国转向内在——两宋之际的文化转向》，赵冬梅译，江
苏人民出版社 2012 年版。

［美］马尔库塞：《审美之维》，李小兵译，生活·读书·新知三联书店
1989 年版。

［日］青山宏：《唐宋词研究》，程郁缀译，北京大学出版社 1995 年版。

［匈牙利］豪塞尔：《艺术的哲学》，陈超南、刘天华译，中国社会科学出
版社 1992 年版。

［意］艾柯等著，柯里尼编：《诠释与过度诠释》，王宇根译，生活·读
书·新知三联书店 1997 年版。

［英］柯林武德：《历史的观念》，中国社会科学出版社 1986 年版。

蒋孔阳主编：《二十世纪西方美学名著选》上卷，复旦大学出版社 1998
年版。

杨美惠：《礼物、关系学与国家：中国人际关系与主体性建构》，赵旭东、
孙珉译，江苏人民出版社 2009 年版。

索　引

后　记

　　本书是我在博士后出站报告基础上，经过反复修改润色而成的。在撰写过程中，曾获中国博士后科学基金第 59 批面上资助（项目编号：2016M592154）、广东省哲学社会科学"十三五"规划项目基金资助（项目编号：GD16XZW08）、教育部人文社会科学研究规划基金项目资助（项目批准号：18YJA751010），这次又有幸成功入选 2021 年第十批《中国社会科学博士后文库》。

　　这些荣誉的获得，离不开恩师张玉璞先生的热情帮助与悉心指导。博士毕业后，还能够进入博士后流动站继续深造，在玉璞师的指导下进一步研究中国古代文学与练习书法，追随群贤，日夜进修，这是我人生中难得的机缘。书卷多情似故人，晨昏忧乐每相亲。有时间读书，真的是一种难以言喻的快乐，独坐南窗，与书为伴，涵泳玩索其间，青灯黄卷，醺醺有味，每有所得，怡然自乐。何况还能够在良师指导下继续学习，时聆诲言，春风雨泽，常在心田。玉璞师风神俊朗，一表人才，温文尔雅而又和蔼可亲，学问大又善生活，奖掖后进，嘉惠来学不遗余力，对学生更是关怀备至，不吝赐教，庄谐杂出，气象蔼然。玉璞师是当代学术界卓有成就的学者，他的学术研究领域相当广阔，对唐宋诗词用力尤深，有许多独到的见解。多年来他一直致力于研究中国古代文人的生命形态，宋代文人那种精致、平淡、含蓄、高雅的诗意人生，更是他重点研究的对象。玉璞师是学者，也是书法家，是深通书法之道的博雅君子，他的书法作品洒脱自然、清丽典雅，融学者气质于书法之中，在法度森严中透露出浓郁的书卷气，遒劲飘逸颇有东坡风度，深为行家赞赏，他因此也成了中国古代文学与书法文献两个专业的博士生导师。玉璞师为人低调，以翰墨陶冶身心，而不以之沽名钓利，曾对我戏言他的书法作品是无价之宝，"无价"者，没有价钱，即不用钱也。转眼之间，当时的清谈之趣，谈艺论文之乐，已成亲切而又温馨的回忆。玉璞师未及见到本书出版就遽归道山，中寿告终，哲人其萎，良深悼惜。一切恩爱会，无常难得久。生世多畏惧，命危于晨露。行笔至此，玉璞师之言犹未离耳，音容宛在，不能不凄怆兴怀。云山苍苍，江水泱泱，先生之风，山高水长。谨以此书献给我无比崇敬、无比怀念的恩师张玉璞先生。

在撰写、修订博士后出站报告的五年时光里，我得到了许多良师益友宝贵的支持和鼓励，常有如沐春风之感。在此，我谨向他们表达最诚挚的谢意。

需要特别感谢的是我的博士生导师程郁缀先生，我在北京大学攻读词学方向的博士学位时，受到了程老师的谆谆教导，他的教导历久弥新，永远给人以会心的喜悦与智慧的启迪。博士毕业后，每逢在学术研究和生活、工作中遇到困难，感到迷惘困惑时，我总会去向他请教。程老师循循善诱、诲人不倦，经常结合自己的人生经历为我答疑解惑，指示治学门径，让我茅塞顿开。这次程老师又慷慨应允作为我申请《中国社会科学博士后文库》的推荐人，并写下了热情洋溢令我既感且愧的推荐书。时迈不居，岁月如流，不知不觉间，距离我初见程老师已经二十年了，看到推荐书上这些灼热的文字，泪欲夺眶而出，无数往事涌上心头，当年立雪程门、亲承音旨，埋头苦读的情景历历在目，宛如昨日。我至今仍然深切怀念那段跟随程老师攻读博士学位的岁月，仍然由衷地感谢程老师对我的无私帮助与谆谆教诲。

遇一良师，终身受益。一再遇到良师，更是人生的福分。曲阜师范大学的张瑞英教授始终关心本书的写作，在我做博士后研究工作期间，得到了她多方面的理解与支持。因博士后合作导师玉璞师不幸病逝，我的出站事宜暂时搁置。考虑到那年是我规定在站的最后年限，学校安排张瑞英教授作为我的合作导师，继续承担对我的指导任务，指导我的博士后出站答辩具体事宜，使我的研究工作得以顺利进行并完成了出站手续。山东大学的单承彬教授主持了我的博士后出站答辩，他在百忙之中仔细审阅了书稿，提出了具体的修改意见，这对我撰写本书有极大的帮助。当我申请《中国社会科学博士后文库》想请他做我的推荐人时，他很爽快地应承了下来。他的人品与学问，都让我甚感钦佩。愿两位老师接受我由衷的感谢。

在漫漫的学术长路中，我能够走到今天，得到了众多前辈师长的悉心指导与热情帮助。他们的激励与支持，让资质鲁钝的我不敢自暴自弃。我深知唯有通过努力工作、勤奋钻研，才能不辜负诸位师长对我的关照与教诲。

"有过多少往事，仿佛就在昨天；有过多少朋友，仿佛还在身边。"这句歌词，每每勾起我对同乡、挚友刘利平教授的思念，他离开肇庆，调到云南师范大学历史与行政学院工作已经三年多了。我们曾经时相过从，一起探讨学问，交流思想，深感友朋切磋之乐。在与刘教授的交往中，他那深厚的学养、对中国古代历史尤其是西江流域地方史的卓越见解，让我深获教益。在撰写修订本书时，当年意气相投、举杯相祝的情景，常浮现到我的眼前。"咫尺天涯皆有缘，此情温暖人间"。

感谢我在肇庆学院工作的同事、好友们，历史与旅游学院的周军博士、刘忠桂博士，文学院的唐雪莹院长、陈明华书记、卢永和、张爱民、陈伟江、熊沛军、刘炳辰、唐碧红、潘林和我的同乡好友曾晓渊、郑安徽、叶伟，大家因共同的生活环境与相似的人生乐趣而成为朋友，他们的友谊和支持，对我一直是个激励。我怀着深深的感激之情铭记着这段珍贵的友谊。

《中国社会科学博士后文库》的评审专家以高度负责的精神和一丝不苟的态度，认真审读书稿并提出了改进建议。能够获得这样宝贵的机会，是我一生的荣幸。评审的各位专家本着汲引后进、培养学术界新生力量的心愿，在对书稿予以热情鼓励的同时，也具体指出了其中存在的不足。这不但使我能够较快地对书稿进行修改，而且对我今后的研究工作具有很大的启迪作用。在此我要向各位评审专家表达由衷敬意与深深感激！

中国社会科学出版社编校人员，尤其是责任编辑刘志兵先生，为本书的编辑和校对做了非常认真细致的工作，为本书的修订提供了宝贵的意见，谨此致以深切的谢忱。

丁楹记于肇庆学院西苑寓所

2022 年 8 月 23 日

第十批《中国社会科学博士后文库》专家推荐表1

　　《中国社会科学博士后文库》由中国社会科学院与全国博士后管理委员会共同设立，旨在集中推出选题立意高、成果质量高、真正反映当前我国哲学社会科学领域博士后研究最高学术水准的创新成果，充分发挥哲学社会科学优秀博士后科研成果和优秀博士后人才的引领示范作用，让《文库》著作真正成为时代的符号、学术的示范。

推荐专家姓名	程郁缀	电　　话	
专业技术职务	教授	研究专长	中国古代文学
工作单位	北京大学	行政职务	
推荐成果名称	南宋流寓岭南文人研究		
成果作者姓名	丁　楹		

（对书稿的学术创新、理论价值、现实意义、政治理论倾向及是否具有出版价值等方面做出全面评价，并指出其不足之处）

　　宋室南渡，文人迁岭成了一种社会风气，一种普遍存在的人生选择。截至目前，很少有人留意过迁谪文人在西江流域的生活方式，历代正史，对他们在西江流域的生活环境也少有记载，学术界对流寓到西江流域文人的文献资料还较陌生，而这些资料的价值却在与文人诗词、野史笔记、地方志的互证中清晰地呈现出来了。丁楹力图将所熟悉的古代文学领域与西江流域地域文化结合起来进行研究，为学术界提供一批鲜活的文学新资料。这对于古代文体学研究、古代文论研究和地方文化研究都有很好的参考价值。系统研究西江流域的迁谪文人，研究南宋士大夫在特定生活情境中所表现出来的人性特征，对于认识和考察宋人政治生活和文化生活的历史面貌，是一个重要的补充；对于拓展宋代文学的研究领域和推动古典文学研究与地方文化的结合，有一定的启示。丁楹的这部书稿是一部系统研究西江流域社会变迁与南宋迁岭文人的著作，不无填补空白之功，开拓了南宋文学与西江流域地方文化研究的领域。此书有三大特色：一是内容新颖，书中每一个章节都透露出作者自己对西江流域社会变迁与南宋迁岭文人的理解。二是理论联系实际，挖掘出了南宋迁岭文学中许多深刻的文学理论，并将这些理论哲思和鲜活生动的具体事例结合在一起，作者特别注意通过具体的生活事例来说明西江流域社会变迁的理论问题，让读者在轻松的阅读中享受到文学思想的归纳、审美的愉悦，深入浅出引导读者向纵深开拓，给人以感性材料和理性分析相结合的方法论意义上的启迪，为西江流域社会变迁与南宋迁岭文人的研究总结了新鲜经验，对当前传统文化的传播与接受工作有一定的指导和借鉴意义。三是立足文学本位，高度重视对文学作品的分析解读，书中对南宋迁岭文人作品所作的评析，颇深入细致，有自己独特的见解，体现出作者较好的艺术感受力和对文学作品的分析鉴赏能力，并上升到理论阐述，对西江流域社会变迁与南宋迁岭文人所遗留的文化遗产进行了系统的发掘、爬梳，整理提炼出一系列具有开创性的成果，又广泛汲取西方文学理论的观念，并将两者融会贯通，体现了完整的知识体系，显示出作者较为广博的学术视野、丰富的审美体验与独到的理论见解。这部书稿有望成为西江流域地方文化研究和南宋文学研究领域的新的学术增长点。

　　书稿的不足之处主要表现在对某些南宋迁岭文人作品价值的评价略有拔高之嫌。

签字：程邬缀

2021 年 2 月 22 日

第十批《中国社会科学博士后文库》专家推荐表 2

《中国社会科学博士后文库》由中国社会科学院与全国博士后管理委员会共同设立，旨在集中推出选题立意高、成果质量高、真正反映当前我国哲学社会科学领域博士后研究最高学术水准的创新成果，充分发挥哲学社会科学优秀博士后科研成果和优秀博士后人才的引领示范作用，让《文库》著作真正成为时代的符号、学术的示范。

推荐专家姓名	单承彬	电　话	
专业技术职务	教授	研究专长	中国古代文学
工作单位	山东大学	行政职务	
推荐成果名称	南宋流寓岭南文人研究		
成果作者姓名	丁　楹		

（对书稿的学术创新、理论价值、现实意义、政治理论倾向及是否具有出版价值等方面做出全面评价，并指出其不足之处）

　　此书稿从体制、文化、人性诸方面对西江流域社会变迁与南宋迁岭文人进行了深刻的探讨，剖析了靖康之乱后特殊社会背景下南宋迁岭文人人性的复杂性、岭迁文人在历劫多难的迁谪生活中对命运的反抗与超越，目的是想突出人性的幽暗与光明、压抑与舒张、沉沦与抗争，通过研究靖康之乱后特殊社会背景下南宋迁岭文人的表现来揭示中国政治生活中若干普遍的现象，重点揭示出南宋迁岭文人对苦难的超越。此书稿最大的特色是全面深入、广泛系统地研究了西江流域社会变迁与南宋迁岭文人在当地的谋生方式与生计问题，深掘传统文化的底蕴，并结合南宋士人的生活实际，展示了他们的人生智慧、个人才华的适用范围及时代需要，为解决南宋文学研究中的热点、难点问题提出了新的理论思考与人生启迪，于他人不到处别生只眼，寄妙理于陈规之外，出新意于故纸之中，让人感受到冷静而理智的学术品格与内在的对人生之路探究热情的融合。作者运用从史学入而从文学出的治学方法，考察了西江流域社会变迁的主要表现形态与当时文学生态之间深层复杂的内在联系，深刻剖析了南宋士大夫在官场上的沉浮起落，当时权力斗争的波诡云谲及其在迁岭生活中显现出来的人性中的光辉，为我们抽茧剥丝地打开了中国传统知识分子或高贵或痛苦的灵魂，体现出作者把南宋迁岭文人摆在人类文化的历史背景上和地域文学的经纬中，对西江流域社会变迁的起因、发展及其特点作了某些直觉或理性的把握。此书的研究立足于西江流域社会变迁中的生活条件、生活水平、生活资料及南宋迁岭文人的生活作风、生活方式、生活环境乃至生活待遇，广泛涉及文学、历史、哲学、艺术学、心理学、传播学、人类文化学等诸多领域，有力地印证了自己提出的学术观点，凭借深厚的学养、广博的学识，对阅读者产生了一定的启示作用，体现出西江流域社会变迁视野下南宋迁岭文人研究的多棱面，为我们地方文化及古代文学领域的研究作出了开拓性的贡献。

书稿的不足主要表现在对南宋迁岭文人总体特征的阐述还有加强的余地。

签字：牟承栋

2021 年 2 月 9 日